EBERHARD HORST · 15MAL SPANIEN

PANORAMEN DER MODERNEN WELT

BISHER ERSCHIENEN

Fritz René Allemann: 8mal Portugal
Fritz René Allemann: 25mal die Schweiz
Raymond Cartier: 50mal Amerika
Elisabeth v. Dryander: 6mal Griechenland
Tony Gray: 5mal Irland
Willy Guggenheim: 30mal Israel
David Hohnen: 3mal Skandinavien
Werner Holzer: 26mal Afrika
Werner Holzer: 20mal Europa
Arnold Hottinger: 10mal Nahost
Friedrich Kassebeer: 30mal Nordrhein-Westfalen
Toni Kienlechner: 7mal Rom
R. W. Leonhard: x-mal Deutschland
R. W. Leonhard: 77mal England
Marcel Niedergang: 20mal Lateinamerika
Guido Piovene: 18mal Italien
Hermann Pörzgen: 100mal Sowjetunion
Alfred Prokesch: 9mal Österreich

EBERHARD HORST

15mal Spanien

R. PIPER & CO VERLAG
MÜNCHEN ZÜRICH

Vorsatzkarte von Jutta Winter

ISBN 3-492-02027-5
© R. Piper & Co. Verlag, München 1973
Gesetzt aus der Linotype-Aldus
Gesamtherstellung: Hieronymus Mühlberger, Augsburg
Printed in Germany

Kleiner Spanier, der du auf die Welt kommst,
Gott schütze dich,
eines der beiden Spanien
wird dein Herz erstarren lassen.

ANTONIO MACHADO

Wenn die heiße Sonne Spaniens das Land austrocknet,
das nicht reich an Wasser ist, platzt die Erdoberfläche.
Der Ausländer meint: »Diese Erde hier rechts . . .«
oder »Diese Erde hier links ist schuld«.
Es ist aber dieselbe Erde.

SALVADOR DE MADARIAGA

INHALT

Vorwort	9
Wie anders ist Spanien?	11
Katalonien	26
Gerona und die Costa Brava · Barcelona · Montserrat · Andorra · Landeinwärts nach Lérida · Costa Dorado und Tarragona	
Sind die Katalanen Separatisten?	58
Levante	66
Küste der Orangenblüte · Valencia · Von Valencia nach Alicante und Elche · Murcia, Stadt und Land	
Probleme der Landwirtschaft	86
Neukastilien	94
Über Cuenca nach Madrid · Toledo · El Escorial · Tal der Gefallenen · Aranjuez · Durch die Mancha	
Die Katholischen Könige	112
Madrid	120
Museen und Prado	
Wer regiert Spanien?	137
Andalusien	150
Über den Puerto de Despeñaperros nach Jaén · Córdoba · Sevilla · Jerez de la Frontera · Cádiz · Gibraltar	
Maurisches Spanien	168
Granáda	176
Málaga · Ronda · Granáda	
Der Torrero und der schwarze Stier	190

Estremadura	197
Zwei Klöster: Guadalupe und Yuste · Mérida · Badajoz · Cáceres	
Der lange Weg der Minderheiten	207
Altkastilien	214
Ávila · Segóvia · Valladolid · Búrgos · Santander · Santillana del Mar	
Der Bürgerkrieg	234
León	240
Die Provinzhauptstadt León · Salamanca	
Harte Schulbänke für Studenten	251
Galicien	260
La Coruña · Santiago de Compostela · Vigo	
Christen, Kleriker und das Regime	271
Asturien	280
Oviedo · Gijón	
Die Arbeiter und ihre Kommissionen	287
Baskenland	293
Bilbao · San Sebastián	
Probleme der Wirtschaft und Industrie	305
Navarra	313
Pamplona	
OPUS DEI, eine Santa Mafia?	320
Aragonien	329
Zaragoza	
Von Essern und Trinkern	336
Die Balearen	343
Mallorca · Menorca · Ibiza	
Spanien und die anderen	360
Personen- und Sachregister	369

VORWORT

Spanien ist nicht nur landschaftlich, sondern auch geschichtlich und aktuell eines der überraschendsten und unbekanntesten Länder Europas. Die Ära Francos, des einundachtzigjährigen Caudillo, geht ihrem Ende zu. Das Land ist von Unruhe erfüllt, verstärkt seit den Regierungsumbildungen von 1969 und 1973. Wenig davon merken die Touristen, die jährlich in wachsender Zahl an die Sonnenküsten Spaniens pilgern. Auch dem Zeitungsleser, der von Studentenunruhen, Streiks und Polizeieinsätzen liest, bleibt Spanien weithin ein verborgenes Land. Die politische und soziale Wirklichkeit Spaniens bleibt unverständlich ohne die geschichtlichen Voraussetzungen.
Der anders als in Europa verlaufene historische Prozeß, die geographische und völkische Verschiedenheit prägten das Land jenseits der Pyrenäen, von dem es heißt: Spanien ist anders. Das Anderssein Spaniens begreife ich nicht als metahistorische Gegebenheit, sondern als konkretes, bedingtes, sich veränderndes und veränderbares Eigenleben. Folglich mußten auch die internen Spannungen, Erfolge, Reformversuche und Versäumnisse des Regimes differenziert dargestellt werden. Im möglichen Rahmen habe ich mich bemüht, das *heutige* Spanien vorzustellen und nicht den in der Literatur über Spanien weitverbreiteten Fehler der Festlegung auf die ideologisch starren Jahre nach dem Bürgerkrieg zu wiederholen.
Meine erste Bekanntschaft mit Spanien vermittelten mir die Gedichte und Theaterstücke Federico García Lorcas. Ich wurde neugierig auf das Andalusien García Lorcas wie auf das Kastilien Antonio Machados. Aber gerade dieses durch die lyrische Dichtung geweckte Interesse führte mich unmittelbar in die politische Realität. García Lorca wurde 1936 in der Viznar-Schlucht von Faschisten ermordet. Antonio Machado starb 1939 erbärmlich auf der Flucht aus der zusammenbrechenden Republik. Machado hatte den unvergeßlichen Vers geschrieben: *Una de las dos Españas / ha de helarte el corazón.* Eines der beiden Spanien / wird dein Herz erstarren lassen. Nicht erst seit

dem Bürgerkrieg ist der Españolito, der »kleine Spanier«, dem zu todbringendem Haß anstachelnden Gegensatz zwischen den »beiden Spanien« ausgesetzt.

Dieser »Panoramen«-Band ist gegliedert nach den historischen Regionen, die mit den alten Königreichen identisch sind und bis heute ihre Eigenart bewahrt haben. Daraus ergab sich der Titel: 15mal Spanien. Es schien mir wichtig, das Verhältnis der Regionen zu Madrid zu überdenken, die regionalen Autonomiebestrebungen, das widerständige Selbstbewußtsein Kataloniens, des Baskenlandes und Galiciens, gefestigt durch die eigene Sprache. Jedem regionalen Kapitel folgt ein gesamtspanisches Kapitel, das über den geographisch begrenzten Bereich hinaus ein allgemeines Thema behandelt. So wird Spanien 15mal regional und 15mal in seiner gegenwärtigen und geschichtlichen Problematik vorgestellt.

Als Hilfsquellen dienten mir neben meiner jahrelangen Beschäftigung mit Spanien jährlich wiederholte Reisen in die Zentren und entlegenen Provinzen, Kontakte und Gespräche mit Spaniern aus verschiedensten Schichten, mit Studenten, Arbeitern, Angestellten, Schriftstellern, Professoren, Klerikern und Politikern. Solche Gespräche halfen mir, persönliche Beobachtungen und Erfahrungen zu kontrollieren, zu erhärten, manchmal auch zu korrigieren. Ich war bemüht, durch meine Sprache ein anschauliches, atmosphärisch dichtes Bild Spaniens zu geben. Doch leitete mich nicht die subjektive Impression, sondern die überprüfte und überprüfbare Realität Spaniens, des Landes, seiner Menschen, seiner politischen Nötigungen und Hoffnungen.

»15mal Spanien« wäre nicht zustande gekommen ohne die Hilfe meiner spanischen Freunde und Gastgeber. Ihnen habe ich zu danken. Dem Piper-Verlag, besonders Herrn Dr. Albrecht Roeseler danke ich für die Geduld und Umsicht, die mir halfen, mein durch manche Hindernisse verzögertes Manuskript fertigzustellen. Ich widme dieses Buch meiner Frau Eva, die mich auf meinen oft strapaziösen Reisen begleitete und durch ihren Rat unterstützte.

Gröbenzell, im Juli 1973   Eberhard Horst

WIE ANDERS IST SPANIEN?

»Nun sag mir doch, was für einen Begriff hast du dir von Spanien gemacht?«
»Keinen üblen.«
»Also einen guten?«
»Auch das nicht.«
»Demnach weder einen guten, noch einen schlechten?«
»Das will ich nicht sagen.«
»Was aber dann?«
»Einen sauersüßen.«
»Kommt es dir sehr dürr vor, und kommt nicht daher den Spaniern jene Trockenheit in ihrem Wesen und ihre schwermütige Ernsthaftigkeit?«
»Ja, jedoch ist es auch in seinen Früchten würzig und es ist da alles sehr gehaltreich.«

Leicht läßt sich sagen: Spanien ist anders. Der Tourismus hat daraus ein verlockendes Werbeangebot gemacht. Doch das typisierte Bild eines integren Spaniens zeigt Risse. Die touristisch aufgeputzten Gemeinplätze des Andersseins, von Folklore garniert, von schmeichelnden Eigenschaften wie Gastfreundschaft, Ehrgefühl, Stolz, Leidenschaft bestimmt, halten nicht lange vor. Auch der Spanier, zunehmend in den Touristengebieten, entdeckt in sich den »homo oeconomicus«. Manche der vielgepriesenen spanischen Tugenden erweisen sich als janusköpfig, ihre gute wie ihre üble Seite enthüllend. »Sauersüß«, agridulce, nannte das vor dreihundertzwanzig Jahren der gescheite Baltasar Gracián in seinem »Criticón«.
Was ist anders in Spanien, wie ist Spanien, wenn wir die touristisch abgenutzten Gemeinplätze beseite lassen?
Ein Franzose behauptete, jenseits der Pyrenäen beginne Afrika. Natürlich ist das falsch. Natürlich? Im Süden, an den Rändern der Meseta, ist Afrika näher als Europa. Afrikanische Landschaften, mo-

notone, karge Hügelformationen und Hochsteppen, von der Sonne ausgedörrt. Afrikanische Oasen, winzige Grünflecken, wo sich Wasser sammelt, umlagert von grauen und lehmfarbenen Mondbergen, die kein Leben, keine Pflanze tragen. Reicht Europa, reicht europäische Lebensart wirklich bis Tarifa und Barbate, bis zu den Alpujarras oder dem Elendstal von Las Hurdes?
Spanien ist nicht Afrika, aber auch die Zugehörigkeit zu Europa hat ihre Schwierigkeiten. W. H. Auden spricht von einem Brocken, der dem übrigen Europa ungefüge angeheftet ist. Und nicht nur geographisch riegeln die Pyrenäen die Halbinsel ab. Kein Zug aus Europa kann auf der größeren Spurweite des spanischen Schienennetzes weiterfahren. Das heißt, als sich in der Mitte des 19. Jahrhunderts alle europäischen Nationen auf die gleiche Spurweite der Schienenwege einigten, um dadurch den Handel, den Austausch, gemeinsame Interessen zu fördern, bestand Spanien (wie Rußland) auf der eigenen Spurweite.
Oft hat es den Anschein, als sei Spanien selbst unschlüssig über seine Zugehörigkeit zu Europa. Wie kein anderer Spanier dieses Jahrhunderts hat Ortega y Gasset für die Europäisierung Spaniens gekämpft (und ebenso sein Spanien nach Europa getragen). Jedoch bis zum Todesjahr Ortegas, bis 1955 hielt das Franco-Regime eine strenge Isolierung aufrecht. Die Grenze nach Frankreich war gesperrt. Reisebeschränkungen innerhalb Spaniens wie für Auslandsreisen und erst recht für Einreisen. Die Presse des Regimes sprach lautstark von unüberbrückbaren Gegensätzen zwischen Spanien und dem übrigen Europa.
Das hat sich seit der Aufnahme Spaniens in die UNO geändert. Entgegen der vorausgegangenen Isolationspolitik betreiben die »Technokraten« des Franco-Regimes systematisch die Öffnung nach Europa. Ihr größter Erfolg, nicht zuletzt der Erfolg des Informations- und Tourismusministers Fraga Iribarne (bis 1969), war der Ausbau des Fremdenverkehrs. Der Tourismus entwickelte sich zur Hauptindustrie des Landes. 1964 nahm Spanien 15 Millionen Touristen auf, 1970 waren es bereits 24 Millionen. Im Jahre 1972 kamen 31 Millionen Fremde (unter ihnen waren 3,9 Millionen Deutsche), die in Spanien 2,6 Milliarden Peseten ausgaben. Die Deviseneinfuhr durch den Tourismus übersteigt damit bei weitem die Exporterträge und hat entscheidenden Anteil an der wirtschaftlichen Stabilisierung Spaniens.

Diese enormen Vorteile drängten die ideologischen Vorbehalte gegenüber Europa zurück, jedoch keineswegs für immer. Im Jahre 1971, nach dem Prozeß von Burgos, ereiferten sich die herrschenden Ideologen des Movimiento und mit ihnen die nationalkonservativen Kräfte darin, die Europäisierung zu verteufeln und Spanien von der europäischen Politik abzukapseln.

Dem muß man entgegenhalten, daß die fortschrittlichen, europäisch denkenden Kräfte in Spanien die gegebenen Sachzwänge auf ihrer Seite haben. Die Abkapselung, eine rigorose Isolationspolitik würde Spanien, mehr als das bisher der Fall ist, vereinzeln, politisch und wirtschaftlich schädigen.

Es bleibt ein merkwürdiges, für Spanien und den spanischen Nationalcharakter kennzeichnendes Phänomen: Der Einsatz für eine vermeintliche oder geglaubte Idealität kehrt sich nicht selten gegen die Realität, gegen die Forderung der praktischen Vernunft. In Don Quijote, der gegen die Windmühlenflügel kämpft, hat sich diese Haltung zum spanischen Mythos gefestigt. Eine solche Haltung kann heroisch sein, kann den Menschen aus seiner Begrenztheit befreien. Sie kann ebenso zum puren Wahn werden und darum scheitern.

Ich kenne kein europäisches Land, in dem intensiver über die eigene Geschichte, den eigenen Charakter nachgedacht wurde und wird. Kaum ein spanischer Intellektueller, Schriftsteller, Philosoph oder denkbegabter Mann, der nicht seine Meinung über den spanischen Nationalcharakter einem Buch oder Essay anvertraut hätte oder der nicht bereitwillig und leidenschaftlich darüber spräche. Die Selbstbetrachtung, Selbsterkundung liefert permanenten Gesprächsstoff, ob man mit spanischen Freunden beim Wein sitzt oder an der Theke einer Tasca steht.

Zugleich mischen sich in die Selbsterkundung skeptische und pessimistische Züge. Oder soll man sagen, daß die unaufhörliche Spiegelschau zum Pessimismus führt? Wie das auch sein mag, in eigener Sache, im Verhältnis zum eigenen Charakter, zur geschichtlichen Entwicklung und Situation des Landes neigt der Spanier zu pessimistischen Schlüssen. Das hat eine lange Tradition. Schon Baltasar Graciáns spanische Lebensbetrachtung im »Criticón« gibt sich unverhohlen pessimistisch, wenn auch geschmeidig ins »Weder-noch« oder »Ja, aber« transponiert. Miguel Cervantes nannte Spanien »alleinstehend und unglücklich«. Ortega und Unamuno lassen keine Zweifel über ihre skeptische Grundhaltung. Auch Fernando Diaz-Plaja, der heiter-ironisch über die Siete pecados, die »sieben Todsünden« des Spaniers schrieb, kann den skeptisch-pessimistischen Hintergrund seiner spanischen Selbstbetrachtung nicht verdrängen.

Als ich im Spätherbst 1970 in Madrid einem befreundeten zweiundvierzigjährigen Professor gegenübersaß, sagte er mir, als sei das eine unbezweifelbare und selbstverständliche Feststellung: Wir sind eine mißglückte Nation. Ich wollte das nicht wahrhaben, wies auf das Zusammenleben von Christen, Mauren und Juden vor und noch während der Reconquista, wies auf den Weltruhm der Kulturmetropole Córdoba, auf die spanische Vermittlerrolle zwischen griechischer Philosophie und Mitteleuropa, zwischen Morgenland und Abendland, auf den Brückenschlag nach Südamerika. Er sagte mit einer abwehrenden Handbewegung: Im eigenen Land sind wir gescheitert, von jeher, schauen Sie nur unsere Geschichte an.

Merkwürdig oft ist die spanische Politik gescheitert, sind die geschichtlichen Aufschwünge mißlungen. Während der vergangenen eineinhalb Jahrhunderte gab es in Spanien 109 Regierungen, 24 Revolutionen und drei Bürgerkriege. Zweimal scheiterte der Ansatz zu einer spanischen Republik.

Was besagt das? Verfehlt wäre die Annahme, der Spanier sei genuin ein Revolutionär, der um jeden Preis gewaltsame Veränderungen erzwingen will. Man muß nur mit Spaniern über den letzten Bürgerkrieg sprechen, um zu erfahren, wie tief der nationale Schock eingewurzelt ist. Außerdem drängt sich die Frage auf, ob nicht die unruhige politische Geschichte Spaniens der charakteristischen Fähigkeit des Spaniers zur Disziplin widerspricht. Ich meine die aufs äußerste gesteigerte Diszipliniertheit und Selbstbeherrschung, die zum Beispiel im Flamencotanz ihren Ausdruck finden. Aber gerade hier liegen Beziehungspunkte zum politischen Verhalten. Die Diszipliniertheit des Flamencotänzers erscheint in solchem Maß sensibilisiert, übersteigert, so hautdünn angespannt, daß sie jäh aufreißen und in hemmungslose Leidenschaft umschlagen kann.

Das Verhältnis des Spaniers zur Obrigkeit und Staatsgewalt ist intuitiv, sensibel, verletzbar. Er ist wenig geneigt, sich als Untertan kollektiven und gesellschaftlichen Normen anzupassen. Dagegen sträubt sich sein »kompromißunwilliger Individualismus« (Madariaga). Es ist viel zuwenig bekannt, daß der Begriff »liberal« in Spanien geprägt wurde, in der spanischen Nationalversammlung, den Cortes, im Jahre 1812. Hier wurde der politische »Liberalismus« zum erstenmal

Wie anders ist Spanien?

in der europäischen Geschichte konstitutionell wirksam, wenn auch nur für kurze Zeit.

Der Individualismus des Spaniers, die instinktive Bewußtheit der eigenen Würde schafft eine andauernde Konfliktsituation im Verhältnis zum Staat, der sich zentralistisch festigen will. Man sollte die separatistischen Bestrebungen in einzelnen Regionen einmal aus diesem Aspekt sehen, obwohl akute politische, soziale, demographische Gründe genug Zündstoff liefern. Der schon zitierte Diaz-Plaja weist darauf hin, daß die »größten Ruhmestaten« der spanischen Geschichte »nicht bei der Verteidigung eines Landes, sondern bei der Verteidigung von Städten vollbracht wurden: Sagunto, Numancia, Zaragoza, Gerona«. Nicht der abstrakte Staat, sondern das seiner Person und Familie verbundene und nächstliegende Konkrete ist wert, verteidigt zu werden.

In den vergangenen drei Jahren bin ich mit dem Wagen an die 20 000 Kilometer quer durch Spanien gefahren, nicht gezählt die anderen Verkehrsmittel. Obwohl ich Spanien schon vordem mehrere Male besucht hatte und mir einzelne Regionen vertraut waren, hatte ich für die erste gezielte Reise nur ein paar Adressen in der Tasche. Daraus wurde ein Netz von Freundschaften und Bekanntschaften. Nur die persönliche Empfehlung öffnet die spanischen Türen, dann allerdings zu vorbehaltloser Gastfreundschaft, während im offiziellen Umgang trotz aller verbindlichen Manieren leicht ein Rest von Distanz oder gar Mißtrauen bleibt. Ein Mißtrauen gegenüber dem Fremden, der es unternimmt, etwas über Spanien zu sagen. Auch das gehört zu Spanien (und zur Entstehung dieses Buches).

Am liebsten sind mir die unberechenbaren, die zufälligen Begegnungen. Sie können aufschlußreicher sein als jeder perfekt vorbereitete Plan.

In Bechi, auf der Suche nach einem jungen Kleriker, kamen wir in ein Fortbildungsseminar für Priester. Wir wurden gastlich aufgenommen, diskutierten einen Nachmittag mit den Klerikern und Professoren. Uns überraschte, wie hier fern jeder staatskirchlichen Konvention junge, salopp gekleidete Priester dabei waren, fortschrittliche soziale und pastorale Praktiken vorzubereiten.

In Madrid saßen wir im schmalen Arbeitszimmer eines Romanautors und Kommunisten, der uns seinen Haftbefehl zeigte. Die übliche Strafe für die Teilnahme an der Mai-Demonstration. Er erklärte trocken, er wolle lieber – aus Würde, por dignidad – vier Gefängniswochen ertragen als ersatzweise dem Staat 30 000 Peseten zu zahlen, sich mit Geld loszukaufen.

In der Madrider Plaza de toros sahen wir, wie ein schmächtiger Junge über die Barriere sprang und mit seinem roten Pullover den Stier reizte. Das Volk schrie auf, denn ehe die verdutzten Toreros hinzuliefen, hatte der bullige Stier den Espontaneo auf die Hörner genommen und über den gelben Sand der Arena gestoßen.

In Granáda zitierte ein invalider Parkwächter, den wir nach Fuentevaqueros fragten, Verse von García Lorca. Ein paar Schritte weiter, an einer Bushaltestelle, trafen wir zwei Bürgerkriegsveteranen, die ungeniert ihre Sympathie für das Nazi-Deutschland erklärten.

Vor Valladolid erzählte uns ein junger Soldat, ein Gallego, seine triste Familiengeschichte. Auf dem Eselmarkt im Barrio de San Francisco von Ronda lud uns ein verschwitzter, schnurrbärtiger Campesino zum Hähnchenessen ein.

Solche Begegnungen ließen sich beliebig weiternotieren. Ich hätte Anlaß genug, auf die außerordentliche Gastfreundschaft und auf die Manieren der Spanier hinzuweisen. Wo gäbe es bessere Manieren, in allen Bevölkerungsschichten, wenn nicht in Spanien? Respekt gegenüber dem anderen wie für die eigene Würde forderte schon Calderóns Richter von Zalamea. Und wer heute auf spanischen Straßen fährt, trifft die höflichsten und hilfsbereitesten Lastwagenfahrer Europas. Doch was ist darüber hinaus das Verbindende, das spezifisch Spanische?

Ich will versuchen, ausgehend von der geopolitischen Lage und der geographisch-morphologischen Struktur des Landes einen Ansatz zu finden.

»Verborgenes Land«, so sollen die Phönizier Spanien genannt und damit der Abgeschlossenheit und Unzugänglichkeit der Halbinsel einen Namen gegeben haben. Die maurischen Eindringlinge glaubten, Spanien sei eine Insel. Beides, das »Verborgene« und das »Insulare«, kennzeichnet Spanien, bedenkt man, daß der paßarme Pyrenäenwall die Halbinsel vom europäischen Festland abriegelt.

Die geopolitische Abgeschlossenheit, verbunden mit der politischen Geschichte, fördert dort, wo es um nationale Interessen geht, das Bewußtsein des Eigenseins, des Andersseins, auch eine Neigung zum Herausgenommen- und Erwähltsein oder, worauf schon hingewiesen wurde, zum trotzigen Isolationismus.

Nur auf spanischem Boden konnte die sogenannte Leyenda Negra, die Schwarze Legende, entstehen. Sie gründet auf der Annahme, daß die Feinde Spaniens aus Neid, Bösartigkeit, Unverständnis die Vorurteile gegenüber Spanien schüren oder sich gegen Spanien verschworen haben. In bestimmten geschichtlichen Augenblicken schuf die emotionell angefachte Leyenda Negra eine plebiszitäre Gemeinsamkeit. Sie kam in der jüngeren Geschichte als Treuekundgebung des Volkes oder doch weiter Teile des Volkes dreimal dem Franco-Regime zugute. 1946, als die UNO das Franco-Regime ächtete. 1962, als sich die oppositionellen Kräfte außerhalb Spaniens gegen Franco verbündeten und das Münchener Manifest veröffentlichten. Im Dezember 1970, als anläßlich des Búrgos-Prozesses von einer »Verleumdungskampagne des Auslands gegen Spanien« gesprochen wurde.

Franco gelang es tatsächlich, das Plebiszit allein auf seine Person, auf den Caudillo, zu lenken, unabhängig von den unterschiedlich agierenden oder reagierenden Machtgruppen des Landes. Die Beispiele zeigen, wie geschickt der Politiker Franco die tief eingewurzelte Leyenda Negra, das latente Mißtrauen gegenüber dem Ausland oder anders ausgedrückt den durch die »insulare« Abgeschlossenheit geschärften nationalspanischen Eigensinn für seine Zwecke dienstbar zu machen versteht.

Doch im selben Maße, wie die geopolitische Lage zusammenbindet (Madariaga spricht von der Burg Spanien) zu einer abwehrbereiten Nation, sind die innerspanischen Gegensätze schroff, nahezu unüberbrückbar. Die geographische und landschaftliche Struktur begründet die innerspanische Vielheit und Gegensätzlichkeit. Wie »Festungsmauern« die Halbinsel von Europa trennen, so ziehen »Festungsmauern« quer durch das Land, trennen Regionen, Provinzen, Städte und Dörfer voneinander. Insofern betont Madariaga den »zentrifugalen Charakter« Spaniens.

Wer von den Küstenstädten, von Bilbao oder Málaga, von Valencia oder La Coruña nach Madrid fährt, hat abenteuerliche Bergfahrten zu bestehen. Teils steigen unmittelbar an der Küste die Küstenkordilleren an, teils lassen sie einen schmalen Randstreifen frei, der am Mittelmeer wie am Atlantik mit bemerkenswerter Energie urbanisiert und für den Tourismus erschlossen wird. Nur in den Gebieten um Valencia und Murcia dehnen sich größere wasserreiche, fruchtbare Ebenen aus. Die Küstenkordilleren, im Süden und Südosten die Betischen Kordilleren, im Osten das Bergland im Rücken Valencias und die Katalanischen Kordilleren, im Norden nach dem

Pyrenäenriegel die Baskischen Berge und die Kantabrischen Kordilleren ummauern den massiven spanischen Gesteinssockel und bekräftigen den Charakter des Unzugänglichen, der spanischen »Burg«.

Über zwei Drittel der Halbinsel erstreckt sich eine Folge ausgedehnter Hochflächen mit unterschiedlicher Höhe zwischen 600 und 1000 Metern, schroff, karg, wasserarm, die Meseta. Aber die für Spanien und spanische Wesensart typische Meseta ist nicht einheitlich wie etwa das südliche Teilstück der hochflächigen Mancha. Die Meseta wird wiederum von querlaufenden Bergketten, von Hochplateaus, zerklüfteten Senken, mäandrischen Flußtälern durchschnitten, zergliedert, variiert.

Zwei weitere Kennzeichen der geographisch-landwirtschaftlichen Mannigfaltigkeit: In Andalusien, zwischen der Sierra Morena und den Betischen Kordilleren, zieht der Guadalquivir nach Südwesten ein breites Tal. Durch Aragonien, auslaufend in Katalonien, zwischen den Pyrenäen und dem Iberischen Gebirge, verläuft der breite Graben des Ebro nach Südosten.

Dieses so gegensätzlich strukturierte Land, unzugänglich von außen her wie im Innern, dem alle natürlichen, planen, geradlinigen Verbindungen fehlen, dem von der Natur Sperren, Bergwälle, Gräben, Eingrenzungen aufgedrängt sind, muß geradezu zum Individualismus, Regionalismus und Separatismus verführen. Ein solches Verhalten, solche Bestrebungen bilden ein Grundmotiv der spanischen Geschichte bis in unsere Tage.

»15mal Spanien« ist der Titel dieses Buches. Er könnte ebenso lauten: 15 mal 15 mal 15 Spanien, denn jede der 9214 spanischen Ortsgemeinden, jede der vierundfünfzig spanischen Provinzen präsentieren ein eigenwilliges Stück Spanien. Wenn wir sagen »15mal Spanien«, so bezieht sich die Zahl auf die historischen Regionen und Königreiche, die in Geschichte wie Gegenwart wirksamste Gliederung Spaniens, die auch im Volkscharakter, zum Teil in der Sprache deutliche Unterschiede markiert.

Die Spanier sind leidenschaftliche Lokalpatrioten. Sie sagen mi pueblo, mi tierra mit einer besitzstolzen Würde, die jedem Staatsrigorismus zu schaffen macht. In El Toboso in der Mancha saß ich bei 45 Grad im Schatten neben einem Campesino, der bei seinem traubenbeladenen Wagen wartete. Er zeigte mit einer Armbewegung an, was er mi tierra nannte. Für ihn lag Madrid in einer abstrakten Ferne, hinter den Bergen. Identifizieren wollte er sich nur mit dem, was seine Augen überblicken konnten, was er begreifen konnte und was ihm gegenwärtig war. Als ich ihn, im Dorf der Dulcinea, nach Don Quijote fragte, schüttelte er den Kopf mit dem grauen, im Nacken gebundenen Kopftuch der Manchegos, no lo conozco.

Mi tierra, das ist zunächst der Heimatort mit dem überschaubaren Land, dann als größere Einheit, die Zusammengehörigkeit bewirkt, die Region. Nicht die verwaltungstechnisch institutionalisierte Provinz, sondern die größere Region umgrenzt verbindende ethnische, lebensmäßige, kulturelle und sprachliche Eigenheiten. Aber kein europäisches Land stellt sich in seinen Regionen differenzierter dar als Spanien. Diese Differenziertheit hat Gründe, die über die geographische Vielfalt des Landes hinausreichen: die geschichtliche Entwicklung, die die alten selbständigen Königreiche widerstrebend der kastilischen Oberhoheit untertan machte; die heterogene völkische und sprachliche Gruppierung, die zum Beispiel Basken, Katalanen und Andalusier scharf voneinander trennt; aber auch die äußerst differenzierten geographisch und klimatisch abhängigen regionalen Lebensbedingungen.

In den Redensarten, die von Dorf zu Dorf, von Region zu Region gebräuchlich sind, findet die Differenziertheit, vor allem durch abschätzende Urteile, einen unüberbietbaren Ausdruck. Anderswo sagt man von den Katalanen, sie seien »unhöflich und herzlos«, von den Gallegos, »sie mischen sich in alles ein«, von den Extremeños, »sie essen Katzenfleisch«, und die Andalusier »sind faul und geschwätzig«.

Allerdings mischen sich in solche Redensarten Vorurteile, die einer genauen Prüfung nicht standhalten. Um so merkwürdiger fand ich es, daß regionale Vorurteile noch heute selbst klugen Männern den Blick für die Realität verstellen. Ein leitender Mönch des Klosters Montserrat sagte mir: Wir sind Katalanen; was in Gibraltar geschieht, interessiert uns nicht. Ein Delegádo in Granada, nach den Katalanen befragt, antwortete mit abschätzender Handbewegung: Die Katalanen? Ach wissen Sie, die rechnen noch beim Tanzen. (Womit alles gesagt war: Der katalanische Tanz, die Sardana, deren Tanzschritte gezählt werden, als Ausdruck der anderswo mit Mißtrauen bedachten katalanischen Geschäftstüchtigkeit.)

Ortega y Gasset spricht in seiner »Teoria de Andalucia« (1927) den Andalusiern »die Faulheit als Ideal und als Stil einer Kultur« zu. Er sieht im »vegetativen Ideal« die Grundlage des andalusischen Daseins und notiert mit bemerkenswerter regionaler Selbsteinschätzung:

»Uns nördlichen Menschen erscheint dieses Ideal allzu einfach und primitiv.« Aber Ortega »idealisiert« einen Zustand und vergißt, was durch die Verhältnisse aufgezwungen ist. Die Verhältnisse: Ertragschwache Trockengebiete, kräfteverschleißende klimatische Bedingungen; Großgrundbesitzer, die Ausgaben zur Meliorierung des Landes scheuen, aber die billige Arbeitskraft der Tagelöhner ausbeuten; Saisonarbeit und unverschuldete Arbeitslosigkeit; fehlende arbeitsrechtliche und soziale Sicherungen der Landarbeiter.

Als Gegenbeispiel sei auf den »Plan von Badajoz« hingewiesen, der in den fünfziger Jahren nahezu 5000 Siedlerfamilien eigenes, anbaufähiges Land brachte. Die geänderten Verhältnisse, die erfüllbaren Bedingungen führten zu einer erstaunlichen Arbeitsleistung der angeblich »faulen« Landbevölkerung des Südens. Bereits 1962 hatten die Siedler mehr als 50 000 Hektar bewässertes Land kultiviert, ehemals versumpftes oder verstepptes Land in blühende Kulturen verwandelt, mehr als 30 neue Dörfer gegründet.

Die Frage ist: wie wird ein Land und Volk, das sich selbst so differenziert darstellt, dem von Natur aus eine radikale Gegensätzlichkeit mitgegeben ist, zusammengebunden, zusammengehalten? Wie wird Spanien regiert? Die Antwort weist wiederum auf das Singuläre, auf das »Anderssein« der spanischen Verhältnisse, anders als die Verhältnisse in den westlichen Demokratien, ebenso anders als die derzeitige Obristenherrschaft in Griechenland (was auch spanische Oppositionelle bestätigen).

Die Anhänger des Regimes sagen, Spanien, diese gegensätzlich strukturierte, unruhige, emotionell anfällige Nation, brauche eine starke Hand. Die westliche parlamentarische Demokratie sei für Spanien weder wünschenswert noch auf spanische Verhältnisse anwendbar. Das allgemeine Wohl verlange, auf der Grundlage der Verfassung, die Vormundschaft der Staatsautorität oder anders gesagt die Beschneidung gewisser persönlicher Freiheiten. Das System habe Spanien innere Stabilität und wirtschaftlichen Fortschritt gebracht.

Seit seiner Ernennung am 30. September 1936 in Búrgos, regiert nun im vierten Jahrzehnt General Francisco Franco y Bahamonde, Staatschef und Oberbefehlshaber, Caudillo de España por la gracia de Dios, Führer Spaniens durch die Gnade Gottes.

Der kleine, untersetzte Mann mit der hohen Fistelstimme, dem man nachsagt, er sei eher ein Reagierender als ein Agierender, ist der einzige Staatschef in Europa, dessen Macht seit der Vorkriegszeit bis in die Gegenwart kontinuierlich anhält. Der nationale Volksentscheid vom Juli 1947 bestätigte die unangreifbare Autorität des Caudillo auf Lebenszeit.

Auch wenn Franco darauf besteht, kein Diktator zu sein, ist seine Macht nahezu unbegrenzt. Seine Person und seine Entscheidungen sind unantastbar, von jeder Kritik auszuschließen. Aus freier Machtvollkommenheit kann Franco die Beratungsergebnisse des spanischen Ständeparlaments, der Cortes, billigen oder ablehnen. Franco ernannte und entließ die Minister seines Kabinetts, was er, wie man weiß, rigoros und kaltblütig handhabte. Franco ernannte die Zivilgouverneure der 54 Provinzen und die Bürgermeister der größeren Städte. Er ernannte die Vorsitzenden der 24 Syndikate, der staatlich abhängigen und kontrollierten Gewerkschaften. Er ernannte die Generäle aller Waffengattungen. Er hat gemäß dem noch gültigen Konkordat mit dem Vatikan (seit 1953) das Vorschlagsrecht und das letzte Wort bei der Wahl der spanischen Bischöfe.

Nach allem, was Franco selbst gesagt hat und wie sich sein Regime darstellt, basiert seine Regierung auf autoritären, antiliberalen und antikommunistischen Vorstellungen. Hinzu kommt ein mythisch und irrational durchsetzter Nationalismus, der vor allem aus den Verlautbarungen des Movimiento, der nationalen Einheitsbewegung spricht, aber auch im Verhältnis zum Ausland wirksam werden kann (siehe die Leyenda Negra).

Im September 1962 sprach Franco zum spanischen Volk: »Wir haben dieses Regime nicht auf ein paar scheinheilig gewonnenen Stimmen errichtet. Es ist auf den Spitzen unserer Bajonette und mit dem Blut unserer besten Menschen gegründet.« Wiederholt hat Franco seinem Volk gesagt, daß der parlamentarische Liberalismus Spanien in den Bürgerkrieg gestürzt habe, daß er die »unorganische, formalistische Demokratie«, womit die westliche parlamentarische Demokratie gemeint ist, für unfähig halte. Zur Eröffnung der vierjährigen Legislaturperiode des durch Wahlen und Ernennungen zusammengestellten Ständeparlaments (Cortes) im November 1971 bekräftigte Franco, daß in seinem Land weder politische Parteien noch der zerstörerische Parlamentarismus jemals möglich sein würden. Gleichzeitig nannte der Staatschef Spanien einen sozialen Rechtsstaat.

Das besondere spanische System wird offiziell ausgewiesen als »organische Demokratie«, gesichert durch verschiedene Verfahren der Partizipation des Volkes am Gemeinwesen. So gründe, wie es offiziell heißt, die spanische »organische Demokratie« auf den natürlichen Gegebenheiten des menschlichen Zusammenlebens: auf der Familie, der städtischen Selbstverwaltung, auf den Organisationen der arbeitenden Bevölkerung (Familia, Municipio, Sindicato). In den 1969 veröffentlichten »Conversaciones en Madrid« sagt der bekannte Professor José Luis Aranguren im Gespräch mit dem Herausgeber Salvador Paniker: »Das Regime sagt, daß es eine organische Demokratie sei? – Ich würde übereinstimmen (mit dem Regime), wenn es in Wahrheit das wäre, was es sagt.«

Der gern wiederholte Begriff von der »organischen Demokratie« ist ein Euphemismus, der im Widerspruch steht zur undemokratischen Verfassungswirklichkeit. Wie soll das Volk partizipieren, wenn die Möglichkeiten zur politischen Meinungsbildung und Meinungsvertretung nicht vorhanden sind, wenn es keine freien Wahlen und demokratischen Parteien gibt, wenn im Ständeparlament, den Cortes, aufgrund eines restriktiven Wahlmodus und einer komplizierten Organisation wohl das Regime, nicht aber das Volk repräsentativ vertreten ist?

Es läßt sich nicht leugnen, daß sich das Regime von seiner ideologischen Ausgangsbasis entfernt hat. Heute herrscht keineswegs mehr, wie in den Anfangsjahren des Regimes, die faschistische Diktatur. Schon darum nicht, weil der Einfluß der Falangisten in den vergangenen fünfzehn Jahren entscheidend verringert wurde und liberalere Politiker in den Vordergrund rückten, deren Ziel die wirtschaftliche Entwicklung des Landes ist. 1957 gab Franco das Signal zu einem neuen Kurs, indem er jene Männer in sein Kabinett holte, die man Technokraten nennt. Im Krisenjahr 1962, nach den wilden Streiks der asturischen Bergarbeiter, nachdem die oppositionellen Kräfte im Münchener Manifest für Spanien die demokratischen Grundrechte forderten, entschied sich Franco wiederum für einen einschneidenden Wechsel seines Kabinetts. Sieben Minister wurden ihrer Posten enthoben, darunter einige Altfalangisten und der reaktionäre Informationsminister Gabriel Arias Salgado.

Der neue Kurs brachte, den wirtschaftlichen Notwendigkeiten folgend, eine wenn auch zaghafte Entkrampfung und Milderung des starren politisch-gesellschaftlichen Systems. So gewährte das neue Pressegesetz, das Informationsminister Fraga Iribarne im April 1966 verkündete, durch die Abschaffung der üblen Vorzensur relative Freiheiten. Der Pragmatiker Fraga Iribarne wollte, wie er mir in einem

Gespräch bestätigte, einen »festen Weg der Mitte zwischen den Prinzipien der Freiheit und der Autorität« gehen. Allerdings wurden die Redakteure zur Selbstzensur verpflichtet. Außerdem blieben die staatlichen Druckmittel, von der Papierpreisregelung bis zum direkten Zeitungsverbot, bestehen. Die erlaubte relative Freiheit kann zum Bumerang werden, sobald unerlaubte Themen erörtert werden, zum Beispiel die kritische Auseinandersetzung mit dem Regime oder das Hochspielen regimefremder Ideologien. Dennoch, gemessen an den Verhältnissen vor 1966, kam etwa im Bereich der innenpolitischen Diskussion eine Bewegung auf, die vordem in den Kanälen der Staatszensur erstarrt war.

Das Spanien der siebziger Jahre hat sich von seiner starren faschistischen Anfangsbasis gelöst und zu einem kapitalistischen Obrigkeitsstaat entwickelt, dessen autoritäres Regime die zentrale Aufgabe in der wirtschaftlichen Entwicklung des Landes sieht. Bedenkt man die mangelhaften Voraussetzungen, so hat die Wirtschaft Spaniens — dank der von Franco berufenen Technokraten — in fünfzehn Jahren einen bestaunenswerten Aufschwung genommen.

Das jährliche Pro-Kopf-Einkommen betrug 1936 125 Dollar. Für das Jahr 1970 wurde das Pro-Kopf-Einkommen mit 818 Dollar ausgewiesen, für 1971 knapp unter 900 Dollar. Im November 1971 bezeichnete Entwicklungsminister López Rodó als Fernziel des dritten Entwicklungsplanes die Steigerung des jährlichen Pro-Kopf-Einkommens bis 1980 auf 2000 Dollar. Ebenfalls bis 1980 soll Spanien unter den Industrienationen auf den zehnten Platz vorrücken. Kühne Prognosen, die allerdings eine von Krisen freie politische Entwicklung bedingen.

Im Jahre 1970 konnte Spanien selbst Japans Zuwachsrate an Exporten überflügeln. Während die japanische Zuwachsrate 20,6 Prozent erreichte, steigerte Spanien seine Zuwachsrate auf 27 Prozent. Als Franco im November 1971 vor den Cortes die Bilanz seiner fünfunddreißigjährigen Herrschaft zog, wies er auf die Schaffung von 3,8 Millionen Arbeitsplätzen hin, während die Bevölkerung im gleichen Zeitraum um 8 Millionen wuchs.

Während Spanien im Jahr 1953 noch kein einziges Automobil produzierte, wurden nach dem Aufbau der spanischen Automobilindustrie und in rascher Produktionssteigerung 1969 bereits 370 000 Automobile gefertigt. Während im Jahre 1936 in ganz Spanien 4000 Traktoren arbeiteten, verließen im Jahre 1969 25 000 Traktoren, doppelt soviel wie 1964, die spanischen Fabriken, und der Gesamtbestand an Traktoren wird mit 300 000 angegeben.

Wer das heutige Spanien unvoreingenommen charakterisieren will, wird auch diese enorme wirtschaftliche Progression bedenken müssen. Sie bezeugt den Willen und die Fähigkeit, eine nationale Wirtschaftsstruktur, die in keiner Weise für die Erfordernisse der Gegenwart gerüstet war, so zu entwickeln, zu aktivieren, zu durchplanen, daß sich für das Volk ein besserer und gesicherter Weg in die Zukunft öffnen könnte.

Allerdings wird man die genannten eindrucksvollen Steigerungszahlen aufschlüsseln müssen, um präzisere Resultate zu erlangen. Nur einige Beispiele: Während in den wohlhabenden Baskenprovinzen auf 17 Hektar ein Traktor kommt, muß in der kargen Provinz Cáceres in der Estremadura für 247 Hektar ein Traktor genügen. Im Jahre 1970 lag das Pro-Kopf-Einkommen in Madrid mit umgerechnet 3500 DM etwas über dem spanischen Durchschnittseinkommen. Es betrug hingegen in der Provinz Zaragoza 2300 DM und in der sehr armen Provinz Jaén 1200 DM. (Solche Indexzahlen sind relativ und nur unter gewissen Vorbehalten übertragbar. Dennoch und trotz unterschiedlichen Lebensstandards von Land zu Land bieten sie wenigstens annähernde Vergleichsmöglichkeiten, wenn man etwa vergleicht, daß in den Jahren 1966/68 das jährliche Pro-Kopf-Einkommen in der Bundesrepublik Deutschland 6150 DM, in Frankreich 5800 DM, in Portugal 1440 DM ausmachte.)

In Spanien herrschen krasse Unterschiede von Region zu Region, krasse soziale Unterschiede zwischen den verschiedenen Bevölkerungsgruppen, um es deutlich zu sagen, sozialpolitisch bedingte Ungerechtigkeiten, die zwangsläufig den schwächsten und ärmsten Bevölkerungsteil am härtesten treffen. Der wirtschaftliche Zuwachs stärkt in erster Linie eine kapitalstarke Elite, während das Volk nur sehr begrenzt an den gesamtwirtschaftlichen Erfolgen partizipiert. Nun muß man gerechterweise sagen, daß neue Arbeitsplätze geschaffen wurden (3,8 Millionen seit dem Bürgerkrieg) oder daß spanische Arbeiter auch ohne Hilfe der staatlichen Gewerkschaften und trotz Streikverbots in den letzten Jahren durch manchmal sogar geduldete Streiks partielle Verbesserungen erzielen konnten. Aber die Illegalität solcher Selbsthilfen bringt einen nicht zu unterschätzenden Unsicherheitsfaktor mit sich. Einstweilen bleibt die tiefe Kluft zwischen wachsenden Erträgnissen der Wirtschaft und vernachlässigter sozialer Leistung noch unüberbrückt, wenn auch der neue, seit 1972 laufende wirtschaftliche und soziale Entwicklungsplan zum erstenmal konkrete soziale Aufgaben einbezieht.

Solange die Allianz zwischen Staatsmacht und Kapital anhält, solange das autoritäre Verwaltungsdiktat das Volk von einer wirklichen demokratischen Mitsprache und Mitentscheidung ausschließt, solange sind soziale Ungerechtigkeiten unvermeidbar. So bleibt dem Betrachter auch hier jener Eindruck, den Baltasar Gracián vor dreihundertzwanzig Jahren »sauersüß«, agridulce, nannte. Nämlich einerseits eine außerordentliche nationalwirtschaftliche Leistung, andererseits ein autoritäres System, das seiner Struktur nach soziale Ungerechtigkeiten eher fördert als beseitigt.

Ich gebe zu, daß es für einen Fremden unvergleichlich schwierig ist, das »Anderssein« Spaniens zu begreifen. Auch wenn Spanien geopolitisch wie durch seine bewegende Geschichte und schöpferische Kultur zu Europa gehört, bleibt ein Rest des Unbegreiflichen. Aber ich weigere mich, dem fatalen Romantizismus zuzustimmen, wonach »die drückende Last« des autoritären Regimes zum spanischen Klima gehöre »wie die tödliche Hitze des kastilischen Sommers oder jener messerscharfe Wind, der einem unter die Haut fährt«.

KATALONIEN

Man hat gesagt, Katalonien fehle nichts »von all dem, was der Himmel schenken kann«. Der erste Eindruck scheint das zu bestätigen, wenn der Reisende in Figueras oder Gerona links abbiegt und durch fruchtbares Land, durch Weingärten, Olivenpflanzungen, Korkeichen- und Pinienwälder zu den Fischerdörfern der Costa Brava kommt. Die »wilde Küste«, reich gegliedert durch zahllose teils flachsandige, teils felsige Buchten, mit ihren malerisch gelegenen Fischerorten bietet verlockende Ferienplätze. Kein Dorf gleicht dem anderen. Nur der wachsende Tourismus bringt Uniformität mit sich, aber auch neue Ertragschancen für die Einheimischen.
Ebenso wird, wer in Figueras oder Gerona nach rechts abzweigt und in die Ostpyrenäen gelangt, die Naturschönheit des Landes bewundern. Fremde kommen selten hierher, doch die reicheren Katalanen haben hier, so in Puigcerda oder Camprodón, ihre stattlichen Sommerhäuser, von blühenden Gärten umgeben. Ein ländliches Bergland mit kleinen, von den Zeitläufen nahezu unberührten Dörfern, deren katalanische Namen selbst spanischen Ohren fremd klingen. Grüne Hochflächen, von Eichen- und Nußbäumen beschattet, landwirtschaftlich nutzbare Gebiete, gut bewässert, Koppeln mit weidendem Vieh wechseln mit reizvollen Flußtälern und aussichtsreichen Auffahrten zu den Pässen. Wer die Mühe einer Bergfahrt nicht scheut, wird auf spanischer Seite bizarre Ausformungen der Pyrenäen entdecken, von Geröllfurchen und Schluchten durchzogen, deren schönste die Garganta de Orgaña ist. Wie das Meer den Küstenkatalanen Meerestiere liefert, wie die Wälder um Gerona die Korkrinde liefern, so gibt das Bergland das Holz seiner Wälder, gibt das Tal von Urgel Getreide und die Ebene von Cerdaña wohlgenährtes Vieh.
Aber das alles ist mit dem Blick des Fremden gesehen, oberflächlich und auf kurze Zeiten beschränkt. Wohl kann Katalonien einen gewissen naturgegebenen Reichtum vorweisen, der den kargen mittleren und südlichen Regionen mangelt, doch keineswegs so, daß die

Natur verschwenderisch wäre. Schon der Fischfang bringt geringe Erträge, verglichen mit den Fangmengen an der atlantischen Küste. Die regionale Fangmenge (maximal 20 000 Tonnen im Jahr) vermag nur die Hälfte des katalanischen Bedarfs zu decken. Das Land leidet nicht selten unter den Launen der Natur, wenn extreme Trockenheiten auftreten, wenn periodische Überschwemmungen verheerende Schäden anrichten. 1962 zerstörten Wolkenbrüche nördlich von Barcelona, besonders in Tarrasa und Sabadell, Wohnhäuser und Textilfabriken und kosteten etwa 700 Menschen das Leben. Im Herbst 1971 verheerten wolkenbruchartige Regenfälle das Industriegebiet um Barcelona. Bäche und Flüsse überschwemmten das Land. Die Produktion war teilweise lahmgelegt, Verkehrs- und Telefonverbindungen unterbrochen.

Katalonien – mit seinen Provinzen Gerona, Barcelona, Tarragona und Lérida – umfaßt nicht nur freundliche, ertragreiche Gebiete, sondern auch verstepptes, niederschlagsarmes Land ohne Vegetation, ungesundes Sumpfgelände und rauhes, bis zu dreitausend Metern Höhe ansteigendes Gebirge. Dennoch ist Katalonien die dichtest besiedelte Region der Iberischen Halbinsel, mit 152 Menschen je Quadratkilometer. (Durchschnittlich leben in Spanien 64 Menschen je Quadratkilometer). Während Katalonien flächenmäßig mit 31 930 Quadratkilometern etwa ein Fünfzehntel der spanischen Gesamtfläche einnimmt, beträgt der Bevölkerungsanteil mit 4 845 000 Katalanen etwa ein Siebentel der spanischen Gesamtbevölkerung.

Katalonien verdankt seine relative Wohlhabenheit allein der Tüchtigkeit und dem Unternehmungsgeist seiner Bevölkerung. Trotz einer unbedeutenden Rohstoffbasis, unbedeutend gegenüber den asturisch-kantabrisch-baskischen Provinzen, ist etwa ein Viertel der katalanischen Bevölkerung industriell tätig. In der Provinz Barcelona sind es 55,9 Prozent neben 9,5 Prozent in der Landwirtschaft Beschäftigten. Aber sie arbeiten vorwiegend in Familienbetrieben und kleineren Industriezweigen, die aus dem spätmittelalterlichen Handwerk erwachsen sind, wie die Textilindustrie mit ihren Webereien, Spinnereien und dem Ergänzungsgewerbe. 1960 existierten allein in Sabadell 525 und in Tarrasa 371 Wollfabriken.

Der Familiensinn, das Seßhafte, konservativ Beharrende, der realistische Geschäftssinn, der sich mehr im Kleinen, Überschaubaren als in großen, riskanten Unternehmungen verwirklicht, solche Eigenschaften lassen an schwäbische Mentalität denken. Doch muß man einige typisch spanische Charakterzüge hinzudenken, vor allem den stark ausgeprägten Individualismus und ein unnachgiebiges Ehrgefühl, das zumal dort empfindlich reagiert, wo es um die eigene, die katalanische Sache geht.

Nicht ohne Grund können die Katalanen stolz auf ihre Eigenart sein. Sie nutzen ihre Talente, nutzen das Ererbte und das von der Natur Gegebene mit mehr Geschick als die Bewohner anderer Regionen. Ein spanisches Sprichwort sagt: Los Catalanes, de las piedras sacan panes. Die Katalanen machen noch aus Steinen Brot. In das derzeitige spanische Wirtschaftsleben übertragen heißt das: Die aus kleinen Anfängen entwickelte katalanische Textilindustrie kleidet ganz Spanien, liefert Wäsche, Strümpfe und alle Kleidungsstücke. Da die Großindustrie wegen der mangelnden Rohstoffe keine Chancen hatte, hielten sich die katalanischen Unternehmer an jene Gebrauchsgüter, die sich in überschaubaren Produktionsstätten herstellen ließen. Neben den Textilien sind das Nahrungsmittel, Schuhe, Holz- und Kork-, Papier- und Druckerzeugnisse, Chemikalien, Keramiken und Baustoffe. In diesen inzwischen industrialisierten Produktionen steht Katalonien an erster Stelle des spanischen Marktes.

Gerona und die Costa Brava

Gerona, die Stadt an der Mündung des Oñar in den Ter, ist Provinzhauptstadt, Bischofssitz und Marktzentrum des Landes bis zur Grenze. Wer von Figueras oder Barcelona kommt, passiert zunächst die emsige Neustadt am linken Ufer des Oñar, während am anderen Ufer des Flusses die Häuser der Altstadt hügelan steigen, überragt von der eckigen Westfassade der Kathedrale, zu der eine breite Freitreppe mit 86 Stufen hinaufführt. Die dichtgedrängten Häuserfassaden spiegeln sich im trägen Wasser des Flusses. Aber in der Neustadt wie in der treppenreichen, verwinkelten Altstadt mit ihren Handwerksbetrieben geht es immer lebhaft zu.

Diese Kleinbetriebe sind auf die Bedürfnisse der Einheimischen zugeschnitten. In erster Linie ist Gerona Markt, Umschlagplatz, Einkaufszentrum für die Provinz. Hinzu kommt die Korkverarbeitung, meist in Familienbetrieben und kleinen mechanisierten Stöpselfabriken. Gerona (mit den Zentren der Korkverarbeitung Palafrugell,

Gerona und die Costa Brava

Palamós und San Feliú) erzeugt drei Viertel der spanischen Korkwaren.

Die Geronesen sind selbstbewußt. Sie haben sich oft ihrer Haut wehren müssen, sahen Römer, Westgoten, Mauren, Franken und Franzosen in ihren Mauern, die sich festgefügt erhalten haben. Als Karl der Kühne die Stadt belagerte, half der heilige Narziß, indem er in die Reihen der Belagerer dichte Wolken von Fliegen und Schnaken trieb. So will es die Legende, und Narziß wird jährlich Ende Oktober mit großem Aufwand gefeiert. Das Selbstbewußtsein der Geronesen nahm durch den Beistand des Heiligen keinen Schaden. Im 14. Jahrhundert waren ihre Goldschmiede weltberühmt. Ihr Meisterwerk, ein Retabel aus getriebenem und zisieliertem Silber, mit Steinen besetzt, überdacht von einem Baldachin in gleicher Art, schmückt den Hochaltar der Kathedrale. Im 15. Jahrhundert wünschten die Geronesen für ihre Kathedrale (Baubeginn 1312) das weitestgespannte Kirchengewölbe der Welt. Eine riesige Halle entstand, 60 Meter lang, 22 Meter breit, 34 Meter hoch, beispielhaft für die katalanische Gotik, ihre Strenge und Einfachheit.

An den romanischen Ursprung der Kathedrale erinnert der Kreuzgang aus dem 12. Jahrhundert, einer der schönsten und besterhaltenen romanischen Kreuzgänge. Die in Katalonien, besonders in der Grenzprovinz Gerona, zahlreichen und bedeutenden romanischen Kirchen, Portale, Kreuzgänge sind Ausdruck der Rückbindung an die europäische Kultur. Man denke nur an die Klöster San Juan de las Abadesas und San Pedro de Roda, an Besalú Estany Vich und das Meisterwerk katalanisch-romanischer Skulptur im großen Portal von Ripoll, die entstanden, als Spanien noch zum größten Teil unter maurischer Herrschaft stand.

Kostbare maurische Arbeiten aus der gleichen Zeit bewahrt das kleine Kapitelmuseum neben der Kathedrale. Doch das wertvollste Stück der Sammlung, der in seiner Art einzig erhaltene Schöpfungsteppich (frühes 12. Jh.), naiv in der figurenreichen Bilderzählung, frisch in den Farben, weist eindeutig auf die Kunstsprache Nordwesteuropas.

Wer dann noch durch die romanische Pforte der Calle Forsa zur romanisch-gotischen Stiftskirche San Feliú geht, begegnet dem römischen Erbe Geronas. In der Chorwand sind prächtige römische und frühchristliche Sarkophage eingemauert. Sie erinnern an die Römerzeit und daran, daß die Römer der Stadt den Namen Gerunda gaben, woraus Gerona wurde. Gerona lebt mit seiner Vergangenheit, der Geschichte, den Kunstwerken in einem Selbstverständnis, das keiner attraktiven Zurschaustellung bedarf und auch vor Überfremdung sicher ist. Das alles ist ebenso gegenwärtig wie der Handel auf dem Markt oder der Ankauf einer Ladung Korkrinde.

Nach halbstündiger Autofahrt erreichen wir die schönsten Partien der Costa Brava. Ich bin den Weg wiederholt und im Abstand von etlichen Jahren gefahren, über Santa Cristina nach San Feliú oder Playa de Aro oder Tossa. Hier, genaugenommen zwischen Palamós und Blanes, liegen die verlockendsten und von den Touristen begehrten Plätze der Costa: das Fischerstädtchen Palamós mit seiner reizvollen Hafenbucht und der lebhaften Fischversteigerung nach der morgendlichen Rückkehr der Fangboote; Playa de Aro und S'Agaró mit feinkörnigen Sandstränden, leider zunehmend überfremdet und von emsigen Spekulanten mit Hochhäusern versorgt; San Feliú de Guixols, das Zentrum der Korkverarbeitung, mit seiner respektablen Strandpromenade und einer vielbesuchten Stierkampfarena; Tossa de Mar mit römischen Mauerresten und mittelalterlichen Wehrtürmen, die gegen Seeräuber und Eroberer Schutz boten, das kleine weiße Städtchen, fast erdrückt von zahllosen Hotelneubauten und den Touristen, die in der Saison die enge Hauptstraße bevölkern. Aber immer noch sitzen in den Seitengassen abends die Frauen auf kleinen Stühlen, das Gesicht zur Wand, und reden vom Tag, während Katzen um ihre Beine schnurren. Lloret de Mar, weiträumiger, weniger zwischen Klippen und Korkeichenhügel eingekeilt wie Tossa, hat sein Dasein als Fischerstädtchen längst aufgegeben oder doch stark reduziert zugunsten des lebhaften, einträglicheren Tourismus. Vor allem deutsche Gäste trifft man an den weitgespannten Stränden und in den weißen Gassen. Das gleiche gilt für Blanes, wo die Berge auslaufen und schon die Küstenniederung vor Barcelona beginnt. Hier hat der Deutsche Karl Faust (1952) einen prachtvollen Botanischen Garten angelegt, in welchem über 3000 Pflanzenarten des Mittelmeerraums gehegt und gezüchtet werden.

Um Blanes wie zwischen den Küstenstädtchen bestimmen Hügel mit Pinien- und Korkeichenwäldern (diese vor allem bei Tossa) das landschaftliche Bild. Für mich gehört die Bergküstenstraße zwischen San Feliú und Tossa, mit mehr als 360 Kurven auf einer Strecke von 25 Kilometern, zu den reizvollsten Küstenstraßen Europas. Hier wird der Name Costa Brava, der »wilden, steilen, prächtigen« Küste (trotz eines sanften, gemäßigten Klimas) begreiflich.

Etwas ruhiger als dieser zentrale Teil der Costa Brava ist der Küstenabschnitt nördlich von Palamós, obwohl auch hier die Tourismusplaner eifrig urbanisieren. Noch immer gibt es Orte ohne Straßenverbindung, nur zu Fuß zu erreichen wie Aigua Xellida. Weiter nördlich öffnet sich die weite Ebene von Ampurdán am Golf von Rosas. Das Fischerstädtchen La Escala, noch auf einem kleinen Vorgebirge malerisch gelegen, ist Ausgangspunkt für den Besuch der Ruinen von Ampurias, wo Archäologen seit 1941 Häuser- und Tempelreste, herrliche Mosaikböden aus römischer und griechischer Zeit freigelegt haben. Dann folgt im Mündungsgebiet des Rio Fluviá Bauernland, wo Reis und Getreide angebaut werden, wo Olivenhaine mit Weingärten abwechseln. Bauern und Fischer, oft in einer Person vereint, wohnen hier in kleinen stillen Dörfern.

Erst an der Nordseite der großen Bucht von Rosas drängen die felsigen Ausläufer der Pyrenäen wieder ans Meer. Rosas mit seinen faszinierenden Sonnenuntergängen lockt neuerdings die Touristen an, gibt sich lebhaft und weltoffen, während das weiße Cadaqués, von der Barockkirche überragt, unter allen Fischerstädtchen der Costa am ehesten sich selbst und seiner durch die Lage bedingten Abgeschiedenheit treu blieb.

Dafür sorgt an der nahen Bucht von Port Lligat, durch einen Hügel von Cadaqués getrennt, ein genialer exzentrischer Künstler für ein immerwährendes Spektakulum, Salvador Dali. Der Sohn eines Notars aus Figueras hat sein Landhaus an der Bucht durch kubische Anbauten und bizarre Zugaben zu einer weißen Burg des Surrealismus ausgestaltet. Salvador Dali hat die Verrücktheiten, auch die Ängste seiner Zeit konsequent zu seiner Kunst gemacht. Er hat aus jedem Firlefanz Kapital geschlagen, und nicht zu Unrecht bezichtigte man ihn des Größenwahns und der Scharlatanerie. Aber darin, daß er Port Lligat zum Zentrum der Welt erklärt, äußert sich, wenn auch bis zur Verstiegenheit vorgetrieben, katalanisches Selbstbewußtsein.

Barcelona

Der Kastilier Cervantes schrieb der Stadt eine bestechende Huldigung. Er nannte Barcelona: »Sitz der Höflichkeit, Asyl der Fremden, Freistätte der Armen, Heimat tapferer Menschen, Zufluchtsort der

Gekränkten, Mittelpunkt echter Regungen, eine Stadt, in ihrer Lage und Schönheit einzigartig.« Aber man muß schon auf den Tibidabo (532 Meter) hinauffahren, der das Stadtgebiet von Barcelona landeinwärts im Nordwesten begrenzt, um zu erkennen, was Cervantes »en sitio y belleza unica« nannte. Vom Berg Tibidabo aus, zurückschauend, bietet sich dem Auge ein großartiges Stadtpanorama: die zum Meer hin abfallende, reich gegliederte Ansammlung der Häuser, Paläste, Türme, durchschnitten von den Avenidas und Ramblas, breit ausgefächert; im Hintergrund der Hafen und das Meer; an den Landseiten die Hügel, die das Stadtgebiet auf 91 Quadratkilometer einschnüren und übrigens auch der Ausbreitung der Stadt natürliche Grenzen setzen.

Wer auf einer der Zufahrtsstraßen von Norden oder Süden nach Barcelona kommt, wer die Vorstädte mit den veralteten Fabriken und vernachlässigten Arbeitervierteln passiert, der wird kaum Anlaß haben, von »einzigartiger Schönheit« zu sprechen. Ebenso ergeht es dem, der die Stadt auch nur ein paar Tage durchstreift der nicht nur die Ramblas und den Barrio Gótico kennenlernt, sondern auch die Viertel, die sich westlich von den Ramblas bis zum Montjuich ausbreiten, oder die Barackenviertel zwischen Barcelona und der Besósmündung, wo noch 1964 13 Prozent Analphabeten gezählt wurden.

Ich will sagen, mit dem Begriff »schön« oder »belleza unica«, wie Cervantes vor dreihundertfünfzig Jahren schrieb, ist der heutigen Stadt nicht beizukommen. Barcelona ist eine lebendige, geschäftige, weltoffene, vitale Stadt, eine Stadt, deren offensichtliche Heterogenität jeder raschen Klassifizierung widersteht.

In Barcelona drängt sich dem ersten Blick das Betriebsame, die Geschäftigkeit, der vom Kommerz bestimmte Alltag auf, im Kleinen wie im Großen. Barcelona ist Spaniens erste Handels- und Industriestadt, worauf die Barcelonesen mit berechtigtem Stolz hinweisen, zumal ihre Stadt nach Einwohnerzahl (zwei Millionen) und politischer Bedeutung an zweiter Stelle steht. Aber zugleich sind in Barcelona die Künste zuhause, die Musik vor allem. Die Musikfestwochen wie das »Festival de la Canción Mediterranea« sind internationale Veranstaltungen und genießen Weltruhm. Das »Teatro del Liceo«, vor allem durch seine Wagnertradition bekannt, gehört zu den führenden Opernhäusern Europas.

Bildende Künste und Literatur sind den Barcelonesen durch lange

Übung vertraut. Zum Stadtbild gehören die bizarren Bauten des Jugendstil-Architekten Antoni Gaudí, den die Katalanen als einen der Ihren verehren und »un dels més grans genis de l'arquitectura moderna« nennen, eines der größten Genies der modernen Architektur. Barcelona beherbergt nach dem Prado in Madrid das interessanteste Museum Spaniens, das »Museo de Arte de Cataluña«.

Was die Literatur anbetrifft, so hat Barcelona als führende spanische Verlagsstadt eine ehrwürdige Tradition. In einem Jahr (1968) veröffentlichten die Verlagshäuser Barcelonas 14 180 Werke mit 88 Millionen Exemplaren (ohne Broschüren und Zeitschriften). Hinzu kamen 3477 übersetzte Werke. Sehr beachtlich ist der hohe Anteil der sogenannten schönen Literatur, nämlich 35 Prozent der veröffentlichten Werke und 40 Prozent der Exemplare. Zum Vergleich: In der Bundesrepublik Deutschland betrug dieser Anteil Ende der sechziger Jahre etwas mehr als 19 Prozent. Von jedem in Barcelona veröffentlichten Buch wurden durchschnittlich 6200 Exemplare gedruckt.

Ich weiß nicht, ob die Barcelonesen besonders eifrige Leser sind. Jedenfalls werden die Buchhandlungen und die Bücherstände auf den Ramblas und in der Nähe der Universität lebhaft besucht. Die Auslagen zeigen ein breites internationales Angebot, bei dem der Anteil von Übersetzungen aus dem Deutschen in den letzten Jahren stark gewachsen ist. Man sieht u. a. Übersetzungen von Böll, Brecht, Dürrenmatt, Grass, Nelly Sachs, Peter Weiss, zum Teil auch ins Katalanische übertragen. (Brechts Theaterstück auf katalanisch: »La bona persona de Sezuan«, leicht zu erraten wie Bölls Roman: »Billar a dos quarts de deu«.)

In mehreren Auslagen fand ich allerdings auch dubiose Erinnerungsbücher ehemaliger Luftwaffenoffiziere, Titel wie »Ases de la Luftwaffe« oder »Piloto de Stukas« oder »Hasta el final«, auf dem Umschlag das dazugehörende Hakenkreuz, oder Skorzenys »Autobiografia del Libertador de Mussolini« mit dem bezeichnenden Titel »Gefährlich leben«. Der Zweite Weltkrieg als Abenteuer, in den Buchhandlungen angepriesen und verkauft, eine erschreckende Vorstellung. Aber auch solche Beobachtungen, nicht nur auf Barcelona beschränkt, dokumentieren die spanische Wirklichkeit, die spanische Gegenwart — wie die Karussells im Vergnügungspark auf dem Tibidabo, wo den Kindern Kriegsgeräte, Tanks, Panzerwagen mit Maschinengewehren zur fröhlichen Rundfahrt angeboten werden und stets als erste besetzt sind.

Ist Barcelona eine tolerante und menschenfreundliche Stadt? Wer nicht nach dem üblichen Schema verfahren will, muß differenzieren, muß vor allem seine eigenen Erfahrungen befragen. Natürlich sind die Barcelonesen tolerant und freundlich. Es sind Eigenschaften, die nahezu selbstverständlich zum familiären und ungezwungenen Klima der Stadt gehören. Fremde Besucher bleiben in Barcelona nicht lange fremd, fühlen sich bald aufgenommen und auf denkbar unkomplizierte Weise dazugehörig. Das ist keineswegs selbstverständlich, wie der Vergleich mit der Kapitale Madrid zeigt. Dort ist das menschliche Klima verhaltener, distanzierter. Freundlichkeit oder gar Sympathie sind nicht direkt zu erwarten, sondern bedürfen, um sich kundzugeben, irgendeines Anstoßes.

Im Gegensatz zu Madrid ist Barcelona als mediterrane Hafenstadt im Umgang mit Fremden geübt. Das bringt der Hafen mit sich, der Handelsaustausch, aber auch die Lage in der Nähe Europas. Europäischer Einfluß war in Barcelona von jeher wirksamer als in jeder anderen Stadt Spaniens. Hinzu kommt der katalanische Wirklichkeitssinn, der Sinn für das real Notwendige und resolutes Handeln, der sich von der Neigung der Kastilier zu idealisierter Exklusivität unterscheidet. Katalanischer Wirklichkeitssinn öffnet die Beziehungen zu anderen Menschen, fördert Toleranz und Freundlichkeit.

Doch fiel mir wiederholt auf, daß die Toleranz dort verhaltener bleibt, wo es um die eigene Sache geht, wo katalanisches Selbstbewußtsein aufgerufen ist. Das macht sich vor allem im Verhältnis der Barcelonesen zu Madrid, zur Zentralregierung und zum Regime Francos bemerkbar, politisch wie menschlich ein von gegenseitigem Mißtrauen geladenes Verhältnis.

Einmal führte mich ein freundlicher älterer Barcelonese durch die Gassen der Altstadt. Auch diese spontane Hilfsbereitschaft gehört zum menschenfreundlichen Klima der Stadt. Nur, als wir zur Plaza de Cataluña kamen und ich auf die spanische Fahne zeigte, die über einem staatlichen Gebäude wehte, sagte er abrupt und nahezu gekränkt: Das ist nicht unsere Fahne. Ein andermal fragte ich nach der »Avenida del Generalisimo Franco« und bekam prompt zur Antwort: Sie meinen wohl die »Diagonal«. Hartnäckig ignorieren zumindest zahlreiche Barcelonesen den offiziellen Namen der Avenida, den Namen Francos. Ich erinnere mich eines Gesprächs mit einem führenden Katalanen, der mich mit unüberhörbarem Vorwurf fragte: Warum sitzen die Korrespondenten Ihrer Zeitungen in Madrid und nicht, wenigstens zeitweise, in Barcelona, obwohl Barcelona in mancher Hinsicht die erste Stadt Spaniens ist?

Einzelne persönliche Erfahrungen, gewiß, die aber in der Summierung ein Verhalten kennzeichnen, das zwischen Empfindlichkeit und schroffer Ablehnung pendelt, sobald das Verhältnis zu Madrid angesprochen wird. Diese Spannungen resultieren nicht nur aus der derzeitigen politischen Situation, nicht nur aus den Ereignissen während und seit dem Bürgerkrieg, sondern haben eine lange Geschichte.

Ein Wahrzeichen Barcelonas ist die Kolumbussäule, das Monumento a Colón. Die Säule mit der Weltkugel und der acht Meter hohen Bronzestatue des Kolumbus steht am Hafen, dort, wo sich die Hafenparallele Paseo de Colón zur Plaza de la Paz erweitert, um nach Süden zum Montjuich weiterzuführen. Jeder fremde Besucher kommt einmal hierher. An der Puerta de la Paz beginnen die Ramblas, die beliebtesten Straßen Barcelonas, die trotz wechselnder Namen geradenwegs nordwestlich zur Plaza de Cataluña ziehen, dem Mittelpunkt der Stadt. Auf der entgegengesetzten Seite der Plaza de la Paz öffnet sich das Hafenbecken, liegen im öligen Wasser die Boote für eine Hafenrundfahrt und ankern die Passagierdampfer. Wer will, kann auf eine Nachbildung der Karavelle »Santa Maria« klettern, die neben Motorbooten und Golondrinas im Wasser schaukelt, Anschauungsunterricht in Geschichte. Auf dem gleichen plumpen Holzkasten entdeckte Kolumbus 1492 die Westindischen Inseln.

Was verbindet Barcelona mit Kolumbus, der auf seiner Säule der Stadt den Rücken zuwendet und auf das Meer zeigt? Im April 1493 kam Kolumbus nach Barcelona. Die Barcelonesen konnten den exotischen Aufzug des Weltentdeckers bewundern. Er führte sechs leibhafte Eingeborene des fremden Kontinents mit sich, buntschillernde Papageien, Fruchtstauden und Beutegut. Im Schloß der Grafen von Barcelona gab er dem kastilisch-aragonesischen Königspaar Ferdinand und Isabella Rechenschaft über das entdeckte Land.

Jedoch die Entdeckung der Neuen Welt war für Barcelona verhängnisvoll. Die bis ins 15. Jahrhundert führende Handelsstadt am Mittelmeer, Konkurrentin von Genua und Venedig, wurde vom Amerikahandel ausgeschlossen. Während die andalusischen Seestädte und Lissabon vom Welthandel profitierten, blieb Barcelona an den stagnierenden Mittelmeerhandel gebunden, isoliert, dem Niedergang preisgegeben. Die politische Entmachtung wurde durch die Verbindung der Königshäuser Aragón und Kastilien, durch die Ehe von

Ferdinand und Isabella eingeleitet. Die politischen Gewichte verlagerten sich nach Kastilien, wurden durch den Ausbau Madrids auf der trockenen Hochfläche der Meseta zur Hauptstadt des Landes endgültig besiegelt.

Im 17. Jahrhundert versuchten die Barcelonesen, die Katalanen, aus dieser Machtkonstellation auszubrechen. Sie erhofften größere Freiheiten von einem Anschluß an Frankreich, dann — im Spanischen Erbfolgekrieg — von ihrem Votum für den Habsburger Karl. Die Versuche scheiterten, mit dem Ergebnis, daß die Madrider Regierung um 1720 nördlich des heutigen Hafens eine Zitadelle, die Ciudadela, anlegen ließ, um Barcelona zu überwachen und notfalls in Schach zu halten. Heute breitet sich anstelle der nun geschleiften Ciudadela der gleichnamige Stadtpark aus.

Erst 1778 gab die Madrider Regierung Barcelona den Handel mit Amerika frei, als der Welthandel anderer spanischer Seestädte längst gefestigt und die kastilische, die Madrider politische Macht etabliert war. Die geschichtsbewußten Katalanen haben diese Ereignisse, die mit der Entdeckung der Neuen Welt begannen und die uns beim Anblick der Kolumbussäule bewußt werden, nicht vergessen. Die Spannungen dauern an. Wenn auch heute aktuelle politische, soziale, regionalistische Gründe den Zündstoff für Spannungen liefern, so bekommen diese erst durch den geschichtlichen Hintergrund ihr volles Gewicht.

Als Barcelona die Kolumbussäule errichtete, Ende des 19. Jahrhunderts, war die jahrhundertelange kommerzielle Regression überwunden. Als erste spanische Stadt nahm Barcelona die Ideen und Praktiken des liberal-fortschrittlichen Industriezeitalters auf. Es entsprach dem Wirklichkeitssinn der Katalanen, neben dem Ausbau des Hafens vor allem Handwerksbetriebe und Kleinindustrie zu fördern, also nicht allein auf den Seehandel zu setzen. Bereits 1848 fuhr die erste spanische Eisenbahn zwischen Barcelona und Mataró. Die Weltausstellungen der Jahre 1888 und 1929 dokumentierten Barcelonas Wiedergeburt. Bedenkt man die voraufgegangene Geschichte, bedenkt man ferner die dürftige Rohstoffbasis, das Fehlen eines naturgegebenen Reichtums, wodurch die Gründung von Großindustrien unmöglich wurde, so muß man den Aufstieg Barcelonas zur ersten spanischen Handels- und Industriestadt als eine außerordentliche Leistung würdigen.

In der Provinz Barcelona mit dem Schwergewicht im Stadtgebiet sind heute 55,9 Prozent der Bevölkerung in der Industrie, dagegen nur 9,5

Prozent in der Landwirtschaft beschäftigt. Die Produktionen sind vielfältiger Art, wodurch Krisenzeiten für einzelne Industriezweige leichter kompensiert werden als in Gebieten mit einer Schwerpunktindustrie. Schon die Liste der in und um Barcelona vorrangigen Fabrikation zeigt diese Aufzweigung: Textilien, Seiden, Möbel, Lebensmittel, Buchdruck und Papier, Lokomotiven und Maschinen, Kraftfahrzeuge. In Barcelona befindet sich Spaniens größtes Automobilwerk, die staatliche »Sociedad Española de Automóviles de Turismo« (SEAT). Dort werden italienische Fiat-Wagen in Lizenz gebaut, die unter dem Namen SEAT den spanischen Markt und die spanischen Straßen beherrschen.

Für den Warenumschlag im Hafen Barcelonas sind, bedingt durch die fehlenden Rohstoffe, die Importe weitaus größer als die Exporte. Vor allem Rohbaumwolle und Steinkohle, dazu Getreide, Kaffee, Sojaöl werden eingeführt. Der Seehafen steht unter den spanischen Häfen an dritter Stelle, nach Gijón und Bilbao. Jährlich laufen rund fünftausend Schiffe den Hafen an. Davon fahren 70 Prozent im spanischen Küsten- und Inselbereich; 20 Prozent verbinden Barcelona mit internationalen Küstenstädten; 10 Prozent dienen der Transozean-Schiffahrt.

Der Hafen Barcelonas ist nützlich, aber ziemlich reizlos. Er kann weder durch seine natürliche Lage noch durch die Hafenarchitektur mit anderen spanischen Seehäfen konkurrieren. Mir scheint auch, daß die Barcelonesen zu ihrem Hafen wenig Beziehung haben. Sie sonderten den Hafen von der Stadt ab, ein notwendiges, aber lässig behandeltes Anhängsel hinter Eisenbahnschienen, häßlichen Gebäuden und der Estación de Francia, dem Französischen Bahnhof. Während anderswo der abendliche Paseo unweigerlich zum Hafen führt oder in Hafennähe stattfindet, bleiben hier die Abende still. Passagiere, mit einem Dampfer von den Inseln gekommen, verlaufen sich schnell. Die Matrosen irgendeines Kriegsschiffes haben es eilig, den Paseo de Colón zu überqueren und in den Gassen der Altstadt unterzutauchen.

Vom Hafen weg, auf den Ramblas, stadteinwärts bis zur Plaza de Cataluña, bewegt sich der abendliche Paseo. Das Promenieren ist mehr als bloßes Sich-Zeigen. Es ist spontane, vitale Lebensäußerung, notwendiges kommunikatives Element des spanischen Lebens. Wie in jeder spanischen Stadt gehört der Besuch der Tascas, kleiner Bars in den Seitenstraßen oder an der Plaza Real, dazu, wo man stehend ein paar Happen verzehrt und eine Copita de vino trinkt, wo man miteinander

und gegeneinander redet, vorwiegend in kleinen Gruppen, wo jeder teilhat an einem unendlichen Stimmengewirr, das nicht stört oder trennt, sondern jeden mitträgt.
Auf den Ramblas wird das Menschenfreundliche der Stadt sofort greifbar und zugänglich. Hier vergesse ich die gelegentliche Aggressivität der barcelonesischen Autofahrer. (Wer mit dem Auto nach Barcelona kommt und sich nicht auskennt, sollte schleunigst eine Parklücke suchen und eines der billigen Taxis nehmen.) Die mehr als ein Kilometer lange, von Platanen gesäumte Mittelallee gehört den Fußgängern, während links und rechts die Autos fahren.
Man geht, bleibt vor Käfigen mit Kanarienvögeln und kreischenden Papageien stehen, sieht junge Hunde auf Käufer warten. Man bestaunt die Farbenpracht der Blumenstände oder entdeckt an einem der prallgefüllten Bücherstände ein Buch, das in Madrider Buchhandlungen nicht zu haben war. Es gibt Zeitungen aus aller Welt und geschmuggelte Zigaretten zu kaufen, dazu Sachen, die diskret aus der Rocktasche gezogen werden. Schließlich nimmt man erschöpft einen der bereitstehenden Stühle, mit der Gewißheit, für eine Peseta sieben Stunden lang sitzen zu dürfen. Oder man sitzt ebenso erschöpft auf dem Stuhl eines Schuhputzers und erfährt, während die Schuhe blank werden, daß der Schuhputzer nebenbei mit Uhren handelt und Kunden für ein berüchtigtes Etablissement in der Calle Conde de Asalto wirbt.
Die Ramblas sind Promenade, Erholungszone, Marktstraße und Bühne eines permanenten Schauspiels, wo jeder zum Akteur wird. Barcelona hat elegantere Straßen, den Paseo de Gracia und die Avenidas, Boulevards für verwöhnte Augen und teure Einkäufe. Doch die Ramblas sind auf ein menschliches Maß geeicht, das Vornehme und weniger Vornehme, Geschäftsleute, Arbeiter, Studenten, flirtende Paare und alte Männer, spielende Kinder und ehrwürdige Matronen verbindet. Hier werden Geschäfte ausgehandelt, werden Freundschaften geschlossen, werden die Aufstiegschancen des FC Barcelona kritisch beredet und die Stierkämpfe der Saison beurteilt. Das Betriebsame der Stadt wie das süße Nichtstun und Zuschauen bekommen hier eine liebenswürdige Note.
Früher markierten die Ramblas die soziale und politische Scheide quer durch die Altstadt. Links von den Ramblas (wenn man vom Hafen hinaufgeht) lagen die Viertel der Arbeiter und der unteren Schichten. Zur Zeit des Bürgerkriegs Sammelbecken der Republikaner, Linkssozialisten und Anarchisten. Rechts von den Ramblas, wo man zur Ka-

thedrale gelangt, zu gotischen Kirchen und altersschwachen Palästen, die von vergangenen Zeiten träumen, wohnten der Adel und die gesittete Bürgerschaft, die Anhänger konservativer Lebensart. Die generelle Unterscheidung gilt längst nicht mehr. Doch die Viertel haben ihre durch den sozialtypischen Hintergrund geprägte Atmosphäre bewahrt.

Niemand weiß, wer dem Barrio Chino, dem Chinesenviertel, den Namen gab. Chinesen haben hier nie gewohnt. Aber wer Barrio Chino sagt, meint exotische Abenteuer, durchzechte und durchtanzte Nächte, verrauchte Tavernen, Stundenhotels, Bordelle, Treffpunkte der Unterwelt und Halbwelt. Hier debütierte kurz nach dem Ersten Weltkrieg ein sechsjähriges Zigeunermädchen, begleitet von ihrem gitarrespielenden Vater, der »el Chino« genannt wurde. Aus der häßlichen Kleinen, die mit ihren bloßen Füßen auf den Brettern des »tableo« stampfte und koboldhaft den Flamenco tanzte, wurde Carmen Amaya, die größte spanische Flamencotänzerin. Noch heute kann man in den Seitengassen unvermutet in eine Flamenco-Taverne geraten, wo Gitarre und Tanz jeden zum Aficionado machen. Doch die einstigen Exotismen des Barrio Chino sind verblaßt, die Vergnügungen, etwa in der Calle Conde del Asalto, sind weithin konfektioniert und kommerzialisiert, gerade recht als touristische Lockmittel.

Flamenco in Barcelona? Dazu muß man sagen, daß der Flamenco aus Andalusien importiert wurde. Der ursprüngliche und sehr beliebte Tanz der Katalanen, die Sardana, unterscheidet sich vom Flamenco dadurch, daß er Gemeinschaftstanz ist.

Auf dem Weg zur Kathedrale wurde ich einmal von einer hellen Flötenmelodie angelockt. Schließlich stand ich auf dem Platz vor der Kathedrale unter Männern und Frauen jeden Alters, jeder sozialen Schicht. Eine kleine Kapelle, cobla genannt, in der ländliche Flöten und Holzblasinstrumente führten, spielte, auf der großen Vortreppe der Kathedrale placiert, die bekannten Sardanamelodien im $^6/_8$-Takt. Jedesmal, wenn nach einer Pause das Flabiol neu zu spielen begann und die oboenartige Tenora einsetzte, formierten sich die Tanzwilligen völlig zwanglos zu Kreisen. Sie legten ihre Taschen und Mäntel in die Kreismitte, faßten sich an den Händen und tanzten nach den wechselnden Rhythmen der Sardana. Die Schritte wechseln zwischen »pasos curts«, kurzen, und »pasos llargs«, langen Schritten, während die Tänzer im Kreis seitwärts vor- oder zurückgehen, bis nach einer rhythmischen Steigerung die Melodie jäh abbricht.

Das Zeremonielle und Gesetzliche der Sardana, das Schrittezählen, hat den Katalanen manchen Spottvers eingebracht. Wer die Sardana als Zuschauer oder Mittänzer erlebt hat, wird mehr Grund haben, von der Heiterkeit und Anmut zu sprechen. Auch die sonntägliche Sardana bezeugt das menschenfreundliche Klima Barcelonas. Wo gibt es das sonst, daß an jedem beliebigen Sonntag die Leute zusammenkommen, zwanglos, ungerufen, um auf freien Plätzen ihre alten Tänze aufzuführen?

Breite Treppen führen zur gotischen Kathedrale hinauf, die auf dem höchsten Punkt der Altstadt errichtet wurde (1298 begonnen, im 15. Jahrhundert fertiggestellt). Nur die reich gegliederte, doch wohl eher kraftlose und unoriginelle Hauptfassade wurde im neogotischen Stil Ende des 19. Jahrhunderts vorgebaut. Das Innere der Kathedrale ist düster, und die Augen halten sich mühsam an den dürftigen Lichteinfall. Zu jeder Tageszeit sind Beter in der Kathedrale, kniende Frauen mit ausgebreiteten Armen vor den Gittern der Seitenkapellen, Sitzende oder Stehende vor den Beichtstühlen. An den schwarzen Gittern vor den Kapellen hängen zahlreiche Nachbildungen von Körpergliedern, aus bleichem Wachs oder Gips, Votivgaben nach erfolgter Heilung. Ein gespenstisches Bild ist mir in Erinnerung. In den Bänken der dunklen rechten Seitenkapelle, der Capilla del Santisimo Sacramento, saßen zahlreiche Frauen, schwarz gekleidet, schwarze Kopftücher, unbeweglich, wie erstarrt eintönig Gebete flüsternd, während sich nur die Fächer in ihren Händen bewegten. In dieser Seitenkapelle hängt der »Christus von Lepanto«, rauchgeschwärzt und merkwürdig gekrümmt. Angeblich war das Kruzifix während der Schlacht von Lepanto im Jahre 1571 am Hauptmast des Flaggschiffs von Don Juan de Austria befestigt und entging durch die Verrenkung einer türkischen Kanonenkugel.

Was die Kathedrale an Licht verwehrt, bietet der himmeloffene Innenhof des Claustro in Fülle. Die Leute reden ungezwungen. Junge Paare treffen sich, sitzen auf den Steinstufen. Hier wachsen Palmen und Magnolien. Auf einem kleinen Teich schnattern weiße Gänse, profane Gäste innerhalb der Kirchenmauern seit dem Mittelalter. Die Kinder werfen ihnen Brotstückchen zu.

Der Barrio Gótico, das Gotische Viertel in der Umgebung der Kathedrale, war das Kernstück der mittelalterlichen Stadt. Im Thronsaal des alten Palacio Real Mayor berichtete Kolumbus den Katholischen Königen von seiner Entdeckung »Indiens«. Im spätgotischen Palacio de la

Diputación und im Ayuntamiento wurden von jeher die kommunalen Geschicke der Provinz und der Stadt gelenkt.

Der Barrio Gótico trägt die beste und reichste Vergangenheit Barcelonas in die Gegenwart, nicht konserviert, sondern unentwegt dem Alltagsleben ausgesetzt. In den winkeligen Gassen, an den kleinen Plätzen, zwischen gotischen Palästen und Patrizierhäusern leben und arbeiten Handwerker, betreiben die kleinen Händler ihre Geschäfte, liegen Werkstätten und Verkaufsläden. Man muß nur einmal durch die Gassen zur kleinen gotischen Kirche Santa Maria del Pino gehen, um wenigstens so etwas vom Alltag dieses Viertels mitzubekommen.

Oder man gehe entgegengesetzt, vom Vorplatz der Kathedrale hinunter zu den römischen Mauern an der Plaza de Berenguer el Grande, überquere die lebhafte Via Layetana und folge der Calle Plateria bis zur Kirche Santa Maria del Mar. Die engen Gassen um die Kirche sind weniger gepflegt, aber prall mit Leben gefüllt, ungeschminkter Barceloneser Alltag. Der Innenraum von Santa Maria del Mar, im Bürgerkrieg durch Brandstiftung zerstört, wurde inzwischen vortrefflich restauriert. In der ursprünglichen klaren Architektur erhalten, ohne jede spätere Zutat, gebührt Santa Maria del Mar unter den mittelalterlichen Kirchen Barcelonas der Vorrang. Das gotisch-strenge Portal und die herrliche Fensterrose, die weiträumige, von achteckigen Pfeilern getragene Halle geben das beste Beispiel katalanischer Gotik des 14. Jahrhunderts.

Jeder Stadtplan zeigt, daß die Altstadt trotz ihrer nach heutigen Maßstäben labyrinthischen Gassen organisch gewachsen ist. Ein großes Sechseck, im Norden vom Parque de la Ciudadela, im Süden vom Parallelo (Calle del Marques del Duero) begrenzt, von den Rondas umschlossen, die sich an der Nordwestseite der Plaza de Cataluña treffen.

Um die weiträumige grüne und blumenbunte Inselmitte der Plaza de Cataluña, stets belagert von dickbäuchigen Tauben und fotografierenden Fremden, brandet der städtische Verkehr. Die Plaza de Cataluña ist Herzstück und Drehscheibe Barcelonas. Hier endet die Altstadt, hier wechselt das Stadtbild, wechselt die Atmosphäre.

Nach Norden, breit ausladend, zieht die Ensanche, die Stadterweiterung, im 19. Jahrhundert konzipiert, auf dem Reißbrett entworfene gleichmäßige rechtwinklige Gevierte, durch gerade gezogene Straßen getrennt. Auch die Prachtstraßen, der Paseo de Gracia und die Avenidas, sind diesem Schema angepaßt, während lediglich die später angelegte »Diagonal« diesen etwas langweilenden Quadratismus durchquert. Die Ensanche präsentiert jene Gediegenheit und bürgerliche Wohlhabenheit, die sich alsbald nach dem ökonomischen, kulturellen und politischen Erwachen Barcelonas (und der Katalanen) im 19. Jahrhundert einstellte. Noch heute, obwohl längst durch Übergänge gelockert, wohnt die mittlere und vornehmere Bourgeoisie in der Ensanche. Hier haben Ärzte und Rechtsanwälte ihre Praxen, Geschäftsleute ihre Büros. In den massiven Bürgerhäusern des späten 19. und frühen 20. Jahrhunderts findet man Institute, Verlagsbüros und irgendeinen der 2400 Vereine, die zum menschlichen, kommunikativen Klima der Stadt gehören.

Das städtebauliche Konzept Barcelonas dokumentiert die beiden großen Epochen der Stadt. Die Altstadt mit ihrem gotischen Kern verweist auf die Nobilität und Macht der Handelsstadt im 14./15. Jahrhundert. Die Ensanche, aber auch die Via Layetana mit ihren immer etwas zu groß geratenen Banken und Versicherungsbauten sind Ausdruck der Gründerjahre, des kommerziellen Aufstiegs und wiedererwachten Selbstbewußtseins im 19. und frühen 20. Jahrhundert. Die Zwischenzeiten, die Jahrhunderte des politischen und kommerziellen Niedergangs, haben im Stadtbild keine nennenswerten Spuren hinterlassen. Überspitzt könnte man sagen, die Barcelonesen zogen direkt aus ihren noblen gotischen Palästen in die Jugendstilhäuser der Ensanche und der Via Layetana.

Vor diesem Hintergrund gewinnen die Jugendstil-Verrücktheiten des genialen Architekten Antoni Gaudí ihre eigentliche Bedeutung. Gaudís Bauten im Stil der »arte modernista«, um die Jahrhundertwende entstanden, haben das Stadtbild Barcelonas mitgeprägt. Seine Wohnhäuser am Paseo de Gracia, Casa Milá und Casa Battló, seine skurrile Gartenarchitektur im Parque Güell, sein berühmtes Hauptwerk, die Sühnekirche Sagrada Familia, mit den imponierenden vier durchlöcherten Spitztürmen, 1884 begonnen und bis heute nicht fertiggestellt, gehören zu den attraktivsten Kunstwerken der Stadt.

Zahllose Besucher bewunderten und bewundern Gaudís plastische Architektur, seine bizarre Phatasie, die sich in monströsen Gebilden ausdrückt. Meist reagiert man mit Kopfschütteln, läßt allenfalls den Einfallsreichtum eines originellen Außenseiters gelten. Doch Gaudí ist kein Außenseiter. Seine architektonisch-plastische Bauweise verbindet konsequent die in Barcelona bestimmenden Stilkomponenten, die katalanische Gotik und den katalanischen Jugendstil. Genauer gesagt,

Gaudí setzt die katalanische Gotik mit anderen Mitteln fort, was vor allem an der Sagrada Familia zu sehen ist. Er schuf keine Neogotik wie die Hauptfassade der Kathedrale, sondern originale Kunstwerke aus dem Geist, der sich in den beiden herausragenden Zeitabschnitten der Stadt in der Architektur und Kunst ausformte. Gaudís Kunst ist unmittelbar auf Barcelona bezogen. Seine katalanischen Freunde haben das am ehesten erkannt, wie denn auch der Barceloneser Textilindustrielle Güell zum Freund und Förderer Gaudís wurde.

Um die Jahrhundertwende, als der Fünfzigjährige auf der Höhe seines Schaffens stand, begann ein anderer Künstler seine Laufbahn, der Barcelona bis in die Gegenwart verbunden blieb. Pablo Picasso wurde fünfzehnjährig als Student in die Kunstakademie der »Lonja« aufgenommen, wo sein Vater Don José Ruiz Blasco als Malprofessor lehrte. Im selben Altstadtviertel, wo die Familie wohnte, nahe der Kirche Santa Maria del Mar, liegt heute das Museo Picasso. Der katalanische Freund und langjährige Sekretär Jaime Sabartés wählte in der Calle de Moncada den gotischen Palacio Aguilar de Berenguer, um dort seine Picasso-Sammlung unterzubringen, vor allem Graphiken und einige Bilder von 1917, darunter der schöne melancholische Harlekin, den Picasso 1917 in Barcelona malte.

Picasso selbst erweiterte die Sammlung durch großzügige Schenkungen, so daß die Stadt das Museum auf den angrenzenden Palacio de Castellet ausdehnte. 1968 kamen die berühmten 57 Variationen zu Velazquez' »Las Meninas« (1957 gemalt) hinzu. Die jüngste Schenkung aus dem Jahre 1970 umfaßt 213 Ölbilder, 681 Zeichnungen, Pastelle und Aquarelle, dazu 17 Skizzenbücher mit insgesamt 826 Zeichnungen, vorwiegend Jugendwerke. Ein merkwürdiger Kontrast, wenn man durch den zierlichen Innenhof mit dem mittelalterlichen Mauerwerk geht und in den alten Sälen unter lastenden Balkendecken den Bildern Picassos gegenübersteht. Obwohl Picasso spanischen Boden seit dem Bürgerkrieg nicht mehr betrat, kennt er den Ort seines Museums und hat ihn gutgeheißen. Es ist bemerkenswert, daß Picasso nicht seiner Geburtsstadt Málaga, sondern Barcelona sein Jugendwerk anvertraut hat. Damit gewann Barcelona Anziehungskraft als Kunststadt. Allerdings hatte sich Picasso nach der jüngsten Schenkung und für die Eröffnung des erweiterten Museums jegliche Feierlichkeiten verboten, aus Protest gegen den Baskenprozeß in Búrgos.

Wie der Tibidabo im Nordwesten, so begrenzt der weniger hohe Montjuich im Südwesten die Stadt, nicht weit vom Hafen. Doch geht man am besten von Norden auf den Berg, von der großen, etwas trist wirkenden Plaza de España aus. Vom Platz aus sieht man am Berghang die monumentalen Bauten, die für die Weltausstellung 1929 errichtet wurden, eine imposante Bekundung des wiedererstarkten katalanischen Selbstbewußtseins.

Man geht durch die groß angelegte Avenida de la Reina Maria Christina, an deren Seiten die modernen Ausstellungshallen der jährlichen internationalen Mustermesse liegen, steigt die weitausladenden Freitreppen hinauf zum Palacio Nacional. Der Palast beherbergt seit 1930 die bedeutendste Kunstsammlung Barcelonas, das Museo de Arte de Cataluña. Es war äußerst sinnvoll, für die Sammlung katalanischer Kunst diesen Ort zu wählen, denn das wiedererweckte regionale wie barcelonesische Selbstbewußtsein, das sich politisch und kommerziell auswirkte, wäre nicht denkbar ohne die Besinnung auf die katalanische Kunst und die katalanische Sprache.

Fünfzehn Säle des Museo de Arte de Cataluña zeigen ausschließlich romanische Fresken, Tafelbilder und Skulpturen aus katalanischen Bergdörfern des Pyrenäengebiets, die reichhaltigste Sammlung romanischer Kunst in der Welt. Die Wandmalereien aus den schwer zugänglichen Bergkirchen, deren Erhaltung am Ort gefährdet schien, wurden abgelöst und im Museum auf Nachkonstruktionen der originalen Kirchenräume, Gewölbe, Nischen übertragen. Zu den ausdrucksstärksten, erstaunlich farbfrischen Fresken des 12. Jahrhunderts gehören jene aus Tahull. Man sieht romanische Altäre und Altarvorsätze, polychrome Holzskulpturen, Madonnen und Kruzifixe des 12. und 13. Jahrhunderts, so den unvergleichlichen, farbig gefaßten Christus am Kreuz, bekleidet mit einem langen blauroten Gewand, genannt »Majestad Batlló« (12. Jh.), aus der Gegend von Olot.

In den Parkanlagen der weiteren Umgebung des Palacio Nacional läßt sich vortrefflich wandern. Im Westteil liegt der Pueblo Español, das Spanische Dorf, ebenfalls für die Weltausstellung 1929 gebaut, naturgetreue Nachbildungen von typischen Häusern, Straßen, Plätzen aller spanischen Provinzen. Keine Miniaturen, sondern bewohnte oder bewohnbare Häuser aus dem Land von Cáceres bis Huesca, von Valencia bis Guipúzcoa. Es gibt hier ein Museum, Werkstätten, Verkaufsläden für kunsthandwerkliche Gegenstände jeder Art. Es gibt Süßigkeiten und Eis für die Kinder, nach dem ermüdenden Anschauungsunterricht in Heimatkunde.

Östlich des Palacio Nacional liegt das archäologische Museum, darf

man museumsmüde weitergehen, um noch einmal über das Häusermeer Barcelonas zu blicken. Die Distanz ist geringer als vom Tibidabo aus, der Ausblick weniger weit gespannt. Die Stadt drängt nahe heran, und man sieht die Randberge, die Barcelona umklammern. Man sieht den nahen Hafen und das Meer.
Im Stadtgebiet leben auf jedem der 91 Quadratkilometer nahezu 20 000 Menschen. Die Ausbreitungsmöglichkeiten sind durch die Randberge und das Meer begrenzt. Andererseits hält die Zuwanderung aus der Provinz, aus dem ärmeren spanischen Süden an. Daraus folgt zwangsläufig Barcelonas Hauptproblem, der Mangel an Wohnraum. Die Zuwachsraten, vor allem an preisgünstigen Wohnungen, sind am Bedarf gemessen unzureichend. Auch die neugebauten Hochhäuser am Stadtrand konnten den wachsenden Bedarf nicht mindern.
Nach Schätzung der Bevölkerungsstatistiker sollen im Jahre 2000 im Großraum Barcelona vier Millionen Menschen wohnen. Wie kann die Stadt diesen enormen Zuwachs bewältigen?
Südlich von Barcelona, an der Küste zwischen Castelldeféls und Garraf, entstehen schöne, komfortable und entsprechend teure Hochhaussiedlungen. Hier wohnt im Schatten der Pinienwälder und wird wohnen, wer zu den privilegierten Schichten gehört, wer mit dem Wagen auf der neuen Autopista zum Büro, zur Kanzlei, zum Einkaufsbummel oder zur abendlichen Vergnügung in die Stadt fährt. Im Stadtgebiet, nördlich des Hafenbeckens, soll ein ehrgeiziges Projekt verwirklicht werden, das schon vor Jahren geplant wurde und nicht nur den Privilegierten dienen soll, der »Plan de la Ribera«.
Um den Plan zu verwirklichen, müßte der ohnedies scheußliche Französische Bahnhof, die Estación de Francia, abgerissen werden. Die zahlreichen, teils toten Geleise würden verschwinden, ebenso die abbruchreifen Lagerhäuser und die Elendsviertel des 10. Distrikts. Der Zugang zum Meer, jetzt durch Schienenstränge und Industriebauten verwehrt, würde geöffnet. Man stelle sich vor, von Barceloneta nach Norden, unmittelbar am Meer, entsteht auf mehreren Quadratkilometern neues Wohnland, ein neuer Stadtteil mit Wohnbauten, Geschäftsvierteln, Sportplätzen und Parkanlagen. Noch sind zur Verwirklichung des Ribera-Plans Widerstände zu überwinden, noch übersteigt der ungeheure Kostenaufwand die Finanzkraft der Stadt. Aber was sich die Barcelonesen in den Kopf setzen, führen sie beharrlich zum guten Ende. Wie heißt es von den Katalanen? Los Catalanes, de las piedras sacan panes. Sie machen noch aus Steinen Brot.

Montserrat

Schon die Zufahrt, eine Autostunde von Barcelona, ist atemberaubend. Nach der Stadt, nach der Küstenregion eine völlig andersgeartete Landschaft. Trotz des Llobegrat, der die Ebene durchzieht, trockenes, ausgemergeltes Land, dürftig bewachsen von versteppten Gras, von Mandel- und Ölbäumen. Kein Schatten bietet Schutz, kein Wind kühlt, wenn die Sonne brennt. Auf dem Weg zum Montserrat habe ich erlebt, wie das Land unter der Hitzeglocke flimmerte, seine Konturen verlor, entrückt zu sein schien.

Aus der Ebene steigt unvermittelt das Bergmassiv des Montserrat auf, steigert sich zu bizarren Formen. Ein unregelmäßig gezackter Kamm, dessen Felsspitzen sich beim Näherkommen als ein ineinanderverschlungenes Konglomerat aufstrebender Rundformen erweisen. Die naturgeschliffenen Formen reizen die Phantasie. Kein Wunder, daß der Berg zu mystischen Spekulationen und Legenden Anlaß gab.

Es heißt, Gott selbst habe hier eine sündige Stadt aus dem Boden gerissen und in die Luft geschleudert. Die herabfallenden Trümmer hätten sich zum Berg gehäuft. Engel hätten mit goldenen Sägen den Berg zersägt, um ein Heiligtum für die Gottesmutter zu schaffen, den Montserrat, den »zersägten Berg«.

Die Geologen erklären die Entstehung auf ihre Weise. Danach soll das Felsmassiv, aus Kalk und Ton gebildet, aus den Fluten eines riesigen Sees aufgetaucht sein, als nach einer Naturkatastrophe die Wasser abflossen.

Am Fuß des Berges, an den Hängen bis zur Felsregion, die bis zu 1235 Meter ansteigt, wachsen Kiefernwälder und grüne Büsche, eine äußerst artenreiche Vegetation mit mehr als 500 verschiedenen Pflanzen. Schon dies, nach der trockenen, dürftig bewachsenen Ebene die Pflanzenvielfalt, die starken Düfte von Rosmarin, Geißblatt und Jasmin, mußte den Pilgern, die zum Heiligen Berg hinaufzogen, als Wunder erschienen sein, wenn sie nicht gerade betend und singend in die Basilika einzogen.

Doch davon merkt wenig, wer heute die asphaltierten Serpentinen im Wagen oder Omnibus hinauffährt. Die Pilger sind in unseren Tagen kaum noch von den Touristen zu unterscheiden.

Der Montserrat ist nicht nur Wallfahrtsort, der am meisten besuchte spanische Wallfahrtsort nach Santiago de Compostela, sondern touristischer Anziehungspunkt ersten Grades. An den Sommertagen stauen sich die Omnibusse, die Wagen auf den Parkplätzen, tuckert die Zahnradbahn pausenlos zwischen Berg und Tal.

Das Kloster und die massiven Nebengebäude liegen auf einem Felsvorsprung am Anfang eines breiten Felsausschnitts, hart an die Felswände gerückt. Es gibt ein Hotel, gut und teuer, eine Pilgerherberge mit achthundert Betten, für wenig Geld eine mönchisch einfache Unterkunft. Es gibt ein Postamt, eine Gaststätte und Verkaufsläden für jeden Bedarf.

Wer heraufkommt, hat einen faszinierenden Blick hinab ins Tal. Wer gut zu Fuß ist, kann einen schmalen Fußpfad weitergehen in die Schlucht mit dem finsteren Namen Valle Malo, böses Tal, und bergaufwärts. Aber auch die Fahrt mit der Seilschwebebahn, der ältesten Spaniens und eine der steilsten der Erde, ist abenteuerlich. Sie führt hinauf in die Felsregionen, deren merkwürdige Rundformen mich an überdimensionale Plastiken von Henry Moore erinnern. Die höchstgelegene Eremitage heißt San Jerónimo, eine der auf dem Bergstock verstreuten Einsiedeleien, wo fromme Mönche weltabgeschieden lebten.

Heute drängt mit den Touristen, Pilgern und Bergsteigern die Welt herauf. Doch niemand kann den Leuten verdenken, daß sie von diesem grandiosen Bergpanorama angezogen werden, von den Steingebilden und Felstürmen, die von jeher die Phantasie der Menschen anreizten. Davon sprechen Namengebungen wie »Der verzauberte Riese«, »Bernhards Pferd«, »Totenkopf« oder »Finger Gottes«. Der Ausblick reicht weit über die katalanische Ebene und das Hügelland bis zu den Pyrenäen oder an besonders klaren Tagen bis zu den Balearen im Südosten.

Die Berglandschaft ist eine Zugabe. Zunächst und zuerst gilt der Besuch dem Kloster, der Basilika, in der die wundertätige Schwarze Madonna, die Moreneta, verehrt wird. Brautpaare und junge Eheleute kommen hierher, um den Segen für ihre Ehe zu erbitten. Pilger und Touristen füllen dichtgedrängt die Basilika, wenn die Benediktiner den Gottesdienst feiern, wenn zur Vesper die Mönche und die Chorknaben der berühmten Escolania das Salve Regina und das Virolei singen, den katalanischen Choral zu Ehren der Moreneta, der Gottesmutter: Rosa d'abril, Morena de la serra, de Montserrat estel... Rose des April, Schwarze Du vom Berge, Stern vom Montserrat — Leuchte über Katalonien.

Das heutige Kloster, in dem an die hundert Mönche nach der Regel des heiligen Benedikt leben, wurde im 19. Jahrundert gebaut, nachdem das alte Kloster im Napoleonischen Krieg 1812 nahezu vollständig zerstört und aller Schätze beraubt worden war. Das ursprüngliche Kloster wurde im Jahre 1025 von Oliba, dem Abt von Ripoll, gegründet. Aber schon vor dieser Zeit, bis ins 9. Jahrhundert zurückreichend, gab es hier wie auf dem Bergstock Klausen, in denen Eremiten zurückgezogen lebten.

Nach einer Legende wurden im Jahre 880 einige Hirten, als sie über den Berg wanderten, von einer wunderbaren Musik und einem flackernden Licht zu einer Höhle gelockt. Ein betäubender Duft drang aus der Höhle, so daß die Hirten zurückwichen und das Erfahrene ihrem Bischof meldeten. Darauf kam der Bischof mit seinem Gefolge und fand in der Höhle das Bildwerk der Schwarzen Madonna. Der Bischof befahl, das Standbild nach Manresa zu tragen. Als aber die Träger an der Stelle des heutigen Klosters anlangten, drückte das Standbild so schwer auf ihre Schultern, daß es niemand weitertragen konnte. Man nahm das zum Zeichen und errichtete hier das erste Heiligtum der Moreneta, die Urzelle des Benediktinerklosters.

Doch die fromme Legende, soweit sie auf das Jahr 880 datiert ist, muß korrigiert werden. Das 95 Zentimeter hohe Standbild der Gottesmutter mit dem segnenden Kind auf dem Schoß, in der Hand eine Kugel, stammt aus dem 12. oder 13. Jahrhundert. Niemand weiß, wer die Schwarze Madonna geschaffen hat und wie sie auf den Montserrat kam. Das entkräftet nicht die Verehrungswürdigkeit dieses Madonnenbildnisses, entkräftet nicht die lange heilwirkende Tradition der berühmtesten Virgen Spaniens, die rauchgeschwärzt hoch über dem Hauptaltar, von Marmor, Gold und Silber umgeben, thront.

Endlos ist die Reihe der Pilger, der kirchlichen und weltlichen Machtträger, die heraufkamen, um in privaten oder öffentlichen Angelegenheiten Rat zu suchen. Karl V., der mindestens neunmal auf dem Montserrat war, erfuhr hier von seiner Wahl zum deutschen Kaiser und später von der Eroberung Mexikos durch Cortés. Auf seinem Sterbebett hielt er die montserratinische Kerze in der Hand. Wie er verehrte sein Sohn Philipp II. die Jungfrau von Montserrat. Im März des Jahres 1522 kam ein vornehm gekleideter Edelmann den Berg herauf, dessen Bein bei der Belagerung Pamplonas zerschmettert worden war. Im Schutz der Schwarzen Madonna, der Gottesmutter, die katalanisch »Mare de Deu« heißt, erfuhr er jene Umkehr, die ihn zum geistlichen Leben befähigte. Es war Ignatius von Loyola, der nach ritterlichem

Brauch seine Waffen auf den Altar der Mare de Deu legte und sein prächtiges Gewand verschenkte, um im schäbigen Pilgerrock den Montserrat zu verlassen.

Es ist noch, nach dem touristischen Anziehungspunkt, nach der ehrwürdigen Wallfahrtsstätte, von einer dritten Bedeutung des Montserrat zu sprechen, die vor allem im letzten Jahrzehnt Aufsehen machte. Das Kloster ist eng verbunden mit der katalanischen »Renaixença«, dem Aufstieg und wiedergewonnenen Selbstbewußtsein des Katalanentums. Papst Leo XIII. gab dieser Verbundenheit kirchlich offiziell Ausdruck, als er die Schwarze Madonna zur Schutzpatronin Kataloniens ernannte. Es ist kein Geheimnis, daß die ihrer Eigenständigkeit bewußten Katalanen in der Verehrung ihrer Schutzpatronin auch eine politische Willenserklärung sehen. Genauer gesagt, das Kloster der katalanischen Mare du Deu ist nicht nur religiöser, sondern auch politischer Mittelpunkt Kataloniens.

Das Politische kann sich unter den gegebenen Verhältnissen zunächst nur im kulturpolitischen Bereich äußern. Die Mönche vom Montserrat fördern die Eigenständigkeit des Katalanentums. Sie fördern, zum Teil in eigener Regie, Schriften und Zeitschriften in katalanischer Sprache. Sie predigen in dieser Sprache und riskieren viel, indem sie die Übergriffe des autoritären Regimes beim Namen nennen. Der vorletzte Abt, Don Aureli Escarré, nannte seinen Auftrag: die Wahrheit zu predigen und Gott zu bitten, daß man anfangen möge, in der Wahrheit zu leben und danach zu handeln. Er setzte sich ein für soziale Gerechtigkeit, für demonstrierende Arbeiter und Studenten, für die politischen Häftlinge. Mit bemerkenswertem Mut, als erster und damals einziger Vertreter der spanischen Hierarchie hatte er erklärt, nach seiner Meinung sei das spanische Regime essentiell »unchristlich«. Dies in einem aufsehenerregenden Interview, das er am 14. November 1963 der Pariser Zeitung »Le Monde« gab. »Im ganzen gesehen sind unsere Politiker keine Christen.« Die kritische Haltung gegenüber dem Regime blieb nicht ohne Folgen. Der Abt wurde als Mitarbeiter einer Konzilskommission nach Rom gerufen und kehrte bis zum Verzicht auf die Abtwürde im Dezember 1966 nicht mehr zurück. Don Aureli Escarré traf seinen Nachfolger Don Cassiano Just in Mailand, um die Amtsübergabe zu besprechen.

Der gegenwärtige, der 84. Abt von Montserrat, ist Katalane wie sein Vorgänger. Nichts spricht dafür, daß er seinen Auftrag unter dem Schutz der Patronin Kataloniens geringer einschätzt als sein Vorgänger Escarré. Er hat öffentlich gegen den vom Regime verhängten Ausnahmezustand gesprochen. Im Dezember 1970 gewährte der Abt jenen dreihundert katalanischen Intellektuellen, die gegen den Búrgosprozeß protestierten, den Aufenthalt im Kloster.

Wer als Pilger oder Tourist heraufkommt, wird diese Zusammenhänge vielleicht nicht wahrnehmen. Aber er sollte wissen, daß das Schutzpatronat der schwarzen Madonna vom Montserrat von den Katalanen und Mönchen nicht losgelöst und isoliert begriffen wird, sondern das Ganze umfaßt, auch die politische Realität. »Rose des April, Schwarze Du vom Berge, Stern vom Montserrat — Leuchte über Katalonien.«

Andorra

Natürlich ist Andorra, das Zwergland in den östlichen Pyrenäen, mit 462 Quadratkilometern kleiner als der Bodensee, ein eigener Staat. Doch besteht eine enge familiäre und ethnische Verbindung mit den Katalanen. Katalanisch ist Staatssprache. Da Andorra keine eigene höhere Schule besitzt, besuchen die andorranischen Schüler die Lehranstalten Kataloniens.

Die Zufahrt ist etwas beschwerlich, dafür von einzigartigem landschaftlichem Reiz, besonders, wenn man von Süden kommend in das grüne Bergland der Pyrenäen fährt. Es gibt nur zwei Zufahrtsstraßen. Der eine Weg führt von Barcelona über Vich und Ripoll (dort die bedeutendste und älteste romanische Klosterkirche Kataloniens, mit bewundernswertem Portal aus dem frühen 12. Jh.), über kurvenreiche Höhenstraßen in das Hochtal von Puigcerdá, ein Wegstück durch französisches Gebiet, bis kurz vor der andorranischen Grenze die von Toulouse kommende Route Nationale einmündet. Über den kahlfelsigen Port D'Envalira (2407 m), den höchsten Paß der Pyrenäen, der allerdings sieben Monate im Jahr gesperrt ist, fährt man hinunter in das enger werdende andorranische Tal, dem Lauf des Rio Valira folgend.

Mir lieber ist der zweite Weg, der am Montserrat vorbeiführt, dann über Manresa, Solsona, Oliana, durch das wildromantische Segretal mit einer Kette von hoch und höher liegenden natürlichen Stauseen, durch die schluchtartige Garganta de Orgaña nach Seo de Urgel (dort eine romanische Kathedrale, 12. Jh., eindrucksvoll durch die geschlossene harmonische Bauweise; auffallend im Innern der einfache Knotenschmuck an Trägern und Bögen; ein schlichter Kreuzgang). Man kommt von Süden in das grüne Valiratal und fährt leicht ansteigend zum Hauptort Andorra la Vella.

So führt die einzige Hauptstraße Andorras, die windungsreich dem Gebirgsbach Valira folgt, von Spanien nach Frankreich und umgekehrt. Sie ist nur 45 Kilometer lang, und an ihr liegen die sechs Pfarrdörfer Andorras. Im Grunde eine einzige lange, mitunter etwas breiter werdende Schlucht mit grünen Terrassen, karg bewachsenen Berghängen, mit vereinzelten romanischen Türmen, uralten Steinbrücken, verwitterten Bauernhäusern aus rohgeschichteten Steinen.

An einem Tag im Jahre 1278 trafen sich auf der altersgrauen Steinbrücke von Encalls Abgesandte des Bischofs von Seo de Urgel und des Grafen von Foix, um die beiderseitige Schutzherrschaft über Andorra zu besiegeln. So ist es bis zum heutigen Tag geblieben, ein »Co-Principat«, ein Doppelfürstentum. Die Andorraner waren selbständig seit der Zeit Karls des Großen und haben das Kunststück fertiggebracht, seit 1278 ihre staatsrechtliche Verfassung und ihre Landesgrenzen unangetastet zu erhalten, ohne jemals einen einzigen Soldaten zu rekrutieren. Als Franzosen die Ideen der Französischen Revolution nach Andorra brachten und die Abschaffung der zweifachen Feudalherrschaft forderten, sollen die Andorraner gesagt haben: Deu meu, res d'aixo mai – Mein Gott, nur das nicht. Die Andorraner reagierten klug, denn sie genossen alle Vorteile ihres Co-Principats, vor allem, weil jeder der beiden Souveräne den anderen kontrolliert und dadurch die territorialen Grenzen gesichert blieben.

Die Rechte der Foix gingen über an den jeweiligen französischen Regenten, so daß heute der französische Staatspräsident und der Bischof von Seo de Urgel die Souveräne von Andorra sind. Dafür erhalten sie eine freilich mehr symbolische Lehensgabe. Der französische Herr erhält jährlich acht Franc, der spanische Bischof 12 Rebhühner, 12 Masthähnchen und 12 Stück Käse.

Aber Andorra ist nicht nur der letzte Feudalstaat Europas, sondern auch, seit 1806, Republik. Staatsrechtlich ein Kuriosum, denn trotz der beiden Souveräne, die durch Vögte vertreten sind, verwaltet und regiert ein Generalrat das Land. Die vierundzwanzig Räte, je vier aus jedem der sechs Pfarrdörfer, werden alle vier Jahre gewählt. Sie wiederum wählen als Oberhaupt den Syndicus mit dem wohlklingenden Titel: Molt illustre Sindic, Procurador de les Valls d'Andorra.

Wovon leben die 18 000 Andorraner? Bis zur Neuzeit war das andorranische Leben eher karg. Nur vier Prozent der Landesfläche sind nutzbar, tragen Getreide, etwas Wein und Tabak. Ertragreicher ist die Viehzucht, aber nur darum, weil auf den Gebirgsweiden während der Sommermonate Herden aus Spanien und Frankreich grasen und die Vergabe der Weiderechte dem Land Einkünfte verschafft.

Erst der Tourismus brachte Geld und Wohlstand in das Tal von Andorra. Die Touristen, meist durchreisend oder auf kurzen Aufenthalt beschränkt, entdeckten den herben Reiz des Berglandes zwischen 1000 und 3000 Meter Höhe. Sie entdeckten zusätzlich die nahezu vollständige Steuer- und Zollfreiheit. Es gibt Waren in Fülle, die anderswo teures Geld kosten, billiges Benzin, Tabak aus England, schottischen Whisky, Fotoapparate aus Japan, Schweizer Uhren und jeglichen internationalen Andenkentand.

Welch ein Land, dessen Einwohner keine Einkommensteuer, keine Vermögensteuer, keine Tabaksteuer, keine Vergnügungssteuer usf. zahlen! Die Inlandspost wird gratis befördert, Inlandstelefonate kosten nichts, und der elektrische Strom ist spottbillig. Allerdings, wer sich als Fremder ansiedeln will, muß den Genuß der Steuerfreiheit und aller Vergünstigungen seinen Enkeln überlassen. Erst die dritte Generation erlangt das volle Bürgerrecht.

Immer noch und gut profitiert die Staatskasse von den Touristen, auch wenn sie nur kurz in Andorra sind. Weitere Einnahmen bringt der Export des elektrischen Stroms, der in den landeseigenen Wasserkraftwerken erzeugt wird, bringt die Verpachtung der Rundfunkstation, die malerisch auf einem Hügel bei Encamp liegt.

Im Hauptort Andorra la Vella ist bald jeder freie Fleck verbaut. Moderne Hotels und Neubauten kontrastieren mit den alten steingrauen Häusern. Zum Glück setzen die Berge, die das Längstal der Valira einkeilen, eine natürliche Grenze. Andorra hat weder Eisenbahn noch Luftverkehr. Aber während der Sommermonate stauen sich in der einzigen kilometerlangen Durchgangsstraße von Andorra la Vella und in den wenigen befahrbaren Seitenstraßen die Wagen der Touristen. Da zudem auf jeden dritten Einwohner ein andorranisches Auto kommt, sind zu dieser Zeit die einundzwanzig Polizisten des Landes, die für Recht und Ordnung sorgen, nahezu ausschließlich damit beschäftigt, das Verkehrschaos zu entwirren.

Es macht aber wenig Aufwand, dem Durchgangsverkehr zu entkommen. Wer von Andorra la Vella in das Seitental des Valira del Norte, über Ordino nach El Serrat fährt, wer von Sant Juliá de Loria durch den Wald von La Rabassa fährt oder von Encamp mit der Seilbahn bergaufwärts, erreicht verhältnismäßig schnell die Gebirgsregionen, deren eigentümliche wilde Schönheit zum besten Teil der Pyrenäen gehört. In den Hochtälern, auf den Almen in mehr als 2000 Meter Höhe ist die vielzitierte andorranische Gastfreundschaft noch ungeteilt. Wer zu den Orrys, den primitiven Hütten der Hirten kommt, wird als Gastfreund aufgenommen, erhält vom Imbiß der Hirten sein Teil, saure Milch, ein Stück Brotfladen, Schafskäse und einen kräftigen Schluck Aguardiente aus der Branntweinflasche.

Landeinwärts nach Lérida

An der vielbefahrenen Nationalstraße II, die nach Madrid führt, etwa auf halbem Weg zwischen Barcelona und Zaragoza, liegt die ländliche Stadt Lérida. Sie ist Hauptstadt der gleichnamigen westlichsten Provinz Kataloniens.
Nach Norden erstreckt sich die Provinz Lérida bis Andorra und bis zur französischen Pyrenäengrenze, also vorwiegend Bergland und Vorland der Pyrenäen, herrliche Wandergebiete und Wintersportplätze, so im Tal von Aran oder bei Espot, um den Bergsee San Mauricio, touristisch noch wenig bekannt. Die Spanier bevorzugen die Jagd in den grünen, seenreichen Tälern, jagen dort Rebhuhn, Wachtel, Auerhahn und Kaninchen. Oder sie lieben, nicht weniger begeistert, den sportlichen Fischfang. In den klaren Bergbächen und Hochseen, eingebettet in die wilde, noch unerschlossene Pyrenäenlandschaft, finden die Sportangler Barben, Karpfen und vor allem Forellen. Man sieht sie mit beinlangen Gummistiefeln in den Bächen stehen, die Kappe mit breitem Schutzrand auf dem Kopf, die große Anglertasche umgehangen.
Die Bergbäche wie der Rio Segre oder Rio Noguera Pallaresa fließen südwärts, werden in zahlreichen Schluchten gestaut, so daß die weite Ebene im Süden der Provinz, um Lérida, durch verzweigte Kanäle und die natürlichen Wasserläufe vorzüglich bewässert ist. Fruchtbares Land, weite Felder mit Gemüse, Obst und Getreide umgeben die Provinzhauptstadt, die von den bäuerlichen Märkten und landwirtschaftlichen Messen belebt wird. Entsprechend bäuerlich und kräftig ist die einheimische Küche, so die beliebte Cazuela, die aus Kartoffeln, Speck, Schnecken, Tomaten und Zwiebeln zubereitet wird. Schmackhaft, aber

nichts für einen zarten Magen, dem besser Rebhuhn oder das einheimische Fastenessen Huhn mit Schinken bekommt.

Lérida liegt am rechten Ufer des Rio Segre und wird überragt vom Stadtberg mit den Befestigungsanlagen des Castillo. An der höchsten Stelle die Alte Kathedrale, die »Seo«, mit dem markanten achteckigen Glockenturm. Jedesmal, wenn ich über die Segrebrücke fahre, lockt es mich, zum Stadtberg und zur Alten Kathedrale hinaufzufahren. Ein paarmal, in Jahresabständen, war ich oben, um den weiten Blick über den Fluß und die fruchtbare Ebene zu genießen, um zu sehen, wie die Restaurierungsarbeiten vorankommen.

Die Alte Kathedrale ist ein großzügig angelegter, nur auf architektonischen Schmuck bedachter Zisterzienserbau aus der Übergangsperiode von der Romanik zur Gotik (12. bis 15. Jh.). Außerordentlich schön ist der Kreuzgang mit dem sehr hohen, von jeweils fünf Säulen getragenen gotischen Bogenwerk, zum großen Teil in den letzten Jahren erneuert. Wie die meisten Kirchen von Lérida, war die Alte Kathedrale im Bürgerkrieg zerstört worden. Hier oben hatte sich ein Maschinengewehrtrupp eingenistet. Allerdings war die Alte Kathedrale schon seit 1717 zweckentfremdet und Teil der Festung. Man ist nun dabei, das stark beschädigte und unbenutzte Bauwerk zu restaurieren.

An einem heißen Septembertag suchte ich in Lérida eine Schwimmgelegenheit. Vergebens. Ich ging zum Flußufer hinunter, fand jedoch nur verwahrlostes und nach Abfällen stinkendes Gelände. Der Rio Segre hat hier seine Bergfrische völlig verloren, er fließt träge, an den Ufern verschlammt, durch Abwässer und Abfallprodukte verseucht. Ein Taxifahrer riet mir, sieben Kilometer hinauszufahren, die Straße in Richtung Huesca. Dort sei eine herrliche Piscina. Bald fand ich mühelos den Erholungspark »Las Balsas«, zwischen gepflegten Wiesen, Büschen und Blumen sieben prächtige Schwimmbecken, Restauration, aber auch von Bäumen beschattete Freiplätze mit Tischen und Stühlen. Hier hatten sich Familien mit zahlreichen Kindern niedergelassen, hatten eigene Tischtücher mitgebracht, eigene Speisen, Brot, Käse, Fische, gebratenes Huhn, Trauben und Wein. Solche Erholungsparks, zudem noch mit Kinderspielplätzen, Sportanlagen, Pelotaplätzen, wo ganze Familien für wenige Peseten den Sonntag oder einen freien Tag verbringen, fand ich öfter, zumal in den nördlichen Provinzen, neben »Las Balsas« den großzügigsten am Stadtrand von Pamplona.

Costa Dorado und Tarragona

Schon nördlich von Barcelona, bei Malgrat und der blumenreichen Maresma, beginnt die Costa Dorada und zieht nach Süden, über Tarragona bis zur Ebromündung. Im Gegensatz zu den Klippen und Felsbuchten der Costa Brava drängen die Berge nur gelegentlich, so bei Garraf, bis ans Meer. Die Strände sind vorwiegend flach und weitläufig. Ihr feiner goldgelber Sand gab der »goldenen Küste« den Namen.

Erst hier, in den flachen, lichtüberfluteten Küstenstreifen der Costa Dorada, von den Bergen landeinwärts geschützt, bestimmt die charakteristische mittelmeerische Vegetation die Landschaft. Aber die Küstenorte dienen nahezu ausschließlich dem Tourismus. Bisher unerschlossene Gebiete werden eifrig und mit staatlicher Hilfe urbanisiert. Das Ziel ist, die ganze spanische Mittelmeerküste in ein einziges Ferienparadies umzuwandeln. Die wachsende Nachfrage, der in wenigen Jahren enorm gesteigerte Zustrom sonnenhungriger Touristen und die damit verbundene Deviseneinfuhr gibt den staatlichen Planern recht. Für ein Land, dessen wirtschaftlicher Expansion von der Natur Grenzen gesetzt sind, gehört die Entwicklung und Förderung des Tourismus zu der besten und zukunftsichernden Entscheidung des letzten Jahrzehnts.

Schon die Namen der mittelmeerischen Küstenstreifen haben etwas Verlockendes und steigern sich, je mehr es nach Süden geht. Der Costa Brava folgt die Costa Dorada, dann mit Castellón und Valencia die Costa del Azahar, die Küste der Orangenblüte. Es folgt mit Alicante und Cartagena die Costa Blanca. Die anschließende andalusische Costa del Sol, die Sonnenküste zwischen Almeria, Málaga und Gibraltar, wird wegen des milden Klimas selbst im Winter viel besucht. Jenseits der Meerenge von Gibraltar, bereits vom Atlantik bespült, zieht sich über Cádiz bis Huelva die Costa de la Luz, die Küste des Lichts. Wer den Küstenstraßen von der französischen Grenze und der Costa Brava bis hinunter nach Gibraltar folgt, ein lohnender, abwechslungsreicher, im Süden recht abenteuerlicher Weg, hat rund 1400 Kilometer zu fahren.

Aber noch befinden wir uns im nördlichen Teil, an der Costa Dorada, auf dem Weg nach Tarragona, der auf einem Felsvorsprung am Meer gelegenen Hauptstadt der vierten Provinz Kataloniens. Ich habe Tarragona im September und im Frühjahr besucht und als eine stille Stadt kennengelernt, was besonders auffällt, wenn man von Barcelona kommt. Zwei Beobachtungen in und um Tarragona sind mir in Erinnerung, die als charakteristisch gelten dürfen. Die erste Beobachtung hängt mit einem bestimmten Geruch zusammen. Mit manchen Städten verbinden sich typische Gerüche, angenehme oder unangenehme, oder sie sind geruchlich neutralisiert, was auch wiederum für die Lebens- und Arbeitsgewohnheiten typisch sein kann. In Tarragona war es — ähnlich wie in Valdepeñas oder Jerez de la Frontera — der Weingeruch, der mir in die Nase stieg, als ich durch die Gassen der Altstadt hinaufging zur Kathedrale oder auf dem Weg zum Hafen an zahlreichen Bodegas vorüberkam. Nur schwerlich kann ich der Versuchung widerstehen, in eine der dunklen und kühlen Bodegas einzutreten. Zu jeder Tageszeit trifft man dort ein paar Männer, die miteinander reden oder Geschäfte aushandeln. Getrunken wird mäßig, obwohl der Wein spottbillig ist.

Tarragona lebt vom Wein und mit dem Wein, von der Kelterung, Verarbeitung und vom Weinhandel. Die ertragreichen Weingebiete liegen südlich der Stadt, im Campo de Tarragona und landeinwärts in der Campina von Reus und bis zum Bergland des Priorato.

Die zweite Beobachtung gilt den Monumenten der geschichtlichen Vergangenheit. Dabei interessiert mich weniger das museal Bewundernswerte, sondern vielmehr das, was Tarragona mitprägte und als solches Zeugnis greifbar blieb. Auch wenn das in unserer geschichtsverdrossenen Zeit gelegentlich allzu eilfertig ignoriert wird, keine Stadt, kein Land, kein Volk existiert voraussetzungslos, ohne das Gewordene und Tradierte, ohne das, was Geschichte ausmacht. Das Eingebettetsein in die Geschichte und Geschichtlichkeit wird in Tarragona besonders sichtbar.

Wer von Barcelona nach Tarragona fährt, trifft noch vor der Stadt auf die ersten Bauten aus römischer Zeit. Zwanzig Kilometer vor Tarragona, an der Hauptstraße, der alten Römerstraße, steht der Arko de Bará, ein römischer Triumphbogen aus dem frühen 2. Jahrhundert. Nur sechs Kilometer vor der Stadt, seitlich der Hauptstraße, steht ein aus Steinquadern aufgetürmtes römisches Grabmal, an einer Seite zwei mit Tunika und Soldatenmantel bekleidete Figuren, aus dem 1. Jahrhundert, irrtümlich Scipionen-Turm genannt. Vier Kilometer nordwestlich von Tarragona überspannt ein römischer Aquädukt das Seitental des Francolí, zwei Arkadenreihen von insgesamt 217 Meter Länge, ebenfalls aus dem 2. Jahrhundert, aus der Zeit Tra-

jans. Der Aquädukt, den die Katalanen »Pont del Diable«, Teufelsbrücke, nennen, gehört wie die genannten Bauten zu den schönsten römischen Zeugnissen auf spanischem Boden.
Seit dem 2. Jahrhundert v. Chr., nach der Eroberung durch die Scipionen im Zweiten Punischen Krieg, war die Tarraco genannte Stadt Hauptstützpunkt der Römer in Spanien. Kaiser Augustus machte Tarraco zur Hauptstadt der römischen Provinz Tarraconensis, die bis auf zwei kleinere Gebiete im Süden und Westen ganz Spanien umfaßte. Unter Kaiser Trajan, dem gebürtigen Spanier, und seinen Nachfolgern in den ersten Jahrhunderten kam Tarraco zu größtem Ansehen und Reichtum. Davon sprechen die erhaltenen Bauwerke. Das kann, wer etwas Zeit und Geduld aufwendet, im archäologischen Museum am Südrand der Altstadt sehen. Eine vortreffliche Sammlung aus römischer und frühchristlicher Zeit, Sarkophage, Reliefs, Büsten, Mosaikarbeiten, Hausrat; sehr schön eine bewegliche Gliederpuppe, eine Grabbeigabe aus dem 4. Jahrhundert. Gefunden wurde die Gliederpuppe in der frühchristlichen Nekropole nahe der Tabakfabrik am Rio Francolí, wo sich nun das ebenso besuchswerte frühchristliche Museum befindet.
Die hügelaufwärts gebaute Altstadt hat ihre Anlage seit der Römerzeit beibehalten. Sie ist an drei Seiten von den antiken Mauern umgeben. Der neu angelegte Paseo Arqueológico, der an den zyklopischen Mauern entlang führt und herrliche Ausblicke gewährt, gehört zum schönsten Teil der Stadt. Ob die unteren, aus riesigen Blöcken roh aufgeschichteten Zyklopenmauern aus prähistorischer oder iberischer Zeit stammen, ist umstritten. Sie dienten den mächtigen römischen Mauern aus der Zeit des Augustus als Basis. Quadratische Türme und fünf Tore aus der ältesten Zeit sind erhalten, während die Überbauungen und Schanzen aus dem 18. Jahrhundert stammen.
Nicht weit von den Zyklopenmauern, am höchsten Punkt der Altstadt und an der Stelle eines römischen Jupitertempels, wurde im 13. und 14. Jahrhundert die Kathedrale errichtet. Das kompakte, festungsartige Bauwerk entspricht dem Übergangsstil von der Romanik zur Gotik. Die gotische, oben unvollendete Hauptfassade schmückt eine große prächtige Fensterrose, während die Seitenportale (über dem rechten wurde ein schöner frühchristlicher Sarkophag in die Wand gesetzt) romanisch blieben. Das Innere wirkt trotz der reichgeschmückten Seitenaltäre und der durchlichteten Glasfenster sehr ernst und verschlossen, auf den Abstand von der offenen, dem Sonnenlicht preisgegebe-

nen Außenwelt bedacht. Aber daß die Erbauer Sinn für Humor hatten, zeigt ein Kapitell im Kreuzgang. Dort tragen vergnügte Ratten eine Katze auf einer Bahre zu Grabe.

Sind die Katalanen Separatisten?

Die »katalanische Frage« ist älter als das derzeitige Regime. Sie entspringt, ganz allgemein gesprochen, der Selbstbehauptung einer nationalen Minderheit, die sich ethnisch und sprachlich verbunden weiß. Hinzu kommt für den Bereich der katalanischen Wirtschaft ein Interessenpartikularismus, dem auch antiliberale Vorstellungen mitgegeben sind. Hinzu kommt jener allen Spaniern eigentümliche, bei den Katalanen besonders ausgeprägte »zentrifugale Individualismus« (Madariaga), der im Widerstreit zur zentralistischen und unitarischen Politik der Madrider Regierung steht, erst recht im Widerstreit zu den autoritären Praktiken des Regimes.

»Im Fürsichseinwollen, in dem starken Gefühl eigener Art und Existenz erkennen wir den wahrhaft spanischen Zug des Katalanismus, und paradox aber folgerichtig ergibt sich uns, daß niemand spanischer ist als jene Katalanen, die die Tendenz auf die Spitze treiben, bis zur Verleugnung ihres Spanischseins und bis zum Traum von Katalonien als unabhängigem Staat.« (Madariaga)

Die geschichtsbewußten Katalanen haben nicht vergessen, daß die zum Wohl Gesamtspaniens notwendige Verbindung der Königshäuser Aragón und Kastilien die regionale Schwächung und schließlich den Niedergang Kataloniens heraufbeschwor. Isabella von Kastilien verfügte im Nachtrag zu ihrem Testament den Ausschluß der Katalanen vom Handel mit der Neuen Welt. Gewiß wurde die Verfügung auch darum getroffen, weil Seeräuber im Mittelmeer die spanischen Schiffe gefährdeten. Aber hatte sich Barcelona nicht dennoch als bedeutende Hafenstadt gegen die Rivalität Genuas und Venedigs behauptet? Tatsache ist, daß der rigorose Handelsentzug eine Entwicklung einleitete, in deren Folge die wirtschaftlichen und politischen Gewichte nach Zentralspanien und Andalusien verlagert wurden, während Barcelona und Katalonien in eine Isolierung gerieten.

Die Katalanen haben nicht vergessen, daß ihre regionale und wirtschaftliche Konsolidierung, seit der Mitte des 19. Jahrhunderts, allein ihr Werk war. Das Werk einer eigenständigen Volksgruppe, deren Land keineswegs mit naturgegebenen Gütern übermäßig gesegnet ist, die sich jedoch durch »gesunden Menschenverstand« und »Wirklichkeitssinn« auszeichnet. Dafür haben die Katalanen ein kaum übertragbares Schlüsselwort, nämlich »seny«. Während das übrige Spanien nahezu ausschließlich in feudalen Zuständen verharrte, entwickelten die Katalanen (ähnlich die Basken) aus Handwerksbetrieben eine bald florierende Kleinindustrie, praktizierten sie die Vorstellungen des fortschrittlichen liberalen Industriezeitalters. Der resolute ökonomische Aufschwung wäre nicht möglich gewesen ohne das wiedererweckte Selbstbewußtsein der Katalanen, ohne die Besinnung auf die völkische, sprachliche und kulturelle Eigenart. Seit der Mitte des 19. Jahrhunderts sprechen die Katalanen von ihrer Renaixenca.

Sie haben ebensowenig vergessen, daß Katalonien 1932, unter der Republik, als autonome Region anerkannt wurde. Bei der Volksabstimmung im Jahr 1932 stimmten 99,5 Prozent der Katalanen für den Autonomiestatus, das heißt, auf 199 Pro-Stimmen kam nur eine Gegenstimme. Katalonien hatte seine eigene Regierung, sein selbstgewähltes Parlament. Katalanisch war als Amts- und Schulsprache zugelassen. Doch die Selbständigkeit innerhalb des spanischen Staates dauerte nur ein paar Jahre. Sie wurde nach dem Bürgerkrieg und dem Sieg Francos rigoros beschnitten. Die katalanische Sprache wurde in den Schulen, Amtsräumen, in der Öffentlichkeit verboten. Katalanische Zeitungen und Bücher blieben ungedruckt. Das Regime, auf die Festigung der politischen Verhältnisse bedacht, unterdrückte jeden Ansatz, der geeignet war, regionale Emotionen zu wecken. Wer es wagte, in den Amtsräumen Katalanisch zu sprechen, mußte gewärtig sein, die für die selbstbewußten Katalanen demütigende Aufforderung zu hören: Qué hablen cristiano! Sprecht wie Christen!

Doch die »katalanische Frage« läßt sich nicht durch Verordnungen, durch Verbote und Strafen lösen. Rückblickend ist zu sagen, daß die Unterdrückung den Katalanismus gestärkt hat. Mehr der Selbstbehauptungswille der Katalanen als die Bereitwilligkeit der Madrider Regierung führte seit den sechziger Jahren zu größerer Toleranz. Man muß nur sehen, wie die Katalanen jedes noch so geringe Zugeständnis produktiv nutzen, um festzustellen, daß ihr eigenes Potential zwei Jahrzehnte härtester Unterdrückung nicht nur ungeschwächt, sondern gestärkt überstanden hat.

Katalanisch ist als offizielle Amts- oder Schulsprache noch immer verboten. Aber bereits 1960 konnten 80 katalanische Bücher erscheinen, 1965 wurden 453 Werke gedruckt. Im Sommer 1966 erschien die erste katalanische Wochenzeitung »Tele-Estel«, deren Erstauflage von 35 000 Stück in wenigen Stunden verkauft war. Vor mir liegt der Katalog von »Llibres en Catalá«, von Büchern in katalanischer Sprache aus dem Jahre 1969. In diesem Katalog sind 4464 Werke verzeichnet, einschließlich der Übersetzungen aus fremden Sprachen, darunter wissenschaftliche, belletristische und Kinderbücher, die katalanisch »Llibres infantils« heißen. 170 Verlage, vorwiegend in Barcelona, drukken Bücher in katalanischer Sprache.

Was nun erlaubt ist, wurde bereits Anfang der fünfziger Jahre vom Kloster Montserrat illegal betrieben oder gefördert. Aber Predigten auf katalanisch konnte man nicht nur auf dem Montserrat, sondern auch in Dorfkirchen und den Kirchen Barcelonas hören. Während der Verbotsjahre dienten die Kirchen zumal den einfacheren Katalanen als sprachliches Refugium. Jetzt vermitteln die meisten städtischen Schulen Barcelonas neben dem offiziellen Castellano, dem Kastilischen, durch freiwilligen Unterricht die katalanische Sprache. Man kann in Tageszeitungen und Zeitschriften Artikel auf katalanisch lesen. Für die Wahl der Cortes im Herbst 1971 stellten sich einige Bewerber auf Plakaten in katalanischer Sprache vor.

Die Zentralregierung verfolgt die Entwicklung mit Mißtrauen und geschärfter Aufmerksamkeit. Man weiß in Madrid sehr wohl, daß die gewährte kleine Freiheit im Bereich der Sprache nicht rückgängig gemacht werden kann. Die Madrider Behörden versuchen den Prozeß auf zwei Wegen zu steuern oder wenigstens die Ausweitung in Schranken zu halten. Einmal durch die besonders strenge Handhabe der Zensurbestimmungen bei katalanischen Publikationen. Zum anderen, soweit der Katalanismus offiziell geduldet wird, durch die strikte Einschränkung auf Sprachpflege und Folklore.

Das aber wäre ein Zurückdrängen auf eine biedere konservative, unpolitische und damit regimehörige Stufe. Ein vergebliches Bemühen. Der Katalanismus ist längst zum Politikum geworden. Was immer zum Katalanismus gehört, die eigene Sprache, die Folklore mit Sardana und Heimatbräuchen, die Verehrung der Schwarzen Madonna vom Montserrat, die Tätigkeit der zahlreichen noch so harmlosen Vereine, gerät direkt oder indirekt zur politischen Demonstration.

In einem der alten gotischen Paläste in Barcelona saß ich einem Professor des »Institut d'Estudis Catalans« gegenüber. Ein Mittelsmann hatte mir den Besuch in den späten Abendstunden ermöglicht. Ich erinnere mich an einen kleinen Innenhof, von dem eine breite Steintreppe nach oben führte, an hohe Säle, vollgestopft mit Büchern und Schriften, an den Geruch von altem Holz und Druckwerken. Der Professor, als Forscher und Herausgeber vor allem mittelalterlicher katalanischer Schriften bekannt, zeigte mir die jüngsten Forschungsarbeiten des Instituts. Ich fragte ihn direkt: Was wollen die Katalanen? Sind sie Separatisten? Er sagte: Die Frage habe ich erwartet. Aber zunächst müssen Sie begreifen, daß Katalanisch kein Dialekt, keine Mundart ist, sondern eine eigenständige Sprache wie das Kastilische. Spanisch sind beide Sprachen. Das vergißt man, weil Kastilisch von der Mehrheit der Spanier offiziell gesprochen wird.

Die Anfänge des Katalanischen liegen im 7. Jahrhundert, als sich aus dem Lateinischen die romanischen Sprachen herauslösten. Als Volks- und Kultursprache hat Katalanisch eine ehrwürdige und reiche Tradition. Namen wie Ramón Llull, der im 13. Jahrhundert seine dreißigbändige Enzyklopädie schrieb, und Ausiás March, der große katalanische Dichter des 15. Jahrhunderts, markieren die ersten literarischen Höhepunkte. Heute sprechen sechs Millionen katalanisch: in Katalonien, im katalanischen Teil Aragoniens, im Gebiet um Valencia, auf den Balearen und Teilen Sardiniens, in Andorra und im französischen Roussillon.

Der Professor erinnerte an eine Bemerkung Madariagas: »Der Anspruch Kataloniens, mehr als eine Stammeslandschaft zu sein, ergibt sich ohne weiteres aus der Tatsache, daß es seine eigene Sprache spricht.« Separatistische Bestrebungen lehnte der Professor wie auch andere Katalanen ab. Allerdings berief er sich auf das Autonomiestatut des Jahres 1932. Er verwies auf die föderative Struktur der Bundesrepublik Deutschland, auf die Rechtsstellung der deutschen Bundesländer. Solange Madrid Katalonien die regionale Autonomie vorenthält, solange bleibt die katalanische Frage ungelöst.

Als ich mit einem der leitenden Mönche vom Montserrat sprach, hörte ich ähnliche Argumente. Er sagte: Wir fühlen als Katalanen, aber wir wissen, daß wir zu Spanien gehören. Warum verweigert Madrid den Katalanen die regionale Autonomie? Zur Frage des Separatismus erinnerte der Pater an das Interview, das der Abt Escarré am 14. November 1963 der Zeitung »Le Monde« gab: »Die große Mehrheit der Katalanen kann man nicht als Separatisten bezeichnen. Die Katalanen sind ein Stamm unter anderen spanischen Stämmen. Wir haben wie jede andere Minderheit das Recht auf die Erhaltung und Pflege unserer Kultur, das Recht auf unsere Geschichte, das Recht auf unsere Bräuche, die innerhalb Spaniens ihren unverwechselbaren Charakter haben. Wir sind Spanier, nicht Kastilier.«

Die von Escarré 1963 hervorgehobene kulturelle und folkloristische Begründung, die schon damals keineswegs unpolitisch war (wie das gesamte Interview zeigt), hat sich im Verlauf eines Jahrzehnts durch zunehmende Politisierung verschärft. Anfang der siebziger Jahre sind die Hauptträger des Katalanismus nicht mehr die sprach- und kulturpflegerischen Kräfte, sondern die politischen Oppositionsgruppen Kataloniens, die ihre unterschiedlichsten politischen Vorstellungen in den Katalanismus einbringen. Es sind demokratische und linke politische Gruppen, deren inzwischen koordinierte Aktivität auf die Verwirklichung zweier gemeinsamer Ziele gerichtet ist: auf die Demokratisierung oder den Sturz des autoritären Regimes und auf die Wiederherstellung des Autonomiestatus für Katalonien. Mehr als diese allgemeine Zielvorstellung läßt sich kaum nennen, da die Kommissionen im Untergrund arbeiten. Doch gilt als sicher, daß ihre gemeinsamen Direktiven über das Netz der einzelnen Gruppen, der Vereine und Berufsverbände weite Teile der katalanischen Bevölkerung erreichen. Zu einer geheimen Versammlung trafen sich am 7. November 1971 in Barcelona 300 Vertreter der verschiedenen Oppositionsgruppen Kataloniens. Sie einigten sich auf ein Vierpunkteprogramm, das ein Sprecher bekanntgab. Danach fordert die oppositionelle Sammlungsbewegung die politische Generalamnestie, die Garantie aller demokratischen Freiheiten, die Wiederherstellung des katalanischen Autonomiestatus von 1932, die Koordinierung aller demokratischen Kräfte. Nach der zwei Tage später publizierten Pressemeldung waren »neben den Sozialdemokraten, den Christdemokraten, der Baskischen Nationalpartei, Monarchisten und kommunistischen, trotzkistischen und maoistischen Splittergruppen auch die Arbeiterkommissionen und illegalen Gewerkschaften vertreten«.

Für diese geheime Zusammenkunft sind zwei Umstände bemerkenswert. Erstens, daß die Versammlung trotz Verbots und polizeilicher Überwachung stattfand und ein Sprecher das Ergebnis bekanntgeben konnte. Zweitens die im Manifest fixierte Einmütigkeit dieser radikal unterschiedlichen Gruppen.

Am 18. November meldete die Deutsche Presse-Agentur (dpa), daß einige der Teilnehmer von der Polizeibehörde in Barcelona mit der höchstzulässigen Geldstrafe gemaßregelt worden seien. Zwei prominente oppositionelle Rechtsanwälte wurden zur Zahlung eines Bußgeldes von je 500 000 Peseten (25 000 Mark) verurteilt: José Andreu, der Justizminister der ehemaligen katalanischen Republik, und José Sole Barbera, bekannt geworden als Verteidiger im Búrgosprozeß Ende 1970. Ein Bußgeld von je 100 000 Peseten (5000 Mark) mußten ein Kunstkritiker, ein Ingenieur und ein katalanischer Unternehmer zahlen.

Die verschärfte Politisierung der katalanischen Frage hat allerdings auch die Verhärtung des Regimes gegenüber allen Ansprüchen zur Folge. Das heißt, sosehr auch die Sammlungsbewegung den berechtigten Forderungen der Katalanen eine breite Basis gibt, die Hoffnung auf Verwirklichung des Autonomiestatus oder der offiziellen Anerkennung des Katalanischen unter dem derzeitigen autoritären Regime ist geringer geworden. Dem Beobachter, der freilich nur begrenzten Einblick in die innerspanischen Auseinandersetzungen hat, stellt sich die katalanische Frage am Anfang der siebziger Jahre komplexer und komplizierter dar als je zuvor.

Noch einmal komplexer und komplizierter erweist sich die »katalanische Frage« im Bereich der Wirtschaft und Wirtschaftspolitik. Verglichen mit den anderen Regionen verfügt Katalonien neben dem Baskenland über das stärkste regionale Industrie- und Wirtschaftspotential. Während die baskische Schwerindustrie von den Rohstofflagern im eigenen Land profitiert, ist Katalonien rohstoffarm. Katalonien verdankt seine wirtschaftliche Prosperität nahezu ausschließlich dem unternehmerischen und händlerischen Impetus der Katalanen, die aus Handwerksbetrieben eine kleine und mittlere Industrie entwickelten, deren auffallendes Merkmal die Gewerbevielfalt ist. Allein in acht Produktionszweigen hält Katalonien die Spitze auf dem spanischen Markt: in der Textil- und Konsumgüterindustrie, in der Holzverarbeitung, der Korkproduktion, der Papierherstellung und dem Druckgewerbe, in der chemischen Industrie und dem Baugewerbe mit den Zulieferungsprodukten. Aber auch Maschinen- und Kraftwagenbau, Energieerzeugung und Eisenindustrie (der baskischen keineswegs ebenbürtig, da auf Rohstoffimporte angewiesen) werden in Katalonien mit wachsenden Erfolgsraten betrieben.

Aus der Produktionsvielfalt ergibt sich als natürliche Folge eine gewisse Krisenfestigkeit der katalanischen Wirtschaft gegenüber anderen Regionen mit Schwerpunktindustrie. Doch wichtiger in unserem

Zusammenhang ist die Feststellung, daß die Entwicklung und Verzweigung der katalanischen Wirtschaft, ihr Aufschwung, ihre Prosperität keine Geschenke des Himmels, sondern das Ergebnis einer realistischen, resoluten Nutzung der vorhandenen Möglichkeiten sind.

Die Katalanen wissen sich auch dadurch von anderen spanischen Volksgruppen unterschieden, daß sie, begabt für unternehmerische Initiativen, im Wirtschaftsbereich ökonomischer kalkulieren und aktiver, realistischer, expansiver, fortschrittlicher handeln. Sie wissen sehr wohl, daß sie die wirtschaftlich immobilen und ärmeren zentralspanischen und südlichen Regionen mittragen, durch den Zuwachs ihres Sozialprodukts, durch ihre Steueraufkommen und Abgaben, durch die zunehmende Aufnahme von südspanischen Arbeitern, die in Katalonien ihr Geld verdienen. Daraus resultiert ein natürliches Überlegenheitsgefühl, gelegentlich eine robuste Selbstsucht, die im Interessenpartikularismus der katalanischen Wirtschaft eine eigene Spielart des Katalanismus darstellt.

In Gesprächen mit katalanischen Intellektuellen und Unternehmern habe ich darauf hingewiesen, daß die menschliche oder staatliche Sozietät nur lebensfähig sei, wenn sie ihre Zugehörigkeit auch im Mittragen des anderen und Schwächeren verwirkliche. Insofern scheint mir die Bemerkung »Ich bin Katalane; was in Gibraltar geschieht, geht mich nichts an« untauglich zur Lösung der innerspanischen Probleme zu sein. Zudem führt Partikularismus im Zeitalter lebensnotwendiger Zusammenschlüsse und wirtschaftlicher Kooperation unweigerlich zur Isolierung und eigenen Schwächung.

Es hat allerdings auch verständliche Gründe, wenn katalanische wie baskische Unternehmer gegen die wirtschaftliche und verwaltungstechnische Bevormundung Madrids opponieren. Sie beanstanden, daß der autoritäre Planungs- und Verwaltungszentralismus die regionalen Erfordernisse nicht berücksichtigt. Während der wirtschaftliche Zuwachs planmäßig abgeschöpft wird, geschieht zu wenig, durch Rücklauf und Investierung, zugunsten der katalanischen wie baskischen Wirtschaft. Als Brüskierung wird empfunden, wenn eine Region, deren wirtschaftliche Überlegenheit durch Leistung und Prosperität ausgewiesen ist, ohne Mitspracherecht dem Dirigismus der oft schwerfälligen bürokratischen Zentrale folgen muß. Das methodische Vorgehen Madrids zeigt sich noch in der Besetzung administrativer Schlüsselpositionen mit landfremden Beamten. Für die selbstbewußten Katalanen eine zusätzliche Belastung.

Die Lösung solcher Spannungen, so wird von katalanischen Wirtschaftlern argumentiert, kann allein die autonome regionale Planungs- und Verwaltungshoheit erreichen. Gemäßigtere Stimmen fordern eine schrittweise und teilweise Dezentralisierung, was auf einen Kompromiß hinausliefe. Aber selbst diese kleine Lösung findet kaum den Zuspruch des Madrider Wirtschaftsministeriums, das sich in Fragen regionaler Zuständigkeiten wenig elastisch zeigt und zudem an den dritten spanischen Entwicklungsplan gebunden ist.

Deutlich unterschieden vom gesamtspanischen Wirtschaftsinteresse sind die partikularen Bestrebungen Kataloniens für den Bereich des europäischen Außenhandels. Seit dem Abschluß des Präferenzabkommens mit der EWG im Sommer 1970 bemüht sich Spanien, zumindest über die Assoziierung, um den Anschluß an den Gemeinsamen Markt. Die Öffnung nach Europa käme dem Export der Agrarprodukte und umgekehrt dem Industrie-Import zugute. Während demnach die agrarischen Regionen die Assoziierung mit der EWG erhoffen, drängt Katalonien auf die Abschirmung des spanischen Marktes gegen fremde Einflüsse. Katalanische Textilien und Konsumgüter beherrschen den spanischen Markt. Man befürchtet, daß die Öffnung nach Europa die einheimische Wirtschaft in eine Wettbewerbssituation zwingt, der sie nicht gewachsen ist. Man bangt um die Folgen, um die Auswirkungen auf das Preisgefälle oder um Absatzschwierigkeiten auf einem Markt, der noch gesichert ist.

Das Paradoxe an dieser Situation ist nur, daß die Tendenz zur wirtschaftlichen Abschirmung und Isolierung ausgerechnet von der Region ausgeht, die sich am stärksten mit Europa verbunden weiß, die als Bindeglied zwischen Europa und Spanien stets ihre bevorzugte Rolle erkannt hat.

Das zeigt nun nochmals die ganze Schwierigkeit der »katalanischen Frage«, die als zentrales Problem nicht nur der Region, sondern Gesamtspaniens, den Regierenden und den Menschen, aufgetragen ist. Eine Lösung kann weder rasch noch gewaltsam, weder durch Verhärtung der spanischen Innenpolitik noch durch partikulare Absonderung und wahrscheinlich nicht mehr in der zu Ende gehenden Franco-Ära erwartet werden.

LEVANTE

Küste der Orangenblüte

Zwischen Ebro und Segura, der durch Murcia fließt, lag das alte Königreich Valencia, el País Valencià. Es trug den Ehrentitel Reino serenisimo, überaus heiteres Reich. Wir halten uns an die geographische Bezeichnung Levante, weil sie die Region Murcia einbezieht. Die Levante ist Land des Übergangs zum spanischen Süden, wobei sich schon in das Hinterland der Region Murcia die andalusischen Bergzüge schieben und der nördliche Teil in die hochflächige Mancha übergeht.

Aber bereits nach dem Ebrodelta, wenn wir von Norden kommend die Küstenstraße auf Valencia zufahren, ändert sich das Bild. Zu Recht trägt die valencianische Küste den Namen Costa del Azahar, Küste der Orangenblüte. Wir fahren durch Spaniens größten Orangengarten. Kilometerweit dehnen sich im Küstenstreifen die Orangenkulturen. Zur Zeit der Blüte, im März und April, schimmern aus dem kräftigen Blättergrün die weißen zarten Blüten. Sie verströmen einen intensiven süßen, erregenden Duft, der schon den Arabern angenehm war. Diese legten Orangenziergärten an und zogen aus den Blüten köstliches Duftwasser. Die ursprüngliche Frucht schmeckte bitter und bekam erst nach langen Veredelungsprozessen die volle wohlschmeckende Süße, die uns heute die reife Orange schenkt.

Die wirtschaftliche Nutzung der Frucht begann verhältnismäßig spät, Ende des 18. Jahrhunderts, als die Seidenraupenzucht zurückging. Damals legten die Bauern der Levante anstelle der Maulbeerplantagen die ersten größeren Orangengärten an. Heute stehen allein in der Huerta, im bewässerten Gartenland von Valencia, 15 Millionen Orangenbäume. In den drei Provinzen Valencia, Castellón und Alicante werden mehr als achtzig Prozent aller spanischen Orangen geerntet, allein in der Provinz Valencia mehr als sechzig Prozent. Die ertragreichsten Anbaugebiete liegen zwischen Castellón und Sagunto,

in der Huerta von Valencia, dann südlich landeinwärts bei Alcira, Carcagente und Játiva. Dort trägt ein Hektar Land bis zu 500 Doppelzentner Früchte. Ein einziger Baum kann 900 bis 1000 Orangen bringen.
Die Einheimischen leben vorwiegend von der Orange. Nicht nur die Bauern, deren blendend weiße Barracas, spitzgiebelige, strohbedeckte Hütten, aus den Plantagen und Gemüsefeldern leuchten. Nicht nur die Pflücker, Sortierer, Verpacker, sondern die Händler, Transportunternehmer, Schiffsverlader und Exporteure. Hinzu kommt die Verpackungsindustrie mit Holz, Papier und Druckereien, kommen die Zulieferungsgewerbe für Geräte, Maschinen, Chemikalien und vieles mehr.
Die valencianische Huerta ist dank einer vorzüglich organisierten Bewässerung enorm reiches Agrarland, nach der Huerta von Murcia der fruchtbarste Landstrich Spaniens und eines der fruchtbarsten Gebiete Europas. Neben den vorrangigen Orangen gedeihen hier Aprikosen, Mandeln, Feigen, Melonen, Tomaten und Gemüse. Nicht wenige Parzellen gewähren im Jahr drei und vier Ernten. Das Land gibt besten Weizen und Mais. An den Rändern des großen Binnensees Albufera, südlich von Valencia, in den sumpfigen Niederungen der Küste und an der Júcarmündung wird Reis angebaut, dessen Ernte mehr als fünfzig Prozent der spanischen Reisernte einbringt. Wo der Boden unbewässert bleibt, im Küstenland und auf den zurückliegenden Terrassen wachsen Wein, Oliven und Johannisbrotbäume. Kein Flecken bleibt ungenutzt. Mit dem Pfund, das die Natur hergibt, wird fleißig und nach herkömmlichem Brauch gewuchert.
Kein Wunder, daß in diesem Agrarland, im ländlichen, provinzlerischen Milieu, ein anderer Menschenschlag aufwächst als in Katalonien. Schon die Landbestellung in den Huertas bezeugt den Fleiß und die Tüchtigkeit der Einheimischen. Wie sie selbst gern essen und trinken, was den Männern und Frauen nicht selten anzusehen ist, pflegen sie großzügige Gastfreunde zu sein und bewirten mit Genuß. Als konservative Pragmatiker neigen Stadt- und Landbewohner gleichermaßen zum guten Leben und Lebenlassen, sind sie weniger aggressiv als die Katalanen, auch weniger anfällig für politische Agitation und radikale Opposition gegenüber den bestehenden Verhältnissen. Allerdings beklagen einheimische Kritiker wie der valencianische Schriftsteller Joan Fuster auch das »graue und resignierte Provinzlertum«, das zu »chronischer Atonie« im kulturellen wie auch im politischen Bereich führe.

Da die Industrie eine untergeordnete Rolle spielt, bleiben die mit der Industrie verbundenen Probleme entsprechend nebenrangig. Um so mehr Gewicht haben die Agrarprobleme. Im Gegensatz zu den Marktinteressen der katalanischen Industriellen drängen die Interessen der Agrarerzeuger auf die europäische Integration. Allein der Orangenexport macht zwanzig Prozent des spanischen Außenhandels aus. Ohne den europäischen Markt wäre die valencianische Agrarregion dem wirtschaftlichen Ruin ausgesetzt. Das heißt, die valencianische Region gehört zu den heftigsten Befürwortern eines Anschlusses an den Gemeinsamen Markt.

Der Zufall führte uns einmal an einem heißen Septembertag nach Bechi (von der Küstenstraße kurz hinter Castellón 15 Kilometer landeinwärts). Wir waren Gäste in einer Casa und fragten unsere Gastgeber, was sie in ihrem Land am meisten lieben. Sie nannten ohne Zögern die Plana, Morella und Peñiscola.

Die Plana, die weite Ebene zwischen Castellón und Sagunto, hatten wir vor Augen. Das Haus unserer Gastgeber lag auf einem Hügel oberhalb von Bechi. Im Rücken und nach Norden stieg das Bergland an, von einem violetten Schimmer überzogen. Wir sahen meerwärts die Plana mit ihren Wein- und Orangenkulturen, nicht nur im Mittagslicht ein faszinierender, wechselreicher Anblick, sondern fruchttragendes Nutzland, von den Einheimischen geliebt und gepflegt. Wir sahen die Häuser des Dorfes Villareal und zur Linken in Küstennähe Castellón liegen, die Provinzhauptstadt. Castellón de la Plana ist Zentrum der Plana, mit seinem Hafen Grao Umschlagplatz für die Agrarprodukte und den Wein. Eine offensichtlich wohlhabende Stadt mit gepflegten hellen Häusern, äußerst lebhaft im Stadtkern, aber weniger attraktiv für fremde Besucher, die allenfalls den 46 Meter hohen freistehenden Glockenturm der Kirche Santa Maria bewundern.

Unsere Gastgeber nannten Morella im Bergland des Maestrazgo. Die beste Zufahrt führt von Vinaroz am Anfang der Costa del Azahar landeinwärts (65 km). Das Städtchen Morella zieht sich an den Abhängen eines stumpfkegeligen Felsens hinauf, in einer Hochebene, rings vom Bergland umgeben. Morella war im Mittelalter befestigte Stadt und bewahrte eine erstaunliche Geschlossenheit mit seinen gotischen Kirchen und dem Rathaus, seinen alten Stadtmauern und der Plaza Mayor mit Bogengängen aus dem 13. Jahrhundert. Gassen und Plätze sind wie herausgelöst aus der Zeit, und die umgebende herbe Landschaft gibt dieser mittelalterlichen Enklave einen zusätzlichen Reiz. Aber wir finden in Morella auch Reste einer iberischen Siedlung und in den nahen Berghöhlen steinzeitliche Felsmalereien. Die Darstellungen sind beträchtlich kleiner als in den Felsmalereien von Altamira, aber bedeutsam, weil Menschen, Bogenschützen auf der Jagd, in den Fels gezeichnet sind. Diese Steinzeitmalereien, kunstwissenschaftlich »Levantekunst« genannt, wurden in zahlreichen Höhlen des Maestrazgo entdeckt, die wichtigsten in den Cuevas von Valltorta, zwischen Albocácer und Tirig.

Peñiscola, die schmale felsige Halbinsel mit dem Kastell aus der Zeit der Tempelherren und einem malerischen Fischerort, ist wohl der schönste Flecken der Costa del Azahar, am Anfang der Küste gelegen. Von Vinaroz fahren wir die Küstenstraße bis Benicarló, zweigen dort meerwärts ab und erreichen auf der Nebenstraße in Strandnähe nach wenigen Kilometern Peñiscola. Es ist ein heiterer, lichtüberfluteter Mittelmeerort mit dichtgedrängten, weißen Häusern, einer kleinen Fischerflotte und einer reizvollen Bucht mit sandigem Strand. Im Kastell, das den Felsen und die weißen Häuser überragt, hat der in Avignon 1394 gewählte Gegenpapst Benedikt XIII. acht Jahre bis zu seinem Tode im Jahre 1423 residiert, ohne zur Kenntnis zu nehmen, daß das Schisma in Konstanz beendet worden war. Ein trotziger Greis, den die Fischer »Papa Luna« nannten und dessen Andenken in Peñiscola wachgehalten wird.

Obwohl die Fischerstädtchen der Costa del Azahar auch für Feriengäste reizvoll sind, blieben sie bisher vom Massentourismus verschont. Man bemüht sich, Touristen anzulocken, kann aber schwerlich den Vorsprung der südlicheren Costa Blanca einholen. Um so empfehlenswerter sind die Küstenorte für individuelle Feriengäste.

Eine Stadt unmittelbar vor Valencia (25 km) darf nicht unerwähnt bleiben: Sagunto am Rio Palancia, überragt von einem Felsenrücken mit antiken Resten, umgeben von üppigen Orangengärten. Die Ruinen der arabischen Zitadelle, des römischen Amphitheaters am Hang bezeugen die große geschichtliche Vergangenheit. Das Museo Arqueológico versammelt aufschlußreiche Funde, denn das alte Saguntum, von den Iberern gegründet und befestigt, war eine oft umkämpfte Machtbasis. Mit der Stadt ist ein spektakuläres Geschichtsereignis verbunden. Als Hannibal 219 v. Chr. nach achtmonatiger Belagerung die mit Rom verbündete Stadt eroberte, steckten die Einwohner ihre Stadt in Brand und übergaben sich mit Frauen und Kindern dem Flammentod. Das furchtbare Ereignis, das in keinem spanischen Schulbuch fehlt, und die Geschichte Saguntos sind Erinnerung, berühren kaum die Gegenwart, obwohl der Burgberg dem, der ihn einmal gesehen hat, im Gedächtnis bleibt. Die heutige Stadt (deutsch Sagunt) am Fuß des Bergrückens ist eine geschäftige wohlhabende Provinzstadt, deren Einwohner den Agrarreichtum der Huerta, besonders den Orangenhandel, gut zu nutzen wissen.

Valencia

Valencia, die drittgrößte Stadt Spaniens (615 000 Einwohner), wirkt heiter, bürgerlich, handelstüchtig und gastfreundlich, weniger differenziert als die Industriestadt Barcelona, weniger monumental als die Regierungsstadt Madrid. Die üppige Huerta, das fruchtbare Land um Valencia, bestimmt den Lebensrhythmus der Stadt. Vorwiegend leben die Valencianer vom Anbau und von der Verarbeitung der Huertaerzeugnisse und vom Handel mit den Agrarprodukten. Von der Huerta hängen Reichtum und Wohlhabenheit ab. Die Huerta fordert Fleiß, Tüchtigkeit, Findigkeit, Beharrlichkeit, Eigenschaften, die den valencianischen Land- und Stadtbewohner auszeichnen.
Gewiß waren die klimatischen und bodenmäßigen Voraussetzungen günstiger als anderswo in Spanien. Doch die valencianischen Landleute, noch heute vorwiegend Kleinbauern, haben die Huerta geschaffen, den Boden präpariert, Kanäle gezogen, die Bewässerung reguliert. Die valencianischen Reisbauern haben ihr Land zum ergiebigsten Reisfeld Europas gemacht, wobei auf einem Hektar Land über 11 Zentner Reis geerntet werden. Die Valencianer haben den Orangenanbau erweitert, die Verarbeitungsstätten zur Industrie ausgebaut, den Handel organisiert. Sie haben am Ende des 18. Jahrhunderts die Anschwemmungen an der Mündung des Rio Turia ausgebaggert und ihren Hafen El Grao für den Handelsverkehr tauglich gemacht. Der Grao von Valencia ist der wichtigste Hafen der Levante, Hauptumschlagplatz für den Export der Huertaerzeugnisse und für die Einfuhr von Industrieprodukten.
Wer von Valencia spricht, muß zuerst von der Huerta sprechen, denn die Gegenwart des Landes ist in der Stadt allenthalben greifbar. Nicht nur auf dem Zentralmarkt, dem Mercado Central, wo in 1300 Verkaufsständen das üppige Angebot der Huerta, Früchte, Ge-

Valencia 71

müse, Reis und Blumen, ausgebreitet liegt. Nicht nur für die Augen, wenn man den Kathedralturm, den Miguelete, hochsteigt und von oben sieht, wie hinter den Azulejoskuppeln, Türmen und Dächern der Stadt unmittelbar die weite grüne Huerta beginnt, von Kanälen durchzogen, wie aus der grünen Ebene die einzelstehenden weißen Barracas, die Gehöfte der Gemüsebauern, hervorleuchten.

Die Verbundenheit mit dem Land, handwerkliche Traditionen und eine gesunde Bürgerlichkeit bestimmten die Lebensart der Valencianer seit jeher. Oft in der Geschichte Valencias haben die Bürger ihre Rechte gegenüber dem feudalen Adel mit der Waffe verteidigt. Aber ihre Lebensart neigt aus den natürlichen Gegebenheiten mehr dem Bewahren des Vorhandenen als neuen, umwerfenden Ideen zu. Sie sind lebenstüchtige Pragmatiker, verstehen das Vorhandene mit Fleiß zu nutzen und genußvoll auszukosten, wörtlich genommen, bis zum genießerischen Essen und Trinken, bis zum unschlagbaren Stolz auf das Geschaffene und Erreichte. Drei Eigentümlichkeiten Valencias, bis heute erhalten, bezeugen den freien Bürgersinn der Valencianer, auch ihre eigene demokratische Verfahrensweise, die sich ohne Eingriff der Obrigkeit behauptet. Das zeigt vor allem das traditionelle Wassergericht, das über die Regeln der Bewässerung der Huerta wacht. Als Einrichtung der Bürger, die ihrem freien Handel mit den Huertaerzeugnissen dient, blieb die Börse erhalten, die Lonja de la Seda, nach der Seide benannt, die vor dem Ausbau des Orangenhandels wichtigstes Handelsobjekt war. Und schließlich, das größte Volksfest Valencias, die Fallas, entstanden aus handwerklicher Tradition, wurde zum Ausdruck vitaler Lebensfreude.

Den großstädtischen Kern Valencias bildet die langgestreckte Plaza del Caudillo mit den einmündenden Hauptgeschäftsstraßen. An der Plaza stehen repräsentative Bauten wie das Rathaus (Palacio Consistorial, mit dem städtischen Museum), die Hauptpost, hohe Geschäftshäuser, Hotels, Bars, Straßencafés, Blumenstände. Hier konzentriert sich der städtische Verkehr, herrscht zu jeder Tageszeit geschäftiges Treiben, während in den Abendstunden das müßige und neugierige Flanieren zunimmt. Die Geschäftsauslagen in der Umgebung der Plaza del Caudillo halten auf eine solide Eleganz. Allerdings, verglichen mit Barcelona, sind hier die Preise etwa für Schuhwerk und Textilien etwas höher. Beim abendlichen Paseo und mehr noch bei festlichen Anlässen können wir feststellen, daß sich die Valencianerinnen gut zu kleiden wissen. Auch dies hat seine Tradition, denn schon Reisende des

16. und 17. Jahrhunderts lobten die Kleidung der hiesigen Frauen, der »schönsten, luxuriösesten und angenehmsten, die es zu sehen gibt«.

Von der Plaza del Caudillo nach Norden gehend, durch die Geschäftsstraße Calle San Vicente, nicht weit, kommen wir zur Plaza de la Reina, wo es schon wesentlich ruhiger zugeht, trotz der unterirdischen Großgarage in der Platzmitte. Gleich links, ein paar Schritte in eine Seitengasse, liegt die Kirche Santa Catalina, die darum erwähnenswert ist, weil ihr vorgebauter schlanker Barockturm unter den 300 Türmen Valencias, die Victor Hugo gezählt hat, der schönste ist. Im Hintergrund der Plaza de la Reina ragt der achteckige robuste Glockenturm der Kathedrale auf, der Miguelete oder (valencianisch) Micalet, das Wahrzeichen der Stadt, um die Wende zum 15. Jahrhundert erbaut, unvollendet geblieben, doch 64 Meter hoch. Wer die 207 Stufen bis zur Aussichtsterrasse hinaufsteigt, hat den schönsten und umfassenden Ausblick über die Stadt, die Huerta und den Hafen.

Die Kathedrale ist ein Unikum, von außen ein unförmiger Steinkoloß, der mit Würde die Bauspuren nahezu aller Stilepochen seit dem 13. Jahrhundert erträgt. Romanisch ist die Puerta del Palau, gotisch die schon leicht verwitterte Puerta de los Apóstolos mit der großen Fensterrose. Daran schließt eine zweistöckige, gerundete Galerie aus der Renaissance an. Barock ist die konkave Hauptfassade, die Puerta del Miguelete. Das monumental wirkende Innere der Kathedrale zeigt ebenso eine Stilvielfalt, wobei allerdings barocke und klassizistische Elemente überwiegen.

Jeden Donnerstag gegen elf Uhr versammeln sich Huertabauern und zahlreiche Neugierige auf dem Platz vor der Puerta de los Apóstolos und warten auf den Beginn des Wassergerichts, auf das Tribunal de las Aguas. So geschieht es nach jahrhundertealtem Brauch. An der Nordseite des Platzes, mit der Kathedrale durch einen Bogen verbunden, steht die Kapelle der Virgen de los Desamparados, der heiligen Jungfrau der Verlassenen, die als Schutzpatronin Valencias verehrt wird. Kein Tag bringt der Kapelle und der Sagrada Imagen mehr gläubige Besucher als der Tag des Wassergerichts. Gegen zwölf Uhr erscheinen die sieben Wasserrichter, frei gewählte ältere Bauern in schwarzen Anzügen, und nehmen auf Polsterbänken vor dem Aposteltor Platz. Nachdem ein niederes Gitter zur Abgrenzung des Amtsbezirks aufgestellt ist, spricht der Älteste: »S'òbri el tribunal«, die Gerichtssitzung ist eröffnet. (Eine alte katalanische Formel. Die Valencia-

Valencia

ner sprechen einen eigenen katalanischen Dialekt.) Gegenstand der Verhandlungen sind Beschwerden, Verstöße und Streitfragen, die mit der Feldbewässerung zu tun haben. Die sieben Bauernrichter entscheiden auf der Stelle, mündlich, ohne irgendein Schriftstück, ohne Staatsgewalt oder Polizei. Wer das Urteil nicht anerkennt, dem wird das Wasser entzogen, die schlimmste Strafe für einen Huertano. Aber dazu kommt es nicht, denn das gesprochene Urteil des Wassergerichts gilt als verbindlich und gerecht.

Wie das Wassergericht aus einer Bürgerinitiative für einen, wenn auch begrenzten Rechtsbereich geschaffen wurde, so errichteten die Valencianer gegen Ende des 15. Jahrhunderts ihre Lonja de la Seda, die Seidenbörse, als Ort ihres freien Handels. Noch heute stehen im riesigen und hohen Börsensaal die kleinen klobigen Tische, darauf Schalen mit Proben der Huertaerzeugnisse, meist Körner, Reis, Bohnen, Mandeln, Mais, Erdnüsse, Erbsen und andere mehr. Hier ist das Revier der Händler und Agenten. Lautstark wie in jeder Börse werden Zahlenreihen durch den Saal gerufen, für jeden Nichteingeweihten ein abstraktes Spiel. (Er wird gut daran tun, den Zentralmarkt gegenüber der Lonja zu besuchen, wo die Handelsobjekte in natürlichem Zustand zu schauen, greifen, schmecken und riechen sind.) Doch zugleich ist die spätgotische Lonja de la Seda das schönste Bauwerk Valencias und schon darum den Besuch wert. Trotz sparsamer architektonischer Mittel wirkt der Zweckbau elegant und repräsentativ, vor allem der große Börsensaal mit den hohen schlanken Spiralsäulen und dem gotischen Rippengewölbe.

Das 15. Jahrhundert muß für Valencia eine gute Zeit gewesen sein. Das zeigen, soweit das an Bauwerken ablesbar ist, auch die beiden wuchtig und breit gesetzten ehemaligen Stadttore, die Torres de Serranos und die Torres de Cuarte. Wehrhaft und kraftstrotzend gehörten sie zur einstigen Stadtmauer und stehen heute an der Ringstraße, die die Altstadt umschließt. Als Ausklang des späten Mittelalters entstand im 16. Jahrhundert der Palacio de la Generalidad, der Palast der Ständeversammlung, heute Sitz des Provinzialparlaments. Doch dieser Palast mit seinen sehenswerten Prunksälen und prächtigen Artesonado-Holzdecken ist schon weit entfernt von der kraftvollen Architektur der Stadttore, von der einfachen, kühnen Eleganz der Lonja de la Seda.

Verglichen mit anderen spanischen Städten hat Valencia, abgesehen von den genannten Zweckbauten, nicht viel an überragenden Bauwerken aus früheren Jahrhunderten vorzuweisen. Bei den sakralen Bauwerken bleibt wohl zu berücksichtigen, daß während des Bürgerkriegs von 1936 bis 1939 zahlreiche Kirchen zerstört wurden und keine unbeschädigt blieb. Doch weist auch die merkwürdige Baugeschichte der Kathedrale – wie die geringe Zahl bedeutender Bauwerke – auf einen wenig ausgeprägten Sinn für bauliche, architektonische Repräsentanz hin. Vielleicht liegt das daran, daß die Valencianer stets mehr dem unmittelbaren Leben und den Bedürfnissen des Lebensalltags zugeneigt waren. Das betrifft nicht nur den ökonomischen und merkantilen Bereich.

Beispielsweise galt das Gesundheitswesen der Stadt, die praktische Versorgung der Bevölkerung wie die Ausbildung der Mediziner an der Universität, schon im Mittelalter als vorbildlich. Heute sind die hygienischen Einrichtungen und die drei großen Krankenhäuser Valencias musterhaft organisiert. Die Medizinische Fakultät der Universität Valencia, an der etwa ein Drittel von rund 7000 Studierenden eingeschrieben ist, gehört zu den besten, aber auch strengsten der spanischen Universitäten. Zur ärztlichen Versorgung der Bevölkerung erklärte mir einer der Professoren für Medizin, in Valencia stehe für 300 Personen ein Arzt zur Verfügung. In der Provinz Valencia sei das Verhältnis jedoch wesentlich anders, dort komme auf etwa 1500 Personen ein Arzt. (Nach einem Bericht der Weltorganisation für Gesundheitswesen kam in Spanien im Jahre 1965 auf achthundert Personen ein Arzt, wobei jedoch — wie das Beispiel Valencia zeigt — zwischen Stadt und Land beträchtlich voneinander abweichende Verhältnisse bestehen.)

Im Volksleben der Valencianer spielen Feste eine bedeutende Rolle. Sie sind gesteigerter Ausdruck eines intensiven Verhältnisses zum Leben und eng verbunden mit dem Arbeitsalltag. Im Blumenkorso und einer gigantischen Blumenschlacht, dem Höhepunkt der Feria San Jaime (in der Woche um den Jakobstag am 25. Juli), verschwenden die Valencianer zu ihrer eigenen Freude die schönsten Erzeugnisse der Huerta. Einmal im Jahr wird das, was sie mit eigenen Händen geschaffen und kultiviert haben, zum absoluten Besitz und zum Gegenstand ihres Übermuts.

Das valencianische Hauptfest, die Fallas (drei Tage bis zum Josefstag am 19. März), entstand aus handwerklichem Brauch, obwohl auch eine mögliche Beziehung zu Frühlingsbräuchen anderer Völker (Verbrennen des Winters, Osterfeuer) nicht auszuschließen ist. Die valencianischen Zimmerleute und Schreiner pflegten am Ende des Winters ihre Werkstätten auszuräumen, Abfälle und Gerümpel zu verbrennen. Irgendwelche Leute kamen auf den Gedanken, den Latten und Verschlägen alte Kleider umzuhängen. So entstanden die Fallas, seit dem 18. Jahrhundert kunstvoll ausstaffierte Riesenpuppen aus Holz und Papiermaché, bis zu zwanzig Meter hoch, die in der Nacht des 19. März prasselnd und lärmend den Flammentod sterben. Jedes Stadtviertel hat seine eigenen Fallas. Die Nachbarschaften bringen Millionen Peseten auf, um während des Jahres von Bildhauern, Malern und ihren Helfern die skurrilsten Figuren herstellen zu lassen. Für die meist satirischen Darstellungen von Zeitgenossen und aktuellen Begebenheiten, oft sehr kunstvoll, gibt es Preise. Doch in der einen Nacht, während Raketen hochsteigen und ganz Valencia von Lärm, Musik und Geschrei erfüllt ist, werden die rund 200 mit Feuerwerkskörpern versehenen Fallas in Brand gesteckt. Sie zergehen in einer Orgie von Feuer, Getöse und Rauch.

Nicht wenige der jüngeren Valencianer, vor allem unter den Intellektuellen, sehen ihre Stadt mit kritischen Augen. Sie nennen, wie der einheimische Schriftsteller Joan Fuster, das Leben in ihrer Stadt eintönig, apathisch und behäbig. Wer nur einmal die Fallas oder eine andere Fiesta in Valencia miterlebt, wird einen anderen Eindruck gewinnen. Aber die Kritiker meinen etwas anderes. Ihr Vorwurf richtet sich gegen »eine Art sozialer Lähmung« und ein »resigniertes Provinzlertum« (Joan Fuster). Sie berufen sich auf den sozialrevolutionären Schriftsteller Vicente Blasco Ibáñez (1867–1928), dessen sozialkritische Romane und dessen politisches Engagement bis in den Bürgerkrieg nachwirkten. Sie loben das rebellische und mutige Valencia der Zeit vor dem Bürgerkrieg, die Treue Valencias zur Republik, denn die Stadt war während des Bürgerkriegs zeitweise Sitz der republikanischen Regierung. Allerdings ist heute von der rebellischen, auch von der anarchistischen Unterströmung, die schließlich zur Zerstörung der valencianischen Kirchen führte, wenig zu merken. Das soziale Leben verläuft in ruhigen, konservativen Bahnen, was sicherlich der Festigung und dem Ausbau der einheimischen Agrarwirtschaft, jedoch weniger der sozialen Gerechtigkeit zugute kommt. Wem fällt der Gewinn zu, wer trägt die Last? Ein Landarbeiter nannte mir (1971) als seinen Tageslohn 150 Peseten, das sind rund 7,50 DM. Die Kleinpächter auf den Landparzellen, die gelegentlich den Ernteertrag mit dem Besitzer teilen, sind abhängig von den Händlern, die die Preise drücken.

Cooperativas, Zusammenschlüsse der Bauern, gibt es nur vereinzelt. Die konservative Struktur bringt mit sich, daß Großgrundbesitzer und Unternehmungen, die Produktion und Handel vereinigen, den Gewinn abschöpfen und obendrein das Preisgefälle bestimmen.

Der Fremde, der heute Valencia besucht, wird von diesen Problemen kaum angerührt. Er findet unter dem klaren und heiteren Himmel eine reizvolle Stadt, in der sich gut leben läßt. Er begegnet lebenstüchtigen und lebensfrohen Einheimischen, deren offene und spontane Gastlichkeit oft gerühmt wurde. Er kann, wenn er etwas Zeit aufwendet, in zwei von Kennern gerühmten Museen noch einmal valencianischer Eigenart begegnen, die in der Malkunst und der kunstvollen Keramik besser zur Geltung kommt als in der Architektur.

Das Museo Provincial de Bellas Artes, das Museum der Schönen Künste, liegt am jenseitigen Ufer des Rio Turia, der die Altstadt im Norden umfließt und zum Hafen führt. In dem sehr breiten und von Ufermauern gesäumten Flußbett wirkt der Rio Turia meist recht kümmerlich. Man geht oder fährt über die schönste der Turiabrücken, über die steinerne Bogenbrücke Puente del Real, die mit zwei kleinen barocken Pavillons geschmückt ist, in denen Skulpturen der valencianischen Heiligen Vicente Martyr und Vicente Ferrer stehen.

Das Museum der Schönen Künste im Barockbau des Colegio de San Pio V. beherbergt Bildwerke von Weltrang, ein Velázquez-Selbstbildnis, drei Porträts von Goya, Werke von El Greco, Murillo und Hieronymus Bosch, der spanisch el Bosco genannt wird. Die besondere Bedeutung dieses Museums für Valencia liegt darin, daß hier die valencianische Malerei vom 14. Jahrhundert bis zur Gegenwart überschaubar versammelt ist. Wenn auch in den Malwerken der »Valencianischen Schule« italienische, gelegentlich auch niederländische Vorbilder durchscheinen, so behaupten sie ihre Eigenart in differenzierten Farb- und Lichteffekten. Die valencianische Malerei spricht die Sinne an, auch wo sie zur thematischen Dramatisierung neigt. Vor allem drei Maler des 17. Jahrhunderts sind hier zu nennen: Francisco de Ribalta, Jerónimo Jacinto de Espinosa und Jusepe de Ribera, der Weltruhm erlangte. Im 20. Jahrhundert brachte der Spätimpressionist Joaquín Sorolla der valencianischen Malerei einen neuen Höhepunkt. In seinen sinnenhaften, von hellem Licht durchfluteten Gemälden, die das Leben am Meer und im Alltag einfangen, zeigt sich jene Lebensfreude und jener Lebensmut, die dem Valencianer zugehören.

Das Museo Nacional de Céramica, das Keramikmuseum, liegt in der Innenstadt, im Palacio del Marqués de Dos Aguas. Die phantasievoll ausladende Rokokofassade des Palastes ist ein imposantes Schaustück, singulär in der valencianischen Architektur. Das Museum dokumentiert aufs schönste die Vorliebe der Valencianer für helle und bunte Farben, für die dekorative Ausstattung ihrer alltäglichen Umgebung, selbst der Küchen- und der einfachen Gebrauchsgegenstände. Ganz für die Augen geschaffen sind die buntglasierten Keramiken und Azulejos, ebenso bunte gemusterte Kacheln, deren Name daher kommt, daß sie ursprünglich blau, azul, glasiert waren. Aus Valencia, Manises und Paterna stammen die schönsten Stücke dieser Kunstkeramik. Noch heute hat Manises seine keramische Manufaktur, in der die kunsthandwerkliche Tradition fortgesetzt wird.

Nicht nur die Huerta, auch die zahlreichen Gärten, vor allem die Jardines del Real nahe dem Museum der Schönen Künste, der angrenzende Alameda-Garten, der prächtige Botanische Garten an der Calle de Cuarte, zeigen, wie gut die Valencianer das Naturgegebene zu kultivieren und auszukosten wissen. Die Gärten werden von Einheimischen und Fremden viel besucht. Doch die begehrteren Erholungsziele, auch für die Valencianer, sind die flachsandigen Strände und Bäder in Stadtnähe, nördlich und südlich des Hafens, oder der nahe Lagunensee der Albufera.

Die Albufera, von den Arabern das kleine Meer genannt, liegt südlich von Valencia und beginnt hinter dem Dorf El Saler. Ein küstennaher Pinienwald, die Debesa, an der Meeresseite von kilometerlangen Sandstränden begrenzt, scheidet die Albufera vom Meer. Sie ist ein fischreicher, vor allem aalreicher Süßwassersee, der im Sommer fünf mal sieben Kilometer mißt, mit schilfigen Ufern und schlammigen Ausweitungen, dem Hauptanbaugebiet von Reis. Die Reisfelder ziehen sich südwärts bis Sollana und Sueca, vor der Ernte im September eine einzige weite goldgelbe Fläche. An den Ufern des Albufera, im Schilf und Röhricht, nisten Wildenten, Bläß- und Wasserhühner, Haubentaucher und Seeschwalben. Die Fischer werfen aus flachen Booten mit Dreiecksegeln ihre Netze in das seichte Wasser. Im Fischerdorf El Palmar, mitten in der Lagune gelegen, gibt es als Spezialität All-i-pebre zu essen, ein mit schwarzem Pfeffer und Knoblauch scharfgewürztes Aalgericht. Hier gibt es die beste und echte valencianische Paella, eine Mischung aus Reis, Geflügelfleisch, Schnecken, Schalentieren, grünen Bohnen, Safran und Pfeffer, in reinem Olivenöl auf Holzfeuer zubereitet und in der schwarzen Pfanne serviert. Wenn ein Land auch an seinen einheimischen Gerichten erkennbar ist, dann gilt das für Valencia und die originale Paella besonders.

Von Valencia nach Alicante und Elche

Weit nach Süden erstreckt sich das fruchtbare Gartenland der Huerta, werden Reis, Gemüse und vor allem Orangen angebaut, an der Küste bis zu den freundlichen Städten Gandía und Oliva, landeinwärts bis Jativa. In Jativa mit dem maurischen Namen und der gut erhaltenen Maurenfestung am Hang des Monte Bernisa wurde im 12. Jahrhundert das erste Papier Europas hergestellt. Bekannter wurde Jativa durch das einheimische Geschlecht der Borgia, spanisch Borja, das sich durch zwei Päpste und die Dame Lucretia spektakuläre Aufmerksamkeit sicherte.

Jativa liegt an der Straße N 340, die durch das Landinnere von Valencia nach Alicante führt. Die Stadt, noch gut bewässert und von Orangenkulturen umgeben, liegt schon am Rand des Berglandes von Alcoy, dessen breiter Riegel zwischen der nördlichen und südlichen Levante bis ans Meer vorstößt, bis zu den felsigen Cabo de la Nao und Cabo San António. Das Bergland steigt bis etwas über 1500 Meter an, es ist also nicht sehr hoch, wirkt aber rauh, karg und einsam mit seinen zerklüfteten Formen, den Bergklötzen, Abstürzen, Schluchten, mit abenteuerlichen Paßstraßen und weltabgeschiedenen Bergdörfern. In einem engen Kessel des Berglandes liegt Alcoy, eine rege Industriestadt, die schon zur Maurenzeit Wollsachen und Papier herstellte. Heute besitzt Alcoy rund 80 Textilfabriken. Ferner werden Metallwaren und als Spezialität enorme Mengen von Zigarettenpapier produziert. Jährlich vom 22. zum 25. April wird mit großem Aufwand das Fest der Moros y Cristianos veranstaltet, wobei in einem mittelalterlichen Kampfspiel der Sieg der Christen über die Mauren gefeiert wird.

Die Erinnerung an die Mauren ist in diesem Land überall gegenwärtig, in den Namen der Städte, in der Bewässerungstechnik, in bestimmten Gewerben, in den eingeführten Pflanzen und in der Vorliebe für bestimmte Süßigkeiten. In Jijona, südlich von Alcoy an einem Hang vor einer grandiosen Bergkulisse gelegen, wird wie zur Maurenzeit der

Turrón hergestellt, eine Süßigkeit aus Mandeln, Honig und Zucker. Mandelbäume, die kaum Wasser benötigen, sehen wir viel in diesen Trockengebieten, und auf den Honigreichtum verweist ein anderes Dorf an der Straße nach Alicante, das einfach Muchamiel, viel Honig, heißt.

Das Bergland von Alcoy bildet eine folgenschwere Klima- und Wetterschranke zwischen der valencianischen Levante und der südlichen Levante mit Alicante, der Seguraebene und Murcia. Das Bergland fängt die frischeren Nordwinde auf, die dem milden und warmen Valencia im Frühling und Spätherbst kühlere Tage bringen. Südlich des Berglandes ist das Klima trocken, heiß und tropisch. Man sagt, südlich des Cabo de la Náo beginne Afrika. Während in Valencia jährlich vierundfünfzig Regentage gezählt werden, fällt in Benidorm nur an sechzehn Tagen Regen. Es ist das Land der Dattelpalmen und Mandelbäume, die schon im Winter zu blühen anfangen. Die Küste, vor allem der alicantinische Teil der Costa Blanca, die bei Dénia und Jávea beginnt, gehört immer noch zu den reizvollsten Küstenlandschaften Europas, trotz des Massentourismus, der wachsenden Hochhäuser, Hotel- und Appartementbauten, die manchen früheren stillen Fischerort wie Benidorm bis zur Unkenntlichkeit erdrückt und eine neue künstliche Mammut-Ferienstadt geschaffen haben.

Diese jähe Entwicklung, staatlich gefördert durch Urbanisierung und großzügige Kredite, veränderte erst seit Mitte der fünfziger Jahre das Leben der Fischer und Küstenbewohner. Unvorbereitet gerieten die Einheimischen in den Sog des Massentourismus, auch in den Sog gewinntüchtiger Bodenspekulanten, kapitalkräftiger Ausländer und geschäftiger Reiseagenturen. Die hektische Entwicklung führte zu Auswüchsen und Mißständen, die der Staat durch neue Gesetze einzudämmen sucht. Doch der Tourismus-Boom hält an. Wer die Veränderung der Küste beklagt, sollte auch sehen, daß die Einheimischen vordem in erbärmlichen Verhältnissen lebten, daß zahlreiche jüngere Einheimische ihre Fischerdörfer verließen, weil ihr Lebensunterhalt nicht mehr gesichert war. Wer will den Einheimischen verdenken, daß sie die Bedürfnisse des Tourismus nutzen und anbieten, was ihnen die Sonne, das Meer und ihre bezaubernde Küstenlandschaft bereitstellen? Der Tourismus wurde zur Haupterwerbsquelle der Küstenbewohner und zum größten Devisenbringer des Landes.

An der Küstenstraße, der N 332, die Valencia und Alicante verbindet und weniger beschwerlich zu fahren ist als die Straße über Alcoy, liegen die Zentren des internationalen Tourismus. An der Küste von Calpe ragt der vulkanische Felsklotz des Peñon de Ifach (383 m) aus dem Meer, dessen rauhe, dürftig von Moos bewachsene Kuppe mit der Küstenlandschaft merkwürdig kontrastiert. Der Fischerort Altea, von spanischen und ausländischen Malern als Aufenthaltsort bevorzugt, hat mit seinen weißgetünchten Häusern noch etwas von seiner ursprünglichen Atmosphäre erhalten. Benidorm mit seinen weichen, fast weißen Sandstränden, vor einem herrlichen Bergpanorama gelegen, zählt 9000 Einwohner, beherbergt jedoch zwischen Ostern und Ende September mehr als 80 000 Gäste. Neuerdings mehren sich auch die Wintergäste, die bis November und Dezember im Meer baden können. Benidorm ist ausschließlich Touristenzentrum, während in Villajoyosa immer noch die alten einheimischen Gewerbe ausgeübt werden, die von den Mauren eingeführte Hanfverarbeitung und als Spezialität die Schokoladeherstellung. Villajoyosa erfreut durch seine weißen und bunten Hausfassaden. Die Strände von Campello, San Juan und Albufereta, gespickt mit Hotelbauten, mit allem Komfort für kurzweilige Sonnenferien ausgestattet, weisen schon auf das nahe Alicante hin.

Alicante, das römische Lucentum und maurische Al-Lucant, wurde von den Phöniziern gegründet und erhielt von Hannibal das Stadtrecht. Aber nichts in der Stadt erinnert an die Karthager, Römer oder Mauren, bis auf die maurische Bergruine Santa Bárbara auf dem Benacantilhügel, unter deren Schutz die Stadt groß wurde. Wer auf den Burgberg wandert oder bequem mit dem Fahrstuhl hochfährt, genießt den schönsten Blick über die Stadt, den Hafen und das bergige Hinterland.

Das gesunde und trockene Klima, die weitgeschwungene Hafenbucht und das tiefblaue Meer, die einzigartige Lage vor dem schützenden Bergland und der Huerta im Süden machten Alicante schon im 19. Jahrhundert zu einem vielbesuchten Sommeraufenthalt. Vor allem die Madrider kamen her, wohnten in pompösen Hotels oder bezogen für den Sommer ihre Zweitwohnung. Heute promeniert über die hafennahe Explanada de España ein international gemischtes Publikum. Vergnügen bereitet der Paseo auf der langen, von schattigen Palmen gesäumten Explanada, die mit gewellten farbigen Streifen plattiert ist. Wie eh und je spielt im Musikpavillon die Banda municipal. Man kann zum Jachthafen gehen, wo weiße Segelboote in jeder Größe auf dem Wasser schaukeln, oder zum Fischerhafen, wo die große Schleppnetzflotte ankert. Der Weg stadteinwärts bringt keine Überraschungen. Baulich kann sich Alicante mit anderen spanischen Städten nicht messen.

Wenn die Alicantiner ihre Stadt »la millior terra del mon« nennen, das beste Stück Land der Welt, so darf das für die Lage gelten und spricht nebenbei für ein ausgeprägtes Selbstbewußtsein. Der Ausspruch im valencianisch-katalanischen Dialekt erinnert daran, daß Alicante als südlichste Stadt zum katalanischen Sprachgebiet gehört. Aber auch in ihren typischen Eigenschaften, der Lebensgewandtheit, dem Geschäftssinn und Fleiß, stehen die Alicantiner den Katalanen nicht nach. Da ihnen der Erfolg nicht versagt blieb, sprechen sie gelegentlich etwas herablassend von den bäuerlichen Nachbarn in Murcia.

Alicantinischer Eifer gilt dem Fremdenverkehr und der lebhaften Bautätigkeit sowie den Nutzgärten, die sich an jeder bewässerten Stelle ausbreiten. Dem Trockenboden werden Mandeln, Oliven, Trauben und eßbare Kakteenfrüchte abgewonnen. Da das Land nicht genug hergibt, bauten die Alicantiner schon sehr früh eine erstaunlich vielfältige Kleinindustrie auf, obwohl die Rohstoffe oft mühsam herangebracht werden müssen. In Alicante werden Obstkonserven, Maschinen, Aluminium, Düngemittel und Tabak hergestellt. Wie die genannten Städte Alcoy, Villajoyosa und Jijona betreiben zahlreiche Orte im Alicantinischen ihr eigenes, spezialisiertes Gewerbe oder eine nahezu monopolartige Kleinindustrie. In Elda arbeiten mehr als hundertfünfzig Schuhfabriken. Aus dem Bergdorf Ibi kommt der Großteil der spanischen Spielwaren. In den Töpfereien von Agost werden die Botijas, die landesüblichen Wasserkrüge hergestellt, Novelda ist Zentrum des spanischen Safranhandels. In der größeren Stadt Elche werden Obstkonserven, Schuhe, Textilien, Papier und Kautschuk produziert.

Elche, nur 23 Kilometer von Alicante an der Straße nach Murcia gelegen, hat sich als aufstrebende Industriestadt zur schärfsten Konkurrentin von Alicante entwickelt. Doch nicht dies, sondern der Palmar, der größte Palmenwald Europas, hat die Stadt berühmt gemacht. Nordöstlich und bis in die Gärten von Elche vordringend erstreckt sich der Palmar mit mehr als 170 000 Dattelpalmen. Die Palmen, das subtropische Klima, der wolkenlose Himmel und die flachgedeckten weißen Häuser lassen an eine afrikanische Oase denken. Die Araber sagen, die Palme müsse »den Fuß im Wasser, den Kopf im Feuer des Himmels« haben. Das Feuer gibt die Sonne, das Wasser der gestaute

Rio Vinalopó. Alle zwei Jahre, im Winter, klettern die Pflücker barfuß die schlanken Stämme der weiblichen Palmen hoch und ernten die süße Frucht. Die Krone der männlichen Palme wird im Frühjahr eingebunden, um das Grünen der Zweige zu verhindern. Die gebleichten Zweige werden in ganz Spanien zur Palmsonntagsprozession mitgetragen. Das Jahr über hängen sie, vor allem in Südspanien, als Schutzsymbol an den Gitterbalkonen.

Nahe dem Palmenwald wurde im Jahre 1897 eine der berühmtesten Büsten der Welt, die Dama de Elche, gefunden, die ein iberischer Künstler vor rund fünfundzwanzig Jahrhunderten geschaffen hat. Die Büste, das Abbild einer schönen, etwas robusten Ibererin mit prächtigem Kopfputz, befindet sich heute im Madrider Prado.

Keine spanische Region feiert ihre Feste spektakulärer, maßloser, aufwendiger als die Levante, seien es die Fallas von Valencia, die Fogueres del Foc von Alicante, das Feuerwerk der Johannisnacht, oder das Fest der Moros y Cristianos von Alcoy. In Elche leitet ein nicht minder spektakuläres und sprühendes nächtliches Feuerwerk die Festtage des 14. und 15. August ein, zum Fest Mariä Himmelfahrt. Den Höhepunkt bringt die Aufführung des Misterio de Elche in der Basilika Santa Maria, eines geistlich-lyrischen Schauspiels, dessen Ursprung schon auf das 13. Jahrhundert zurückgeht. Das von Kennern geschätzte Mysterienspiel, das den Sieg des Lebens über den Tod symbolisiert, gilt als besterhaltenes mittelalterliches Kirchenspiel. Allerdings, wer im August nach Elche kommt, ist den heißesten Tagen des Jahres und einem afrikanischen Klima ausgesetzt.

Murcia, Stadt und Land

Murcia hat 260 000 Einwohner, doch der Großteil der Murcianer wohnt nicht in der Stadt, sondern in Vororten, dem Einzugsgebiet der Huerta. In den engen Gassen der Stadt, den schmalen Hauptgeschäftsstraßen, der Trapería und der Platería, begegnen wir bäuerlichen Huertanos. Sie kommen herein, ihre Erzeugnisse auf den Markt zu bringen oder einzukaufen, was sie für die Landbestellung und den eigenen Bedarf brauchen. Murcia ist eine ländliche Stadt, ein riesiger Markt für die Provinz.

Die Huerta, das bewässerte Gartenland in der Umgebung der Stadt,

Murcia, Stadt und Land

ist nach Ausdehnung kleiner als die valencianische Huerta, aber von strotzender Fruchtbarkeit, der fruchtbarste Landstrich Spaniens. Die murcianischen Huertanos ernten die meisten Zitronen und Aprikosen Spaniens, die saftigsten Orangen. Sie ernten dreimal im Jahr, bauen Gemüse an, Tomaten, Melonen, Mais, Bohnen und Kartoffeln. Sie führen seit dem 18. Jahrhundert in der spanischen Seidenraupenzucht, der sie jährlich 45 000 Kilogramm Seide abgewinnen. Murcia lebt vom Umschlag und der Verarbeitung der Huertaerzeugnisse. Die Stadt hat sich zum Zentrum der spanischen Obst- und Gemüsekonservenfabrikation entwickelt.

Viel verdankt Murcia den Arabern, die Medina-al-Mursijah im Jahre 861 gründeten. Sie stauten den Rio Segura durch die Contraparada, legten das erste Bewässerungssystem an, die Grundlage für die Bewirtschaftung des Bodens. Von ihnen stammen die riesigen hölzernen Schöpfräder, die Norias, die noch vereinzelt wie in Alcantarilla erhalten sind. Aber die weitere Entwicklung der Stadt – über das selbständige Königreich von kurzer Dauer, die Annexion durch Kastilien im Jahre 1243, die Vertreibung der letzten Mauren im Jahre 1609 – verlief langsam und ohne nennenswerten Auftrieb. Erst im Laufe des 18. Jahrhunderts begann Murcias Aufstieg, der sich wirtschaftlich auf die systematische Nutzung der Huerta stützen konnte, auf die Ausweitung der Seidenfabrikation und die wachsende Produktion von Zitrusfrüchten. Ein einzelner Mann, ein Sohn der Stadt, brachte Murcia diesen Aufschwung. Der Graf Floridablanca (1728–1808), Minister Karls III., sorgte von Madrid aus für seine Heimatstadt, indem er den Segurafluß kanalisieren und die Bewässerung der Huerta großzügig regulieren ließ.

Das barocke 18. Jahrhundert hat die Stadt geprägt. Das repräsentativste Bauwerk Murcias ist die Kathedrale, die im frühen 15. Jahrhundert anstelle einer Moschee errichtet wurde. Der gotische Stil bestimmt das Innere mit der schönen oktogonalen Capilla de los Veléz. Jedoch erhielt die Kathedrale im 18. Jahrhundert eine breit ausschwingende, etwas protzende Hauptfassade und den markanten, 92 Meter hohen Viereckturm. Aus der gleichen Zeit stammen der barocke Bischofspalast und die meisten Kirchen, die im Bürgerkrieg teilweise zerstört, doch inzwischen wieder gut restauriert wurden, die zweitürmige Kirche Santo Domingo, San Nicolás, San Miguel, San Andrés und in der Calle García Alix der Rundbau der Ermita de Jesús, der das Salzillo-Museum beherbergt.

Der überaus produktive murcianische Bildhauer Francisco Salzillo (1707–1783) soll mehr als 1800 große Statuen geschaffen haben. Seine bemalten Skulpturen stehen in beinahe allen Kirchen Murcias, auch in der Kathedrale, vor allem in der Ermita de Jesús, wo Salzillos riesige Krippe mit nahezu 1000 Einzelfiguren und die Pasos, Passionsdarstellungen, die in der Prozession der Karwoche mitgetragen werden, ausgestellt sind. Man hat in den Pasos einen Höhepunkt der religiösen Kunst Spaniens gesehen. Salzillo überträgt unreflektiert das Empfinden des einfachen Volkes auf die plastische Darstellung. Doch sein gefühlvoller Naturalismus bewegt sich hart an der Grenze des religiösen Kitsches.

Wiederholt mußte ich hören und lesen, daß die Murcianer, von denen viele bessere Erwerbsmöglichkeiten in Barcelona, Valencia oder in Mitteleuropa suchen, in Spanien wenig Sympathie finden. So heißt es schlichtweg: »In Murcia sind Himmel und Erde gut, aber was dazwischen liegt, taugt nichts.« Vielleicht kommt die gewisse innerspanische Geringschätzung von der schwer faßbaren Charaktermischung des Murcianers. Er unterscheidet sich von den nordlevantinischen, den alicantinischen wie von den andalusischen Nachbarn und hat doch von allen etwas. Der nüchterne Geschäftssinn der einen, das Lebhafte, sinnlich Ansprechbare der anderen kommt im mehr robusten, bäuerlichen Typus des Murcianers zu einer eigenwilligen Mischung. Das Robuste wiederum deckt nur oberflächlich eine Gefühlslage, die heftigen Schwankungen ausgesetzt ist und impulsiv reagiert.

Die Landarbeit in der ertragreichsten Huerta Spaniens fordert von den Huertanos Fleiß und Beharrlichkeit. Darin stehen sie den valencianischen Huertanos nicht nach. Das besagt viel, denn die klimatischen Bedingungen erreichen schnell die Grenze des Erträglichen, in den Sommermonaten, wenn der Südwind aus Afrika herüberweht, wenn die Hitzeschleier über der Stadt liegen und das Thermometer auf 40 und 45 Grad steigt.

Die Murcianer leben in der widersprüchlichsten Region Spaniens. Einerseits die üppige bewässerte Huerta, anderseits die trockenste Region mit weniger als zwanzig Regentagen im Jahr. Zusammengedrängt in der Huerta eine verschwenderische Fruchtbarkeit. Doch nur wenige Kilometer außerhalb beginnt die trostloseste und bedrückendste Ödnis Spaniens, das Hinterland der Region, das sich über Sierren, wüstenhafte Hochflächen und wasserlose Täler weit nach Norden erstreckt, bis zur kastilischen Mancha.

Nach Südwesten verläuft das Sangoneratal, das sich bei Lorca noch einmal zu einer fruchtbaren Huerta ausweitet. Die Sierra de Espuña schiebt sich dicht an die Straße nach Lorca, während auf der Talseite Zitronen- und Orangengärten mit Getreidefeldern abwechseln. An den trockenen Hängen wachsen Mandeln, Oliven und Opuntien mit den feinstacheligen eßbaren Früchten. Im September sahen wir weite Flächen mit Pfefferschoten, die zum Trocknen auslagen, leuchtend rote Teppiche. Lorca ist wie Totana und Alhama eine Bauernstadt, im Grunde ein großes langestrecktes Dorf, jedoch mit sehenswerten barocken Kirchen und Palästen und einem verfallenen maurischen Castillo auf dem Hügel über der Altstadt.

Die gegensätzliche Struktur der Region zeigt sich noch einmal, wenn wir von Murcia südwärts fahren, über die Montaña de Fuensanta, durch den Campo de Cartagena mit seinen Oliven- und Mandelkulturen, mit Dattelpalmen und vereinzelten Windmühlen, nach Cartagena an der Südküste. Der Karthager Hasdrubal gründete die Stadt im Jahre 221 v. Chr.; die römischen Eroberer nannten sie Carthago Nova. Der Hafen, heute wichtigster Stützpunkt der spanischen Kriegsflotte, gehört zu den besten Naturhäfen Spaniens. Die Stadt bietet kaum Anreize zum Aufenthalt. Selbst die nahegerückten Berge, an deren Hängen Espartogras wächst, wirken eintönig, können die Augen nicht erfreuen. Doch in und um Cartagena hat sich auf verhältnismäßig kleinem Raum ein äußerst intensives Industriezentrum entwickelt. In den Randbergen östlich und westlich von Cartagena werden Eisen-, Silber-, Blei- und Zinkerze abgebaut. Der hier betriebene Erzbergbau und die Metallverarbeitung, schon zur Karthagerzeit begonnen, eine Reihe von Nebenindustrien, dazu die Erdölraffinerien und Elektrizitätswerke gegenüber der nahen Insel Escombreras stehen heute im Wirtschaftsleben der Provinz an erster Stelle.

Nördlich von Cartagena, jenseits des Cabo de Palos, wechselt das Bild wiederum. Hier, am Mar Menor, das vom offenen Meer durch einen rund 20 Kilometer langen schmalen Landstreifen, die Manga, getrennt ist, gibt sich die murcianische Region anmutig und lieblich. Der natürliche, sanft bewegte See, reich an Salzen und Jod, idyllische Inseln, feinsandige Strände machen das Mar Menor zu einem Ferienparadies, das sich zu einem attraktiven touristischen Zentrum entwickelt, aber immer noch stillere Plätze bereithält.

PROBLEME DER LANDWIRTSCHAFT

Die valencianischen und murcianischen Huertas vermitteln das Bild eines gesunden und überaus fruchtbaren Agrarlandes. Dreimal jährlich wird geerntet. Diesem künstlich bewässerten Land, dem Campo regadío, dem pro Hektar 9000 bis 12 000 Kubikmeter Wasser zugeführt werden müssen, nicht minder dem Fleiß und der Arbeitsintelligenz der Huertanos verdankt Spanien eine jährliche Orangenernte von 1,8 bis 2 Millionen Tonnen und damit seine gewichtigste Exportware. Auf den Märkten der Levante liegt die üppige Fülle der Agrarerzeugnisse ausgebreitet, Orangen, Zitronen, Mandeln, Datteln, Melonen, Trauben, Tomaten, Reis, Getreide und Gemüse, Blumen in leuchtenden Farben. Aber das Bild, das sich jedem Besucher der Levante aufdrängt, kann heute und schon lange nicht mehr für das gesamte Spanien gelten.

Wie war es früher? Ähnlich Sizilien gehörte Spanien zu den Kornkammern der Römer. Im 10. Jahrhundert berichtete ein hoher jüdischer Beamter am Hof des Kalifen Abderrahman III. aus Córdoba, das ganze Land sei fruchtbar, es herrsche kein Mangel an Quellen, Flüssen und Zisternen. »Es ist ein Land des Getreides, des Weines und des Öls, auch ist es reich an Früchten und Spezereien, mit Gemüse- und Obstgärten bedeckt, und seinem Boden entsprießen allerlei Bäume, fruchttragende wie seidenerzeugende, weshalb wir denn auch Seide im Überfluß besitzen...« Im 13. Jahrhundert schrieb König Alfons X., der Weise, über sein Land: »Es hat Korn im Überfluß, köstliche Früchte, eine Fülle von Fischen, die leckerste Milch und alles, was man aus diesen Dingen gewinnt. Es ist reich an Hirschen und anderen jagbaren Tieren, an Viehherden, Pferden und Maultieren; ... heiter durch seinen Wein, und an Brot ist kein Mangel.«

Das sind fürwahr märchenhafte Zustände, wenn wir sie der derzeitigen Situation der spanischen Landwirtschaft gegenüberstellen. Die begrenzten Intensivkulturen der Huertas, die Orangenexporte allein können nicht wettmachen, daß die spanische Agrarwirtschaft stagniert und ihr Anteil am Sozialprodukt des Landes nur gering ist. Schon der Blick aus dem Flugzeug zeigt, wie schmal die Streifen der fruchttragenden Huertas gegenüber der Masse des trockenen, kahlen, hochflächigen oder bergigen Landes sind. Ähnlich wie in Sizilien hat die über Jahrhunderte betriebene rücksichtslose Abholzung der klimaregulierenden und wasserspeichernden Wälder zur Verarmung des Landes beigetragen. Heute bedecken die meist lichten Wälder nur noch 23 Prozent der gesamten spanischen Bodenfläche von 50,5 Millionen Hektar. Das pflügbare Land nimmt 30,9 Prozent ein; die Baumkulturen bedecken 9,3 Prozent der Bodenfläche. Auf der restlichen Bodenfläche wächst meist spärliches, trockenes Gras, oder sie ist völlig unproduktiv.

Der Ackerboden trägt auf mehr als 42 Prozent der bestellten Fläche vorwiegend Weizen. Doch die durchschnittlichen Weizenerträge sind äußerst gering, was auf die Bodenverhältnisse, aber auch auf veraltete, vernachlässigte Methoden der Bewirtschaftung zurückzuführen ist. Ein Hektar Land bringt eine durchschnittliche Ernte von 10 bis 12 Doppelzentner Weizen, während vergleichsweise in der Bundesrepublik 34 Doppelzentner eingebracht werden. Das niedere Ertragsniveau erfordert seit Jahren die zusätzliche Einfuhr von Weizen. Ferner ist Spanien auf den zusätzlichen Import von Fleisch und anderen Nahrungsmitteln angewiesen. Ebenso werden billigere pflanzliche Öle eingeführt, um die Ausfuhr des begehrten wertvollen Olivenöls zu ermöglichen.

Noch im Jahre 1958 brachten die Erzeugnisse der Landwirtschaft 65 Prozent der Exporteinnahmen des Landes. Doch Ende 1966 zeigte sich zum erstenmal in der Geschichte Spaniens ein Wechsel der Exportanteile, indem der Ausfuhrwert der spanischen Industrieerzeugnisse den Wert der Agrarexporte überstieg. Das muß kein negatives Zeichen sein, wenn es sich um reale Zuwachsraten handelt. Offensichtlich vollzieht sich in der spanischen Gesamtwirtschaft durch die wachsende Industrialisierung ein folgenschwerer Wechsel. Spanische Wirtschaftsexperten, die Planungselite unter López Rodó, der bis 1973 als Entwicklungsminister amtierte und eine Schlüsselstellung im spanischen Kabinett einnahm, richteten alle Anstrengungen auf die Umwandlung des bisherigen Agrarlandes in ein Industrieland. Trotz mangelhafter Voraussetzungen wurden zumal im vergangenen Jahrzehnt in der Industrieproduktion (nicht im damit verbundenen sozialen Bereich) außerordentliche Fortschritte erzielt. Das bestätigte die Forderung der Technokraten auf die Umwandlung einer veralteten ökonomischen Struktur und die Anpassung an die Erfordernisse der Gegenwart. Allerdings brachte die Förderung der Industrie eine Vernachlässigung der agrarwirtschaftlichen Erfordernisse mit sich.

Alarmierend ist die seit einigen Jahren zunehmende defizitäre Situation der spanischen Landwirtschaft. Obwohl 1971 noch 30 Prozent der Erwerbstätigen in der Landwirtschaft beschäftigt waren, reicht die landeseigene Produktion von Agrargütern nicht mehr aus, die Ernährung der Bevölkerung sicherzustellen. Die zusätzlichen Importe von landwirtschaftlichen Erzeugnissen, vermehrt nach schlechten Erntejahren, haben bereits den Wert der spanischen Agrarexporte überstiegen. Anzeichen für eine Änderung dieses Zustandes in den kommenden Jahren sind kaum gegeben. Eine erstaunliche Tatsache für ein Land, das noch Salvador de Madariaga in seinem Buch »Spanien« (1955) »vor allem ein Agrarland« nannte.

Die Probleme der spanischen Landwirtschaft sind älter als das derzeitige Regime. Sie können nicht ausschließlich Vernachlässigungen oder Versäumnissen der letzten zwei, drei Jahrzehnte zur Last gelegt werden. Sie wurden nicht erst durch den neuzeitlichen Strukturwandel der spanischen Ökonomie, die Verlagerung auf Industrieproduktion, hervorgerufen. Die Verelendung des spanischen Bauernstandes, das Verharren auf unzulänglichen, teils seit der Römerzeit unveränderten Methoden der Bodenwirtschaft kennzeichnen den Weg durch die Jahrhunderte und reichen teilweise bis in die nahe Gegenwart. Madariaga schreibt in seinem genannten Buch von einem »beträchtlichen Fortschritt«, vom wachsenden Wert der landwirtschaftlichen Produktion in den Jahren vor dem Ersten Weltkrieg. Doch schon vor und gesteigert nach dieser Zeit mehren sich die kritischen Stimmen. Sie sprechen von den harten Bedingungen, von der Trockenheit des Landes, von jahrelang schlechten oder ausbleibenden Ernten, von der Verarmung, von Landflucht und verfallenden Dörfern.

Als besonders aufschlußreich erweisen sich die Quoten der Abwandernden, der Landflüchtigen, wodurch sich seit der Jahrhundertwende der prozentuale Bevölkerungsanteil der landwirtschaftlich Tätigen ständig und rapide verminderte. Ein Prozeß, der ohne Vergleich ist. Allein in den sechziger Jahren verließen 1,4 Millionen ihre ländlichen Wohnsitze, das waren 10 Prozent der arbeitenden Bevölkerung. Der Anteil der landwirtschaftlich Tätigen betrug im Jahre 1900 in Spanien noch 66,3 Prozent; 1957 waren es 42,4 Prozent; 1965 waren es 35 Prozent; 1971 waren es 30 Prozent. Dieser Anteil wird sich weiter reduzieren, nach einer Befragung des Wirtschaftsexperten und Professors für Teoría Económica an der Universität Madrid, Angel Rojo, in nicht ferner Zeit auf 10 bis 12 Prozent.

Die Abwandernden gehören vorwiegend dem Landproletariat und der unteren Schicht des Bauernstandes an. Sie kommen aus unwirtlichen Gegenden, besonders im Süden und im zentralen Hochland, aus

Probleme der Landwirtschaft

Kleinstdörfern, den Minipueblos, die verlassen zurückbleiben, deren Schulen geschlossen werden, deren umliegende, ohnedies kargen Felder veröden. Sie ziehen in die Städte, nach Madrid, Barcelona, Bilbao, Valencia, bevölkern die inländischen Industriezentren oder gehen auf Zeit als Gastarbeiter ins Ausland.

Die Gründe für die Landflucht liegen auf der Hand. Sie sind gewiß nicht in der Mechanisierung der landwirtschaftlichen Produktionsweisen zu suchen, obwohl der spanische Traktorenpark von 4000 im Jahre 1936 auf 300 000 im Jahre 1971 gewachsen ist. (Freilich mit einem stark divergierenden Bestand von Provinz zu Provinz: Im Baskenland kommt auf jeweils 17 Hektar Land ein Traktor, in der ärmeren Provinz Cáceres in der Estremadura auf jeweils 247 Hektar ein Traktor.) Spanische Wirtschaftsexperten weisen eher auf einen rückwirkenden Effekt hin, daß nämlich die Grundbesitzer durch die fortgesetzte Landflucht gezwungen werden, die Methoden der Bewirtschaftung zu modernisieren und zu mechanisieren.

Wer nach Gründen für die zunehmende Landflucht fragt, sollte zunächst denken an veraltete, unzulängliche, erschwerte Arbeitsbedingungen unter einem mörderischen Klima, an dürftige Erträgnisse für die Kleinbauern, mangelhafte soziale Sicherungen, Unterbezahlung der Landarbeiter, die seit jeher zu den Ärmsten und Ausgebeuteten gehören. Sie alle suchen in den Industriezentren erträgliche Arbeitsplätze und bessere Entlohnung. Der Stundenlohn für einen Landarbeiter betrug noch 1971 durchschnittlich 15 Peseten, während ein Metallarbeiter 36 Peseten, ein asturischer Bergmann 60 Peseten verdiente.

Die Zahl der Braceros, der landwirtschaftlichen Saisonarbeiter, die von Ernte zu Ernte ziehen und sich als Tagelöhner verdingen, die außerhalb der vier bis fünf Arbeitsmonate unbeschäftigt bleiben oder auf Gelegenheitsarbeit warten, wurde noch 1964 auf 3,1 Millionen, 1970 auf rund 1 Million geschätzt. Diese Braceros arbeiten vorwiegend für die Großgrundbesitzer im Süden des Landes, in Andalusien und in Estremadura.

Ungelöst ist das Problem der ungleichen Landverteilung, der krasse Gegensatz zwischen zu großem Grundbesitz und zu kleinen Besitztümern, zwischen Latifundios und Minifundios. Von den Landeigentümern verfügen 5,5 Millionen, das sind 91,6 Prozent aller Grundbesitzer, nur über 19 Prozent des Bodens. Ihr Bodenbesitz ist entsprechend klein, liegt vielfach unter einem Hektar oder in Schrebergartengröße. In der Provinz Valencia haben 74 Prozent aller landwirtschaftlichen Betriebe eine mittlere Größe von 1,88 Hektar, 18,6 Prozent eine Größe von nur 1,2 Hektar. Doch in dieser überaus fruchtbaren Provinz erweisen sich die Kleinstbesitze weniger problematisch als in den eigentlichen Regionen des Minifundismus, in Galicien, Asturien und in der Provinz Santander. Generationenlange Erbteilungen haben zu Besitzerzersplitterungen geführt, so daß Grundstücke von minimaler Größe übrigblieben, die zudem nur kärgliche Erträge bringen. Wenigstens hier eröffnete ein 1952 verabschiedetes Gesetz die Möglichkeit, Kleinstländereien zusammenzulegen, wenn sechzig Prozent der Besitzer dies beantragen. So konnten durch diese Flurbereinigung in fünfzehn Jahren 4,3 Millionen Hektar Land neu und produktiver aufgeteilt werden.

Gegen diesen bescheidenen Ansatz, der nur ein Minimum des spanischen Grundbesitzes betrifft, steht die Tatsache, daß die vielbesprochene und notwendige Bodenreform, die gerechtere Umverteilung des Grundbesitzes, bisher nicht verwirklicht wurde. Stärkster Widerstand gegen eine durchgreifende Bodenreform kommt von der Seite der Großgrundbesitzer, deren weit ausgedehnte feudale Güter, vor allem in Andalusien und der Estremadura, aus den Zeiten der Reconquista stammen. 51 283 Großgrundbesitzern, das sind weniger als ein Prozent aller spanischen Landeigentümer, gehören 53,5 Prozent der spanischen Anbaufläche. Ihre Ländereien haben eine jeweilige Größe von mehr als 100 Hektar, jedoch verfügen Besitzer mit Ländereien über 500 Hektar allein über 25 Prozent der Bodenfläche.

Die sozial- wie wirtschaftspolitisch ungesunde Struktur, der schroffe Gegensatz zwischen der großen Zahl der meist kärglichen minifundios und den wenigen, zudem noch privilegierten, reich begüterten latifundios, findet auch unter spanischen Wirtschaftsexperten kritische und polemische Stimmen. Doch besteht kaum Hoffnung auf die Durchführung der Agrarreform gegen den Willen der einflußreichen Grundbesitzerelite. Man wird einsehen müssen, daß Reformen dieser Art nur schwer und gewiß nicht mit einem Federstrich zu verwirklichen sind in einem Land, dessen Strukturen traditionell verfestigt sind, dessen ideologisch-politische und kapitalistische Machtgruppen eng verquickt sind.

Einstweilen versucht die Regierung die stagnierende Situation der Agrarwirtschaft durch punktuelle Maßnahmen aufzubessern. Solche Maßnahmen gelten der Wasserregulierung und Anlage von Stauseen, der Melioration von ertragsschwachen Böden, der Mechanisierung der Landwirtschaft und verstärkten Produktion von Traktoren und Mähdreschern, der Aufforstung in waldarmen Gebieten. Wenn diese Unternehmungen im Schatten des ungleich stärker forcierten industriellen Aufbaus stehen und nicht vergleichbar sind mit der Förderung der Industrieproduktion, so mögen dafür gesamtwirtschaftliche Gründe sprechen. Dem einzelnen Bauersmann, der kümmerlich von einem Tag zum anderen lebt, dem Landarbeiter, der im Morgengrauen auf einem andalusischen Dorfplatz steht und auf Arbeit wartet, hilft das so wenig wie der gesamten defizitären Situation der spanischen Agrarwirtschaft.

Wenigstens in zwei Bereichen verdankt die spanische Agrarwirtschaft den Regierungsplanern Erfolge, die entgegen allen pessimistischen Prognosen erreicht wurden und den Respekt der Fachleute erlangten, in der Wiederaufforstung und in Teilgebieten der Bewässerung. Nun weiß man, daß Wiederaufforstung ein langwieriges und kostspieliges Unternehmen ist. Jahrzehnte vergehen, bis ein Wald Nutzen bringt. Das gilt für den unmittelbaren Nutzen, den planmäßigen Holzeinschlag zum Zweck der Verarbeitung, wie für den mittelbaren Nutzen, der für ein Land wie Spanien notwendig und lebenswichtig ist. Die Wiederbewaldung des bergigen Landes, der Hänge und Kuppen, verhindert die Bodenerosion, die dem Land und den Bewässerungskulturen ungeheuren Schaden gebracht hat. Wälder in Flußtälern, an Flußmündungen und Stauseen können der Zuschwemmung und Verschlammung, der Verwüstung der Regadíofelder Einhalt gebieten. Neben diesen Fernzielen erwarten die »Ingenieros de Montes«, die spanischen Forstfachleute, von der Wiederaufforstung auf Zeit eine klimatische Verbesserung, eine klimaregulierende Auswirkung für das ganze Land.

Die Aufforstungsprojekte, deren Zentren in Altkastilien und León, in Andalusien und Galicien liegen, wurden seit 1940 mit großem Ehrgeiz und gegen manche Widerstände von seiten der Flurbesitzer vorangetrieben. Heute ist Spanien das erfolgreichste Aufforstungsland Europas. Bereits knapp fünfundzwanzig Jahre nach der ersten Anpflanzung waren 1,66 Millionen Hektar aufgeforstet. Das ist mehr als der gesamte Waldbestand des waldreichsten Bundeslandes Baden-Württemberg und nimmt gut drei Prozent der spanischen Bodenfläche ein. Jährlich wird ein Zuwachs von rund 1000 Quadratkilometern erwartet. In den bergigen Gebieten werden Kiefern und Pinien angeforstet, während in den Flußtälern und Ebenen bevorzugt schnell wachsende Baumarten wie Eukalyptus und Pappeln angepflanzt werden können.

Die harten klimatischen Bedingungen verbunden mit den dürftigen oder saisonalen Niederschlägen (im mittleren und südlichen Spanien fast nur Winterregen) machen die künstliche Bewässerung des Bodens notwendig. Andererseits überschwemmen die Flüsse zur Regenzeit das Land und verwüsten potentielle oder schon genutzte Anbauflächen. Durch die Anlage von Talsperren und Stauseen, durch Flußregulierungen und Kanalisierungen bleibt der Boden geschützt und kann in den Trockenzeiten bewässert werden. So entstanden auf den Campos regadíos die Huertas (spanisch) oder Vegas (arabisch) mit ihren Intensivkulturen, voll ausgenutzt in der valencianischen und murcianischen Region. Abgesehen von diesen begrenzten Gebieten gehört die Bewässerungsfrage zu den schwierigsten agrarwirtschaftlichen Problemen. Insgesamt sind in Spanien rund 2 Millionen Hektar Land künstlich bewässert. Man schätzt, daß weitere 2,35 Millionen Hektar Land durch regulierte Bewässerung in Nutzland verwandelt werden können. Auch hier sind jahrhundertelange Versäumnisse aufzuholen. Der enorme Kostenaufwand verlangsamt die Realisierung der Pläne. Dennoch wurden seit 1952 im Bereich der Bewässerung und der daraus resultierenden Bodengewinnung und Agrarkolonisation Erfolge erzielt, die unübersehbar sind.

Das größte und ehrgeizigste Projekt dieser Art, der Plan Badajoz, verwirklichte zugleich eine wenn auch begrenzte Bodenreform. Sie zeigt immerhin, was erreichbar ist, wenn der Staat ein klares und vernünftiges Konzept energisch realisiert. Die Provinz Badajoz in der Estremadura gehört zu den rückständigsten und ärmsten Gebieten Spaniens. Vor der Verwirklichung des Plans Badajoz, der 1952 in Angriff genommen wurde, besaßen nur sechs Familien den größten Teil des nutzbaren Bodens. Ihr Anteil am Gesamteinkommen der Provinz war entsprechend hoch, während das durchschnittliche jährliche Pro-Kopf-Einkommen 600 DM betrug und die besitzlose Bevölkerung elend vegetierte. Noch 1950 waren 26,2 Prozent der Provinzbevölkerung Analphabeten, während der spanische Durchschnitt an Analphabeten im genannten Jahr 17,6 Prozent ausmachte. Die Ernteerträge der Provinz hielten aufgrund der extensiven Bewirtschaftung, ausbleibender Investitionen und vernachlässigter Anbaumethoden die unterste Grenze der ohnedies schlechten spanischen Getreideernten.

Was brachte der Plan Badajoz, der seit 1953 in der Hand des Instituto Nacional de Colonisación (INC) liegt? Die Wassermassen des Guadiana, die vordem jährlich die Niederungen überschwemmten, wurden gestaut, Talsperren angelegt, wovon allein der Stausee von Cijara 1,7 Milliarden Kubikmeter Wasser speichert, achtmal soviel wie die deutsche Edertalsperre. Kanäle und Bewässerungsgräben regulieren die Bewässerung in den ehemals versumpften oder versteppten und sommertrockenen Niederungen. Bis 1966 konnten 60 000 Hektar in bewässertes, fruchtbares Land verwandelt, konnten mehr als 30 000 Hektar mit Laub- und Nadelbäumen aufgeforstet werden. Innerhalb des Plangebietes konnte das »Institut der Kolonisation« nach gesetzlicher Regelung bis zu achtzig Prozent des bisherigen Großgrundbesitzes zu Festpreisen ankaufen. Auf dem neuerschlossenen Land wurden 9000 Colonos mit ihren Familien angesiedelt. Mehr als 30 neue Dörfer entstanden, Schulen, Straßen, und im Gefolge der wachsenden Agrarproduktion siedelten sich einschlägige Industriezweige an.

Der Staat stellt dem Colono, dem Siedler, vier bis fünf Hektar fruchtbares Land zur Verfügung, ein Haus mit Stall, ein Pferd und zwei Kühe, Geräte, Futter, Saatgut und Düngemittel für die Zeit bis zur ersten Ernte. Die Tilgungsraten, in den ersten fünf Jahren aus Ernteüberschüssen, in den folgenden 25 bis 30 Jahren zwei Drittel des reinen Unkostensatzes für Hof und Land (ein Drittel trägt der Staat), belasten den Siedler nicht übermäßig. Die Ansiedlung bringt jedem Colono, gemessen an seinem früheren ärmlichen Leben, einen unvergleichbaren Gewinn.

Bemängelt wurde, daß die zugeteilten Parzellen zu klein seien und schon für den Sohn des Siedlers nicht mehr reichen. Die Begrenzung soll verhindern, daß der Besitzer nach der üblichen Weise sein Land weiterverpachtet. Gewiß wirft eine Umsiedlung dieser Art Probleme auf, soziale und psychologische. Nicht alle Siedler sind der Herauslösung aus ihrer früheren Umwelt, der Umstellung auf die ihnen fremde intensive Landwirtschaft gewachsen. Gewiß macht auch dieses begrenzte Unternehmen die elenden Verhältnisse der Landbevölkerung und der Agrarwirtschaft in der Umgebung der meliorierten Gebiete und in den meisten Teilen Spaniens nur noch deutlicher. Aber das hindert nicht die Feststellung, daß der Plan Badajoz in seinem Bereich die soziale und agrarwirtschaftliche Struktur zum Guten gewendet hat.

NEUKASTILIEN

Über Cuenca nach Madrid

Alle Straßen Spaniens führen nach Madrid. Madrid ist die natürliche, die geographische Mitte des Landes. Aus ihren peripheren Verzweigungen sammeln sich die spanischen Straßen zu einem radialen System, das über sechs Nationalstraßen aus allen Himmelsrichtungen, von den entferntesten Küstenstädten und der portugiesischen Grenze (Badajoz) direkt in die Mitte des Spinnennetzes führt. Kein europäisches Land, noch nicht einmal Frankreich mit Paris, verfügt über eine solche, durch die geographische Lage geförderte Zentrierung. Auch sie hält den eigensinnigen, nach Autonomie verlangenden peripheren Regionen vor Augen, wohin und wonach sie sich zu richten haben.

Die wirtschaftlich potenten Bereiche, die Spanien das Lebensnotwendige einbringen und den Staatshaushalt tragen, liegen durchweg an der Peripherie: die asturische und baskische Industrie, die katalanische Wirtschaftsvielfalt, die valencianische und murcianische Landwirtschaft, der Tourismus an der Mittelmeerküste. Doch Kastilien ist die geschichtlich bestimmende Mitte. Im innerspanischen Kräftespiel setzte sich Kastilien als kämpferisches, als politisch integrierendes und formendes Element durch. Männer aus Kastilien und León brachen die Vorherrschaft der Mauren und eroberten Andalusien. Seit Isabella und Ferdinand, den Katholischen Königen, zwang Kastilien den anderen alten Königreichen, selbst den dichtbevölkerten und reicheren Küstenregionen sein einigendes Muster auf. Die kastilische Sprache, Castellano, wurde zur offiziellen Sprache des Landes. Die neukastilischen Städte und Plätze, die wir besuchen, Madrid, Toledo, El Escorial und Aranjuez, verdanken ihr Entstehen oder ihre repräsentative Bedeutung der in der Mitte Spaniens zentrierten, geschichtlich gewachsenen Macht.

Die N III, die direkte Verbindung zwischen Valencia und Madrid, führt schon nach 20 Kilometern aus der valencianischen Niederung hügelaufwärts, über gewellte Hochflächen — karg bewachsen, rostbrauner, trockener Lehmboden: die Sierra de las Cabrillas. Die Grenze zwischen Neukastilien und Levante erreichen wir am Rio Cabriel, der vom Bergland im Norden herabfließt und zum Pantano de Contreras gestaut ist. Bei Motilla del Palancar zweigen wir nach Norden ab, schlagen einen Bogen durch die mit Föhren bewaldete Serrania de Cuenca, um Cuenca, unsere erste Stadt in Neukastilien, zu sehen.

Die Altstadt von Cuenca wurde auf einen Felsen gebaut, der zwischen den Schluchten des Rio Júcar und seines Nebenflusses Huécar aufsteigt. Ein maurisches Kastell, die gotische Kathedrale, vorwiegend barocke Kirchen und Adelshäuser bezeugen die große Vergangenheit der Stadt. Trotz ihrer Reize eine schon museale, abbröckelnde, dem Leben entfremdete Welt. Was beeindruckt, ist die absonderliche Lage, sind die schwindelerregend über den Felsstürzen hängenden Häuser, die Casas colgadas, sind die acht Brücken, die sich über die beiden Flüsse spannen. Seit der Maurenzeit werden die einheimischen Gewerbe betrieben, die Teppichfabrikation, die Wollspinnerei und -weberei. Die übrigen Handwerkszweige, die Feldbearbeitung der bewässerten Huécarsohle, die Holzverarbeitung decken den täglichen Bedarf. Am Fuß der Bergstadt breitet sich die Neustadt aus, saubere, aber etwas farblose Straßen und Häuser, ein Verwaltungs- und Handelszentrum. Touristen kommen selten nach Cuenca, was dem Eigenleben der Provinzhauptstadt mit ihren 28 000 Einwohnern nur guttut. Wer aber heraufkommt, der wird auch die Ciudad encantada, die verwunschene Stadt, besuchen und zu diesem bizarren Schaustück der Natur sechsunddreißig Kilometer durch das Júcartal nach Norden fahren. Die Natur hat hier auf einem Areal von rund zwanzig Quadratkilometern Felsgruppen, Felsstummel und Gesteinsfiguren zu einer grotesken Ruinenstadt ausgeformt.

Wir wenden uns von Cuenca nach Westen und fahren auf dem Weg nach Madrid zum erstenmal durch die für Zentralspanien, vor allem für Kastilien charakteristische Landschaft, die Meseta. Die braune, trockene, weiträumige Hochebene überspannt mehr als 200 000 Quadratkilometer und könnte fünfmal die Schweiz aufnehmen. Die Sierra von Cuenca, aus der wir kommen, gehört noch zum Iberischen Randgebirge, eine der Sierras, die das gewaltige Plateau der Meseta umklammern. Die Flüsse, die von den Randbergen herabfließen und ihre Schluchten durch das Plateau graben, verkümmern im Sommer zu Bächen, die nur selten eine schmale, grüne Oase bewässern. Wasser ist Mangelware. Meist bringt nur der Winter Regen, dann aber in herabstürzender Fülle. Ebenso kann im Winter der sonst so milde Mesetawind über die kahlen Hochflächen peitschen. Das kontinentale Klima beschert heiße Sommer und strenge Winter, nach glühendheißen Tagen kalte Nächte. In diesem dünnbesiedelten Land, ausgesetzt der trockenen Hitze und Monotonie, ist es wohltuend, wenn am Horizont eine Schafherde auftaucht. Man kann sich dieser Landschaft zwischen hartgebackener Wüste und Steppe, dem brennenden Licht und den weiten, offenen Horizonten nicht entziehen. Faszinierend die wechselnden Farben des Himmels, die Sonnenuntergänge, wenn im Westen das glühende Rot in einen violetten, fahlen Schimmer übergeht.

In der nördlichen Meseta, in León, gibt es Weizenfelder, ebenso in der Mancha und bei Ocaña, wo auch Kichererbsen angebaut werden, die begehrten Garbanzos. Doch die grünen und goldgelben Flächen sind Tupfer auf dem riesigen braunen Tuch der Meseta. Nur die querlaufenden Sierras von Gredos und Guadarrama unterbrechen die eintönige Hochfläche und trennen sie in eine nördliche und südliche Hälfte.

Die Meseta wurde von Menschen geschaffen. Sie haben die Wälder im Hochland abgeschlagen, den Boden kahl und schutzlos gemacht. Die rauhe, monotone Meseta prägt die ihr ausgesetzten Menschen. Hier lebt ein harter Menschenschlag von eigensinniger, düsterer Würde, das Urbild des männlichen Kastiliers. Der Lyriker Antonio Machado skizziert den Kastilier so:

> Klein, gewandt, und einer, der Hartes erträgt;
> mit listigen Augen tief im Gesicht,
> die argwöhnisch sind und flink wie ein Bogen.

Für ihn gibt es nichts als das Auf-sich-gestellt-Sein, als das eigene Ich, das sich der harten Unendlichkeit von Erde und Himmel konfrontiert sieht. »No hay otro yo en el mundo«, es gibt kein anderes Ich in der Welt, sagt Don Quijote.

Toledo

Niemand kommt unvoreingenommen nach Toledo. Man weiß, daß sich in den Mauern der Stadt spanischer Geist beispielhaft ausprägte, daß Toledo den Inbegriff spanischer Geschichte darstellt, daß Toledo wie keine andere Stadt kastilische, jüdische, maurische und christliche Elemente verbindet und in seinen Kunstwerken überliefert. Man kennt El Grecos expressives Toledo-Bild, die mystifizierte Stadt unter fahlem Gewitterlicht. Man soll das Vorwissen, die ruhmreiche Last der toledanischen Geschichte, die ein kastilischer Dichter als »Alpdruck« kennzeichnete, nicht ignorieren. Doch Toledo ist mehr als Symbol, als Stimmung, als Museum, obwohl auch dies zur Wirklichkeit gehört – wie die Touristen, die morgens nach einstündiger Autofahrt von Madrid herkommen und abends, müde vom Gassensteigen, Toledo wieder verlassen.

Die Lage auf einem Granitberg, den auf drei Seiten die Wasser des Tajo umfließen, hat Toledo zur Festung bestimmt und gab der Stadt von jeher den Charakter des Herausragenden, des Besonderen. Ein zur Monumentalplastik erstarrter lebloser Körper aus dichtgedrängten Steinhäusern, erhebt sich die Stadt über den tiefgegrabenen Felsschluchten. So sehen wir Toledo, wenn wir über den Puente Nuevo, dann über die Carretera de Circunvalación am jenseitigen Tajoufer entlang und den gegenüberliegenden Hügel hinauffahren, der den Parador Conde de Orgaz trägt. Von hier aus hat Toledo nichts Einladendes, nichts Freundliches. Doch der Anblick fasziniert. An der höchsten Stelle, im Nordosten, der Viereckbau des Alcázar, die frühere Königsburg, im Bürgerkrieg zerstört und nun wieder aufgebaut. Aus der Mitte der Häuser ragt die mächtige Kathedrale, die reichste Kathedrale Spaniens. Weltliche und geistliche Macht bestimmen das Stadtbild.

Das umliegende Bergland, spärlich bewachsen, rauhe, trostlose Formationen, grau und ocker, schiebt sich auf dem Stadthügel zusammen. Im prallen Licht liegt Toledo fahl und blutleer. Nur abends zieht ein violetter und rötlicher Schimmer über die Häuser und Türme. James Morris verglich Toledo mit den Gestalten von Greco und nannte die Stadt »hochgewachsen, schön, humorlos, traurig und ein wenig blutarm«. Von außen besehen, zu manchen Tageszeiten, trifft das zu. Anders ist es, wenn wir in die Stadt hineinkommen, an der Puerta Visagra vorbei, hinauf zur Plaza de Zocodover. Auf der dreieckigen Plaza und der zur Kathedrale weiterführenden Calle del Comercio konzentriert sich das toledanische Leben. Abends, wenn die meisten Touristen abgereist sind, kommen hier die Einheimischen zusammen, reden und gestikulieren.

Toledo lädt zum Gehen ein. Bergauf, bergab führen die engen schattigen Gassen zwischen hohen Bauten aus Flachziegeln und Granitblökken, zwischen verblaßten Häusern mit Gitterbalkonen. Die Anmut andalusischer Städte darf man nicht erwarten. Ohne die ausschwärmenden Touristen, ohne die bunten Verkaufsauslagen der Andenkengeschäfte hat Toledo durchaus etwas Strenges, Mittelalterliches. Eine Stadt nahezu ohne Grünflächen. Nur an den Rändern oberhalb der Tajoschluchten ein paar Baumpflanzungen. Aber überall, wo sich die Gassen öffnen zu kleinen Plätzen oder zu den Terrassen über dem Tajo, löst sich die Strenge, zeigt sich Toledo wohltuend freundlich. Wer gegen Abend vom Paseo del Tránsito über den Tajo blickt, sieht die jenseitigen Hügel mit den verstreuten Landhäusern, den Cigarrales, in mildes Licht getaucht, freundlich, ländlich. Unter dem wandernden Licht wechselt die Umgebung von metallischer Härte zu friedlicher Mildheit. Das gilt ebenso für die Stadt. Wer Toledo aus nur einer Tageszeit, aus nur einem Aspekt zu begreifen sucht, ist Mißverständnissen ausgesetzt.

Madrid war noch ein unbedeutendes Dorf, als in Toledo Könige residierten und hier nicht weniger als achtzehn Konzile stattfanden. Iberer, Kelten und Römer regierten in der Stadt. Die Westgoten erhoben sie im 6. Jahrhundert zur »königlichen Stadt«. Unter ihnen, die vom arianischen Glauben zum römisch-katholischen wechselten, wurde Toledo Konzilsstadt und Pflegestätte der »disciplina atque scientia de Toledo«.

Die Araber, seit 712 die Herrschenden, brachten ihre Wissenschaften und Künste mit. Sie begründeten die weltbekannte toledanische Waffenschmiede, die Herstellung damaszierter Klingen, weshalb diese noch heute Damasquinados heißen. Mit Toledoklingen schlugen die christlichen Ritter den Weg nach Süden. Shakespeare gibt seinem Othello »ein spanisch Schwert, in Eis gehärtet«. Heute liegen die Waffenfabriken im Nordwesten vor der Stadt. Hier werden Militärsäbel, Zierdegen, Dolche, Degen für die Stierkämpfer, ebenso unzählige metallene Andenkenwaren fabriziert.

An die Maurenzeit erinnern die östliche der beiden alten Tajobrücken, der Puente de Alcántara, das alte Stadttor, die Puerta Visagra Antigua, und eines der schönsten Denkmäler der Stadt, die ehemalige Moschee Santo Cristo de la Luz. Oberhalb der Puerta del Sol liegt die kleine Kapelle, deren Hufeisenbögen auf Säulen aus einer früheren westgotischen Kirche ruhen.

Als die Christen im Jahre 1085 Toledo wiedereroberten und zur kastilischen Hauptstadt machten, war der Einfluß der Mauren nicht zu Ende. Wie die Araber die Religion der unterworfenen Christen, der Mozaraber, toleriert hatten, so geschah es nun umgekehrt. Obwohl Hauptquartier der Reconquista, konnte Toledo noch im 13. Jahrhundert zu einem Sammelpunkt arabischer und jüdischer Gelehrsamkeit werden. Das bemerkenswerteste Kennzeichen der toledanischen Geschichte ist die Toleranz gegenüber Besiegten und Andersgläubigen. Unter dem Schutz der christlichen Könige lebten Christen, Mohammedaner und Juden miteinander. Die Juden, seit Römerzeiten hier ansässig, lebten nicht wie in anderen Städten im Getto. Sie zählten bis zu 60 000 (heute hat Toledo 41 000 Einwohner). Von ihren acht Synagogen sind zwei übriggeblieben, die Sinagoga del Tránsito und Santa Maria la Blanca, beide im Mudéjar-Stil, beide Juwelen der noch maurisch beeinflußten Kunst. Anfang des 15. Jahrhunderts wurden sie zu christlichen Kirchen.

Nach vier Jahrhunderten friedlichen Zusammenlebens wurden Juden und Mauren auch aus Toledo, der Stadt der Toleranz, vertrieben. Toledo hat davon keinen Nutzen gehabt. Mehr noch als die Verlegung der Königsresidenz nach Madrid führte die Ausweisung von Juden und Mauren zur Verkümmerung des geistigen und wirtschaftlichen Lebens. Der weltliche Vorrang Toledos schwand, doch der geistlich-kirchliche Primat blieb erhalten. Ununterbrochen seit dem 6. Jahrhundert ist Toledo die Kapitale des spanischen Katholizismus, Sitz des spanischen Kardinal-Primas. Die Kathedrale, nicht an der höchsten Stelle, aber im Herzen der Stadt auf den Fundamenten der Hauptmoschee und einer früheren westgotischen Kirche errichtet, repräsentiert den geistlichen Anspruch.

Um so erstaunlicher ist, daß sie, die Hüterin spanischer Katholizität und Catedral Primada des Landes, zwei Zeichen einer toleranten Gesinnung bewahrt. Über dem Hochaltar, unter Heiligen und Kirchenmännern, steht ein Maure, ein Ungläubiger, dessen humane Großmut auf diese Weise geehrt wurde. In der Capilla Mozárabe (im Südturm rechts vom Haupteingang) wird noch heute jeden Morgen um neun Uhr dreißig eine mozarabische Messe gelesen.

Begonnen im Jahre 1227 und fertiggestellt 1492, ist die Grundanlage der Kathedrale gotisch, ergänzt durch spätere Stilelemente. Dennoch fügt sich die Vielfalt zu einer Einheit, deren Reichtum überwältigt. Die Kathedrale von Toledo ist eine der größten Kirchen Spaniens, aber gewiß die strahlendste und reichste. Ein Schatzhaus des Glaubens, mehr dem geistlichen Triumph als der stillen Andacht geöffnet. Man sehe nur den monumentalen Retablo, die Rückwand des Hochaltars, das von Christensiegen und großen Männern erzählende Chorgestühl von Rodrigo Alemán und Alonso Berruguete, die Altaraufbauten der zweiundzwanzig Seitenkapellen, die prunkenden Umrahmungen von Bögen und Portalen. Man lasse die Augen über die siebenhundertfünfzig Fenster wandern. Man sehe in der Schatzkammer die fast drei Meter hohe goldene Monstranz des Kölner Goldschmieds Enrique de Arfe. Sie oder zumindest die in ihr stehende kleinere Monstranz soll aus dem Gold, das Kolumbus aus der Neuen Welt mitbrachte, gefertigt sein. Man sehe den Kapitelsaal mit den Porträts der Kirchenfürsten unter der herrlichen mudejaren Decke oder die prunkvolle Sakristei. Hier hängen Gemälde, die jedem Museum zum Ruhm gereichen würden, Werke von Goya, Rubens, van Dyck, Zurbarán, Giovanni Bellini, Bassano, vor allem El Grecos Apostelbilder und seine »Entkleidung Christi« (El Expolio), eines der frühen toledanischen Bilder Grecos, vor dessen visionärer Glut die anderen Gemälde zurückweichen.

Doménico Theotocopulis aus Kreta, »der Grieche«, kam über Rom und Venedig 1576 nach Toledo und lebte dort bis zu seinem Tode im Jahre 1614. El Greco gehört zu Toledo. Seine Kunst hat toledanische Geistigkeit aufgenommen, wie sie umgekehrt eine beispiellose Wirkung ausübte, Toledo und Spanien in ihren Bann zog. Mehr noch als Goya oder Velázquez reizte El Greco die Interpreten zur Bestimmung dessen, was man die Seele Toledos und Spaniens nennt. El Grecos byzantinisches Erbe steigert das Geistige seiner toledanischen Kunst.

Sein Meisterwerk befindet sich nicht in der Kathedrale, sondern in der Kirche Santo Tomé, der Pfarrkirche El Grecos, der in der Nähe wohnte. Das Gemälde »Die Grablegung des Grafen Orgaz«, das der vierzigjährige Greco malte, gehört zu den größten Werken der religiösen Kunst. In der verinnerlichten Glut der Farben, der adeligen Exklusivität, der mystisch, asketischen Religiosität ein toledanisches Bild. In der unteren Bildmitte nehmen die Heiligen Stephanus und Augustinus den Grafen Orgaz auf, der eine Ritterrüstung trägt. Im Hintergrund Edelleute aus Toledo. Darüber die leuchtende Sphäre des Himmels mit Heiligen, Engeln und Christus, der die Arme zum Empfang des Grafen ausbreitet. Ein Wunder, das von den Granden gelassen und selbstbewußt hingenommen wird.

Nicht weit von Santo Tomé, in einer kurzen Gasse am Paseo del Tránsito, steht die Casa del Greco mit einem Greco-Museum. El Greco hat nicht hier, wohl in der Nähe gewohnt, doch stammt das Haus mit seinen Einrichtungen aus der Greco-Zeit. In ähnlichen winzigen Räumen mit vergitterten Fenstern und dunklem Mobiliar lebte, arbeitete der Meister, empfing er seinen Freundeskreis. Es ist reizvoll, die steile Treppe hinauf und von Raum zu Raum zu gehen oder in dem kleinen Garten, einem der wenigen Gärten Toledos, Rosen und Jasmin blühen zu sehen.

Vom Paseo del Tránsito führt die Calle de los Reyes Católicos, an der die einstige Synagoge Santa Maria la Blanca liegt, zur Klosterkirche San Juan de los Reyes. Sie war vorgesehen als Grabkirche für die Katholischen Könige Isabella und Ferdinand, die jedoch in Granada ruhen. San Juan de los Reyes entstand nach der siegreichen Reconquista. Das spätgotische Bauwerk, besonders der überaus festliche zweistöckige Kreuzgang, bezeugt den Triumph der Christen auch in der konsequenten Ausführung eines die maurische Kunst überwindenden Kunststils. An den Außenwänden der Kirche hängen eiserne Ketten, die christlichen Gefangenen bei ihrer Befreiung aus maurischen Händen abgenommen wurden.

Auf der anderen Seite der Stadt, nahe der friedlichen Plaza de Zocodover, steht der Toledo beherrschende Alcázar — seit dem 12. Jahrhundert Königsburg und Zitadelle der weltlichen Macht, oft umkämpft, zerstört und wieder aufgebaut. Jeder Besucher des Alcázar erfährt von einem Ereignis, das Toledo im heißen Bürgerkriegssommer 1936 erschütterte. Während der achtundsechzigtägigen heldenhaften Verteidigung der im Alcázar eingeschlossenen Nationalisten fand ein Telefongespräch zwischen dem Verteidiger Oberst Moscardó und seinem Sohn statt. Als Gefangener der Republikaner, die ganz Toledo besetzt hatten, sagte der Sohn, er werde erschossen, wenn Moscardó nicht kapituliere. Oberst Moscardó antwortete: »Wenn sie es tun, befiehl deine Seele Gott, rufe ›Es lebe Christus der König!‹ und stirb als Patriot.« (Nicht nach diesem Gespräch, sondern einen Monat später, als Vergeltung für einen Luftangriff der Nationalisten, wurde der junge Luis Moscardó erschossen.)

Toledo vergegenwärtigt die spanische Geschichte wie keine andere Stadt. Jeder Stein, könnte er reden, würde von Taten und Ereignissen berichten, die Toledo für Spanien austrug, als Königsresidenz, als tolerante Stadt der Christen, Mauren und Juden, als Stadt des geistlichen Primats, als kriegerische Stadt und Ort eines fanatischen Heldentums, das die Blutopfer Schuldiger und Unschuldiger forderte. Etwas von jenem Toledo, das El Greco durch den Hochmut, die Erhabenheit und Melancholie seiner Edelleute im Gemälde von Santo Tomé kennzeichnete, blieb bis in die Gegenwart erhalten; es befremdet und fasziniert wie die Lage der Stadt auf dem vom Tajo umspülten Granitberg.

El Escorial

Aus der Ferne — wenn man von Madrid kommend (50 Kilometer) über die kastilische Hochebene zwischen Steineichen und Steppengras fährt — ein erfreulicher Anblick. Eine Spur Menschlichkeit in der Architektur, klösterlich, festlich, schön, kräftig und bewußt vor die rauhen Guadarrama-Berge gesetzt. Näherkommend drängt sich das Herrische und Unerbittliche des gewaltigen Bauwerks aus nacktem Granit auf. Wer allein über den weiten, völlig kahlen Vorplatz auf die 206 Meter breite Hauptfront zugeht, kommt sich verloren und hilflos vor, ausgesetzt den Hunderten schmucklosen Fenstern, die in geometrischer Anordnung leer entgegenstarren, ohne jede einladende Geste. Man denkt an eine nüchterne Kaserne, die einen zu Befehlsempfang oder Exerzitien erwartet, denkt nicht an Palast, Kloster, Mausoleum, Bibliothek, Seminar. Aber das alles ist El Escorial.

Die viereckige Anlage mit den Ecktürmen erinnert noch an den altspanischen Alcázar, doch ohne Vorgarten, ohne Orangenpatio und Blumenduft, ohne belebendes Zierwerk und Ornament. Der graue unverputzte Granit verträgt keinen Schmuck. Er schließt erbarmungslos ab gegen jede Einwirkung der Natur, gegen jede menschliche Regung. Umschlossen von diesen Mauern triumphiert die reine Idee des Absoluten, der kompromißlosen Härte und asketischen Erhabenheit. Im Escorial lernten wir mitten im Sommer das Frösteln. Man kann ein solches Bauwerk bewundern, aber nicht lieben.

Altspanien, das Spanien der Christen, Mauren und Juden, war vergangen, Toledo nicht mehr Königsstadt, als Philipp II. im Jahre 1563 den Grundstein legte und während des zwanzigjährigen Bauens jedes Detail mitbestimmte. Der Urenkel der Katholischen Könige hatte acht-

El Escorial

undzwanzigjährig von seinem kaiserlichen Vater Karl V. das Reich, in dem die Sonne nicht unterging, übernommen. Nachdem Philipp am Laurentiustag 1557 bei Saint Quentin die Franzosen besiegte, gelobte er, dem heiligen Laurentius ein Kloster, verbunden mit der Begräbnisstätte der spanischen Kronträger und einem Palast, zu weihen. Er suchte einen Ort, von dem er die kastilische Hochebene in Richtung Madrid überblicken konnte, und fand den Weiler Escorial, was Schlakkenhalde bedeutet. Aus der Schlackenhalde machte Philipp II. das Real Monasterio de San Lorenzo del Escorial, das monumentale Abbild seines eigenen imperialen und mißtrauischen Wollens, aber auch eine komplexe Anhäufung aller geistigen und materiellen Werte, die das damals mächtigste Land der Welt aufbrachte.

Schon in der Aufzählung weniger Daten wird das Alptraumhafte dieser monumentalen Zusammenkunft deutlich. Würde man alles sehen wollen, was schier unmöglich ist, wären sechzehn Innenhöfe, eintausendzweihundert Türen und Korridore von insgesamt sechzehn Kilometern Länge zu durchschreiten. Man müßte sechsundachtzig Freitreppen hochsteigen und könnte aus zweitausendsiebenhundert Fenstern blicken.

Die Besucher, die durch dieses Labyrinth geschleust werden und der nicht faßbaren Fülle angehäufter Schätze ausgesetzt sind, klammern sich an einzelne Stücke. In der Bibliothek, die vierzigtausend goldglänzende Bücher und unzählige Manuskripte, darunter dreitausend arabische Handschriften, versammelt, sind es die Gebetbücher Philipps II. und Karls V., sind es Manuskripte und Schreibgerät der heiligen Teresa von Avila. Im neuen Museum sind es die Gemälde von El Greco, »Der Traum Philipp II.« und »Das Martyrium des heiligen Mauritius«. Allein im Museum wurden eintausendsechshundert Gemälde zusammengetragen. Kaum zu zählen die Gemälde und Kunstgegenstände in den tausend Räumen, in der Sakristei, in den Kapitelsälen, in den königlichen Wohngemächern, die riesigen Fresken im Schlachtensaal, die Wandteppiche von Goya, die allerdings aus viel späterer Zeit stammen und deren weltlicher Realismus Philipp zweifellos gestört hätte. Die Palasträume, in denen die Wandteppiche hängen, wurden im 18. Jahrhundert von den Bourbonenkönigen eingerichtet und bewohnt.

Philipp II. war ein eifriger Sammler und hervorragender Kunstkenner. Nur El Greco, der zweiunddreißigjährig den »Traum Philipps II.« als Probe vorlegte und in königlichem Auftrag das Mauritius-Bild malte, fand kein Gefallen. Er erhielt nie wieder einen Auftrag. Dafür umgab sich der Asket und Glaubensfanatiker Philipp mit den visionären Schaudern des Hieronymus Bosch und liebte die Sinnenfreude der Gemälde von Tizian. Philipp verkörpert, das muß man wohl auch sehen, die äußerste Gefährdung des extremen Asketismus und des absoluten ideologischen Anspruchs, weil sie jäh umschlagen können in Wollust und Grausamkeit. Das ist, wie die Geschichte lehrt, ein spanisches Problem. Vielleicht erklärt sich hieraus die fast unmenschliche Willensanstrengung, die das Gewaltsame und Abschließende des Escorial schuf, die Granitmauern aufrichtete, deren anmaßende Härte doch nicht die Angst, die Traurigkeit, die erschreckende Melancholie ausschließen konnte.

Als junger Mann lebte Philipp gesellig und fröhlich, hatte – wie andere – seine Mätressen, seine Abenteuer. Als Vater schrieb er seinen Töchtern herzliche Briefe, kümmerte er sich liebevoll um ihre kindlichen Sorgen und Kleiderfragen. Doch nicht dieser Philipp, sondern der Regent ist uns gegenwärtig, der vom Escorial aus die Welt »mit einem Federstrich« regierte, den eine merkwürdige Mischung aus Angst, Entsagung und Heiligkeit umgab. Wenn er Hof hielt, schwarz gekleidet auf dem prunklosen Thronstuhl sitzend, das linke Gichtbein auf einen Schemel gelehnt, genügte seine Person und seine leise Stimme, um die höchsten Repräsentanten und selbst Teresa von Ávila unsicher zu machen. Er wußte alles, kannte jedes private Geheimnis, denn er war fortwährend mit seinen Akten und Geheimbotschaften aus aller Welt beschäftigt. Was er anderen an Diensten, an Härte und Glaubenseifer abverlangte, forderte er von sich selbst im Übermaß.

Philipps Arbeitsraum und Schlafzimmer, neben dem Chor der Basilika gelegen, sind karge Mönchszellen, mit dem gerade Notwendigen eingerichtet: ein Kruzifix, ein Lederstuhl, ein Arbeitstisch, ein Aktenständer, ein paar Bücher und ein ringförmiges Planetarium. Als kranker Mann konnte er von seinem Bett aus durch ein Schiebefenster in den Altarraum blicken und die Messe mitfeiern. Im Vorraum steht der spartanische Tragestuhl, auf dem sich der Todkranke unter furchtbaren Schmerzen von Madrid zum Escorial tragen ließ. Fünfzig Tage lang starb er einen elenden Tod, von Krebs zerfressen, in seinem Blickfeld ein Totenschädel und sein Sarg. Schon in der Agonie, traf er die Anordnungen für sein Begräbnis, probte er das Ritual der Letzten Ölung. Seiner Familie sagte er: »Seht mich an. Dahin führt die Welt mit allen ihren Königreichen zuletzt.« Unmittelbar vor seinem Tod in der Frühe des 13. September 1598 bat Philipp um das hölzerne Kruzifix seines Vaters und ließ die Sterbekerze vom Montserrat anzünden. Bis zuletzt, unter Qualen, überlegen, in seiner unerschütterlichen Seelenruhe ein Stoiker. So starb kein Heuchler, doch ein Mann, dessen welt- und menschenverachtende Härte beklemmend und grausam sein konnte.

Erst sechsundfünfzig Jahre nach Philipps Tod wurde das von ihm angelegte Pantheon der Könige, eine Krypta unter dem Altar der Basilika, vollendet. In den Wandnischen der achteckigen Gruft, ein kühler Glanz von Marmor und Gold, ruhen elf spanische Könige seit Karl V. und neun Königinnen, nur solche, die einen männlichen Thronerben geboren hatten. Neben der ernsten Würde dieses letzten Audienzsaales der Regenten nimmt sich das im 19. Jahrhundert angelegte Pantheon der Infanten beinahe verspielt aus. Neun Kammern; unter weißem Marmor, von Engeln und Allegorien getröstet, unzählige Prinzen, Prinzessinnen, Angeheiratete und Bastarde. Umrankt von liebevollen Sprüchen, unzählige Namen, die man rasch vergißt. Doch zwei Namen sind der Aufmerksamkeit der Besucher sicher, wie sie schon zu Lebzeiten Aufsehen machten: Don Carlos, der unglückliche Sohn aus Philipps erster Ehe, der dreiundzwanzigjährig im väterlichen Gefängnis starb, und Don Juan de Austria, der Halbbruder Philipps.

Karl V. hatte testamentarisch seinem Sohn Philipp die Sorge für den zwölfjährigen Halbbruder aufgetragen, von dessen Existenz außer Karl V. und einem Pflegevater niemand am Hofe wußte. Die Mutter des Jungen war Barbara Blomberg aus Regensburg. Philipp holte den Jungen an den Hof, ließ ihn prinzlich erziehen und nannte ihn Don Juan de Austria. Es heißt, Don Juan sei ungewöhnlich schön, fröhlich und intelligent gewesen. Außerdem war das Kriegsglück mit ihm, denn er besiegte als vierundzwanzigjähriger Oberbefehlshaber der spanischen, päpstlichen und venezianischen Flotte 1571 vor Lepanto die Übermacht der Türken. Aber dem Sieger, den die Welt bewunderte, waren nur noch sechs Lebensjahre gegeben. Er erlag, einunddreißig Jahre alt, nach zweijähriger Statthalterschaft in den Niederlanden, dem Typhusfieber. Sein Körper wurde in drei Teile zerlegt, um ihn, in ledernen Satteltaschen verpackt, von Namur quer durch Frankreich zum Escorial zu bringen. Sein marmornes Abbild auf dem weißen Sarkophag im Pantheon zeigt einen Ritter, dessen vollkommen schönes Gesicht Bewunderung weckt.

Don Juan schien für eine kurze Lebensspanne gegeben zu sein, was

Philipp fehlte, eine glückliche Natur, frei von Melancholie, Erfüllung, Bestätigung, die liebende Verehrung der Menschen. Aber nicht Don Juan, sondern Philipp in seiner weltentrückten, tragischen, unerfüllten Größe repräsentiert Spanien. Sein steinernes Abbild ist der Escorial.

Tal der Gefallenen

Die Omnibusse, die täglich Besucher von Madrid zum Escorial bringen, fahren anschließend zum vierzehn Kilometer nördlich in den Guadarramabergen gelegenen Valle de los Caídos, dem Tal der Gefallenen. Das gehört zum Programm. Im Valle de los Caídos, in der Bergkrypta von Cuelgamuros, hat sich das Spanien Francos seine monumentale Gedächtnisstätte geschaffen. Unverkennbar, schon durch die räumliche Nähe, suchte der Bauherr Franco die Beziehung zum Escorial, zur Kult- und Gedächtnisburg des Philippischen Spanien herzustellen. Auch das Valle de los Caídos hat seine Basilika, sein Kloster, das Benediktiner beherbergt, sein Studienzentrum, eine Akademie für Sozialwissenschaften.

Alles in diesem Bezirk, der von einer herrlichen Berglandschaft umschlossen ist, hat monumentale Ausmaße: das hundertfünfzig Meter hohe Granitkreuz auf dem felsigen Berggrat; zu seinen Füßen die weiträumig angelegten Plätze und Bauwerke; die elf Tonnen schweren Bronzetore, die Einlaßtore zur Felsenbasilika. In fünfzehnjähriger Arbeit wurde die gigantische Höhle in den Felsen getrieben und zur Basilika gestaltet, deren gesamte Länge 262 Meter und deren Kuppelhöhe 42 Meter beträgt.

Am 1. April 1959 wurde das offiziell genannte Monumento Nacional de Santa Cruz del Valle de los Caídos geweiht – als Gedächtnisstätte für die im Bürgerkrieg Gefallenen beider Seiten. Der Ehrenplatz in der Basilika für den Sarkophag des Märtyrers und Falangegründers José Antonio Primo de Rivera läßt keinen Zweifel darüber, welcher Seite der Vorrang zusteht. José Antonio, der Sohn des früheren Diktators Primo de Rivera, hatte sich Anfang 1933 »zum Führer einer wagemutigen Minorität gemacht, die sich radikale politische und wirtschaftliche Zwangsreformen zum Ziel setzte – und zwar im ideologischen Rahmen des Nationalismus« (Stanley G. Payne).

Von Hitler und Mussolini war José Antonio teils fasziniert, teils abgestoßen. Ein durchaus skeptischer, differenzierter Intellektueller, der dennoch seine Anhänger begeistern konnte und selbst unter den Sozialistenführern Sympathie fand. Madariaga nennt José Antonio einen »tapferen, klugen und idealistischen jungen Mann«. Obwohl aus der wohlhabenden Hocharistokratie stammend, kämpfte er für einen »totalitären Staat«, der soziale Gerechtigkeit verbürgt. Dieser unter dem Franco-Regime nicht oder nur sehr zögernd verwirklichte Programmpunkt José Antonios, das heißt die ungerechte Güterverteilung zugunsten der Besitzenden, trägt mit zur partiellen Opposition der Falange-Anhänger gegen das Regime bei.

Andere Programmpunkte José Antonios hat das Regime willig übernommen: die radikale Abweisung des klassenkämpferischen Sozialismus und des Kommunismus, die entschiedene Ablehnung des liberalen Staates und der parlamentarischen Demokratie. Auch der Begriff der sogenannten organischen (parteifreien) Demokratie, gestützt auf die »organischen« Gruppen Familie, Gemeinde und Syndikat, geht auf José Antonio zurück.

Obwohl José Antonio persönlich Gewaltakte verabscheute, konnte er die Eskalation der Gewalt unter seinen Anhängern nicht verhindern. Gegenüber Franco, auch zunächst gegenüber den Putschplänen der Militärclique war der Falangistenführer eher mißtrauisch. Als der Bürgerkrieg begann, bot er jedoch, bereits in Alicante inhaftiert, den Aufständigen die Waffenhilfe seiner paramilitärischen Falangisten an. Die Republikaner ließen José Antonio im November 1936 im Gefängnis von Alicante standrechtlich erschießen. Nach dem Sieg Francos wurde José Antonio als erster und einziger Bürgerlicher im Escorial beigesetzt. Und noch einmal trugen falangistische Veteranen seinen Sarg 1959 vom Escorial zum Tal der Gefallenen.

Jeder Besucher, der durch die weite Halle der Felsenbasilika geht, der über dem Altar das Kreuz aus galicischem Holz betrachtet, empfindet Ehrfurcht vor einem solchen, dem Gedächtnis einer Million Gefallener geweihten Ort. Doch stimmt es nachdenklich, wie weit das Valle de los Caídos in seiner architektonisch pompösen und hohlen Pathetik von der erhabenen Größe des Escorial entfernt ist.

Aranjuez

Genau entgegengesetzt zum Escorial, fünfzig Kilometer südlich von Madrid, liegt in der Tajoniederung Aranjuez, königliche Residenz wie El Escorial. Kein größerer Gegensatz wäre denkbar. Es ist wie Winter und Sommer, wie Stein und Pflanze. Mitten im Kern Neukastiliens eine grüne Oase zwischen Tajo und Jamara, schattiger Laubwald, Gärten, Parkanlagen, Kanäle, Seen, Springbrunnen mit Putten und mythologischen Figuren. Ein sommerlicher Lustgarten, geschaffen zum Vergnügen von Königen und Hofgesellschaften.

Ich denke an Schillers Auftakt zum Don Carlos: »Die schönen Tage in Aranjuez sind nun zu Ende...« Kaum vorstellbar, die »schönen Tage in Aranjuez« mit dem Asketen und Glaubenseiferer Philipp II., der an seinen Staatsgeschäften Genüge fand, zusammenzubringen. Philipp ließ von denselben Architekten, die den Escorial bauten, das erste Königsschloß errichten. Er ließ aus England Ulmen holen und in Aranjuez anpflanzen. Das ist allerdings alles, was an Philipp erinnert. Die Ulmen wuchsen im Verein mit Eschen, Platanen, Birken, Kastanien und Erlen zu einem prächtigen Wald. Das Königsschloß, der Palacio Real, brannte dreimal nieder, anfangs des 18. Jahrhunderts ließ der erste Bourbonenkönig Philipp V. das Schloß erneut wiederaufbauen. Seine bourbonischen Nachfolger erweiterten den Schloßbau. Aranjuez war ihre bevorzugte Residenz, ihre aus französischem Geist und Stil geschaffene Insel in Spanien. Was wir sehen, die Lustgärten, Denkmäler, Marmorfontänen und Brücken, vor allem aber die Casa del Labrador, wurde im 18. und frühen 19. Jahrhundert überwiegend von französischen Architekten und Gartenkünstlern angelegt.

Der Bau der kleinen neoklassizistischen Casa del Labrador ist die einzige nennenswerte Tat des schwächlichen Bourbonen Karl IV., der seiner Frau Maria Luisa und ihrem Liebhaber Godoy die Regierung überließ. Goya hat ihre Charaktere mit unverhohlener Ironie festgehalten. Der beleibte König schnitzte Stühle, sammelte Uhren und ignorierte mit auffallender Stupidität die Liaison seiner Frau mit ihrem korrupten Günstling Godoy.

Casa del Labrador heißt Haus des Arbeiters. Man empfand es als reizvoll, nach der Art des einfachen Volkes zu leben – zwischen Marmor und vergoldetem Mobiliar. Kostümierung, Schäferspiele, Flußfahrten in seidengefütterten Booten, während jenseits der Pyrenäen die Guillotine regierte und Napoleon zur Macht kam. Als Godoy im Jahre 1808 die Franzosen ins Land rief, brachte ein Volksaufstand den Sturz des verhaßten Emporkömmlings und die Abdankung Karls IV. Napoleon schickte das Königspaar mit Godoy außer Landes und machte seinen Bruder Joseph zum spanischen König, der bis 1813 regierte.

Aranjuez hat diese Ereignisse überdauert. Das ländliche Städtchen, schachbrettartig angelegt, wurde erst im Jahre 1759 gegründet. Neben den Einheimischen, vorwiegend Kleinbauern und Handeltreibenden, haben sich reiche Madrider angesiedelt, die in Aranjuez den Sommer oder ihren Lebensabend verbringen. Zu jeder Jahreszeit kommen Ausflügler aus Madrid hierher, sommertags die schattigen Wald- und Parkreviere aufsuchend, im Frühjahr den saftigen weißen Spargel und die aromatischen Erdbeeren, die besten ganz Spaniens, genießend. Rund um den königlichen Park ziehen sich fruchtbare Ländereien mit Obst- und Gemüsekulturen, eine Huerta mitten im herben und kargen Neukastilien.

Durch die Mancha

Südlich von Aranjuez, geographisch genauer südlich des Tajobeckens, beginnt die Landschaft, die von den Arabern schlichtweg manxa, trokkene Erde, genannt wurde, La Mancha. Wer kennt sie nicht als Heimat des edlen Ritters Don Quijote und seines bäuerlichen Knappen Sancho Panza? Touristen scheint die Mancha wenig zu interessieren. Der Autofahrer, der von Madrid über Aranjuez die schnurgerade südwärts ziehende Nationalstraße fährt, über Manzanares und Valdepeñas, hat es eilig, nach Andalusien zu kommen. Jenseits der Sierra Morena, dem südlichen Grenzriegel der Mancha, liegen die andalusischen Städte Jaén und Córdoba. Mit Andalusien kann die Mancha so wenig konkurrieren wie mit den historisch bedeutenden Städten in der Reichweite von Madrid.

Die Mancha ist anderer Art. Sie bietet nichts Vorgegebenes oder Vorpräpariertes, nichts, an das man sich halten kann. Sie ist kahl, trocken, heiß, über endlose Strecken baumlos, ein riesiger festgebackener Lehmkuchen. Die Monotonie, die bewegungslose Leere und Weite, reizt die Phantasie. Wenn im Sommer die Hitzeschleier über der Mancha flimmern, löst jeder geringe Anlaß ein halluzinatives Spiel aus, ob man fern ein Maultiergespann mit dem hochbeladenen Zweiradkarren sieht oder eine wandernde Schafherde, die den Staub aufwirbelt. Was Wunder, daß dem nach Abenteuer begehrenden Don Quijote friedliche Schafherden zu vorrückenden Truppen und Windmühlen zu Riesen mit mächtigen Flügelarmen werden. Undenkbar, daß dies einem Ritter in Katalonien oder Galicien oder León widerfahren wäre. Aber wer die Realität der Dinge verkennt, wird drakonisch belehrt, daß Schafherden doch nur Schafherden und Windmühlen doch nur Windmühlen sind. Ramiro de Maeztu, einer der besten Deuter des »Ingenioso Hidalgo Don Quijote de la Mancha«, spricht von einem »libro del desencanto«, einem Buch der Ernüchterung und Entzauberung.

Die Manchegos sind keine Träumer. Sie stemmen sich zäh gegen die Übermacht der Natur, sind selbstbewußt und nüchtern, begabt mit einem realistischen Sinn für das Mögliche und Nächstliegende. Nur so konnten sie den harten Lebensbedingungen widerstehen, den krassen Temperaturumschlägen zwischen Tag und Nacht, zwischen den Jahreszeiten mit extrem heißen Sommermonaten, wenn das Thermometer auf 40 bis 45 Grad klettert, und mit kältebringenden Wintern. Nur so konnten sie dem trockenen Boden erstaunliche Erträge an Weizen, Wein und Oliven abgewinnen.

Die Mancha ist die größte geschlossene und einheitliche Hochfläche der Meseta, mit einer durchschnittlichen Höhe zwischen 500 und 700 Metern. Was immer das Auge erfaßt, die dürren Hochsteppen, die Weizenfelder, die hochgestockten Rebenpflanzungen, selbst die Ölbaumkulturen, dehnt sich ins Endlose, reicht von Horizont zu Horizont und wird unter dem lastenden Himmel flächig und monoton. Weit auseinander liegen die Großdörfer, blendend weiße niedrige Häuserkuben mit wenigen Fenstern, überragt von einem ebenso weißen mächtigen Kirchturm.

Die Mancha gehört zu den ertragreichsten Weizenanbaugebieten Spaniens und hat um Valdepeñas, Manzanares und Tomelloso das größte und beste spanische Weingebiet. Als ich vor einigen Jahren nach Manzanares kam, wurde dort gerade eine neue Kellerei der Winzergenossenschaft eingeweiht, die der Alcalde stolz als größte Kellerei der Welt bezeichnete. Sie hat ein Fassungsvermögen von 20 Millionen Litern, verteilt auf 668 Bütten. In den kühlen unterirdischen Weinkellern von Tomelloso können insgesamt 175 Millionen Liter Wein lagern. Nach Rekordernten, so erzählt man, kann es passieren, daß in einem Manchadorf der Most die leeren Wasserzisternen der Feuerwehr füllt, weil

Durch die Mancha

die anderen Behälter voll sind. Das wasserarme Land hat Wein in Fülle, der zudem spottbillig ist. Doch der vortreffliche rote, eher herbe als süße Valdepeñas will mit Bedacht getrunken sein. Kenner nehmen gern dazu ein Stück Manchego-Käse und etwas Weißbrot. Wenn auch die Schafhaltung zugunsten des Ackerbaus zurückgegangen ist, so gehört der Schafskäse immer noch zu den Köstlichkeiten der Mancha.

Abseits der Hauptstraßen entdeckten wir einen Nuancenreichtum, der die Einheit der Mancha nicht aufhebt, wohl aber besondere Akzente setzt. Um Daimiel sahen wir Sumpffelder mit Reis, sahen wir Baumwolle und breitblättrige Tabakpflanzen. Hier drehen sich noch Hunderte der alten Wasserschöpfräder, in Bewegung gehalten von Eseln, die blind im Kreise gehen. Zum Teil haben elektrische Pumpwerke die seit der Maurenzeit betriebene Schöpfmethode abgelöst. In den Niederungen des Guadiana gibt es fruchtbare grüne Inseln, wo reichlich Gemüse und Obst gedeihen. Auf hügeligen Campos, deren rote Erde gepflügt ist, stehen Millionen Ölbäume, formiert zu endlosen geometrischen Mustern. Die Einwohner von Almagro stellen wie eh und je feine Spitzen und Mantillen her, die von La Solana schmieden Sicheln, die nach ganz Spanien geliefert werden.

Die mir liebste Strecke zweigt in Ocaña von der Nationalstraße ab und führt nach Quintanar de la Orden und Mota del Cuervo. Ein paar Kilometer hinter Quintanar de la Orden zweigt wiederum eine Nebenstraße ab, die uns südwärts nach El Toboso und weiter nach Campo de Criptana bringt. Über Alcázar de San Juan, von dort nochmals südwärts fahrend, erreichen wir schließlich Argamasilla de Alba. Die Plätze, Straßen und Hügel, die wir sahen, haben ihren eigenen Stellenwert. Wir erkennen in ihnen die Schauplätze der Abenteuer Don Quijotes. Eine literarische Route, gewiß. Doch kein besserer Führer als der Autor des Don Quijote wäre denkbar. Cervantes, der phantasievollste Erzähler Spaniens, hat nie aufgehört, der erste Realist zu sein, der die Wirklichkeit des Gesehenen erfaßt, der mit den Mitteln der Parodie und des Humors die falsche Welt- und Selbsteinschätzung brandmarkt. Der Autor des Ritters von der traurigen Gestalt wollte seinen Lesern die Augen öffnen, wollte entzaubern, ernüchtern, was das spanische Wort desengañar besagt.

Von Argamasilla de Alba zog Don Quijote aus, gefolgt von dem Stallburschen Sancho Panza, dessen erdhaftes, bauernschlaues Anderssein den weltverkennenden Höhenflug des Ritters parodiert. In Argamasilla de Alba findet man die Casa de Medrano, einen gewöhnlichen Bauernhof mit einem feuchten Kellerverlies, wo Cervantes eingekerkert war, weil er seine Schulden nicht bezahlen konnte. Die Bäuerin, die uns das Tor aufschloß, sagte, hier habe der Dichter seinen Roman begonnen. Aber das war im Gefängnis von Sevilla.

Wer nach El Toboso kommt, dem ländlichen Dorf mit niedrigen weißgekalkten Häusern und dem spitzen Kirchturm, fragt sich: Was ist anders geworden, seit Don Quijote hier die Dienstmagd sah, die er auf der Stelle zu seiner Dulcinea machte? Der einzige Mann, den wir entdeckten, hockte am Rand der leeren Plaza, im Schatten seines traubenbeladenen Wagens. Er trug das im Nacken gebundene Kopftuch der Manchegos, Schutz gegen die brennende Sonne. Eine Doña Dulcinea kannte er so wenig wie den Don Quijote. Er meinte, auf dem Weg nach Mota würden wir an der Venta des Caballero vorüberkommen. Die Venta des Don Quijote war verschlossen. Dafür sahen wir auf dem kahlen Hügel hinter Mota del Cuervo fünf frischgeweißte rundbäuchige Windmühlen, untätige Schauobjekte. Ihre riesigen hölzernen Flügelrippen standen still. War es hier oder doch bei Campo de Criptana, wo Don Quijote auf seinem Klepper Rosinante gegen die sich drehenden Windmühlenflügel anritt, bis er wieder einmal belehrt mit verrenkten Gliedern auf dem Feld lag? Die Leute der Mancha nehmen es mit der Literatur nicht so genau. Sie sind eher dem Sancho Panza verwandt, der nach seinem Menschenverstand handelt, als dem Caballero, dem das Bücherlesen in den Kopf gestiegen ist.

Miguel de Cervantes Saavedra war ein erfahrener, hartgeprüfter Mann, als er die Satire auf die zu seiner Zeit modischen Ritterbücher schrieb, achtundfünfzigjährig, als er den ersten Teil des Don Quijote veröffentlichte. Er wurde nicht in der Mancha, sondern 1547 in Alcalá de Henares geboren. Sein Geburtshaus stand in der Calle de Cervantes. Alcalá de Henares ist heute Provinzstadt im Schatten Madrids, nach der teilweisen Zerstörung im Bürgerkrieg wiederaufgebaut und um industrielle Ausweitung bemüht. Zu Cervantes' Lebzeiten war Alcalá Königsherberge und berühmte Universitätsstadt, in der mitunter 12 000 Studenten lebten. Kardinal Cisneros, Erzbischof von Toledo und Ratgeber der Katholischen Könige, hatte die Universität 1508 gegründet. In der Universität, die Mitte des 16. Jahrhunderts ausgebaut und mit der prächtigen platteresken Fassade versehen wurde, studierten Cervantes' Zeitgenossen Lope de Vega, Tirso de Molina und der etwas später geborene Calderón de la Barca.

Cervantes, der Sohn eines mittellosen Wundarztes, konnte nur kurze

Durch die Mancha

Zeit studieren, vermutlich in Salamanca. Er folge zweiundzwanzigjährig als Kämmerer einem Kardinal nach Rom und trat bald in das spanische Heer ein. In der Seeschlacht von Lepanto im Oktober 1571 zerschmetterte ihm eine Kugel die linke Hand. Don Juan de Austria, der seine Tapferkeit lobte, gab Cervantes nach seiner Entlassung ein Empfehlungsschreiben mit. Doch auf der Heimfahrt wurde das Schiff von Piraten gekapert. Cervantes wurde in die Sklaverei nach Algier verkauft. Fünf Jahre in Ketten, vier gescheiterte Fluchtversuche, bis ihn Trinitariermönche freikaufen konnten.

Dreiunddreißig Jahre alt begann er in Madrid für das Theater zu schreiben, erfolglos wie sein erster Roman »Galatea«. Seine Ehe verlief unglücklich wie sein Versuch, als Proviantkommissar der Armada, dann als Steuereinnehmer Geld zu verdienen. Zweimal eingekerkert, weil eine Bank, der er Verwaltungsgelder anvertraut hatte, bankrott ging, und wegen seiner unzahlbaren Schulden. In dieser Zeit schrieb Cervantes die Geschichte des armen Landedelmannes aus der Mancha, der in der Vorstellung lebt, er sei ein Ritter, und alles, was ihm begegnet, sei ritterliche Welt, según él había leído en los libros, wie er in den Büchern gelesen hatte. Der Roman wurde rasch berühmt, fand zahlreiche Käufer, wurde ein Geschäft für den Verleger und Drucker, während Cervantes in Madrid armselig lebte und weiterschrieb. Im Jahre 1613 veröffentlichte er die Geschichtensammlung der »Novelas ejemplares«, 1615 den zweiten Teil des Don Quijote. Im Jahr darauf starb er, wie es heißt, an der Wassersucht.

Wie kein anderer Dichter hat Cervantes in Don Quijote und Sancho Panza, auch in ihrer Doppeldeutigkeit, den spanischen Nationalcharakter erfaßt und zugleich parodiert. Das wäre schon viel. Doch diese sinnreichste humoristisch-realistische Erzählung der Weltliteratur ist über das Nationale hinaus exemplarisch, weil sie den ewigen Widerspruch zwischen Idealität und Realität austrägt. An dieser Erzählung hat die Mancha teil, seit Cervantes schrieb: »In einem Dorf der Mancha, dessen Name mir entfallen ist, lebte unlängst ein Edler, der eine Lanze und einen Schild besaß, einen dürren Klepper und einen Jagdhund.« Wer durch die Mancha fährt, wird Don Quijote und Sancho Panza begegnen.

Die Katholischen Könige

In Valladolid sahen wir sie zum erstenmal, dann in Toledo, Valencia, Pamplona, überall, wo eine Fiesta gefeiert wurde: Los Reyes Católicos, die Katholischen Könige Isabella und Ferdinand. Als Gigantones, etwa sechs Meter hohe, historisch gekleidete Figuren wandeln sie durch die Straßen, gefolgt von den exotischen Vertretern jener Erdteile, die Spanien Anfang des 16. Jahrhunderts untertan waren. Spanien lebt mit seiner Geschichte wie kein zweites Land (was der halbinsularen Exklusivität, den nationalistischen Bestrebungen, dem Mythos der Besonderheit zugute kommt). Das Geschichtsbewußtsein wird gepflegt, in Folklore wie in offiziellen Reden. Vor dem Abc lernen die spanischen Kinder die Geschichte ihres Landes. Sie ist überall gegenwärtig, unerläßlich als begründendes Element, will man auch nur annähernd das heutige Spanien begreifen.

Für die Außenstehenden ist die spanische Geschichte reichlich kompliziert. In der Zeit der Reconquista gab es wenigstens zwölf Königreiche, manche nur kurzlebig, die den bekannten historischen Regionen entsprechen. Ihre Sonderentwicklungen, wechselnden Allianzen, Abhängigkeiten oder Feindschaften, summieren sich zu einem Puzzlespiel, das nie aufzugehen scheint. Die Lösung, das heißt die Einigung Spaniens, ist das Werk der Katholischen Könige. Es beginnt mit der ehelichen Verbindung von Isabella von Kastilien und Ferdinand von Aragonien und wird dreiundzwanzig Jahre später durch die Wiedereroberung Granádas vollendet.

Um nach Valladolid zu kommen, wo ihre Ehe im Jahre 1469 geschlossen wurde, mußte die achtzehnjährige Isabella aus Madrigal de las Altas Torres fliehen und der ein Jahr jüngere Ferdinand als Maultiertreiber verkleidet feindliches Land durchqueren. Sie erbte 1474 die kastilische, er 1479 die aragonesische Königskrone. Doch sie regierten gemeinsam, zogen unermüdlich gemeinsam von Ort zu Ort, um das Land zu einigen und Feinde zu bekämpfen, so sehr verbunden, daß ihre Namen – einzig in der Weltgeschichte – stets zusammen genannt werden, wie die königlichen Erlasse stets ihre beiden Zeichen tragen: Yo el Rey, Yo la Reina. Sie handelten vollkommen ebenbürtig, Isabel como Fernando, wobei die hellhäutige Kastilierin mit dem kastanienbraunen Haar dem undurchschaubaren Aragonesen an Charakterstärke, Entschlossenheit und Weitblick überlegen war. Sie förderte die waghalsigen Pläne des Seefahrers Cristóbal Colón, des Kolumbus,

Die Katholischen Könige

wollte zur Verwirklichung seiner Pläne ihre Juwelen verpfänden, weil Ferdinand zauderte. Kolumbus hat den größten Triumph der Katholischen Könige, die Unterwerfung des letzten Maurenkönigs Boabdil am 2. Januar 1492 in Granáda, miterlebt. Damit endete die blutige Reconquista. Spanien war einig und dem Christentum zurückgewonnen. Für diese Tat verlieh Papst Alexander VI. Isabella und Ferdinand den offiziellen Titel Reyes Católicos.

Alles Positive wie alles Negative der spanischen Geschichte nimmt im Jahre 1492 seinen Anfang. Die Katholischen Könige sind die Urheber eines geschichtlichen Prozesses, der noch heute die politische und wirtschaftliche Realität Spaniens entscheidend prägt. Die Katholischen Könige führten den Kreuzzug wider die Ungläubigen zum Sieg, befreiten Spanien von der siebenhundertachtzigjährigen Maurenherrschaft. Sie einigten Spanien unter dem Zeichen des Kreuzes. Es muß ein ergreifender Augenblick gewesen sein, als der letzte Maurenkönig Boabdil dem christlichen Königspaar im Feldlager vor Granáda die Schlüssel zur Alhambra und zur Stadt übergab, als Ferdinand den Maurenkönig umarmte. Boabdil, der selbst tolerant regierte, vertraute der Zusicherung der Katholischen Könige, daß seinen Untertanen die Glaubensfreiheit erhalten bliebe. Es kam anders. Offenbar sahen die Katholischen Könige, die bereits die Inquisition eingeführt hatten, ein Gott wohlgefälliges Werk darin, das Evangelium der Liebe mit Gewalt auszubreiten. Der Prozeß der Intoleranz begann mit zwangsweisen Massenbekehrungen und kompromißlosen Maßnahmen, die jede religiöse oder auch rassische Überfremdung ausschließen sollten. Die Juden, denen die spanische Kultur unendlich viel verdankte, wurden vertrieben, während die anpassungs- und bekehrungswilligeren Mauren wenigstens bleiben durften. Doch allein auf dem Marktplatz von Granáda wurde eine Million arabischer Schriften den Flammen übergeben.

Genau in den ersten Augusttagen des Jahres 1492, als Hunderttausende spanischer Juden, die Sephardim, ihre Heimat verlassen mußten, segelte Kolumbus mit drei Karavellen einem ungewissen Ziel entgegen. Kolumbus hatte als einer der ersten vom Triumph der Katholischen Könige profitiert. Im April, noch im Feldlager vor Granáda, war der Vertrag unterzeichnet worden, der Kolumbus beauftragte, seine kühne Entdeckungsreise durchzuführen. Sieben Jahre lang war er als Bittender dem Königspaar von Ort zu Ort gefolgt. Nach wiederholten Abweisungen, Vertröstungen, Enttäuschungen, verspottet wegen seiner phantastischen Pläne, unterstützt von zwei oder drei Gönnern, sah Kolumbus seinen Wunsch erfüllt. Königin Isabella vertraute ihm. Er sollte als »Admiral der Ozeanischen Meere« den Weg nach Indien, Asien, nach Zipangu, wovon Marco Polo berichtet hatte, entdecken. Nach siebzigtägiger Seefahrt entdeckte er den neuen Kontinent Amerika.

Viermal überquerte Kolumbus den Ozean. Nach dem ersten Erfolg wurde er mit Ehrungen überhäuft. Dann geriet er in die erbarmungslose Mühle von Verrat, Neid, Besserwisserei und Mißachtung. Nach der vierten Rückkehr, 1504, mit knapper Not dem Schiffbruch entkommen, erschöpft, krank, gequält von Sorgen, denn er hatte sein letztes Geld zur Bezahlung der Schiffsleute verwendet, war er ein armer, bemitleidenswerter Mann. Isabella, seine Beschützerin, starb im selben Jahr. König Ferdinand verwehrte die Erfüllung der vertraglichen Zusicherungen und wartete auf den Tod des Seefahrers. Kolumbus starb 1506, gefaßt und ergeben, aber doch enttäuscht, verlassen, armselig, zuletzt weder befriedigende Anerkennung noch den geringsten vereinbarten Erfolgsanteil erhalten zu haben. Der so starb, hat Spanien zum größten und reichsten Land seiner Zeit gemacht. Seine Entdeckung brachte Spanien das Goldene Jahrhundert, das unter den Katholischen Königen begann und in der Staatsallmacht Karls V. und Philipps II. seinen Höhepunkt fand.

Das Goldene Jahrhundert darf wörtlich verstanden werden. Die Gold- und Silberschätze der Neuen Welt, von den spanischen Karavellen über den Ozean gebracht, füllten die Staatskasse. Nahezu zwei Jahrhunderte lang empfingen die spanischen Könige diesen ungeheuren Zustrom an Gold und Silber. Mit seiner Hilfe konnten Karl und Philipp ihre ehrgeizige Machtpolitik ausbauen, die Kriege gegen Frankreich und die Niederlande, ebenso die Seeschlacht bei Lepanto finanzieren. Daß Karl und Philipp dennoch gewaltige Staatsschulden hinterließen, zeigt nur, wie sehr sie auf den andauernden Zustrom von Gold und Silber vertrauten.

Der nicht erarbeitete Reichtum schenkte Spanien ein glänzendes, Goldenes Jahrhundert, jedoch kein Glück. Das Verlassen auf die überseeischen Reichtümer bewirkte eine wirtschaftliche Inaktivität, die Spanien gegenüber den anderen europäischen Nationen bald rückständig machte. Nur sehr langsam, zuerst im europanahen Katalonien, fand Spanien Anschluß an die neuzeitlichen Wirtschaftsmethoden. Länger als in anderen Ländern hielt sich in Spanien die feudale Sozialstruktur, die den wirtschaftlichen und politischen Fortschritt hinderte. Der scheinbar unversiegbare Goldnachschub führte zu einer das Land auf die Dauer überfordernden Aufblähung des Staatsapparates und Ausweitung der von der Krone privilegierten und abhängigen Adelskreise. So festigte sich eine staatsorientierte Herrschaftspolitik, verhärtete sich die herkömmliche, unbewegliche Sozialstruktur. Die Folgen waren, nachdem der Goldnachschub ausblieb, eine wachsende Staatsverschuldung, Besitz, Reichtum, Macht in den Händen der herrschenden, den Staat tragenden Oberschicht, während die arbeitende Bevölkerung in Abhängigkeit und Armut geriet. Die heutigen wirtschaftlichen und sozialpolitischen Probleme Spaniens resultieren zum großen Teil aus dieser Entwicklung, die das Goldene Jahrhundert auslöste.

Die Schätze der Neuen Welt, deren erste Probe Kolumbus seiner Königin in Barcelona zu Füßen legte, die außerordentlichen politischen Erfolge durch die Besiegung der Mauren und die Einigung des Landes konnten nicht verhindern, daß das private Leben der Katholischen Könige von tragischen Ereignissen erschüttert wurde. Ihr einziger Sohn starb neunzehnjährig. Ihre älteste Tochter starb als Königin von Portugal im Kindbett. Ihre Tochter Katharina wurde als erste Frau König Heinrichs VIII. von England später verstoßen, geschieden, ins Gefängnis geworfen. Ihre Tochter Johanna von Kastilien, zur Thronerbin bestimmt, hat nie regiert, denn sie wurde Juana la Loca, Johanna die Wahnsinnige.

Johanna war siebzehnjährig, liebenswert und schön, als sie in Flandern Philipp den Schönen, den einzigen Sohn und Erben Kaiser Maximilians I. heiratete. Ein Akt der Staatsräson, der die Verbindung der kastilischen Krone mit dem kaiserlichen Hause Habsburg herstellte. Aber auch Johannas geheime Wünsche schienen Erfüllung zu finden. Sie verliebte sich leidenschaftlich in den blonden, ein Jahr älteren Habsburger. Philipp dem Schönen muß diese Leidenschaft lästig gewesen sein. Er hielt sich während der zehnjährigen Ehe meist in Flandern auf, dem leichten Leben und wechselnden Amouren zugetan. Johanna reagierte mit Zornausbrüchen und Verzweiflung. Sie steigerte sich in Hysterie und Haß gegen das eigene Geschlecht. Einmal, als sie im Winter zu ihrem Mann nach Brüssel reisen wollte und auf Befehl der Königin Isabella in Medina del Campo zurückgehalten wurde, klammerte sie sich eine Nacht und einen Tag an das kalte Torgitter, schrie, verweigerte die Speisen. Erst nach fünf Tagen konnte Isabella, die selbst erkrankt war und mit der Sänfte hergetragen wurde, ihre Tochter beruhigen. Im Jahr darauf reiste Johanna nach Flandern. Wiederum kam es zum Skandal, als Johanna ihren Mann im Kreise seiner Geliebten fand und einer Rivalin mit der Schere die Haare abschnitt. Es heißt, krankhafte Eifersucht habe Johanna um den Verstand gebracht. Doch eine erbliche Belastung war vorgegeben. Auch ihre Großmutter war in geistiger Umnachtung gestorben.

Der frühe Tod Philipps des Schönen, im Jahre 1506 in Burgos, scheint die erst siebenundzwanzigjährige Johanna vollends in den Wahnsinn getrieben zu haben. Besessen hielt sie den Toten fest, der ihr als Lebender soviel Schmerz zugefügt hatte. Sie wich nicht von seiner Seite, führte als hochschwangere Frau auf der Flucht vor der Pest den Sarg mit dem Leichnam nach Torquemada. Die trauernde Wahnsinnige ließ den Sarg öffnen, um ihren geliebten Mann zu sehen. Sie konnte sich nicht trennen. Drei Jahre später machte ihr Vater Ferdinand, der an ihrer Stelle regierte, den makabren Zeremonien ein Ende. Er befahl, Johanna in das Kloster von Tordesillas zu bringen, wo sie noch fünfundvierzig Jahre lebte, von der Welt abgeschlossen, und 1554 starb.

Aus der zehnjährigen Ehe der kastilischen Johanna und des habsburgischen Philipp sind sechs Kinder hervorgegangen. Die vier Prinzessinen wurden Königinnen von Portugal, Frankreich, Dänemark und Böhmen/Ungarn. Die beiden Söhne Karl und Ferdinand wurden Kaiser von Deutschland. Karl, der als Siebzehnjähriger seine Mutter in Tordesillas besuchte, fand ihre Zelle in grauenhafter Unordnung, fand eine verzweifelte, heruntergekommene, aber keineswegs ganz entrückte Frau. Sie lebte noch, als ihr Sohn über Spanien, die Niederlande, Teile Frankreichs, Süditalien, über Süd- und Mittelamerika, Teile Nordamerikas und andere überseeische Besitztümer herrschte, und nach dem kastilischen das kaiserlich-habsburgische Erbe übernahm. Noch keine zwei Jahre nach dem Tod Johannas dankte Kaiser Karl V. ab, früh gealtert und mit fünfundfünfzig Jahren ein seniler Greis. Er zog sich in das kleine weltabgelegene Kloster San Jerónimo de Yuste in der Estremadura zurück. Das Erbe der Katholischen Könige, das größte, reichste und mächtigste Land seiner Zeit, übergab der weltmüde Kaiser seinem achtundzwanzigjährigen Sohn Philipp II., während er seinem Bruder Ferdinand die deutsche Kaiserkrone überließ.

Am Ort ihres größten Triumphes, in der Capilla Real in Granáda, wurden die Katholischen Könige Isabella und Ferdinand beigesetzt. Dort fanden auch ihre unglückliche Tochter Johanna und Philipp von Habsburg ihr Grab, im Tode vereint. Die Marmorsarkophage der Ca-

Die Katholischen Könige

pilla Real tragen die steinernen Abbilder der beiden Königspaare, jeweils nebeneinander liegend, wobei Philipp seinen Kopf von Johanna abwendet. Als wir an einem Morgen die kühle königliche Kapelle betraten, war sie leer, bis auf drei Geistliche in schwarzen Meßgewändern, die ein Totenamt feierten. Wir fragten anschließend, was dies bedeute, und hörten, daß seit mehr als vierhundertfünfzig Jahren jeden Morgen die Totenmesse für die Reyes Católicos gelesen wird.

MADRID

Ein alter, vielzitierter Wunsch der Madrileños kommt einer indirekten Liebeserklärung an ihre Stadt gleich. »Von Madrid in den Himmel und dort ein kleines Loch, um auf Madrid herabzuschauen.« Allerdings bin ich mir nicht sicher, ob dieser Redensart nicht doch etwas Zynismus beigemischt ist. Zuzutrauen wäre es den Madrileños. Sie sind unsentimental und nüchtern, nicht gerade auf Pietät bedacht, besonders in ihrem Verhältnis zu Madrid. Sie verstehen sich auf Witz, Ironie und hintersinnigen Spott, weshalb die politisch oft erstaunlich brisanten Karikaturen von Chumez, Mingote und anderen zum besten Teil der Madrider Zeitungen gehören.
Natürlich sind die Einheimischen stolz auf ihre Stadt. Das merkt jeder Besucher, der das Glück hat, von Madrider Freunden durch die Straßen geführt oder zum abendlichen Tasca-Bummel nahe der Puerta del Sol mitgenommen zu werden. Sie sind stolz auf den weltstädtischen Charme der Gran Via mit ihren eleganten Geschäften, auf die alte Plaza Mayor und die umliegenden Altstadtgassen, auf die unvergleichliche Gemäldesammlung des Prado, auf den immergrünen Retiropark mit der Rosaleda, auf den Blick von der Ecke Gran Via und Alcalá hinunter über das unaufhörlich flutende Verkehrsgewoge bis zum Cibelesbrunnen und zur Puerta de Alcalá.
Madrids Anziehungskraft hält unvermindert an. Die Zahl der Einwohner wächst von Jahr zu Jahr um weitere rund 100 000. Bei einem gegenwärtigen Einwohnerstand von 3,5 Millionen (1972), übertrifft die Metropole das Wachstum jeder anderen europäischen Hauptstadt. Diese enorme Anziehungskraft scheint dem zu widersprechen, was anderswo, besonders in den peripheren Regionen, an Vorbehalten, Geringschätzung oder offener Abneigung gegenüber Madrid vorgebracht wird. Andere Regionen erkennen nur widerstrebend Madrids Rolle als Verwaltungszentrum eines dirigistischen Staatsapparates an. Die traditionsreichen spanischen Städte können niemals ganz verwinden, daß die traditionsloseste, erst vierhundert Jahre alte Stadt die Kapitale des Landes ist.

Solche Vorbehalte kümmern die Madrileños wenig. Sie sind der Gegenwart, dem Aktuellen, auch dem Modischen mehr zugeneigt als dem Vergangenen. Wo immer die Zuwanderer herkommen, aus Andalusien, Estremadura oder Galicien, sie werden im Schmelztiegel Madrid, dem »Patria de todos«, rasch absorbiert. Sogar die regionalen Divergenzen scheinen in der toleranten Atmosphäre Madrids aufzugehen. Wer in Madrid wohnt, gehört ohne lange Wartezeit dazu, fühlt sich als Madrileño oder besser als Madrileñado, als jemand, der in sich trägt, was Madrid ausmacht.

Sie sind stolz auf ihre Stadt, doch räsonieren sie mit Ausdauer, auf der Straße während des abendlichen Paseo, in der nächsten Tasca-Bar bei einer Copita de vino, über die Unzulänglichkeiten Madrids. Nach ihrer Meinung beschert das harte kontinentale Klima der hochgelegenen Stadt (650 Meter) neun Monate Winter und drei Monate Hölle. Eine leichte Übertreibung, denn im Frühling und Herbst ist das Klima temperiert und die Luft klar, trotz plötzlicher Wetterstürze und der vertrackten Aufforderung, man möge nicht vor dem 40. Mai den Mantel ablegen. Im mörderischen Hochsommer dagegen, wenn das Thermometer über 40 Grad klettert, und die unterirdische Metro zum Brutkasten wird, könnte der Wunsch, »von Madrid in den Himmel...« und die Stadt per Distanz zu sehen, weniger freundlich gemeint sein. Das ist die Zeit des großen Exodus. Die Regierung verlegt ihren Sitz nach San Sebastián. Wer immer kann, verläßt Madrid, um an der kantabrischen Küste, am Mittelmeer, im Schattenwald von Aranjuez oder in den Guadarramabergen den Sommer zu verbringen. Wer reich ist, besitzt eine traditionelle Zweitwohnung in Alicante oder San Sebastián, in Aranjuez oder San Lorenzo del Escorial. Zunehmend seit den sechziger Jahren hat auch die weniger reiche Bevölkerung teil am sommerlichen Auszug. Ihre Ziele liegen vorzugsweise an den zahlreichen Stauseen der Sierra de Guadarrama. Madrider Kaufhäuser und Sportgeschäfte, früher auf Angelgeräte und Jagdzubehör spezialisiert, führen neuerdings reiche Angebote an Ferien- und Campingartikeln. Nebenbei zeigt das wachsende Bedürfnis nach solchen Artikeln, verbunden mit dem motorisierten Ausflug, daß die Bevölkerung, wenn auch in Grenzen, mehr und mehr Anteil gewinnt an Lebensgewohnheiten, die vor noch nicht langer Zeit ausschließlich einer privilegierten Oberschicht zugehörten.

In Madrid muß man auf Widersprüchliches gefaßt sein. Unser Madrider Freund, mit dem wir uns an einem Septemberabend um zehn

Uhr zum Abendessen verabredet hatten, erklärte spontan: »In Madrid kann man nicht leben. Es sei denn, man verbringt drei Monate außerhalb der Stadt oder beginnt den Tag um sechs Uhr abends.« Ich fragte ihn, warum er in Madrid lebe. Er schaute mich mit gerunzelter Stirn von der Seite an. »Wo sollte ich sonst leben? Gibt es eine schönere Stadt?« Jeder echte Madrileño würde so antworten.

Aus der Vogelperspektive bietet Madrid den Anblick eines Konglomerats von Steinhäusern, nicht natürlich gewachsen, sondern unorganisch nach allen Seiten wuchernd. Wolkenkratzer in der Stadtmitte, Wohnhochhäuser in den Randgebieten setzen Akzente, ebenso die Grünanlagen des Retiroparks, der 140 Hektar umfaßt, und nahe dem Königspalast der Campo de Moro und die Gärten des Manzanarestals. Die Stadt, rings umgeben von der kargen, trockenen und rauhen kastilischen Hochebene, kann sich ausdehnen und wächst formlos in die Breite. An den Stadträndern, vor allem im Süden und Osten, bestimmen Baustellen, neue Wohnviertel mit Hochhäusern, umgeben von lehmigen Straßen, das Bild, aber auch noch die Chabolas, die Notunterkünfte der ärmeren Zuwanderer. Der ungewöhnlich starke anhaltende Bevölkerungszuwachs macht die Beschaffung von Wohnraum zum ständigen Problem. Zudem gibt es, wie in anderen europäischen Städten, Grundstücks- und Bauspekulanten, die aus der Wohnungsnot Kapital schlagen. Den Schaden tragen die Endabnehmer, die Mieter oder Käufer von Eigentumswohnungen, es sei denn, niemand zahlt die überhöhten Preise. Im Jahre 1970 standen in Madrid 70 000 Luxuswohnungen leer, während 200 000 Wohnungsuchende registriert waren.

Der »Plan de Ordenación Urbana del Gran-Madrid«, im Jahre 1952 entworfen, sollte das Stadtgebiet auflockern und durch Satellitenstädte an der Peripherie entlasten. In der Innenstadt mußten zahlreiche Adelspaläste und alte Häuser neuen Banken, Geschäfts- und Wohnblocks weichen. Madrid plant und denkt an die Zukunft. Wo modernisiert wird, ist man schnell bereit, das Vergangene als lästigen Ballast abzuwerfen. Städtebauliche Notwendigkeit, aber auch Mangel an städtischem Traditionsbewußtsein gehen Hand in Hand. Im 19. Jahrhundert wurden ganze Stadtviertel und mit ihnen 28 Renaissance- und Barockkirchen niedergerissen. Dem Straßendurchbruch der Gran Via (amtlich Avenida de José Antonio), seit 1918 zur lebhaftesten und elegantesten Straße Madrids geworden, fielen allein 14 Altstadtstraßen und 311 Häuser der Spitzhacke zum Opfer. Mit der prachtvollen

Madrid

Gran Via, an der 1928 das erste sechzehnstöckige Hochhaus, die Telefónica, errichtet wurde, gewann Madrid weltstädtisches Format. Doch alle diese Erneuerungen und Verbesserungen können nicht radikal ändern, was vierhundert Jahre lang versäumt wurde oder dem Zufall überlassen blieb.

Das Unorganische, Zufällige, Improvisierte der Stadt wird aus ihrer Geschichte begreiflich. Zur Zeit der Reconquista war Madrid ein Vorposten Toledos, ein Marktflecken mit bescheidenem Getreide-, Schweine- und Weinhandel. Er hatte den maurischen Namen Madschrît oder Magerit; daraus wurde Madrit. Nach der Rückeroberung im Jahre 1083 siedelten sich Nordspanier an, doch blieben auch die maurischen Einwohner. Der Weltreisende Hieronymus Münzer fand Madrit 1494 »so groß wie Biberach«, mit »zwei Maurenvierteln, wo zahlreiche Sarazenen« wohnen. Kaiser Karl V. baute den maurischen Alcázar aus. Doch erst Philipp II. verlegte im Jahre 1561 den Hof von Toledo nach Madrid. Wahrscheinlich wollte Philipp dem geplanten Bau des Escorial näher sein, der zwei Jahre später begonnen wurde. Was sonst sollte Philipp veranlaßt haben, die Bauernsiedlung auf der rauhen Meseta den ehrwürdigen Königsstädten von Toledo, Valladolid, Sevilla, Búrgos oder Barcelona vorzuziehen? Ärger mit den Stadtherren von Toledo oder den früheren Residenzen? Aber Madrid fehlten alle traditionellen, baulichen, verkehrsmäßigen, wirtschaftlichen Voraussetzungen zur Hauptstadt.

Philipp, als Bauherr vollauf mit dem Riesenbau des Escorial beschäftigt, hat wenig getan, seinen zufälligen Entschluß durch den Ausbau Madrids zu rechtfertigen. Madrid blieb Provisorium und wuchs planlos. Philipps habsburgische Nachfolger trugen wenig dazu bei, diesen Zustand zu ändern. Die Habsburger, die hundertvierzig Jahre in Madrid regierten, scheinen nicht das Bedürfnis gehabt zu haben, der Stadt ihre Prägung zu geben. Allerdings stammt aus ihrer Zeit, unter Philipp III. 1619 angelegt, die Plaza Mayor, noch heute einer der schönsten Plätze Madrids, wenn auch etwas still geworden. Der große rechteckige Platz ist von Arkaden und architektonisch einheitlichen noblen Häusern umschlossen. Der Weihnachtsmarkt oder die Semana Santa mit der Karfreitagsprozession oder festliche Konzert- und Theateraufführungen an den Sommerabenden bringen dem Platz seine traditionsreiche Funktion zurück, Mittelpunkt des Madrider Lebens zu sein. Hier fanden Märkte, höfische Turniere und Stierkämpfe statt. Hier tagte das Inquisitionstribunal, wurden Ketzer verbrannt und Heiligsprechungen gefeiert. An die 50 000 Zuschauer drängen sich zusammen, um Aufführungen von Lope de Vegas Theaterstücken zu sehen. Aus den Fenstern der doppeltürmigen Casa Panaderia blickte die königliche Familie.

Abgesehen von der Plaza Mayor stammen die meisten historischen Gebäude aus der Zeit der landfremden Bourbonenkönige, die seit 1700 in Madrid herrschten. Den Bourbonen verdankt Madrid seinen noch heute unverkennbaren französischen Einfluß, genauer gesagt, eine bauliche städtische Prägung, die sich auf das Muster Paris bezieht. Vor allem der »aufgeklärte Despot« Karl III. (1759–1788) hat für Madrid viel getan. Er ließ breite baumbestandene Prachtstraßen wie die Castellana anlegen. Er öffnete den Retiropark für die Bevölkerung und baute das Pradomuseum, den Triumphbogen der Puerta de Alcalá, den Cibelesbrunnen, der zum Hauptverkehrspunkt und zum liebsten Standbild der Madrider geworden ist. An den Pariser Louvre erinnert das Königliche Schloß (Palacio Real), das oberhalb des Manzanares an der Stelle des kastilischen Alcázars nach sechsundzwanzig Baujahren 1764 von Karl III. bezogen wurde. Ihre Vorbilder in Paris haben der Rastro, der sonntägliche »Flohmarkt« Madrids in der Ribera de Curtidores, wo alter Trödel und jeglicher Kitsch zum Kauf ausliegt, und die seit 1919 fahrende Untergrundbahn, die wie ihr Vorbild Metro heißt.

Stadtgeschichtlich und als markante Punkte im traditionsarmen Bild der Stadt sind die Bauten der Bourbonen bemerkenswert. Doch kann man sie nicht messen an den Kathedralen, Kirchen, Palästen und Alcázars anderer spanischer Städte, an ihrem architektonischen und stadtplanerischen Erfindungsreichtum. In dieser Hinsicht hat Madrid niemals das Zufällige seiner Spätgeburt eingeholt. Auch was im 19. und 20. Jahrhundert an Bauten errichtet wurde, bezeugt mehr modisches Repräsentationsbedürfnis als architektonisch schöpferische Phantasie. Der Zuckerbäckerstil des Hauptpostgebäudes, dem die Madrileños gern den Rücken zuwenden, um den Cibelesbrunnen zu betrachten, ist so nichtssagend wie der kalte Monumentalismus der Nuevos Ministerios, der Regierungsbauten an der Avenida del Generalísimo Franco.

Die an den Stadträndern entstandenen und entstehenden Wohnbezirke besetzen bis auf wenige Ausnahmen ziemlich planlos die lehmigen Freiflächen. Zeichen einer dringlichen, doch sehr hektischen Expansion der Stadt, ohne organische Angliederung, wobei vielfach die wohnbaulichen Notwendigkeiten übersehen werden. So entstehen schematisch angelegte acht- und zehnstöckige Wohnsilos. Wenigstens zwei größere Bezirke zeigen, daß es auch anders geht, großzügig geplant, klar konzipiert, zweckbezogen und in architektonisch musterhafter Geschlossenheit: die in den dreißiger Jahren entstandene Ciudad Universitaria im Nordwesten, die Universitätsstadt mit den Professoren- und Studentenhäusern, Fakultäten und Instituten; ferner die jüngst gebaute Ciudad de los Poetas, eine Wohnstadt für 20 000 Einwohner im nördlichen Bezirk Tetuan, nahe dem Park »Dehesa de la villa«. Eine Architektengruppe schuf hier einen Komplex, der in seiner Proportioniertheit, dem Zueinander von Straßen, Häusern, bepflanzten Grünflächen, Schulen, Einkaufszentren vorbildlich dem menschlichen Wohnen dient. Die Wohnungen, bei durchschnittlicher monatlicher Belastung um 250 Mark, sind wesentlich billiger als andere Madrider Eigentumswohnungen und für Bezieher mittlerer Einkommen erschwinglich.

Man hat Madrid eine unmusische Stadt genannt, in der die Banken die Kathedralen sind und wirtschaftliche Hektik den Tag bestimmt. Madrid ist eine zivile Stadt, der die naheliegenden Forderungen des Lebensalltags mehr bedeuten als ideelle oder auch ideologische Vorstellungen. Das ist bemerkenswert für die Hauptstadt eines Landes, dessen Traditionsbewußtsein stark ausgeprägt ist und dessen kirchlich-religiöse Grundhaltung oft genug militante Züge annahm. Der Unterschied zwischen Madrid und dem übrigen Land ist beträchtlich. Sicherlich trägt auch dies dazu bei, daß Madrid im Land wenig Sympathie findet. Im Grunde ist Madrid eine ungeliebte Hauptstadt, trotz der erwähnten Anziehungskraft und der wachsenden Zuwanderung.

Eine Umfrage unter den spanischen Arbeitern im Jahre 1970 ergab, daß von ihnen nur 7,6 Prozent regelmäßig zur Kirche gehen. In den Arbeitervorstädten von Madrid beteiligen sich nur noch 2 bis 4 Prozent der Männer am regelmäßigen Kirchgang. Die Kirchen Madrids wirken still und unscheinbar neben den repräsentativen Banken, etwa in der Alcalá, neben den riesigen, einladenden und vortrefflich organisierten Kaufhäusern, neben protzigen Kinos, Versicherungs- und Verwaltungsbauten. Es bleibt der Eindruck, daß Madrid wenig Wert auf den geistlich-kirchlichen Primat legt und diesen gern Toledo überläßt. Der Bau der zweitürmigen Kathedrale De Nuestra Señora de la Almudena, nebem dem Palacio Real, schleppte sich seit 1895 dahin und wurde erst in jüngster Zeit fertiggestellt, gewiß kein Gewinn.

Interessanter ist der Kuppelbau von San Francisco el Grande, nicht weit von der Almudena-Kathedrale, über die Calle de Bailén zu erreichen. Eine Seitenkapelle bewahrt eines der religiösen Spätwerke von Goya. Eine zweite Kirche, San Antonio de la Florida, ebenfalls nicht weit vom Palacio Real, jedoch unterhalb, am Manzanares gelegen, ist allein wegen Goya sehenswert. Goya malte die Fresken der Kirche und fand hier seine Grabstätte.

Wie Goyas verführerisch weltliche Engel in der Eremitage San Antonio ist Madrid weltlich, jung, gegenwartsbezogen. Alles Neue reizt. Unbelastet durch Tradition erweist sich die Metropole im 20. Jahrhundert als höchst lebendig und wandlungsfähig. Es ist nicht zu übersehen, daß Madrid in diesem Jahrhundert, gesteigert seit dem Ende des Bürgerkriegs, die größte Wandlung innerhalb seiner vierhundertjährigen Geschichte vollzogen hat. Der herkömmliche Vorwurf, »Magen Spaniens« zu sein, der nur konsumiert, nichts produziert, gilt nicht mehr. Aus der künstlich geschaffenen Residenzstadt, die jahrhundertelang aus eigener Kraft nicht lebensfähig war und folglich vom übrigen Spanien ernährt wurde, ist eine moderne Stadt geworden, deren wirtschaftliche Kapazität im Rang nach Barcelona kommt.

Um diese Leistung voll zu würdigen, muß man bedenken, daß Madrid keine Rohstoffbasis, kein produktionsförderndes Hinterland zur Verfügung steht. Andere spanische Industriezentren nutzen den vorhandenen Bodenreichtum oder nehmen als Küstenstädte die Vorteile der Schiffsverladung in Anspruch. Für Madrid waren die Transportwege über Land bis zum Anfang dieses Jahrhunderts katastrophal. In Madrid schien alles dem Wachsen einer aktiven Wirtschaft entgegenzustehen. Es gab lediglich die Königliche Teppich- und Porzellanmanufaktur, ein paar Tabakfabriken und Branntweinbrennereien. Aber die parasitäre Landeshauptstadt wuchs, und ihre Einwohner waren Beamte, Hofpersonal und Bedienstete, kleine Handwerker und Angestellte. Wer die heutige wirtschaftliche Hektik Madrids beklagt, darf nicht vergessen, daß die Stadt erst in diesem Jahrhundert, besonders in den vergangenen dreißig Jahren, wirtschaftlich gesundete und unabhängig wurde.

Heute ist etwa die Hälfte der Bevölkerung berufstätig. Davon sind 40 Prozent in der Industrie, 25 Prozent in der Verwaltung, 16 Prozent in Handel und Banken, 13 Prozent in privaten Diensten, 4 Prozent in der Landwirtschaft tätig. Begreiflicherweise steht die Bauindustrie an erster Stelle. In ihr arbeitet ein Drittel der industriell Berufstätigen. An zweiter Stelle folgen die in den Metallfabriken beschäftigten Arbeiter. Der große Anteil der Verwaltung hängt mit der durch das Franco-Regime systematisch betriebenen staatlichen und privatwirtschaftlichen Zentralisierung in Madrid zusammen. Das Erstaunliche ist das ungemein rasche Wachsen der Industrie, das der Stadt eine noch vor fünfzig Jahren ungeahnte wirtschaftliche Prosperität schenkte und sie zur zweiten Industriestadt des Landes machte. Die Industrieunternehmungen liegen vorzugsweise an der südlichen Peripherie der Stadt, etwas geringer an der östlichen und nördlichen. Es sind vor allem Metallfabriken und Produktionsstätten der Bauindustrie, Automobil-, Flugzeug- und Eisenbahnfabriken, Elektrizitätswerke und Telefonfabriken, dazu zahlreiche Betriebe der Konsumgüterindustrie.

Madrid arbeitet und korrigiert mit unverdrossenem Eifer Vorstellungen, die noch immer, selbst in den Büchern wohlmeinender Autoren, das Bild der Madrileños auf Trägheit oder Gleichgültigkeit fixieren. Fernando Diaz-Plaja zählt die Trägheit zu den »sieben Todsünden« seiner Landsleute und wird nicht müde, in seinem Buch »El Español y los Siete Pecados« literarische Quellen und Lebensgewohnheiten zu zitieren. Für Madrid mag das noch vor einem halben Jahrhundert gegolten haben. Doch kann ich mir nicht vorstellen, daß Madrids wirtschaftliche Prosperität der siebziger Jahre ohne den Arbeitseifer und Fleiß seiner Bürger zustande gekommen wäre. Eher würde ich in der nun wiederum von anderen gescholtenen wirtschaftlichen Betriebsamkeit und Hektik eine Art von vitalem Nachholbedürfnis sehen, auch eine Art von Selbstbestätigung. Madrid will nicht mehr der »Magen Spaniens« sein, sondern sich selbst und den anderen Regionen seine Kraft und Lebensfähigkeit beweisen. Kein Wunder, wenn die verhältnismäßig junge, also nicht durch Erfahrung gesteuerte Industrialisierung neue Probleme aufwirft, Probleme eines überhitzten Wirtschaftswachstums, der Verkehrsüberlastung, der Lärmbelästigung, der Umweltverschmutzung. Solche Probleme, denen andere »erfahrene« europäische Großstädte nicht weniger ausgesetzt sind, werden in diesen Jahren diskutiert und führten bereits zur Frage nach einer »desindustrialisación«, der Verlegung einzelner Unternehmen in die Provinz.

Unruhe, Betriebsamkeit, ungelöste wirtschafts- und sozialpolitische Fragen bestimmen das Lebensklima Madrids in den siebziger Jahren. Widersprüchliches macht sich auch in diesem Bereich bemerkbar. Einerseits weltstädtisches Treiben in den Hauptgeschäftsstraßen, Modernität, Eleganz, turbulenter Verkehr, der über sechs- und zehnspurige

Avenidas geschleust wird. Hundertfünfzig Fahrschulen trainieren die Verkehrsneulinge, bevor sie dem Verkehr und dem Schutz des Autofahrerpatrons San Cristóbal überlassen werden, wobei nur der schwache Trost bleibt, daß in Madrid temperamentvoll, aber weniger aggressiv als in Barcelona oder Bilbao gefahren wird. Doch täglich werden bis zu 250 Kraftwagen neu zugelassen. Und täglich wiederholt sich das Verkehrschaos.

Andererseits begegnen wir liebenswerten Residuen eines individuellen, unbekümmerten und überschaubaren Lebensalltags. Wer in einer Pension oder privat wohnt, findet abends nach zehn Uhr die Haustüre verschlossen. Man klatscht laut in die Hände, und alsbald kommt der Sereno herbei, der Nachtwächter, nicht mehr mit Hellebarde, doch mit Stock und riesigem Schlüsselbund bewaffnet. Er hat für jede Türe seines Reviers den passenden Schlüssel und erhält selbstverständlich nach kurzem nächtlichen Schwatz einen Obolus. Als ich einmal in einem kleinen, freundlichen Hotel an der Plaza de las Descalzas Reales, nicht weit von der Puerta del Sol, wohnte und vorzeitig das Zimmer aufsuchte, was man in Madrid eigentlich nicht tut, wurde ich nach Mitternacht durch ein Ständchen geweckt. Unter meinem Fenster stand eine Studentengruppe, eine Tuna, erkenntlich an den schwarzen Capas und vielfarbigen Bändern, die von den Schultern bis zum Boden reichen. Der von Gitarren begleitete vergnügte Gesang galt einem Gastprofessor, der im Hause wohnte und auf traditionelle Weise sein Geburtstagsständchen erhielt. Anlaß für den Gesang der Tunas ist immer gegeben. Und wenn ein Anlaß fehlt, musizieren und singen sie in den Tavernen der Calle de los Cuchilleros hinter der Plaza Mayor.

Die Zeiteinteilung, die spanische Horario, auch das mangelnde Zeitgefühl scheint nun völlig nach mitteleuropäischem Begriff dem Arbeitseifer zu widersprechen. Verabredungen in Madrid sind Glückssache. Termine dehnen sich, aller Ungeduld zum Spott, in die Länge. Mit entwaffnender Großzügigkeit entzieht sich der Madrider dem Diktat der Uhr. In der Tageszeitung ABC konnte man am 30. September 1965 eine in dieser Hinsicht aufschlußreiche Notiz lesen. Neben der Bekanntgabe einiger Kabinettsbeschlüsse kommentierte der Informationsminister eine neue Dienstordnung für Beamte wie folgt:

»Als Dienstzeit wurden die Stunden von neun bis zwei und von fünf bis halb acht Uhr festgelegt. Bekanntlich tritt das Gesetz über die Neuregelung der Beamtenbesoldung am 1. Oktober in Kraft, und es dürfte wohl selbstverständlich sein, daß jeder Beamte, genauso wie er die ihm zugesprochenen Bezüge in Empfang nimmt, die festgelegte Dienstzeit respektiert.«

Offenbar ist keineswegs selbstverständlich, was mit dem Wink auf die Besoldung von den Beamten gefordert wird, die Einhaltung einer festgelegten Dienstzeit. Aus eigener Erfahrung kann ich das Entgegenkommen und die Hilfsbereitschaft der Madrider Behörden loben. Nur scheint es ein Glücksfall zu sein, den richtigen Mann zur richtigen Stunde anzutreffen. Andernfalls kann man, wenn nicht gerade persönliche Empfehlung weiterhilft, in einen merkwürdig bürokratisierten Apparat geraten. Dennoch, die oft zitierte Meinung, wer einmal seine Oposición, die Wettbewerbsprüfung, bestanden habe und auf dem Beamtenstuhl sitze, der sei nur noch auf Beschaulichkeit aus und schüttele jede dienstliche Belästigung ab — diese Meinung trifft in der Regel nicht mehr zu. Sie gehört wie manches andere Vorurteil der Vergangenheit an.

Gegen den Vorwurf der Trägheit spricht die sogenannte Doppelbeschäftigung, die in Madrid stärker als in anderen Städten Spaniens den Lebensalltag bestimmt. Der lockere Zeitplan, zumal für Beamte, Lehrer, Professoren, Angestellte, kommt dieser Praxis zugute. Begreiflicherweise fehlen zuverlässige statistische Angaben. Die erst in neuerer Zeit aufgekommene und weitverbreitete Sitte, zwei oder gelegentlich drei Berufen nachzugehen, kann auf Dauer weder individuell noch volkswirtschaftlich befriedigen. Doch werden auf diesem Wege die dürftigen Verdienstspannen kompensiert.

Was den für ausländische Gäste etwas sonderbaren Tagesrhythmus anbetrifft, so hilft nur eines, hay que adaptarse, man muß sich anpassen. Der Tag beginnt mit einem leichten Frühstück. Meist nimmt man stehend einen Cafécito und ein paar fingerdicke, längliche Churros, einfaches, in siedendem Öl Gebackenes, das billig ist und gut schmeckt. Da erst gegen halb drei Mittagessen serviert wird, pflegen die Madrider um die Mittagstunde ein paar Tapas zu nehmen. Um diese Zeit treffen sich vor und in den Cafeterías der Calle Serrano, zwischen den Querstraßen Ortega y Gasset und Goya, die jungen Leute und Studenten, die man etwas spöttisch Niños de Serrano nennt. Die Geschäfte öffnen zwischen neun und zehn Uhr und schließen gegen halb zwei zur gut dreistündigen Siesta. Alle Museen außer des Prado sind während der Siesta geschlossen. Der Fremde tut gut daran, der Landessitte zu folgen und die Siesta einzuhalten. Der Madrider Tag ist lang.

Übrigens trafen wir frühmorgens in der Metro oder in irgendeiner

Cafébar der Innenstadt die ungesprächigsten, ungeselligsten Madrider. Der Tag läuft langsam an und hat in den späten Vormittagsstunden seinen ersten Höhepunkt erreicht. Doch die eigentlichen Lebensaktivitäten werden nach der Siesta, spätnachmittags zwischen fünf und sechs geweckt und bleiben bis in die späte Nacht oder richtiger den frühen Morgen gegen ein, zwei Uhr ungemein munter. In dieser Zeit wird Madrid zu einer der gesprächigsten, geselligsten, lebhaftesten und heitersten Städte der Welt.

Nach der Siesta laufen Straßenverkehr und Geschäftsleben auf vollen Touren. Das Volk drängt sich durch die großen Warenhäuser, die Galerias Preciados und den Corte Inglés wie durch die billigen Einkaufszentren der Calle de Atocha. Die Schuhgeschäfte bei der Puerta del Sol finden ihre Kunden wie die Modegeschäfte und Boutiquen der Serrano. Die Madrileños, vor allem die jungen Frauen, sind modebewußt, elegant und bewegen sich mit einer Haltung, die vor den teuersten Juwelierläden der Gran Via keine Spur von Minderwertigkeitsgefühlen aufkommen läßt. Die älteren Herren treffen sich in ihren Cafés zur Tertulia, zur gewohnten Stammtischrunde. Doch die berühmten Tertulias der Literaten sind stiller geworden oder entziehen sich der Öffentlichkeit. Selbst im »Gijón« in der Calvo Sotelo, dem Treffpunkt der Literaten, Journalisten, Regisseure und Maler, fanden wir ein sehr gemischtes Publikum.

Gegen zwanzig Uhr scheint ganz Madrid auf den Beinen zu sein. Die trockene Luft, vor allem an Sommerabenden, animiert, reizt zum Gespräch, zur Geselligkeit, verführt zum nächtlichen Ausschwärmen und zu permanenter Schlaflosigkeit. Die Puerta del Sol, unter der sich die Metrolinien kreuzen, wird zum allgemeinen Treffpunkt. Der Platz mit den zwei Brunnen hat seinen Namen vom früheren Osttor, dem Sonnentor, das 1570 abgebrochen wurde. Von hier aus werden die Kilometer der Nationalstraßen gezählt. Hier kämpften Madrider Bürger am 2. Mai 1808 verzweifelt gegen die Napoleonische Fremdherrschaft. Hier steht das Haus der Seguridad, der Sicherheitsbehörde, mit dem berüchtigten Polizeigefängnis, umgeben von Geschäften und Cafés, in denen die Tagespolitik oder der letzte Stierkampf beredet und Verträge ausgehandelt werden. Wenn das Volk am Abend auf der Puerta del Sol zusammenströmt, weicht die gute und ungute Geschichte der ungebrochenen Lebenslust der Madrileños.

In den Seitengassen hinter der Seguridad liegen zahlreiche Tascas, kleine, meist schlauchartige Stehbars mit riesiger Theke. Man zieht von einer Tasca zur anderen, nimmt stehend ein paar Happen, vorzugsweise Meeresgetier, Krabben, Muscheln, Tintenfischstückchen, aber auch Oliven, pfefferrote Wurst, Tortillas, Fleischspießchen, alles in winzigen Portionen, wozu ein Gläschen Rotwein, ein Chato, getrunken wird. Am Abend sind die Tascas stets überfüllt, rauchig, laut, doch nie ungemütlich. Ich wunderte mich oft, wie flink in diesen kleinen Hexenkesseln die erregt redenden und gestikulierenden Menschen bedient werden. Das Wichtigste ist das Dabeisein und Mitschwatzen. Wer mithalten will, muß sich an Öl und Knoblauch gewöhnen, auch daran, daß die Abfälle einfach auf den Boden vor der Theke geworfen werden. Kein Grund, über mangelnde Reinlichkeit zu klagen. Die Tascas werden nach dem Verzehr ebenso blitzschnell gesäubert wie die Straßen Madrids allnächtlich durch Spritzwagen und Kehrkolonnen gereinigt werden.

Wer seinen Hunger noch nicht beim Tasca-Bummel gestillt hat, kann gegen zehn Uhr zum Abendessen eines der vielen Eßlokale aufsuchen. Die Auswahl ist groß und nur eine Frage des Geldbeutels. Man kann sogar in der Calle Jovellanos (bei der Plaza de los Cortes) biedere deutsche Hausmannskost essen. Doch empfehlenswerter ist der Weg in anderer Richtung, zur Plaza Mayor und den umliegenden altmadrider Gassen, zumal zur Calle de los Cuchilleros. Hier findet man Dutzende einladender Tavernen, nicht nur das vielgepriesene und vielbesuchte Kellergewölbe des »Botín«, wo als Spezialität knusprige Spanferkel aufgetischt werden. Auch das familiäre Abendessen findet um zehn Uhr abends statt. Der Tag ist damit nicht zu Ende. Die Hauptvorstellungen der Kinos und Theater beginnen um elf Uhr. Um diese Zeit füllen sich die Flamenco-Lokale, das »Corral de la Morería« (wo auch Abendessen serviert wird) oder andere Tablaos flamencos wie »La Zambra«, »Las Brujas«, »Los Canasteros« oder »El Duende«. Was man sieht, ist meist auf Show angelegt, teure Touristenattraktion, und läßt nicht selten die ursprüngliche Spontaneität des Flamenco vermissen. Doch allem Puritanismus zum Trotz bleibt der Flamenco faszinierend, eine hochstilisierte und mitreißende Kunst im Zusammenspiel von Tanz, Gesang und Gitarre.

Auf der Straße, in den Stehbars und Tavernen, reißt das lebhafte Treiben und Reden nicht ab. Der Madrider sucht den geselligen Umgang, will Anteil haben, will in seiner Art bestätigt sein, will sehen und gesehen werden. Das ist ein menschliches, heiter stimmendes und billiges Vergnügen, denn es wird erstaunlich mäßig gegessen und getrunken.

Ein oder zwei Chatos Rotwein, ein paar Tapas genügen für den Abend. An Geiz zu denken, wäre das letzte. In jeder Tasca kann man erleben, wie großzügig Rechnungen von zufälligen Nachbarn mitbeglichen werden. Einladungen in der Runde oder auch sonst, wenn man mit Freunden in Madrid zusammenkommt, sind üblich.
Das mäßige Trinken hält den Kopf frei, läßt das Reden und Sich-Mitteilen nie dumpf werden oder ausarten. Betrunkene sind mir in Madrid nie begegnet. Man trinkt auch nicht, um Ärger loszuwerden oder der Wirklichkeit zu entfliehen, sondern um die Wirklichkeit auf angenehme Weise zu bestätigen, als gesellige, kommunikative Wirklichkeit. Es ließe sich nicht mit dem Selbstbewußtsein der Madrileños (und der Spanier) vereinbaren, dieses vor sich selbst und den anderen Bestätigen durch einen unkontrollierten Zustand gestört zu sehen. Madrid bleibt sich selbst treu, auch in der Nacht, eine nüchterne, tolerante, gesellige, lebensfroh und unverdrossen gegenwärtige Stadt.

Museen und Prado

Es spricht für Madrid, für die kommunale, wirtschaftliche, auch politische Zukunft der Stadt, daß sie überaus lebendig, jung, wandlungsfähig ist. Das läßt den Mangel an Tradition und die kargen architektonischen Reize schnell vergessen. Die Madrileños nehmen das aktuelle Leben wichtiger als die ästhetische Perfektion der Kunst. Darum gelingen spontane und improvisierte Aktionen vortrefflich und finden begeisterte Anteilnahme. Man muß erlebt haben, wie auf irgendeinem Platz junge Burschen einen Stierkampf improvisieren, wobei einer mit der Muleta den Torero, ein anderer mit einer Hornkufe den Stier imitiert. Straßen, Plätze und Tavernen werden zur Szene. Aber das »Schauspiel« erstarrt nie zum Selbstzweck, sondern bleibt unmittelbares Leben und dem aktuellen Anlaß verbunden. Aus geselliger Freude wird in Tavernen musiziert, gesungen und getanzt. Auch der echte Flamenco will zunächst nicht herausgelöste Kunst, nicht Show sein, sondern spontane Lebensäußerung im Zusammenwirken von Agierenden und Zuschauenden.
Die Stadt, die primär das kommunikative und betriebsame Leben liebt, wird denjenigen, der die Begegnung mit Kunstwerken sucht, keineswegs enttäuschen. Der unvergleichliche Prado und die Museen bewah-

ren Kunstschätze, deren Fülle und Rang der Weltstadt Madrid wahrhaft würdig sind. Doch nach allem bisher Gesagten wird verständlich, daß die Madrider keine eifrigen Museumgänger sind. Allein der Prado lockt stetig Einheimische und mehr noch fremde Besucher in seine Säle.

Madrid soll an die sechzig Museen haben. Ich fand keinen Einheimischen, der alle nennen oder auch nur die Hälfte andeutungsweise beschreiben konnte. In den Madrider »Datos informativos« sind dreißig Museen verzeichnet. Schon diese Zahl, die Vielfalt des Angebotenen ist erstaunlich und könnte einen Museumsfreund über Wochen beschäftigen. Vielleicht kompensiert die Stadt ihre Traditionsarmut, indem sie speichert, was immer nach Tradition schmeckt oder geschichtlich als relevant erscheint. Sehen kann man in den Museen und zusätzlich in über hundert Bibliotheken nahezu alles Sammlungswürdige. Auch außerhalb des Prado gibt es Gemäldegalerien, die dank ihrer Exponate Weltrang beanspruchen dürfen. Daneben erweisen sich zahlreiche Museen als Fundgruben für Spezialisten. Einzelmuseen dokumentieren Archäologisches oder die hispanoamerikanischen Kulturen, bestimmte Kunstepochen oder einen einzigen Künstler. Andere Museen sind für Geschichte, Völkerkunde, Naturwissenschaften zuständig oder für Kunstreproduktionen und die dekorative Kunst. Man hat die Wahl zwischen Museen für Kriegskunst, Eisenbahnen, Karossen, Stierkampf, Theater oder Münzen.

Wenigstens vier Museen, sehenswert auch wegen ihrer Räumlichkeiten, da sie einen jeweils bestimmten Madrider Lebensstil repräsentieren, seien namentlich genannt. Die Academia de Bellas Artes de San Fernando (Calle Alcalá 13) in einem von Churriguera Anfang des 18. Jahrhunderts erbauten, 1774 umgebauten Palast zeigt Malerei aus verschiedenen Epochen, darunter einige der besten Gemälde Goyas und Zurbaráns. Das erst 1951 eröffnete Museum Lázaro Galdiano (Calle Serrano 122) im eleganten dreißigräumigen Wohnpalast des Stifters zeigt neben Gemälden eine reiche Sammlung von Skulpturen, Möbeln, Waffen, Uhren, Keramiken, Emaille- und Goldschmiedearbeiten. Das Kloster der Descalzas Reales, der Königlichen Unbeschuhten Karmeliterinnen, am gleichnamigen Platz bewahrt hinter schlichten Mauern wahrhaft königliche Kunstschätze. Sehenswert vor allem wegen der klösterlichen Atmosphäre des Hauses aus dem 16. Jahrhundert, das königliche Büßerinnen beherbergte und noch heute von Nonnen bewohnt wird. In der Casa Lope de Vega (Calle

Cervantes 11) lebte der fruchtbarste spanische Dichter aller Zeiten, von dessen rund 1500 Comedias nur noch etwa 500 erhalten sind. Maßlos wie sein Schreibvermögen waren seine Liebesabenteuer. Doch ließ sich Lope 1614 zweiundfünfzigjährig zum Priester weihen und las jeden Morgen im nahen Trinitarierinnen-Kloster die Messe. Lopes Haus zeigt den Wohnstil des frühen 17. Jahrhunderts.

Auch der von den Bourbonenkönigen im 18. Jahrhundert erbaute Palacio Real dient inzwischen als Museum. Offiziell wird der schön und repräsentativ oberhalb des Manzanares gelegene Königspalast nur noch benutzt, wenn der Staatschef die Beglaubigungsschreiben ausländischer Botschafter entgegennimmt oder zum festlichen Empfang ausländischer Staatsoberhäupter. Sehenswert ist die Armería, die königliche Waffenkammer, eine unübertroffene Sammlung von mittelalterlichen Ritterrüstungen und bewaffneten Rittern zu Pferde, darunter das getreue Abbild des gerüsteten Kaisers Karl V.

Am gleichen Platz stand die alte Königsburg, zur Zeit der Habsburger Mittelpunkt des Dorfes Madrid, während nur das Gelände nach Westen, das Manzanarestal, offen war. An der Ostseite, außerhalb der Stadttore, lag der Prado, der Dorfanger, wie sein Name besagt. Erst die baufreudigen Bourbonen erweiterten Madrid. Karl III. ließ 1785 auf dem Prado einen Palast für ein naturhistorisches Museum errichten. In diesem erweiterten Palast begründete Karls Enkel Ferdinand VII. 1819 das Kunstmuseum, das Real Museo de Pintura del Prado, das heute als Nationalmuseum etwa 3000 Gemälde versammelt und zu den reichsten Museen der Welt zählt. Das Museo del Prado gehört zu den seltenen internationalen Sammlungen, die ausschließlich durch Kauf, Kunsttausch oder Vererbung erworben wurden. Nicht ein einziges Stück kam durch Krieg, Eroberung oder Raub in den Besitz des Prado. Den Grundstock bildeten die Sammlungen der Habsburger Karl V. und Philipp II., zunächst 311 Gemälde, die Ferdinand VII. aus den königlichen Residenzen zusammentragen ließ und im Prado-Palast öffentlich zugänglich machte.

Als Sammler zeigten die Habsburger wie die Bourbonen wenig Sinn für alte Stücke, für kunsthistorische Tradition oder kunstpädagogische Vollständigkeit. Ihr Interesse galt dem Zeitgenössischen, dem Aktuellen oder auch Modischen. Schon hier und in diesem Bereich ist die für Madrid charakteristische Gegenwartsbezogenheit stärker als das Traditionsbewußtsein. Daraus folgt, daß die zeitlich vor den Habsburgern liegenden frühspanischen Kunstepochen im Prado dürftig vertreten

sind. Etwa die romanische und frühgotische Kunst darf man im Prado nicht suchen, sondern in Barcelona. Doch zeigt der Prado die schönste Skulptur der frühen iberischen Kunst, die Büste der Dama de Elche aus dem 5. vorchristlichen Jahrhundert.
Der überwältigende Reichtum des Prado kann hier nur angedeutet und durch die Namen jener Maler vorgestellt werden, deren Sammlungen kein anderes Museum übertrifft: Hieronymus Bosch, El Greco, Tizian, Peter Paul Rubens, Velázquez und Goya. Zwischen den Malergenies und der spanischen Königsgeschichte besteht eine eigentümliche Verbindung. Karls V. Vorliebe für Tizian verdankt der Prado die bekannten Bildnisse des Kaisers und die einzigartigen Spätwerke. Karls Sohn Philipp II. ergänzte die Tizian-Sammlung auf nahezu vierzig Gemälde, war aber noch mehr den entfesselten dämonisch-mystischen Phantasien des Hieronymus Bosch, spanisch El Bosco genannt, zugetan. Philipp umgab sich mit Bildern von Bosch, ließ neben dem Weltbild des verhexten »Gartens der Lüste« sechsunddreißig Meisterwerke des Flamen ankaufen. Der Prado beherbergt diese wichtigste Bosch-Sammlung der Welt. Von El Greco, dem Griechen, der in Toledo lebte und starb, war Philipp II. weniger beeindruckt. Doch sind allein drei Säle des Prado den Werken El Grecos vorbehalten. Philipp IV., der kunstbesessene, doch mehr die derben Weltfreuden genießende Enkel des zweiten Philipp, fand an der barocken Sinnlichkeit des Flamen Rubens Gefallen. Rubens lebte zeitweise am Madrider Hof und soll während seines Aufenthalts über hundert Bilder gemalt haben. Gut siebzig seiner Gemälde bewahrt der Prado.
Seinen größten Ruhm verdankt der Prado zwei Malern, deren Werke als bedeutendster Beitrag Spaniens zur Malkunst der Welt spanisches Lebensgefühl unmittelbar bezeugen: Velázquez und Goya. Beide waren Hofmaler. Beide charakterisieren ihr Land, die Menschen, den Hof, die Königsfamilien auf eine Weise, die bis in die Nuance enthüllt und zum Verständnis führt.
Der gebürtige Sevillaner Velázquez, mit vollem Namen Don Diego Rodríguez de Silva y Velázquez, war dreiundzwanzig Jahre alt, als ihn Philipp IV. nach Madrid holte. Er fand Anerkennung als hervorragender Porträtist der königlichen Familie und Hofmaler, wurde Ritter und Schloßmarschall. Außer einigen Reisen nach Italien, zu Studien und Bildeinkäufen für den König, lebte Velázquez bis zu seinem Tode im Jahre 1660 am Hof. Aus Velázquez' Porträts, Gruppen- und Historienbildern spricht ein Realismus, der das Gesehene mit ruhiger, un-

verstellter Gelassenheit zum Bild macht. Velázquez' Überlegenheit kann sich in Farbe und Komposition die größten Freiheiten erlauben. Doch sind seine Bilder nie laut, heftig oder verzerrt. Vielleicht liegt seine Größe darin, daß er Wahrheit aufdeckt und zugleich ein untrügliches Gefühl für Distanz vor dem nie ganz faßbaren Menschenwesen bewahrt. Wenn Velázquez die Mitglieder der königlichen Familie porträtierte oder in seinem berühmten Spätwerk Las Meninas die Hofdamen mit der Infantin Margherita, so läßt er sich nie zu einer devoten Gestik verleiten, doch zur Verhaltenheit aus menschlichem Respekt. Dieses Menschliche findet seinen besten Ausdruck in der völlig unheroisch gesehenen »Übergabe von Breda« (Las Lanzas), wo Velázquez das kriegerische Ereignis ganz im großmütigen, menschlichen Austausch zwischen Sieger und Besiegtem auflöst.

Der rund hundertfünfzig Jahre nach Velázquez lebende Goya, richtig genannt Francisco José de Goya y Lucientes, ist von anderer Natur, unausgeglichen, zum Jähzorn neigend, schwerblütig und robust, in seiner Kunst ein gnadenloser Realist und Ankläger. In Fuendetodos bei Zaragoza 1746 geboren, ging er als junger Mann nach Madrid, kam aber erst in seinen vierziger Jahren, schon von zunehmender Taubheit geplagt, als Hofmaler zu Ehren. Goyas frühe Bilder und Teppichentwürfe zeigen rokokohaft heitere Szenerien, ländlich, volkstümlich. Er selbst bemühte sich, als Weltmann zu gelten, gepudert und mit Degen, ein Günstling des dubiosen Emporkömmlings Godoy, dessen Liaison mit der so häßlichen wie lasterhaften Königin Maria Luisa zum Gespött wurde.

Zwiespältig war Goyas Verhalten am korrupten Hof König Karls IV., zwiespältig seine Parteinahme für die Franzosen, die dann den Madrider Volksaufstand im Mai 1808 blutig niederschlugen. Aber er geißelte schon in den satirisch bitteren Caprichos die Dummheit, Arroganz, Bosheit einer dekadenten Gesellschaft. Er porträtierte mit vernichtender Ehrlichkeit die königliche Familie, La Familia de Carlos IV. Er malte und zeichnete leidenschaftliche Anklagen gegen den menschenunwürdigen Krieg, im Erschießungsbild Los Fusilamientos, in den Desastres de la Guerra, den »Schreckensbildern des Krieges«. Losgelöst von allen höfischen Bindungen, als tauber, von Visionen gequälter Mann, bemalte Goya die Wände seines Hauses im Manzanaresenal mit den dämonischen »Schwarzen Gemälden«, den Pinturas negras. Doch ein Jahr vor seinem Tode entstand im »Milchmädchen von Bordeaux« ein Bild der Jugend und Lieblichkeit. Goya starb 1828 im Exil in Bordeaux. Im Prado zeigen 115 seiner Gemälde und über 400 Zeichnungen die Stationen seiner zwischen menschlichen Abgründen und purer Lebensfreude gespannten Kunst. In dieser Gespanntheit repräsentiert Goya wie kein anderer Künstler die spanische Realität.

Wer regiert Spanien?

Eine einfache Frage, so scheint es, einfach und leicht zu beantworten. Der Caudillo Franco vereinigt in seiner Person die höchsten Staatsämter. Diese seit mehr als drei Jahrzehnten andauernde beispiellose Machtkonzentration gilt auf Lebenszeit. Die Delegierung der Regierungsgeschäfte im Juni 1973 und Ernennung Carrero Blancos zum Regierungschef bedeutet keine Schmälerung der auf Francos Person zugeschnittenen Macht. Franco blieb Staatschef und Oberbefehlshaber der Armee, höchste Instanz des spanischen Staates. Als »höchstes Organ der Partizipation des spanischen Volkes« werden die Cortes bezeichnet, das sogenannte Ständeparlament, gestützt auf die Ley de Cortes (1942) und die Ley orgánica (1967). Außerhalb des offiziellen Machtapparates werden üblicherweise als politisch einflußreiche Stützen des Regimes vier gesellschaftliche Gruppen genannt: Movimiento, Kapital- und Wirtschaftselite, Militär und Kirche.
Betrachtet man offizielle Institutionen und einflußreiche Gruppen etwas genauer, so stellen sich die Machtstrukturen differenzierter dar als dies dem ersten Blick oder der üblichen Vorstellung einsichtig zu sein scheint. Regierung, Cortes und Stützen des Regimes bilden weder zusammengenommen noch jeweils für sich politisch homogene Gruppen. Ihre Ausgangsposition wie ihre praktischen Interessen sind höchst verschieden, oft gegensätzlich, auch wenn die verästelten, manchmal doppelfunktionalen Personalverhältnisse mitunter Gemeinsamkeit zu garantieren scheinen. Vor allem ist der bis zum Überdruß klischierte Vorwurf, Spanien sei ein faschistischer oder klerikal-faschistischer Staat für die heutigen Verhältnisse unzutreffend. Die Einheitsbewegung oder den Staat tragende Ideologismen spielen eine weitaus geringere Rolle als zum Beispiel die kommunistische Einheitspartei in den sozialistischen Ländern Osteuropas. Es ist gewiß nicht auszuschließen, daß von Zeit zu Zeit der Ruf nach einer »militärisch-neofalangistischen Ordnungsdiktatur« laut wird, so in den Jahren 1971/

72, nach dem Burgosprozeß. Doch kann nicht übersehen werden, daß auch innerhalb des spanischen Herrschaftsapparates und damit legitimiert durch den Caudillo andere, liberalere Kräfte wirksam sind. Zutreffender wäre die Charakterisierung des spanischen Staatssystems als konservativ-autoritäre Verwaltungsdiktatur. Gerade weil der verbindliche ideologische Rückhalt fehlt, wachsen der Verwaltung, den Sicherheitsorganen, der Justiz ihre vorrangigen Machtpositionen zu.

Franco erklärte Anfang 1963 einem amerikanischen Journalisten: »Meine Macht ist viel bescheidener und viel begrenzter als ... in den meisten heutigen Präsidialregierungen. Bei allen Entscheidungen, die ich als Staatsoberhaupt treffe, werde ich von meinem achtzehnköpfigen Ministerrat unterstützt, dessen Einverständnis für die Billigung einer Entscheidung unentbehrlich ist.« So wird auch in der Ley orgánica die kollektive Verantwortlichkeit der Minister bei Kabinettsbeschlüssen hervorgehoben. Allerdings war es zumindest bis 1969 ausgeschlossen, daß jemals ein Minister mit Erfolg oder entsprechender Konsequenz einer Entscheidung des Caudillo widersprochen hätte. Hierzu ein bemerkenswertes Beispiel: Als der Altfalangist und Movimiento-Minister Arrese im Jahre 1956 gegen den Willen Francos die Institutionalisierung der Einheitsbewegung, zumal im Hinblick auf die Zeit nach Francos Tod, durchsetzen wollte, drohte er mit seinem Rücktritt. Franco billigte weder die Machtstärkung der Falange noch die Demissionierung seines Ministers. Arrese erhielt das politisch unbedeutende Wohnungsministerium und wurde einige Jahre später abgelöst.

Größere Umbildungen der Regierung erfolgten in den Jahren 1939, 1945, 1951, 1957, 1962, 1965, 1969, 1973. Auffallend sind die wechselnden und kürzeren Intervalle seit 1957, nämlich fünf, drei und vier Jahre, was auf größere Elastizität oder auf eine gewisse Unruhe innerhalb des Ministerrats schließen läßt. 1957 holte Franco in sein Kabinett die ersten Mitglieder der katholischen Vereinigung OPUS DEI, die im weiteren Sinne als Technokraten zu bezeichnen sind und einen Gegenpol zu den falangistischen Ministern bilden. Bereits 1962 besetzten Mitglieder des OPUS DEI die vier wichtigsten Ressorts Finanzen, Handel, Industrie und Erziehung. Der wirtschaftliche Aufschwung Spaniens in den sechziger Jahren ist vor allem den Technokraten zu danken. Sie vertreten durchaus konservative Ordnungsvorstellungen, streben jedoch in diesem Rahmen liberalere Verhältnisse an und verstanden es, eine moderne, rationelle Wirtschaftsplanung in Gang zu

setzen. Mit ihren Erfolgen wuchs ihr Einfluß, während die Machtposition der Falangisten schrittweise zurückgedrängt wurde.
Bei der einschneidenden Kabinettsreform des Jahres 1969 wurden von achtzehn Ministern lediglich fünf des alten Kabinetts übernommen. Bei der Regierungsumbildung im Juni 1973 übernahm der neue Regierungschef Carrero Blanco acht und ernannte zehn neue Minister. So gehören dem derzeitigen Kabinett an: fünf Falangisten, ein OPUS-DEI-Mitglied und vier Opus-Sympathisanten, vier Technokraten, vier Militärs. Doch diese Gruppen sind keineswegs festgefügt und homogen. Der als Falangist bezeichnete Landwirtschaftsminister Tomás Allende steht der liberaleren Technokratengruppe näher. Überhaupt gilt seit 1969 als Novum, daß Gegensätze innerhalb des Kabinetts nach außen dringen wie umgekehrt von außen agitativ auf die Zusammensetzung des Kabinetts reagiert wird. Falangisten demonstrierten öffentlich gegen die Entmachtung der Falange und den Machtzuwachs des OPUS DEI. Anläßlich des Ausnahmezustandes im Jahre 1969 und der Búrgoskrise Ende 1970 wurden die Gegensätze im Ministerrat der Öffentlichkeit bekannt. Im April 1970 trat der Minister für öffentliche Bauten, Silva Muñoz, unter Protest zurück. Der konservative Katholik Muñoz gehört heute zur Opposition wie der ehemalige christdemokratische Außenminister Martín Artajo, wie der ehemalige Informationsminister Fraga Iribarne, der als Falangist begann und sich zu einem der fähigsten und einflußreichsten Technokraten entwickelte, der auf ein liberaleres Pressegesetz drängte und den Tourismus zum wichtigsten Wirtschaftszweig des Landes machte. Obwohl Technokrat, hatte sich Fraga Iribarne, als er den MATESA-Skandal, in den OPUS-DEI-Minister verwickelt waren, herausstellte, unter den Ministerkollegen des OPUS DEI Feinde gemacht und geriet in die Isolierung. Seine Ablösung 1969 erregte großes Aufsehen.
Als langjähriger Vizepräsident und vertrauter Freund Francos seit mehr als dreißig Jahren galt Admiral Carrero Blanco stets als stärkster Mann des Kabinetts. Der 1903 geborene ultrakonservative Admiral vertritt einen harten antiliberalen und autoritären Kurs. Der einundachtzigjährige Caudillo, auf die Kontinuität des franquistischen Systems bedacht, ernannte am 9. Juni 1973 Carrero Blanco zum Regierungschef und damit gleichzeitig zum Chef des Movimiento. Zunächst liegt es nahe, die Ernennung des auf den Franquismus eingeschworenen Admirals als Absage an die liberalen Kräfte innerhalb des Herrschaftsapparates zu werten. Allerdings gilt Carrero Blanco

auch als Förderer des neuen Außenministers López Rodó, ein Mann des OPUS DEI, der die Liberalisierungspolitik der Technokraten vertritt und zu den besten Politikern des Landes zählt. Als Entwicklungsminister (bis Juni 1973) hatte López Rodó wesentlichen Anteil am wirtschaftlichen Aufbau Spaniens. In entscheidenden Fragen (Liberalisierungstendenz, Zulassung von politischen Assoziationen, um ein Minimum an Demokratie herzustellen, Anschluß an Europa und die EG) steht López Rodó einigen oppositionellen Konservativen näher als manchem seiner Ministerkollegen.

Soviel läßt sich sagen: Seit 1969, zunehmend durch die derzeitige Übergangssituation, läßt sich die Regierung nicht mehr als homogener Block fixieren. Sie ist offen für die inneren Differenzen Spaniens, für Konflikte und Gruppenspannungen, die zwischen autoritärer Verhärtung und einer liberaleren Politik deutlich werden.

Was vermögen die Cortes, das sogenannte Ständeparlament? Obwohl im zuständigen Gesetz, der Ley de Cortes von 1942, ausdrücklich das Parlament »Organ der Partizipation des spanischen Volkes« genannt wird, kann nicht die Rede von einer Volksvertretung im Sinne der westlichen Demokratien sein. Erstmals wurden wohl 1967 die Familienvertreter, die familiares, direkt gewählt (in jeder Provinz zwei Abgeordnete), aber sie stellen nur ein knappes Fünftel aller Abgeordneten der Cortes. Die überwiegende Mehrheit der Abgeordneten, der procuradores, rückt durch Ernennung oder kraft ihres Amtes in das Parlament, wobei die staatlichen Syndikate, die Verwaltungen der Städte und Provinzen, die Nationalräte des Movimiento den größten Anteil stellen. Neben 25 vom Staatschef ernannten Prokuratoren gehören sämtliche Minister, die Präsidenten höherer Organe und die Universitätsrektoren den Cortes an. Nach der letzten Aufstellung im Herbst 1971 zogen 554 Abgeordnete in das Parlament, darunter 104 Familienvertreter.

Immerhin, diese Familienvertreter wurden frei gewählt, von den Familienvorständen und verheirateten Frauen über einundzwanzig Jahren. Allerdings unterlag die Wahl erheblichen Einschränkungen, die neuen Kandidaten wenig, Regimegegnern kaum Chancen gaben. Wer kandidierte, mußte die Unterschriften von tausend Wahlberechtigten vorlegen oder von fünf Cortes- oder sieben Provinzdeputierten vorgeschlagen werden. Die Kandidaten hatten die begrenzten Wahlkampfkosten aus der eigenen Tasche zu zahlen. Sie durften nicht mehr als fünfhundert Worte publizieren, die zudem genehmigungspflichtig waren. Für eine einmalige öffentliche Wahlversammlung wurde ein Raum zugewiesen, der einige hundert Personen faßte. Solche Behinderungen machten die geringe Zahl von Bewerbern verständlich. Es kandidierten 233 Bewerber für die 104 Sitze im Parlament. Ebenso war die Wahlbeteiligung im Herbst 1971 äußerst gering, wenn auch von Provinz zu Provinz unterschiedlich. In Madrid und Sevilla gaben 30 Prozent der Wahlberechtigten ihre Stimmen ab, in der Provinz Zamora 72 Prozent, in der baskischen Provinz Guipúzcoa nur 20 Prozent. In Barcelona beteiligten sich 41 Prozent, wobei ein oppositioneller Fabrikant gegen den Regierungskandidaten siegte.

Nach der verfassungsmäßigen Bestimmung soll das Ständeparlament das spanische Volk repräsentieren, Gesetze vorbereiten und ausarbeiten, die Regierung kontrollieren. In der Praxis sind die Möglichkeiten des Parlaments beschnitten und seine Initiativen, zumal die Einflußnahme der gewählten Familienvertreter, minimal. Zwar können fünfzig Prokuratoren einen Gesetzesvorschlag einbringen. Jedoch bedarf es der Zustimmung des vom Staatschef ernannten Cortespräsidenten und der Entscheidung der Regierung, ob der Vorschlag dem Plenum vorgelegt wird. Die wichtigste Arbeit leisten die Kommissionen, die nicht von der Vollversammlung, sondern vom Cortespräsidenten im Einvernehmen mit der Regierung berufen werden. In diesen Kommissionen, die über Anträge entscheiden und Gesetze formulieren, sind die Familienvertreter benachteiligt. Ebenso wirkt sich die Einschränkung der Versammlungsfreiheit für Abgeordnete nachteilig auf eine gemeinsame Willensbildung, Absprache oder Vorbereitung von Projekten aus. Davon sind die Familienvertreter betroffen, denn die Mehrheiten der Gruppenvertreter können jederzeit legal zusammenkommen.

Dennoch und trotz der den Cortes auferlegten Einschränkungen konnte nicht verhindert werden, daß in den letzten Jahren vermehrt innerspanische Differenzen auch im Parlament ausgetragen wurden, daß gegensätzliche Stimmen von Gruppen und einzelnen zu Wort kamen. Wahlmodus und restriktive Verfahrensweisen sorgen bei nahezu allen Entscheidungen für die Zustimmung der Mehrheit. Doch mehren sich in jüngster Zeit die Neinstimmen und Stimmenthaltungen, oder Abgeordnete opponieren durch ostentatives Fernbleiben oder Rücktritt. Die obligate Einstimmigkeit, die in den Volksvertretungen der meisten sozialistischen Staaten Osteuropas vorherrscht, gibt es im derzeitigen spanischen Parlament nicht.

Der oppositionelle Prokurator Tarragona, ein Fabrikant aus Barcelona, der 1971 wiedergewählt wurde, trat im Oktober 1969 unter Protest zurück, weil seine Parlamentsanträge von der Regierung nicht oder nur ungenügend beantwortet wurden. Als im Sommer 1970 der Verteidigungsausschuß der Cortes über einen Gesetzesvorschlag der Regierung zur Regelung der Wehrdienstverweigerung nicht einig wurde, zog die Regierung den Entwurf zurück. Merkwürdigerweise drängten die Regierung und der Prokurator Generalleutnant Díez-Alegría, der Chef des spanischen Generalstabes, auf eine gemäßigte Regelung und echte Anerkennung der Wehrdienstverweigerer aus Gewissensgründen. Die Opposition im Verteidigungsausschuß kam von der ultrarechten Seite und den autoritären Generälen. Sie forderten für Wehrdienstverweigerer eine dreijährige Dienstzeit (statt 18 Monate Wehrdienst), abzuleisten in einer Sondereinheit ohne Waffen.
Bei der Verabschiedung des Gewerkschaftsgesetzes (1971), das von allen Oppositionsgruppen, von Arbeitnehmern und der Kirche abgelehnt worden war, kam es zu 11 Gegenstimmen, darunter profilierte Oppositionelle wie der ehemalige Informationsminister Fraga Iribarne, zu 6 Stimmenthaltungen, während über 40 Prokuratoren durch Fernbleiben opponierten. Diesem Boykott schlossen sich auch die drei Bischöfe in den Cortes an, obwohl sie eher den regimetreuen Flügel der Kirche repräsentieren. Anläßlich der Verschärfung des Gesetzes für öffentliche Ordnung (1971) forderten außerparlamentarische Oppositionelle die Familienvertreter auf, gegen die Regierungsvorlage zu stimmen. Bei der Verabschiedung kam es zu 14 Gegenstimmen. (Die Beispiele sind der kritischen Studie von Klaus von Beyme »Vom Faschismus zur Entwicklungsdiktatur – Machtelite und Opposition in Spanien«, München 1971, entnommen und durch Presseberichte überprüft.)
Die genannten Beispiele zeigen auch, daß die sogenannten Stützen des Regimes diese Funktion nicht mehr uneingeschränkt erfüllen, wie andererseits ihre Machtposition im Herrschaftsapparat begrenzt ist. Alle gesellschaftlichen Gruppen sind heute von einer offenen oder partiellen Opposition durchsetzt, wobei die Interessengegensätze teils antiliberalen und reaktionären, teils liberaleren Vorstellungen zuneigen. Die Gruppen, vor allem Kirche und Militär, sind heute nicht mehr – wie in den Jahren nach dem Bürgerkrieg – einheitliche, festgefügte Blöcke.
In den letzten Jahren konnte ich wiederholt in regimetreuen und oppositionellen Kreisen nach dem Machtvorrang innerhalb des Herr-

schaftsapparates fragen. Am häufigsten wurde mir – nach Franco – das Militär genannt. Man sagte, Franco treffe keine Entscheidung, ohne seine Generäle zu befragen. Bei einem Empfang am 7. Januar 1971 nannte Franco die Armee die wichtigste Stütze des Regimes. Doch im selben Monat kam es zu der spektakulären Absetzung des Generalkapitäns von Granáda, Generalleutnant Rodrigo Cifuentes, der die gemäßigte Haltung der OPUS-DEI-Minister anläßlich der Búrgoskrise scharf kritisiert hatte. Ein Großteil des Offizierscorps gehört zu den Fürsprechern einer reaktionären Ordnungsdiktatur und steht damit in Opposition zur Regierung. Klaus von Beyme spricht in seiner vorstehend zitierten Studie (S. 142) von »Aktionsgemeinschaften der Offiziere«, die »zu Bündnispartnern radikaler Falangisten gegen die OPUS-DEI-Gruppe und die liberalen Technokraten« werden. Andererseits sehen jüngere Offiziere, die den Bürgerkrieg nicht mehr miterlebt haben, die Aufgabe der Armee zeitgemäßer, politisch neutral und unbelastet von einer reaktionären Ideologie. Sie sind in der Minderheit, jedoch gilt als ihr Exponent der schon genannte Generalleutnant Manuel Díez-Alegría, der 1970, nach dem Tode von Muñoz Grandes, zum Chef des spanischen Generalstabes aufrückte. Dieser nach Franco höchste Offizier des Landes, ein »Akademiker in Uniform«, wird als liberal-aufgeschlossen, gebildet, besonnen und maßvoll charakterisiert. Die Haltung des Generalstabschefs während des Prozesses von Búrgos war bemerkenswert. Er gehörte zu den Gegnern des Militärtribunals, zu denjenigen, die für den Prozeß die Zuständigkeit eines zivilen Gerichtes betonten und forderten. Wenn schon, wie gesagt wird, nach dem Tode Francos der Armee eine Schlüsselstellung zufällt, so dürfte Díez-Alegría der Gegner einer repressiven Militärdiktatur sein.

Auch die Kirche kann seit dem Ende der sechziger Jahre nicht mehr uneingeschränkt als Stütze des Regimes gelten. Das zeigte nicht nur die mit der Opposition gemeinsame Haltung des Episkopats in der Frage des Gewerkschaftsgesetzes. Zwar hatte sich die spanische Kirche durch das Konkordat von 1953 gewisse politische, soziale und erzieherische Privilegien eingehandelt und dafür dem Staat Zugeständnisse gemacht, etwa bei der Bischofswahl. Doch wurden diese Zugeständnisse von kirchlicher Seite teilweise unterlaufen, durch die Nichtbesetzung vakanter Bischofssitze, durch die im Konkordat nicht erfaßte Ernennung von Weihbischöfen. Davon abgesehen wird das Konkordat zusehends Gegenstand heftigster innerkirchlicher Kritik.

Die Konfliktstoffe zwischen Staat und Kirche mehren sich. Katholische Laienorganisationen, die überwiegende Mehrheit des Klerus, vor allem jüngere Priester opponieren öffentlich gegen bestimmte Praktiken des Regimes. Sie solidarisieren sich mit der arbeitenden Bevölkerung, sprechen offen gegen soziale Mißstände, gegen die Anwendung von repressiver Gewalt und Folterungen politischer Häftlinge, gegen Sondertribunale für politische Straftaten, gegen die Mißachtung der Menschenrechte. Die Mehrheit des spanischen Episkopats hat diese Forderungen auf einer Konferenz Ende September 1971 erhoben. Zu diesem Zeitpunkt war es nur noch eine Minderheit, die als Anhänger eines überholten Staatskirchentums gegen die »allzu reformistischen Empfehlungen« der Konferenz protestierte. Diesem offensichtlichen Wandel auch der offiziellen spanischen Kirche folgten staatliche Repressalien, Angriffe der regimehörigen Presse, von Rechtsradikalen gesteuerte Massenkundgebungen mit makabren Forderungen wie »Rote Bischöfe an die Wand!«. Priester, die sich mit streikenden Arbeitern oder Oppositionellen solidarisierten oder ihnen Hilfe gewährten, wurden gegen die Bestimmungen des Konkordats eingekerkert. Das Bündnis zwischen Staat und Kirche ist nicht mehr intakt. (Siehe hierzu »Christen, Kleriker und das Regime«.)

Kaum besser funktioniert heute das Bündnis zwischen Staat und Partei. Im Gegenteil. So unglaublich es scheinen mag, die innerspanische Geschichte der vergangenen drei Jahrzehnte ist die Geschichte der sukzessiven Entmachtung der Falange. Es kann nicht übersehen werden, daß die Falange in den Jahren nach dem Bürgerkrieg, zumindest bis 1946, nahezu alle Verwaltungs- und Lebensbereiche kontrollierte. Damals war Spanien nahe daran, als faschistisches Staatsgebilde die zusammengebrochenen faschistischen Systeme in Italien und Deutschland zu überleben. Daß dies nicht geschah, ist das Werk Francos, obwohl der Generalissimus zum Nachfolger des Falangegründers und -führers José Antonio Primo de Rivera gewählt worden war. Im Grunde eine paradoxe Wahl, die unter den Falangisten heftige Auseinandersetzungen auslöste, denn Franco gehörte als Monarchist nicht der Falange an und seine Beziehungen zu José Antonio waren keineswegs ungetrübt. Doch Franco dachte in militärischen Kategorien. Er nutzte die Partei als Instrument, um seine militärischen Ordnungsvorstellungen auf den zivilen Bereich zu übertragen. Nach der Festigung seines Regimes wurde das Instrument zusehends untauglicher. Wie Franco die Falange nutzte, privilegierte, dann entmachtete, ohne sie ganz fallen zu lassen, das gehört zu den politisch geschicktesten Schachzügen des Caudillo.

Aber steht nicht bei den Ortsschildern spanischer Dörfer das faschistische Emblem, das Joch mit den Pfeilen? Wer durch Spanien fährt, findet an der Außenwand fast jeder Kirche den Namen des Falangegründers José Antonio geschrieben. Keine Stadt, die nicht eine Avenida oder zentrale Straße mit dem Namen José Antonio hätte. Strenggenommen sind das Relikte aus den Jahren nach dem Bürgerkrieg, als die Falange ihren Beitrag zur ideologischen Integrierung des Regimes leistete. In José Antonio, der im November 1936, dreiunddreißig Jahre alt, von den Republikanern erschossen wurde, hatte das Regime seinen Helden und Märtyrer gefunden. Auch dies, der Kult um José Antonio Primo de Rivera, der im Valle de los Caídos seinen Ehrenplatz fand, erweist sich unter heutigen Aspekten als eine merkwürdig paradoxe Etablierung. Als Toter leistete José Antonio, was er als Lebender niemals zu leisten gewillt war. Nach allem, was José Antonio, der kein Systematiker war, gesagt und geschrieben hat, wäre er heute der schärfste Gegner eines gesellschaftlichen Systems, das sich, von Technokraten dirigiert, auf wirtschaftspolitische und kapitalistische Interessen eingespielt hat.

Bereits die Zwangsvereinigung von Falange und monarchistischen Traditionalisten im Jahre 1937 leitete eine Pluralisierung ein, in deren Folge der ursprüngliche sozialrevolutionäre, radikale, faschistoide Ansatz immer mehr verwässert wurde. Die pluralen Tendenzen hielt das monströse Wortgebilde Falange Española Tradicionalista y de las Juntas de Ofensiva Nacional Sindicalista (abgekürzt FET y de las JONS) zusammen. Später wurde der Name fallengelassen und die Falange ging auf in dem als Einheitsbewegung deklarierten Movimiento Nacional. Gesetzlich wurde der neue Name durch die Ley orgánica vom 10. Januar 1967 verbindlich.

Gewisse Privilegien der Falange übernahm der Movimiento, dessen neuer Chef Carrero Blanco ist. Vor allem bei der Besetzung lokaler Verwaltungsämter kann die Falange ihren Einfluß geltend machen. Im Kabinett ist der Movimiento durch einen Minister vertreten. Der Nationalrat der Bewegung, eine Art zweiter Kammer neben den Cortes, wacht darüber, daß bei Gesetzesvorschlägen oder einer Verfassungsänderung die Prinzipien des Movimiento eingehalten werden. Aber diese sogenannten unabänderlichen Prinzipien sind vage genug, um die gegensätzlichsten Gruppen im Movimiento zusammenzuhalten:

den staatsgewerkschaftlichen Flügel, dessen Sprachrohr die Tageszeitung »Pueblo« ist, den christlich-sozialen Flügel, die Gruppen der Traditionalisten, Monarchisten und antimonarchistischen Falangisten. Seit der Neubildung der Regierung Ende 1969 wächst auch im Movimiento die Opposition, wobei einzelne Gruppen erstaunlich gewandelte Aktivitäten entwickeln. Die monarchistischen Carlisten distanzieren sich von der Staatsgewerkschaft und fordern freie Arbeitergewerkschaften, fordern die Zulassung von Parteien und eine parlamentarische Demokratie. Die Falangisten, besonders die camisas viejas, die »alten Hemden«, sehen sich durch die jüngste Entwicklung innerhalb des Herrschaftsapparates geprellt. Sie protestierten öffentlich gegen die Regierung der Technokraten. Sie gründeten Zirkel, die sich auf die wahre Doktrin José Antonios berufen, oder 1970 die »Neue Falange«, die der Movimiento-Minister als illegal erklärte. Verbote von Treffen, Zusammenstöße mit den Sicherheitsorganen mehren sich. Die orthodoxen Falangisten gehören heute zur illegalen Opposition. Sie unterliegen heute der gleichen repressiven Gewalt, die sie selbst in den Jahren nach dem Bürgerkrieg auch nicht zaghaft ausgeübt hatten. So groß ihre Bedeutung für die Stabilisierung des Regimes war, am Anfang der siebziger Jahre kann die Falange, kann die Einheitsbewegung nicht mehr als intakte und wirkfähige Stütze des Regimes bezeichnet werden. »Die Bewegung ist heute ein politischer Leichnam, die weder ihre Patronagefunktion noch ihre Aufgaben zur Niederhaltung der gesellschaftlichen Organisationen (vor allem jener der Arbeiterschaft) mehr erfüllen kann« (Klaus von Beyme).

Franco war und ist kein Falangist, kein Faschist. Wenn er sich zum Nachfolger von José Antonio wählen ließ und Chef des Movimiento wurde, so kann dies — wie Francos ganzes Taktieren mit Falange und Movimiento − nur als Akt einer berechnenden Intelligenz gewertet werden. Sie war ausgerichtet auf die Erlangung, Festigung und Bewahrung von Macht. Franco hat es immer verstanden, sein Programm mit der Hilfe von Gruppen durchzusetzen und, wenn nötig, Gruppen gegeneinander auszuspielen. Die Frage, wer Spanien regiert, weist unumgänglich und noch immer auf die Person des Caudillo, trotz der Übergangssituation, in der die von Franco vorgesehenen politischen Erben ihren Einfluß zu stärken scheinen, trotz der unbestreitbaren Macht der hohen Repräsentanten der staatlichen Verwaltungsdiktatur. Aber diese zentralistische und autoritäre Verwaltung ist franquistisch, auf das Programm Francos justiert.

Der am 4. Dezember 1972 achtzig Jahre alt gewordene Caudillo war nicht der ideale Typ eines Führers, eher ein Mann, der zur Unterschätzung Anlaß gab. Er war von kleiner, zeitweise etwas dicklicher Gestalt, als Redner unbegabt, als Handelnder zögernd und verschlagen. Selbst ein relativ wohlwollender Biograph wie Brian Crozier nennt Franco »puritanisch, listig, tapfer, patriotisch, nachsichtig gegen seine Freunde«, doch »gegenüber seinen Feinden erbarmungslos und rachsüchtig«. Man hat den im galicischen El Ferrol geborenen Franco als Gallego »unspanisch« genannt. Er sei nur darum zur Macht gekommen, weil fähigere Generäle wie Sanjurjo und Mola durch Flugzeugabsturz umgekommen waren und repräsentativere politische Führer wie José Antonio Primo de Rivera und Calvo Sotelo nicht mehr lebten. Sicherlich stimmt das, lenkt aber die Aufmerksamkeit zu sehr auf eine mediokre Erscheinung und läßt außer acht, mit welcher Zähigkeit und staatspolitischer Klugheit Franco seine Vorstellungen gegen alle quer- und gegenläufigen Interessen verwirklichte.

Der junge Francisco Paulino Franco y Bahamonde, dessen Vater Marinezahlmeister war, wollte eigentlich Marineoffizier werden. Mehr zufällig, da die Marineakademie geschlossen war, begann seine Offizierskarriere 1907 in der Infanterieakademie von Toledo. In Marokko, seit 1912, erwarb er sich die ersten militärischen Verdienste, im Kampf gegen die Rifkabylen und zuletzt, bis 1926, als Kommandeur der spanischen Fremdenlegion. Er war Einzelgänger, zäh, ehrgeizig und tapfer, bei seinen Untergebenen beliebt, rücksichtslos im Kampf und gegen Undiszipliniertheit. Mit dreiunddreißig Jahren, wegen seiner Verdienste rasch befördert und jeweils der jüngste Hauptmann, Major und Oberst, war er der jüngste General Europas.

Es folgten wechselnde höhere Kommandoposten wie die Leitung der Militärakademie in Zaragoza. Es folgte 1934 die Niederwerfung des bewaffneten Aufstandes der asturischen Bergarbeiter, die Franco mit der ihm eigenen Unerbittlichkeit durchführte, was ihm die Anerkennung der Rechten und den Haß der Linken brachte. In den Krisenjahren nach der Abdankung König Alfons XIII. (1931), als auch die Republik zu zerfallen drohte und in Offizierskreisen erste Putschpläne aufkamen, verhielt sich Franco zögernd. Die Eiferer warfen ihm Gleichgültigkeit und Unentschlossenheit vor. Doch nicht dies war der Grund seines Zögerns, Franco handelte nie impulsiv. Der vorsichtige, mißtrauische, kühl berechnende Gallego Franco mußte warten, bis die Zeit für den Aufstand reif war.

Offensichtlich mißtraute die Volksfrontregierung dem General, denn sie übertrug ihm 1936 das Generalkommando auf den entlegenen Kanarischen Inseln. Noch im Juni 1936, als die Vorbereitungen der von den Generälen Sanjurjo und Mola angeführten Offiziersverschwörung bereits liefen, schien Franco zu zögern. Vielleicht hoffte er bis zuletzt, daß die Regierung die Armee rufen werde, um die Ordnung im Land wiederherzustellen. Das Nichthandeln der Regierung führte zum offenen Bruch seiner Loyalität. Franco handelte mit Entschiedenheit. Am 17. Juli 1936 erließ er in Las Palmas sein berühmtes Manifest und flog am gleichen Tag nach Marokko. Er übernahm den Südflügel der aufständischen Armee und führte seine Truppen aus Afrika nach Spanien, mit der Hilfe deutscher Flugzeuge. Der Bürgerkrieg hatte begonnen. Zweieinhalb Monate später, am 1. Oktober 1936, wählte die Junta Nacional Franco zum obersten Befehlshaber und Chef der Regierung.

Im Versagen und Zerbrechen der spanischen Republik, in der Anarchie jener Jahre wurzelt Francos nahezu traumatische Antipathie gegen den demokratischen Parlamentarismus, gegen Parteien, gegen Liberalität. Aus Francos Herkunft, seiner militärischen und politischen Erfahrungswelt resultieren die Prinzipien des franquistischen Systems, deren oberstes Gebot das Bewahren von Ordnung, Gesetz und Autorität ist. Franco übertrug seine militärischen Ordnungsvorstellungen auf das Staatswesen. So allerdings, gewiß auch gestützt auf die Angst vor der Wiederholung von Anarchie und Bürgerkrieg, konnte die bald vier Jahrzehnte währende Pax Franco gefestigt werden. Für diesen Frieden und den Aufbau im Land war es keine geringe Leistung, daß Franco 1940 dem Drängen Hitlers, deutsche Truppen durch Spanien ziehen zu lassen, widerstand. Trotz der deutschen Waffenhilfe im Bürgerkrieg ersparte Franco seinem Volk den Kriegspakt mit Deutschland. Er erntete dafür die Verachtung Hitlers, der ihn den »kleinen katholischen Feldwebel« nannte.

Soweit es die wirtschaftliche Entwicklung notwendig machte, konzidierte Franco ein Minimum an Liberalität. Er nahm sie zurück oder reduzierte sie, sobald sie sein autoritäres Programm zu stören drohte. Franco duldete sogar, was großes Aufsehen machte, 1969 und noch 1970 die Bestrebungen, sogenannte Assoziationen zuzulassen, erste zaghafte Ansätze in Richtung eines Parteiensystems. Für die Assoziation setzten sich vor allem die liberaleren Technokraten ein, gegen die ultrarechten Kreise, gegen Militär und Falange. Nach der Burgoskrise, in der Franco wiederum sein Geschick im Taktieren mit Gruppen bewies, ist von Assoziationen keine Rede mehr. Bei der Eröffnung der neuen Legislaturperiode im November 1971 sprach Franco ausdrücklich gegen die Zulassung von Parteien und politischen Assoziationen. Franco konnte sein eigenes antiliberales Programm mit aller Schärfe herausstellen. Sein Ansehen ist durch sein Verhalten in der Burgoskrise eher gewachsen, während keine der Machtgruppen aus der Krise unbeschädigt hervorging. Auch wenn es dem Wunschdenken oppositioneller oder liberaler Beobachter zuwiderläuft, man kann nicht übersehen, daß Franco in den Augen des spanischen Volkes größeres Prestige genießt als jede Gruppe und das eigene Regime.

Franco ist der Einzelgänger geblieben, der er am Anfang seiner Offizierskarriere war. Sein Programm ist an seine Person gebunden. Offenbar verwendet der Achtzigjährige alle ihm noch verfügbare Energie darauf, dieses Programm beständig zu machen. Im Herbst 1969 bezeichnete Franco den Prinzen Juan Carlos offiziell als Thronprätendenten und künftigen König Spaniens, der somit für die Nachfolge Francos als Staatsoberhaupt bestimmt ist. Um zu verhindern, daß der Monarch vom franquistischen Programm abweicht, sorgte Franco für eine rigorose Absicherung. Er ernannte im Juli 1972 für den Fall seines Todes den ihm und seinem Programm am nächsten stehenden Vizepräsidenten Carrero Blanco zum Nachfolger als Chef der Regierung und des Movimiento. Überraschend verwirklichte Franco die Ernennung Carrero Blancos bereits am 9. Juni 1973. Doch wie auch der Wechsel nach dem Tode Francos vonstatten geht, die kaum noch zusammenbindenden Divergenzen der Machtgruppen und des Herrschaftsapparates lassen vermuten, daß einer weitergeführten franquistischen Diktatur keine Zukunft beschieden ist.

ANDALUSIEN

Der Fremde, der an Spanien denkt, meint fast immer Andalusien. Romantische Klischees bieten sich an: Männer im engen schwarzen Reitanzug mit dem flachen Cordobeser Hut; Frauen mit roten, weißgetupften und volantverzierten weiten Röcken; Flamenco und Kastagnetten; Duft von Jasmin und Orangengärten. Aber solche werbewirksamen Bilder verstellen die spanische wie die andalusische Wirklichkeit. Von allen Regionen Spaniens ist Andalusien am wenigsten auf einen Nenner zu bringen: »Andalusien ist unglaublich. Orient ohne Gift. Okzident ohne Handlung« (Frederico García Lorca, 1928).
Schon die kontrastreiche Landschaft widersetzt sich der Festlegung auf ein uniformes Bild und spottet jedem voreiligen Zugriff. Im Norden zieht der Bergriegel der Sierra Morena die Grenze zur Estremadura und zu Neukastilien. Unterhalb der Sierra Morena, im Herzen Andalusiens, öffnet sich die fruchtbare Ebene des Guadalquivir, der nach Westen und Süden fließt und in den Atlantik mündet. Südlich und östlich der Ebene, bis zur gesamten Mittelmeerküste, steigt die Betische Kordillere an, deren Sierren und Täler den Großteil Andalusiens prägen. Andalusien hat die höchsten, immerwährend schneebedeckten Berge wie den 3478 Meter hohen Mulhacén in der Sierra Nevada und die heißesten Küsten, die mittelmeerische Costa del Sol und die atlantische Costa de la Luz.
Zwischen Almería und Cartagena erstarrt das Bergland zu einer Mondlandschaft von düsterer gespenstischer Kahlheit. Hell und freundlich sind die Vegas in der Niederung des Guadalquivir, die Anbauflächen für Getreide, Gemüse und Agrumen. Das Land um Jerez de la Frontera gehört dem Weinanbau. In den Marismas, dem sumpfigen Schwemmland im Gebiet der Guadalquivirmündung, tummeln sich die Wasservögel, dehnen sich die Reis- und Baumwollfelder. In der metallreichen Sierra Morena, in den Minen bei Rio Tinto wird Rohkupfer und Roheisen abgebaut, bei Linares Blei und Zink. Jede Landschaft hat ihren eigenen Charakter, ihren eigenen Lebensraum. Nur

der Ölbaum wächst im hügeligen Binnenland nahezu überall. Kilometerweit ziehen sich die Olivenkulturen, geometrisch ausgerichtet, auf sauber gepflügter roter oder kalkiger Erde. Andalusien, die größte spanische Region, zählt sechs Millionen Einwohner und 150 Millionen Ölbäume, auf jeden Kopf fünfundzwanzig Ölbäume.

An der Costa del Sol entstanden die internationalen Touristenzentren mit Hochhäusern, Luxushotels, Jachthäfen und Golfplätzen. Sie brachten dem Land Devisen und neue Probleme. Jüngst entdeckten die Tourismusmanager die noch wenig besuchte und kaum urbanisierte Costa de la Luz. Aber auch die alten Hafenstädte Málaga und Cádiz, die schönen Städte Sevilla, Córdoba und Granáda, die von den bewundernswerten Resten ihres vergangenen Glanzes zehren, haben Mühe, mit der Gegenwart fertig zu werden. Das Landproletariat drängt in die Städte, sofern es nicht auswandert, nach Nordspanien oder ins Ausland. Andalusien hat von allen Regionen die höchste Auswanderungsquote. Das Paradies der Mauren ist kein Arkadien. Das ist die andere Seite Andalusiens, das der fremde Besucher lieber als ein von Lebenslust, Charme und Fröhlichkeit erfülltes Land sehen möchte.

Der Andalusier ist eher konservativ und genügsam als kriegerisch, aggressiv oder anfällig für importierte revolutionäre Ideen. Darin unterscheidet er sich vom Kastilier und Katalanen, von den Bewohnern der Industriestädte. Nie drängten die Andalusier auf kriegerische Eroberungen. Schon Plinius nannte sie die »schlechtesten Soldaten Spaniens«. Sie haben ihr Land erobern lassen und durch Anpassung und Lebensklugheit alle Eroberer überdauert. Ortega y Gasset vergleicht sie mit den Chinesen. »Dem harten Angriff begegnen sie mit ihrer Weichheit; ihre Taktik ist die Taktik des Kissens: sie geben nach.«

Wenn Andalusien dennoch als latenter sozialpolitischer Krisenherd gilt, so liegt das vor allem an den krassen sozialen Gegensätzen, an einer überalterten Feudalstruktur, wobei wenigen Großgrundbesitzern die Masse des abhängigen Landproletariats gegenübersteht. Da Industrie fehlt und Arbeitsplätze in den Minengruben und in den Städten begrenzt sind, arbeitet der Großteil der Bevölkerung in der Landwirtschaft, vorwiegend als Tagelöhner. Der Durchreisende erfreut sich der Cortijos, der einzelstehenden herrschaftlichen Höfe, der weiträumigen gutbestellten Latifundien und der grünen Koppeln, wo Pferde und die besten Kampfstiere Spaniens gezüchtet werden. Die Großgrundbesitzer genießen jene Privilegien, die der Staat zur Meliorierung der Landwirtschaft gewährt. Viertausend Landarbeiter mußten noch 1971 dafür streiken, daß ihr Arbeitstag mit 15 statt mit 11,50 Mark entlohnt und ein Mindestjahreslohn von 2700 Mark garantiert wird. Doch das betraf schon eine besser entlohnte Gruppe der Landarbeiter. Die meisten Tagelöhner im Binnenland erhalten für den Siebenstundentag 7,50 Mark. Möglicherweise bringt der 1972 begonnene dritte Entwicklungsplan, der ausdrücklich auf soziale Gerechtigkeit angelegt ist, den andalusischen Landarbeitern bessere soziale Verhältnisse. Bisher wurde eine durchgreifende Planung und Änderung versäumt. Da die wirtschaftliche Entwicklung in den Industrieregionen staatlich gefördert wurde und im möglichen Rahmen prosperierte, ist das Gefälle zu den verarmten südlichen Landregionen nur größer geworden.

Allerdings begegnet man nicht selten dem Vorurteil, die Andalusier seien träge und faul. Ortega y Gasset spricht in seiner »Teoría de Andalucia« (1927) vom »vegetativen Ideal«, einem passiven Verhalten gegenüber der Umwelt, »wie die Pflanze, eingebettet in die wunderbare Atmosphäre der Landschaft«. Der Andalusier erreichte mit einem »Minimum an Vitalität« gerade so viel, als ihm zum genügsamen Lebensgenuß nötig erscheint. Solche Theorien enthalten gewiß ein Stück Wahrheit. Doch sie beschreiben eine Lebensform, die zum großen Teil von den Verhältnissen aufgezwungen wurde und die eher der Vergangenheit angehört. Die hohe Auswanderungsquote, die Suche nach Arbeitsplätzen in den Industriestädten, die Bewährung dort, wo sie Arbeit finden, das spricht eigentlich gegen den Tadel der Faulheit. Daß der Andalusier in einer ständig mehr dem Leistungsprinzip unterworfenen Welt einen möglichen Rest von Freiheit, Phantasie und sinnenhafter Lebensfreude zu bewahren sucht, zeugt von einfacher Lebensweisheit und ist nicht sein schlechtester Teil.

Über den Puerto de Despeñaperros nach Jaén

Von Madrid führt die Nationalstraße N IV südwärts, geradewegs durch die weitflächige Mancha, dann nach mäßigem Anstieg durch kahles, schroffes, schluchtenreiches Bergland, die Sierra Morena. Der Grenzpaß (1009 m Höhe) zwischen Kastilien und Andalusien heißt Puerto de Despeñaperros. Der Name, zusammengesetzt aus despeña und perros, fordert wörtlich auf: Wirf die Hunde den Felsen hinab! Das galt am Anfang des 13. Jahrhunderts den »maurischen

Hunden«. Der martialische Kampfruf der christlichen Ritter bezeugt, daß der Bergpaß mit der klaffenden Schlucht hart umkämpft wurde. Der Paß war das Tor zum Gelobten Land Andalusien. Nicht weit von hier, bei Navas de Tolosa, erkämpften die Ritter aus Kastilien und Aragón im Jahre 1212 den wichtigsten und blutigsten Sieg der Reconquista.

Die Gebirgsbarriere scheidet das Land. Im Rücken der trockene, breit ausgewalzte Lehmkuchen der Mancha. Vor uns, aus tausend Meter Höhe überblickbar, andalusisches Hügelland, keineswegs lieblich, aber wechselhaft, farbig, launisch. Ölbaumkulturen soweit das Auge reicht, hügelaufwärts, hügelabwärts, auf rotbrauner gepflügter Erde. Dann wieder schimmert bleicher, kalkiger Boden durch das matte Blattgrün der Oliven. Hier, in der Provinz Jaén, stehen dreißig Millionen Ölbäume, das größte zusammenhängende Ölbaumareal der Welt, Grundlage des eher kargen Wirtschaftslebens der Provinz.

Hinter Bailén, der Töpferstadt mit lehmigen Straßen und lehmigen Häusern, wendet sich die Nationalstraße nach Westen und führt durch das grüne Tal des Guadalquivir nach Córdoba. Wir zweigen nach Süden ab, um zu der nähergelegenen Provinzhauptstadt Jaén zu kommen.

Wer Jaén besucht, wird sich verwundert fragen, warum die Stadt in den meisten Reisebüchern ausgespart ist. Man sieht weiträumiges offenes Hochland, begrenzt von abwechselungsreich gestaffelten Bergen, und erfreut sich des gesunden trockenen Klimas. Nur etwas erhöht und besonders reizvoll liegt Jaén am Fuß der Sierra de Jabalcuz. Im gehügelten Vorland, vom Stadtberg mit der Ruine des maurischen Kastells überschaubar, Millionen Ölbäume, formiert zu einer immerwährenden Parade, grün vor den rostroten Bergrücken. Das Stadtbild wird bestimmt von der imposanten Renaissancekathedrale, die mit zwei viereckigen Türmen breit und mächtig die Häuser überragt. Dem Eigenleben der Stadt kommt zugute, daß Jaén kein Objekt des gewöhnlichen Tourismus ist. Die Provinz Jaén gehört zu den ärmeren Provinzen Spaniens. Die Stadt ist nicht reich, doch sie beeindruckt durch ihre noble, gepflegte Geschlossenheit, durch eine von zeitgemäßen Spannungen scheinbar ungetrübte Ruhe. Vielleicht liegt das daran, daß Jaén abseits der bekannten Route liegt und das ländliche Erwerbsleben ohne Hektik den eingefahrenen Bahnen folgt. Dem Fremden begegnen die Einheimischen mit freundlicher Zurückhaltung. Dabei fällt auf, wie gut die Kinder und die einkaufenden Frauen gekleidet sind. Handwerk,

ländlicher Handel, Olivenverarbeitung und Olivenversand bestimmen das Leben, das wie irgendwo in einer intakten Provinzstadt verläuft.
Touristen halten sich in Jaén kaum auf. Wer durchreist, wohnt vorzugsweise im Parador auf dem Berg, neben der maurischen Burgruine. Der Parador Nacional de Santa Catalina gehört zu den schönsten Paradores, die das Tourismus-Ministerium an landschaftlich oder kulturell interessanten Orten einrichtete (etwa 60 in ganz Spanien). Auf dem Berg in Jaén nehmen die Gäste an spanischer Vorliebe für die Historie teil. Sie leben, umgeben von einem geschmackvoll imitierten Burgstil mit offenen Kaminen und riesigen Gobelins auf nackten Steinwänden, sie essen im Rittersaal mit gotischen Bogen und hochlehnigen Stühlen. Die maurische Burg und die arabischen Bäder in der Innenstadt — unter dem Provinzhospital — erinnern daran, daß Jaén Hauptstadt eines maurischen Königreichs war und nach der Rückeroberung im Jahre 1246 durch Ferdinand III. von Kastilien vorgeschobene Bastion der Christen, von der die Rückeroberung Granádas ausging.

Córboda

»Römisch und maurisch, schweigsames Córdoba«, nennt der in Sevilla geborene Dichter Antonio Machado die Stadt. Die Römer gaben der iberischen und phönizischen Siedlung die erste nachhaltige Prägung. Sie kamen den damals schiffbaren Guadalquivir herauf und machten Córdoba zur Hauptstadt der Provinz Baetica. Römische Veteranen siedelten sich an. Sie nutzten den Getreidereichtum der Campiña und füllten die Schiffe der Händler mit Weizen. Zur Zeit des Augustus entstand die steinerne Brücke, deren sechzehn Bogen noch heute den Guadalquivir überspannen.
Doch sichtbar und stärker als in jeder anderen andalusischen Stadt blieb das maurische Erbe lebendig. Nicht nur in der Mezquita, der von den Omaijaden errichteten schönsten und größten Moschee der Welt, die nur von Mekka übertroffen wurde. Nicht nur in den Resten der Stadtmauer und den großen verfallenen Wassermühlen am Guadalquivir. Maurisch sind die Altstadtviertel und das Judenviertel, verwinkelte, blankgescheuerte Gassen, kalkweiße Häuser mit himmeloffenen Innenhöfen. In diesen Patios Brunnen und üppiger Blumenschmuck,

Córdoba

Töpfe mit Geranien, Palmen und Orangen, der Duft von Jasmin und Narden.
Wie die Patios ihren verschwenderischen Reichtum hinter schmiedeeisernen Gittern und Holztoren verstecken, so lebt Córdoba nach innen gewendet. Die Cordobesen sind zurückhaltend und spröde, weniger redselig, weniger extrovertiert als man das sonst den Andalusiern nachsagt. Sie sind darum nicht weniger selbstbewußt. Ich sah einmal, wie neben der Avenida ein Reiter mit schwarzer Bolerojacke und dem flachen Cordobés auf dem Kopf seinen Freunden Dressurakte vorführte. Die Freunde sahen der selbstbewußten Parade von Pferd und Reiter wortlos zu. Ein Handgruß, ein Zuruf, und der Mann ritt davon, brettsteif im Sattel, zwischen Autos und Karren.
Aus dieser Welt stammen berühmte Stierkämpfer, aber nicht El Cordobés, der hier wegen seiner Effekthascherei eher belächelt wird. Uneingeschränkter Held Córdobas ist der Matador Manolete mit dem traurig-ernsten Jungengesicht. Er wurde, kaum dreißig Jahre alt, von einem Miura-Stier getötet. Man sagt, der schweigsame Manolete sei das Opfer des Publikums und seines eigenen, die tödliche Gefahr verkennenden Ehrgeizes geworden. Nun wird er als Größter aller Matadore verehrt. Das Stierkampfmuseum ist seine Gedenkstätte.
Cordobesen und in ihrer Lebenshaltung »cordobesisch« waren Philosophen und Dichter: Der humane Stoiker und Tragödiendichter Seneca, im Jahre 4 v. Chr. in Córdoba geboren, der in Rom zu Ehren kam und auf Befehl Neros aus dem Leben schied. Der arabische Philosoph Averroes, geboren 1126 in Córdoba, der griechische Philosophie und islamische Lehre zusammenbrachte, dessen Aristoteleskommentare zu den großen Leistungen des lateinischen Mittelalters zählen. Der jüdische Arzt Maimónides, geboren 1135 in Córdoba, wie Averroes um eine Synthese bemüht, indem er jüdische, arabische und griechische Erkenntnisse zusammenführte und den Gegensatz zwischen Glauben und Wissen zu überwinden suchte. Der Dichter Luis de Góngora, der 1561 bis 1627 in Córdoba lebte, der Meister der metaphernreichen barocken Poesie und Vorläufer der modernen Lyrik. Diese Männer sind in Córdoba gegenwärtig, nicht nur Manolete, dessen Bild in fast jeder Bodega hängt.
Im alten Judenviertel, an der kleinen Plaza de Maimónides, haben die Cordobesen dem jüdischen Arzt und Philosophen ein markantes Denkmal errichtet. Nahebei liegt die alte Synagoge aus dem 14. Jahrhundert. Im vermutlichen Haus des Maimónides befindet sich das Museo

Municipal, in welchem neben der Stierkampfabteilung cordobesisches Kunsthandwerk, vor allem die traditionellen Leder- und Goldschmiedearbeiten zu sehen sind. Heute beliefert das cordobesische Kunsthandwerk vorwiegend die Andenkenindustrie, mit Goldfiligranschmuck, mit einer Art Lederbrokat, für viele Zwecke verwendbar, mit Lederbespannungen und Ledertäschchen.

Wenn die Cordobesen, zumal im Vergleich mit den rührigen Sevillanern, von verhaltener und nicht rasch auftrumpfender Lebensart sind, so ist ihre Stadt keineswegs zur Idylle erstarrt. Córdoba mit 210 000 Einwohnern ist Provinzhauptstadt und Marktzentrum für Vieh und landwirtschaftliche Produkte, die aus der fruchtbaren Campiña jenseits des Guadalquivir kommen. An den Stadträndern entstanden Textilfabriken, Zementwerke und kleine Schmelzöfen, deren Rohstoffe in der nahen Sierra Morena gewonnen werden. In der Stadt, auf dem Paseo del Gran Capitán, auf der zentralen Plaza de José Antonio mit dem Reiterstandbild des Gran Capitán Gonzalo de Córdoba, dessen weißer Marmorkopf viel zu klein geraten ist, treffen sich Bauern und Händler. In den Cafébars und Bodegas, bei einer Copita milden trokkenen Montillaweins, werden Geschäfte ausgehandelt und wird diskutiert. Abends, wenn der Paseo beginnt, füllen sich die Straßen, die zur Plaza de José Antonio führen, jäh mit schlendernden, redenden, gestikulierenden Cordobesen. Dann erwachen Scharen von Vögeln und zwitschern laut in den Platanen der Avenidas, in den Orangenbäumen des Patio de los Naranjos vor der Mezquita, der großen Moschee. Die Cordobesen wissen, daß die goldene Zeit ihrer Stadt ein Jahrtausend zurückliegt und daß Córdoba seinen Rang längst anderen Städten wie Granáda und Sevilla abtreten mußte. Für den Fremden bedarf es einiger Phantasie, sich vorzustellen, daß Córdoba zwischen dem 9. und 11. Jahrhundert gesellschaftlicher und kultureller Mittelpunkt des Abendlandes war. Den Anfang setzte Abderrahman I., ein blonder, einäugiger Prinz aus dem Omaijadenhaus. Als die rivalisierenden Abbassiden Damaskus eroberten und die herrschenden Omaijaden vernichteten, konnte der junge Abderrahman als einziger Überlebender fliehen. Auf abenteuerlichen Umwegen kam er nach Spanien, wo er mit den Anhängern seiner Dynastie die Abbassiden bekämpfte und im Jahre 756 das unabhängige Emirat Córdoba gründete. Der erste Abderrahman war ein rauher Krieger, doch er brachte die Dattelpalme und den Granatapfelbaum nach Spanien. Er ließ Paläste, Gärten, Bäder und Schulen errichten und kaufte 785 von den Christen

Córdoba

das Grundstück, auf dem die alte westgotische Kathedrale stand. Dort, nahe dem Guadalquivir, entstand der erste Bau der großen Moschee, der unter Abderrahmans Nachfolgern erweitert wurde.

Erst Abderrahman III. (912–961) machte sich zum Kalifen. Unter seiner Herrschaft soll Córdoba eine Million Einwohner, nicht weniger als 500 Moscheen und 700 öffentliche Bäder gehabt haben. Ein christlicher Bischof diente ihm als persönlicher Gesandter, der unter anderem den deutschen Kaiser Otto I. aufsuchte. Die Omaijaden waren tolerante Herrscher, an deren Hof Christen und Juden verkehrten wie alle ungehindert nach ihrem Glauben und ihren Sitten lebten. In diesem friedlichen Miteinander entfalteten sich die Künste und Wissenschaften, studierten und forschten die berühmtesten Philosophen, Ärzte, Astronomen, Mathematiker und Geschichtsschreiber ihrer Zeit. Die Bibliothek von Córdoba umfaßte 400 000 Bände, ein Wunder für die Welt um die Jahrtausendwende. Die wirtschaftlichen Grundlagen waren gesichert. Jedermann hatte sein Auskommen im Handwerk und Handel, in der Eisen-, Seiden- und Lederverarbeitung, in den Fruchtgärten und Getreidefeldern. Doch mit dem Zerfall des Maurenreiches, durch rivalisierende Kämpfe und Teilungen, schließlich nach der Wiedereroberung durch Ferdinand III. im Jahre 1236 und der Rechristianisierung geriet Córdoba mehr und mehr in den Schatten.

Mit der Mezquita, an deren Erweiterungen bis gegen Ende des 10. Jahrhunderts gebaut wurde, haben die Omaijaden ihr bleibendes Denkmal geschaffen. Die ehemalige Hauptmoschee des westlichen Islams ist das größte und bewundernswerteste religiöse Baukunstwerk der Mauren. Das weiträumige Rechteck (180 mal 130 Meter) mit abgeflachten Dächern in gleichmäßiger Höhe überragt kaum die umliegenden Häuser. Doch die Christen bauten im 16. Jahrhundert im Mittelstück der Mezquita ihre Kathedrale, deren Haube das flache Dach durchstößt. Sie errichteten an der Mauer zum Vorhof den hohen quadratischen Glockenturm. Eine patzige, mißglückte Okkupation, die schon das Mißfallen Karls V. erregte. Allerdings bewahrte die Christianisierung die Moschee vor der Zerstörung.

Die gesamte Anlage blieb erhalten. Der Besucher kommt zunächst in den Vorhof, den Patio de los Naranjos, wo Brunnen das Wasser für die rituellen Waschungen bereithielten, noch immer mit den Palmen und Orangenbäumen ein umfriedeter, zur Sammlung einladender Bezirk. Durch die Puerta de las Palmas betritt der Besucher den ältesten Teil der Moschee, dem die Anbauten organisch angegliedert wurden.

Ein Wald von mäßig hohen Granitsäulen gibt dem Innern des Baus die charakteristische Geschlossenheit: 850 Säulen, verbunden durch rotweiß gestreifte hufeisenförmige Doppelbogen. Der alte und mehr noch der neue Mihrab, die nach Osten gerichteten Gebetsnischen, bezaubern durch den reichen ornamentalen Schmuck, der mit abertausend Mosaiksteinchen und filigranen Arabesken von den Wänden, Bogen und Einfassungen glänzt. Nicht nur das Kunstwerk fasziniert, sondern der Gedanke daran, daß die Mezquita, in der gebetet und gelehrt wurde, Mittelpunkt der weltoffenen und toleranten maurischen Kultur war, die in Córdoba auflebte und die Stadt zur »Perle der Welt« machte.

Sevilla

Sevilla wurde groß, als der Ruhm Córdobas verblaßte. Doch die Einzigartigkeit des Kalifats von Córdoba ließ sich nicht wiederholen. Dazu waren die spätmaurischen berberischen Emire, die in Sevilla prächtig Hof hielten, zu sehr in Machtkämpfe verwickelt. Aus dieser Spätzeit stammt, was in Sevilla an die Mauren erinnert. Der Goldene Turm am Guadalquivir, die Torre del Oro, wurde 1220 zum Schutz des Hafens errichtet. An ihm hingen die Ketten, die den Fluß überspannten und sperrten. Angeblich war der zwölfeckige Turm mit vergoldeten Keramikplatten verkleidet. Schönstes Monument Sevillas ist die Giralda, das dächer- und türmeüberragende Wahrzeichen der Stadt, Ende des 12. Jahrhunderts als Minarett der großen Moschee gebaut und mit vier goldenen Äpfeln gekrönt. Die Christen setzten der Giralda im 16. Jahrhundert die Turmkrönung auf und machten sie zum Glockenturm der Kathedrale. Nach der Wetterfahne auf der Krönung wurde der Turm Giralda genannt.

Im Alcázar erinnert nur noch der Patio del Yeso mit dem kleinen Teich an die alte Araberburg. Ferdinand III., San Fernando, dessen Reiterstandbild auf der Plaza Nueva steht, eroberte Sevilla im Jahre 1248, zwölf Jahre nach Córdoba. Die christlichen Könige, die hier zeitweise residierten, ließen nahezu den ganzen Alcázar neu aufrichten, größten Anteil daran hat der kastilische König Peter der Grausame, der in der Mitte des 14. Jahrhunderts in Sevilla herrschte. Es ist merkwürdig zu denken, daß die christlichen Könige, gewiß mit der Hilfe mauri-

Sevilla

scher Künstler, diesen Alcázar mit seinen Patios, Arkaden, Hufeisenbogen, Arabesken und azulejosgeschmückten Wänden bauen ließen. Ein immer noch bezauberndes Beispiel der mudéjaren Kunst. Aber eben doch verrät die Üppigkeit das Künstliche und Nachgeschaffene, das von der originären Kraft der Mezquita oder der Alhambra in Granáda weit entfernt ist. Die Gärten des Alcázar, teils als maurische Anlage mit Wasserspielen erhalten, teils als Englischer Park angelegt, mit einer Fülle von leuchtenden Blumen, Koniferen, Palmen, Zitronen- und Orangenbäumen, gehören zum schönsten Teil der Stadt.

Im Gegensatz zu Córdoba neigt Sevilla zum Üppigen und Extrovertierten, zu Theatralik, Übertreibung und Prunk. Darin ist die Stadt offenbar erblich belastet. Als die Sevillaner im 15. Jahrhundert an der Stelle der abgetragenen Moschee ihre Kathedrale errichteten, soll im Domkapitel gesagt worden sein: »Laßt uns eine so gewaltige Kirche bauen, daß die Nachwelt uns für irrsinnig hält.« So wurde im Jahre 1506 die nach dem Petersdom in Rom zweitgrößte Kirche der Christenheit eingeweiht. Ein gotischer Dom, dem trotz des wunderbaren, ebenfalls weltgrößten Altaraufsatzes (20 m hoch), trotz der Leichtigkeit seiner hochstrebenden Säulen, trotz der lichtdurchlässigen gotischen Fenster etwas Zyklopisches und Düsteres anhaftet. Die Menschen, die durch winzige Tore eintreten, verlieren sich in der fünfschiffigen Halle, in der alles gewaltige Ausmaße annimmt. In den Glanzzeiten Sevillas sollen täglich an achtzig Altären fünfhundert Priester die Messe gelesen haben. Angesichts dieser erdrückenden Repräsentation empfindet man es als Wohltat, wenn man in den bescheidenen Orangenhof hinausgeht, den Patio de los Naranjos, der einmal zur Moschee gehörte.

Gut vorstellbar ist, daß Sevilla im 16. Jahrhundert, nach der Entdeckung der Neuen Welt, wie keine andere Stadt aufblühte und das erregende Glück genoß, Zentrale der entdeckten Länder zu sein. Die Casa de la Contratación regelte den gesamten Verkehr und Handel mit den Ländern Amerikas. Sevilla erhielt das Monopol für den überseeischen Handel und wurde zur wichtigsten Hafenstadt. Den Guadalquivir herauf kamen die Schiffe, voll beladen mit Gold, Silber, Edelsteinen, mit exotischen Früchten und edlen Hölzern. Sevilla wurde reich und groß und hatte bald mehr als 300 000 Einwohner in ihren Mauern. Im 16. und 17. Jahrhundert entstanden die meisten Klöster, Hospitäler und Paläste, Kirchen im verschwenderischen Barockstil, Profanbauten im selbstbewußten Renaissancestil. Dazu gehört die Lonja gegenüber der Kathedrale, die im Archivo de Indias die

Dokumente der Entdeckung und Kolonisierung Hispanoamerikas aufbewahrt, über 30 000 Schriften, auch die Bücher und Handschriften des Kolumbus, die sein Sohn Fernando Colón sammelte.

Das sind Zeichen der Vergangenheit, doch sie geben der Stadt ihre besonderen Akzente, und sie sagen etwas über den Charakter der Sevillaner. Es wäre ungerecht, würde im Extrovertierten und Theatralischen nicht auch die liebenswerte, verbindende und lebensfreudige Seite gesehen. »Stolzes Welttheater« nannte schon Lope de Vega die Stadt, die wie keine andere Stadt Feste zu feiern vermag. Selbst die Semana Santa, die Karwoche mit den allabendlichen Prozessionen der Cofradias, der Bruderschaften, verwandelt sich zum Volksfest. Ganz Sevilla wird zur Bühne, wenn die blumengeschmückten Figurengruppen durch die Straßen getragen werden, begleitet von Büßern mit den hohen, spitzen Hüten mit schmalen Sehschlitzen. Das an der Straße stehende Volk würdigt die schönsten Figurengruppen oder die goldumglänzte Virgen de la Macarena, die Schutzheilige der Stierkämpfer, durch freudige Zurufe. Wenn die Prozession anhält und die Träger verschnaufen, tritt irgendwer heran und singt eine Saeta, eines der alten Klagelieder im Cante Jondo.

Schon bald nach der Semana Santa folgt die April-Feria, die sechs Tage dauert, eine Mischung von Volksfest, landwirtschaftlicher Messe und Viehmarkt. Die Feria auf dem Prado de San Sebastian neben der Avenida de Carlos V. ist nicht für die Fremden gemacht, doch ihren Augen zeigt sich ein Bilderbuch-Andalusien wie nirgendwo sonst. Caballeros zu Pferde, Frauen und Mädchen in bunten, getüpfelten Kleidern und Mantilla, festlich geschmückte Landkutschen und Zigeunerwagen, Gitarrenspiel und Tanz. Ein Korso und Reitkünste werden geboten. Man freut sich, genießt das Sehen und Gesehenwerden, nimmt zwischendurch einen Schluck Manzanilla, ein paar Oliven, etwas von den köstlichen Tapas, den kleinen Appetithappen, die überall angeboten werden.

Eigentlich bedarf es keines besonderen Anlasses, um als Passant oder Akteur im täglichen Schauspiel des Lebens mitzuwirken. Jeder Gang durch die lebhafte Calle de las Sierpes, die Schlangenstraße, die vom Ayuntamiento nach Norden zieht, beweist das. Die mit Platten belegte Hauptgeschäftsstraße ist von Geschäften, Bars und Klubhäusern gesäumt, doch vor allem zum Flanieren, Plaudern, Sichzeigen und Sichmitteilen geschaffen. Nur einzelne ältere Señores sitzen in den fensteroffenen Klubs seitlich der Sierpes, starren schweigend auf das Treiben

Sevilla

oder lesen in irgendeiner Zeitung. Jeder Abend auf der großen Plaza Nueva, um die der städtische Hauptverkehr brandet, wird zum Fest. Hier wird nichts geboten, außer einem Klappstuhl (für den der Wärter später zweieinhalb Pfennige kassiert), aber hier, unter Orangenbäumen und Palmen, geben sich zur Paseozeit große und kleine Sevillaner ein Stelldichein, vollzählige Familien, alte Männer, debattierende Studenten und Mädchencliquen. Kinder schwirren aus oder schaukeln auf den hängenden Ketten am Fuß des Reiterstandbildes von San Fernando.

Innerhalb der vergangenen zehn Jahre vergrößerte sich die Einwohnerzahl Sevillas von 300 000 auf knapp 700 000. Dieser umgemein rasche Zuwachs brachte der Stadt Probleme wie nie zuvor. Vor allem die Landarbeiter, durch die Mechanisierung auf den Latifundien brotlos geworden oder einfach auf der Suche nach besseren Arbeitsplätzen, strömten in die Stadt. Sevilla, die größte und ausbaufähigste Handels- und Industriestadt Südspaniens, gehört zu den staatlich geförderten industriellen Entwicklungszentren. Neben der herkömmlichen Fabrikation von Textilien, Tabak, Keramik und Glas entstanden neue Industriebetriebe, in denen Zement, Eisen, Stahl, Maschinen und Metallwaren produziert werden. Der Hafen und damit der Seeverkehr lebte neu auf, nachdem der Guadalquivir durch die Corta de Tablada unterhalb von Sevilla reguliert und durchgehend bis neun Meter vertieft wurde. So kommen die Rohstoffe zur Weiterverarbeitung auf dem Seeweg in die Stadt. Die Agrarprodukte der Umgebung werden zu Mehl, Obstkonserven, Wein und Likör verarbeitet. Die gut ausgebauten Verkehrswege (Straßen, Eisenbahn, Schiffahrt und Luftverkehr) förderten Sevillas Bedeutung als zentraler Markt und Messestadt für den Süden des Landes. Auch der Fremdenverkehr nimmt zu.

Im Hinblick auf die wirtschaftliche Entwicklung, auf die Erweiterung der Produktions- und Arbeitsstätten erweisen sich die Sevillaner als anpassungsfähig und aktiv. Schwieriger und bisher ungelöst sind die Probleme, die durch die enorme Zuwanderung in die Stadt getragen wurden. Die meisten Zuwanderer wohnen in notdürftigen Barackensiedlungen am Stadtrand. Zahlreiche Wohnhäuser der Innenstadt sind baufällig. Wirtschaftliche Entwicklung und gesteigerte Wohnungsnachfrage begünstigten die Bodenspekulation, wodurch die Neubaupreise in die Höhe getrieben wurden und nur für eine zahlungskräftige Minderheit erschwinglich sind. Für die Mehrheit, die unteren Einkommensschichten und die mittellosen Zuwanderer fehlen Sozialwohnungen. Offensichtlich wurde neben der wirtschaftlichen Förderung die staatliche und städtische Förderung des sozialen Wohnungsbaus vernachlässigt. Im Ayuntamiento, der Stadtverwaltung, weiß man, daß die Lösung dieser Probleme die vordringlichste Aufgabe für die nächsten Jahre sein wird.

Zwei charakteristische Stadtviertel vermitteln den besten Einblick in die nuancenreiche Spannweite Sevillas, Santa Cruz und Triana. Zwischen Kathedrale und Alcázargärten liegt der malerische Barrio de Santa Cruz. Das frühere Judenviertel ist zur Idylle geworden, weit entfernt von Verkehr und Stadtlärm, ein Labyrinth von Gassen und Gäßchen mit bündigen Namen wie Wasser, Leben, Stroh, Pfeffer, Brot, Sarg oder Abfallplatz. Winzige Plätze mit Zierbäumen und exotischen Pflanzen, kalkweiße Häuser, außen an den Fenstergittern Topfgeranien, wuchernde Klematis und Jasmin, kleine Innenhöfe mit Springbrunnen, Azulejosplatten und Blumen. Bewahrte und gepflegte maurische Erinnerung, die Sevilla einen reizvollen Akzent gibt und fast vergessen macht, daß 4000 Angehörige der Judengemeinde, die in diesem Viertel wohnten, bei einem Pogrom im Jahre 1391 getötet wurden. Jenseits des Guadalquivir, über den Puente de Isabel II zu erreichen, liegt Triana. Der alte Töpfervorort hieß zur Römerzeit Trajana. Die römischen Kaiser Trajan und Hadrian stammten aus Itálica nahe Sevilla (bei dem Dorf Santiponce), dessen römische Ruinen freigelegt wurden. Doch Triana spricht nicht für die Vergangenheit, sondern für die Gegenwart. Triana ist das Viertel der Arbeiter, der kleinen Gewerbetreibenden und Zigeuner. Bekannte Stierkämpfer und Flamencosänger sind hier zu Hause. In kleinen verrauchten Bars wird Flamenco getanzt und gesungen, stampft die Bailaora zum Gitarrenspiel und Händeklatschen einen nervenpeitschenden Rhythmus. Man kann beides erleben, eine leichte, fröhliche und amouröse Sevillana oder den strengen, ernsten und klagenden Cante Jondo, den García Lorca »una conversación con la muerte«, eine Zwiesprache mit dem Tod, nannte. Das ist kein Spiel. Wer kann vergessen, daß im heißen Bürgerkriegssommer 1936 Legionäre in die Häuser von Triana eindrangen und jeden, den sie fanden, mordeten? Man spricht nicht davon, doch die Sevillaner sagen, das Leben ist kürzer als der Tod. Ihrem lebensfrohen, übertreibenden Temperament, ihrer Sucht, sich darzustellen und mitzuteilen, ist der melancholische Ernst des Cante Jondo beigemischt.

Jerez de la Frontera

Auf den Hügeln, in den Ebenen seitlich der spanischen Autostraßen, selbst in der menschenleeren Meseta, sieht man keine Reklame häufiger als die riesige Silhouette von Tio Pepe mit der Gitarre und den schwarzen bulligen Stier mit dem aufgedruckten »Veterano Osborne«. Werbung für Wein und Weinbrand aus Jerez. Die in der fruchtbaren und rebenreichen Vega vor Cádiz gelegene Stadt Jerez de la Frontera ist Zentrum der Weinverarbeitung und Weinfabriken. Doch in einer Bar an der Plaza trafen wir junge Leute, die ein frisches Aguilabier dem süß-trockenen Wein vorzogen.

Der Jerez entspricht englischem Geschmack. Englische, auch französische Gründer brachten im vorigen Jahrhundert Kapital und Exportchancen ins Land. Sie machten aus Jerez das verbalhornisierte Wort Sherry. Noch heute gehört eine der größten Weinfabriken, González Byass (Jahresumsatz an Wein 10 Millionen Liter; Beschäftigung für 600, in der Saison etwa 800 Arbeiter), halb der spanischen, halb der englischen Gründerfamilie. Reibungslose Kooperation trotz der Nähe Gibraltars. Als Exportartikel wächst die Bedeutung des Sherry. Im Jahre 1957 wurden knapp 25 Millionen Liter, 1971 bereits 73 Millionen Liter überwiegend als Faßware exportiert. Nach der Menge sind das zwar nur 20 Prozent des spanischen Weinexports, jedoch nach dem Wert 70 Prozent.

Verständliche Neugier führte uns in die Bodega des Herstellers von Tio Pepe. In den Hallen lagen sauber in Reih und Glied unzählige Fünfhundertliterfässer. Sie sind aus amerikanischer Eiche gefertigt, deren Säure Farbe und Aroma des Jerez fördert. Stolz zeigte uns der Lagermeister die ältesten Fässer, die verstaubten ersten Flaschen, Fässer mit dem Namenszug von Königen, Staatsoberhäuptern und Stierkämpfern, umgeben von zwölf kleineren Apostelfässern das enorme Christusfaß, das 16 500 Liter enthält, genau den Inhalt von 33 Normalfässern. Im Abfüllraum klopften Arbeiter mit dem Hammer die Korken in Flaschenhälse. Im Nebenraum stand unbenutzt eine moderne Abfüllmaschine, nicht defekt, sondern stillgelegt, damit den mit der Abfüllung Beschäftigten außerhalb der Saison die Arbeitsplätze erhalten bleiben.

Cádiz

Salzseen liegen vor der schmalen Zufahrt, die das Festland mit der zehn Kilometer langen Landzunge verbindet. Fast eine Insel, deren meerwärts geknicktes Kopfende, ein Muschelkalkfelsen, das alte Cádiz trägt. Doch bevor wir durch die Puerta die Tierra in das Stadtzentrum einfahren, sehen wir seitlich der schnurgeraden Straße moderne Hochhäuser, die saubere, gepflegte Neustadt. Zeichen der Wohlhabenheit. Von altersher waren die Gaditaner tüchtige Kaufleute und Seefahrer, reich geworden durch Handel mit Wein und Kork, Salz und Thunfisch.

Cádiz verführt auf völlig prätentiöse Weise zum Superlativ. Die Poeten sprechen von der »weißesten Stadt der Welt«, von ihrer »salada claridad«, ihrer salzenen Klarheit. Die Historiker sprechen von der ältesten Stadt der Iberischen Halbinsel, die Statistiker von Spaniens geburtenreichster und lesefreudigster Stadt. Lesen, sich informieren, vertrautwerden mit den Gedanken anderer, das fördert eine freiheitliche Gesinnung, die noch heute die Gaditaner auszeichnet.

Geschichte, Lage und Vernunft prägten einen Menschenschlag von liberaler, toleranter und weltoffener Art. In Cádiz wurde zum erstenmal in der europäischen Geschichte der neuzeitliche Liberalismus bewußt zur Verfassungsgrundlage erklärt. Als Napoleon Spanien besetzte (1808 bis 1813) und Cádiz Hauptstadt des freien Teils wurde, beschloß hier im Jahre 1812 die spanische Nationalversammlung die erste liberale Verfassung in der Form einer konstitutionellen Monarchie. Allerdings war diese Verfassung nur kurze Zeit wirksam und endete mit der Rückkehr des reaktionären Königs Ferdinand VII. Aus unseren Tagen ist bekannt, daß sich der energische Bischof von Cádiz öffentlich für die Liberalisierung der Syndikate einsetzte, das heißt für eine unabhängige Arbeitervertretung, für Meinungs- und Aktionsfreiheit. Ideologische Fanatiker oder der anderswo privilegierte spanische Adel konnten in Cádiz schwerlich Boden finden. Ebensowenig haben die Gaditaner für die Manieren der andalusischen Latifundienherren übrig.

Cádiz ist eine sympathische Stadt, deren unaufdringliche Freundlichkeit das Fremdsein vergessen läßt. Vom Atlantik weht ein frischer Wind herüber und belebt die schattigen Gassen, die auf lichtüberflutete Plätze münden. Dort spielen Kinder, halten die Frauen ihren Morgenschwatz, gehen Angler mit langen Bambusstangen oder blinde

Losverkäufer. Manche der weißen Häuser haben noch die typischen Fenstergitter, vorgesetzt wie Käfige, fast bis zum Straßenbord reichend. Darüber blumengeschmückte Balkongitter. Im Parque Genovés, unter Magnolienbäumen und Palmen, spazieren junge Gaditanerinnen wie Martial sie beschrieb, »hochgewachsen, die Augen schwarz, der Mund klein, die Haut fein und weiß, das Haar dunkel«.

An der Südseite führt die Avenida Primo de Rivera unmittelbar am Meer entlang. Aus der weißen, lichtgebleichten Häuserfront ragt breit und schwer die alte Kathedrale. Nur das Gelb der barocken Kuppel setzt einen Farbakzent. Das stahlblaue Meer, das den verhältnismäßig kleinen Inselkopf umspült, intensiviert das in der Stadt vorherrschende Weiß. Um so dankbarer nimmt man abends, an der Plaza de San Juan de Dios sitzend, die violette Brechung des Lichtes wahr. Man hört das Glockenspiel vom Ayuntamiento, hört das Reden der kommenden und gehenden Gaditaner. Der Platz öffnet sich zum Hafen hinunter, gibt den Blick frei auf Schiffe, Kräne und Takelagen. Cádiz besitzt die zweitgrößte Schiffswerft Spaniens, jedoch gehört der Hafen nach seiner Verlademenge nicht zu den großen Häfen wie Gijón, Bilbao, Barcelona, Valencia oder Málaga. Das ist eine Folge der abseitigen Lage im äußersten Südwesten und der mangelhaften Verkehrsverbindungen landeinwärts. Nahegelegene Industriezentren, die zu beliefern wären, fehlen. So besteht die Einfuhr aus Gebrauchsgütern, Kohle, Maschinen und Holz für Weinfässer, während die für den Export bestimmte Schiffsverladung Wein, Seesalz, Fische, Olivenöl, Früchte und Kork umfaßt.

Neuerdings rechnet Cádiz durch die zunehmende Erschließung der Costa de la Luz mit einem stärkeren Anwachsen des Fremdenverkehrs. Die Küste des Lichts hat meilenweite noch ungenutzte Sandstrände und das wärmste Klima Europas, im Hinterland Weingärten, Ölbaumkulturen und Weideflächen, wo Kampfstiere und Pferde gezüchtet werden. Noch ist der Tourist ein seltener und gerngesehener Gast. Einsichtige kritische Einheimische sehen allerdings auch die mit dem wachsenden Tourismus verbundene Problematik, obwohl sie die teilweise Urbanisierung der Costa de la Luz und den zu erwartenden wirtschaftlichen Zuwachs begrüßen. Ob ihrer Küste das Schicksal der verfremdeten und teils erschreckend verbauten Costa del Sol erspart bleibt, das hängt wesentlich von der Planungssorgfalt und Überwachung der Behörden ab.

Gibraltar

Ob man von Tarifa oder Málaga kommt oder auf dem Luftweg Gibraltar anfliegt, ein faszinierender Anblick, wie an der Ostseite der Bucht von Algeciras der schmale nach Süden ziehende Felsenrücken auf dem Meer schwimmt. Die ebene Landverbindung mit der spanischen Stadt La Linea hebt das Inselhafte Gibraltars hervor. Doch die klotzige Berghöhe täuscht. Der steinerne Kamelhöcker, der nach Süden terrassenförmig abflacht, erreicht nur eine Höhe von 426 Metern, während die gesamte Landspitze etwa fünf Kilometer in der Länge und etwas über einen Kilometer in der Breite mißt. An der Westseite liegt die Stadt mit dem reich frequentierten Hafen und dem Airport, dessen Rollfeld wie ein Brett ins Meer gezogen ist.

Zwei Eroberungen bestimmten das Schicksal der Felsenhalbinsel, die im Altertum Calpe hieß und als Tor zum Ozean — wie der gegenüber liegende afrikanische Mons Abylas — Säule des Herkules. Für die Mauren war der ideale Brückenkopf das Tor nach Spanien. Im Jahre 711 eroberte der berberische Heerführer Tarik den Felsen, der nach ihm Djebel al Tarik genannt wurde, etwas verformt »Gibraltar«, und eröffnete die siebenhundertfünfzigjährige maurische Epoche Spaniens. Im Jahre 1704, im Verlauf des Spanischen Erbfolgekrieges, eroberte der englische Admiral Sir George Brooke Gibraltar, eigentlich im Namen des habsburgischen Kronprätendenten und für Spanien. Doch er setzte listigerweise auf dem Felsen die britische Flagge. Nach dem Sieg des bourbonischen Kronprätendenten wurde im Frieden von Utrecht (1713) Großbritannien »der volle und ganze Besitz der Stadt und Festung Gibraltar« auf ewig zugestanden.

Seitdem ist Gibraltar Streitobjekt zwischen Spanien und Großbritannien. Gelegentliche Versuche der Rückeroberung blieben erfolglos. Den vorläufig letzten Stand kennzeichnet die hermetische Abriegelung der spanischen Grenze im September 1969. Niemand, kein Arbeiter, kein Händler, auch kein Tourist kann vom spanischen Festland nach Gibraltar einreisen. Spanien rechtfertigt die Abriegelung als Maßnahme gegen eine neue Verfassung, die den »kolonialen Charakter« der aus spanischer Sicht britischen Niederlassung verlängert. Die UNO, wiederholt mit der Gibraltar-Frage befaßt, drängte auf Verhandlungen zwischen Madrid und London und forderte, die Entkolonialisierung Gibraltars zu beschließen. Dagegen entschied sich die Bevölkerung Gibraltars in einem Referendum (1967) mit überwiegender

Mehrheit für die britische Kronkolonie. Von den rund 25 000 Gibraltarenos stimmten lediglich 44 für Spanien. Spanien erkennt das Referendum nicht an, weil die spanische Bevölkerung der Halbinsel bei der englischen Eroberung auswanderte oder verjagt wurde. Ihre Nachkommen leben im benachbarten spanischen Ort San Roque. In der Tat, wer heute über die Main Street, die Hauptstraße Gibraltars, geht, begegnet kaum einem Spanier, dafür einem bunten »importierten« Völkergemisch, vorwiegend Italienern, Marokkanern und Maltesen, in geringerer Zahl Juden und Indern; etwa jeder fünfte ist Engländer.
Nachdem Spanien die eisernen Tore von La Linea schloß, sind die Gibraltarenos in ihrem sechs Quadratkilometer großen Käfig eingesperrt. Die letzten 4800 spanischen Gastarbeiter (noch 1964 waren es 10 000), die täglich herüberkamen, um als Maurer, Bäcker, in den Docks, Arsenalen und Konservenfabriken zu arbeiten, blieben aus. Sie fanden inzwischen in den Raffinerien und den mit verständlichem Eifer ausgebauten Industrien an der Bucht von Algeciras neue Arbeitsplätze. Der Gouverneur von Gibraltar ließ als Ersatz für die spanischen Pendlerarbeiter Marokkaner einreisen, was wegen der fehlenden Unterkünfte neue Probleme aufwarf. Solche Probleme sind lösbar. Empfindlicher traf die Gibraltarenos das Ausbleiben der von Spanien eingereisten Touristen und der durch die rigorose Abriegelung unmöglich gewordene Schmuggel. Nahezu jede Familie war am Schmuggelgeschäft beteiligt und verdoppelte dadurch das offizielle Einkommen. In kleiner, aber höchst einträglicher Menge brachten die Gibraltarenos auf jedem Sonntagsausflug Zigaretten, Transistorradios, Uhren, Luxusartikel nach Andalusien. Vor der ersten Blockade von 1965 wurde der jährliche Verlust der spanischen Volkswirtschaft durch den Gibraltar-Schmuggel auf eine Milliarde Peseten geschätzt, der Gewinn durch die Entlohnung der spanischen Gastarbeiter auf 400 Millionen Peseten.
Als Folge der Abriegelung ging der tourismusorientierte Handel auf ein Minimum zurück, stiegen die Preise für Konsumgüter, Textilien, selbst für die einst geschmuggelten Artikel. Nur noch Tabakwaren und die jedem verwöhnten Pfeifenraucher bekannten Dunhill-Pfeifen bekommt man nirgendwo billiger als auf der Main Street.
Die Gibraltarenos leben weniger lukrativ als früher, aber sie zahlen immer noch die niedrigsten Steuern im gesamten Commonwealth. Die steigenden Kosten zur Erhaltung von Stadt und Garnison trägt der Kolonialherr Großbritannien. Gibraltar besitzt keine Bodenschätze,

und Trinkwasser wird durch riesige Auffangbecken für Regenwasser an der Ostseite des Berges und eine Entsalzungsanlage für Meerwasser gewonnen. Englische Kohle, die Grundlage für das wirtschaftliche Leben, wird von regelmäßig eintreffenden Kohlenschiffen angeliefert. So bleibt Gibraltar als Haupteinnahmequelle die Versorgung von Handelsschiffen aller Nationen mit Kohle, Öl und Proviant erhalten. Nun gehen Schiffsbesatzungen, auch die Fischer der sowjetischen Hochseeflotte, die regelmäßig in Gibraltar Station macht, durch die Straßen und sorgen dafür, daß die pittoreske Stadt nicht alle Touristen verliert.

Kein Fremder versäumt den Weg hinauf zum Affenfelsen, dem Rock Apes. Er liegt an der östlich auf halber Berghöhe verlaufenden Queens Road, die zudem die schönsten Ausblicke zum spanischen Festland und hinüber zur afrikanischen Küste gewährt. Am Affenfelsen tummeln sich die einzigen wilden Affen Europas, ein paar Dutzend. Man hat den Affen Wohnhöhlen gebaut und kümmert sich um die Fütterung. Für zusätzliche Bananen und Nüsse sorgen die Fremden, die heraufkommen. Es heißt, solange die Affen nicht aussterben, bleibt Gibraltar im Besitz der Engländer. Wenn es danach ginge, würde die britische Kronkolonie noch lange existieren. Heute (Frühjahr 1973) haben sich beide Seiten auf den Status quo eingestellt. Aber Gibraltar bleibt ein Pfahl im Fleisch der stolzen Spanier, wenn auch die frühere strategische oder wirtschaftliche Bedeutung in unseren Tagen kaum noch ins Gewicht fällt.

MAURISCHES SPANIEN

In spanischen Geschichtsbüchern wird die maurische Epoche (711 bis 1492) mit auffallender Scheu behandelt oder gleich unter dem Aspekt der Reconquista, der Wiedereroberung, gesehen. Miguel de Unamuno nennt die maurische Invasion ein nationales Unglück. Bedeutende spanische Historiker sehen in der Islamisierung (islamización) des Landes eine tragische Abweichung (una trágica desviación) von der Bestimmung Spaniens, von seiner christlichen, okzidentalen Bestimmung. Wer die Maurenzeit nur aus solchen Gesichtspunkten begreift, wird es schwer haben, zu einer ausgewogenen Meinung zu gelangen, die auch einen möglichen Zugewinn gelten läßt. Selbst die durch die

Mauren ausgelöste Abweichung oder Unterbrechung der politischen Entwicklung kann nicht ausschließlich negativ gewertet werden. Zumindest provozierte sie die Gegenbewegung der Reconquista, die schließlich zum gemeinsamen Handeln der vereinzelten christlichen Königreiche und zu ihrer Vereinigung führte.

Doch nicht anzweifeln läßt sich der kulturelle und zivilisatorische Beitrag der Mauren. Was sie in den Wissenschaften, Künsten, in der Philosophie, Architektur, im Kunsthandwerk leisteten oder förderten, wirkte nachhaltig im europäischen Kulturraum weiter und kann zum großen Teil noch heute geprüft werden. Salvador de Madariaga betont die kulturelle und wirtschaftliche Überlegenheit des Kalifats gegenüber den »kleinen barbarischen Königreichen« Nordspaniens, die dem Kalifen von Córdoba, dem »Monarchen von Spanien«, tributpflichtig waren und von ihm Hilfe, Schutz und Schlichtung von Streitigkeiten erbaten.

In der siebenhundertfünfzigjährigen Geschichte der Mauren in Spanien gab es auch kriegswütige und grausame Herrscher wie Almansur, der gegen Ende des 10. Jahrhunderts in über fünfzig Kriegszügen Nordspanien von Katalonien bis Galicien unterwarf. Er eroberte Santiago de Compostela, die heilige Stadt des Apostels Jakobus, und ließ die Glocken der Kathedrale von christlichen Gefangenen nach Córdoba tragen und in der Großen Moschee als Lampen aufhängen. Das allerdings schlug dem Nationalstolz der christlichen Spanier eine Wunde, die nie heilte. Man versteht, wenn in einer mittelalterlichen Chronik der Tod des Almansur mit dem Zusatz »Er wurde in der Hölle begraben« vermerkt und wenn der Nationalheilige Santiago als Leitstern der Reconquista zum Matamoros, zum Maurentöter, wurde.

Was gab den Anstoß zur maurischen Invasion? Mit Sicherheit nicht die Absicht, den Islam mit Feuer und Schwert über Spanien nach Europa zu tragen. Die Mauren haben auch nicht eine blühende Kultur zerstört. Was sie vorfanden, war das morsche, von Intrigen geschüttelte Staatsgebilde der Westgoten, deren König in Toledo residierte. Wohl hatten die arianischen Westgoten 589 den katholischen Glauben angenommen und dadurch die religiöse Einheit des Landes begründet. Doch sie blieben in den knapp dreihundert Jahren ihrer Spanienherrschaft zugewanderte Fremdlinge, eine Minderheit, der die Vermischung mit den Einheimischen untersagt war. Ihre Gesetzgebung, etwa gegenüber den zahlreichen Juden, war intolerant.

Es gilt als ziemlich sicher, daß die Mauren von den Gegnern des letzten

Westgotenkönigs Rodrigo ins Land gerufen wurden. Die Thronstreitigkeiten nach dem Tode des Königs Witiza hatten Rodrigo die Krone eingebracht, aber gleichzeitig die Feindschaft von Witizas Söhnen und ihren Anhängern. Diese verbündeten sich mit den nordafrikanischen Berbern. Ihr Verbindungsmann war der christliche Graf Julian, byzantinischer Statthalter in der nordafrikanischen Küstenstadt Ceúta. Die Chronik Alfons des Weisen erzählt, daß die Tochter des Grafen Julian zur Erziehung am Hof in Toledo lebte. Beim Baden im Tajo habe König Rodrigo das Mädchen überrascht und geschändet. Graf Julian hatte Grund, sich zu rächen. Er unterstützte die Gegner des Königs Rodrigo und half dem berberischen Heerführer Tarik, als dieser mit einer arabisch-berberischen Streitmacht im Jahre 711 nach Gibraltar übersetzte. In der ersten und entscheidenden Schlacht beim Flüßchen Guadalete, nahe Arcos de la Frontera, wurden die Westgoten vernichtend geschlagen. König Rodrigo, der in der Mitte seiner Soldaten kämpfte, fiel oder wurde ermordet. Tarik hatte von seinem Vorgesetzten, dem arabischen Statthalter Muza, den Auftrag, nach der Schlacht umzukehren und die Kriegsexpedition zu beenden. Gegen den Befehl zog er weiter in Richtung Toledo. Der Ungehorsam des Tarik brachte ihm später die Strafe der Auspeitschung, doch er begründete die maurische Herrschaft. In einem Blitzkrieg von zwei Jahren eroberten die Mauren nahezu ganz Spanien, das heißt ohne die nördlichen Provinzen.

Niemals hätten die Mauren so rasch Boden gewonnen, wäre nicht durch die intolerante, auch korrupte Staatsführung der Westgoten die Unzufriedenheit des Volkes, besonders der Juden, geweckt worden. Die Mauren stießen auf zahlreiche Sympathisanten. Sogleich nach der Eroberungswelle richteten sich die Mauren auf eine Koexistenz und Kooperation mit der Bevölkerung ein. Das ergab sich schon daraus, daß sie, anders als die Westgoten, ohne Frauen ins Land kamen und mit den Töchtern der Einheimischen Familien gründeten. Die einheimische Bevölkerung sträubte sich keineswegs gegen die Vermischung. Selbst christlichen Königen des Nordens galt es als Ehre, wenn sie ihre Töchter in die Harems der Sieger gaben. Für die Araber zählte allein die Reinheit des eigenen väterlichen Stammbaums. Aber vom Araberblut blieb nach einigen Generationen nicht mehr viel übrig. So werden die meisten maurischen Emire und Kalifen als blond und blauäugig beschrieben, was sie ihren mütterlichen Vorfahren aus westgotischen Fürstenhäusern verdanken.

Im Gegensatz zu ihren Vorgängern erwiesen sich die Mauren als tolerant. In Einzelfällen gab es Abweichungen, Grausamkeiten, herrschte das Gesetz der Wüste. Doch blieb die vielleicht nicht politisch, aber menschlich kluge Toleranz als Prinzip bis zum Ende erhalten. Sie übte – verbunden mit dem für die damaligen Verhältnisse erstaunlichen kulturellen und wirtschaftlichen Auftrieb – die stärkste Anziehungskraft auf die Bevölkerung aus. Niemand war gezwungen, den islamischen Glauben anzunehmen. Doch viele Christen, zumal aus den einfachen Volksschichten, bekannten sich zur Lehre Mohammeds. Die Christengemeinden mit ihren Bischöfen existierten weiter. In Toledo, wo seit der Westgotenzeit der Primas der spanischen Kirche residierte, fanden ungehindert Konzile statt. Der Kalif übertrug Christen, selbst Bischöfen hohe Ämter im Staatsdienst. Am Hof des Kalifen von Córdoba verkehrten christliche wie jüdische Berater, Wissenschaftler und Künstler.

Die Mauren nannten das eroberte Land Al-Andalus (nach den Vandalen, die in Nordafrika ihr Reich gegründet hatten, doch aus »Andalusien« zugewandert waren). Zuerst war Al-Andalus dem Kalifen von Damaskus untertan. Fünfundvierzig Jahre nach der Eroberung, im Jahre 756, gründete der Omaijade Abderrahman I. das unabhängige Emirat von Córdoba, das 929 Kalifat wurde. Unter den Omaijaden, die bis ins 11. Jahrhundert herrschten, erreichte Al-Andalus mit dem Zentrum Córdoba seine überwältigende kulturelle, wirtschaftliche und politische Blütezeit. Die Nachfolger der Omaijaden erschöpften sich in rivalisierenden Kämpfen, aus denen schon im 11. Jahrhundert an die zwanzig Teilstaaten hervorgingen, kleine Königreiche, die Taifas. Sevilla löste Córdoba als führende Stadt ab. Hier herrschten die Almoraviden, die von den Nomaden der Sahara abstammten. Sie waren Barbaren im Garten Al-Andalus, strenggläubige Fanatiker, die das durch Toleranz und Kultur Erreichte mit Füßen traten und zum Glück nach fünf Jahrzehnten durch die Almohaden abgelöst wurden. Die Almohadenzeit, die noch einmal, wenigstens in Sevilla, Ruhe und kulturelle Entfaltung brachte, verlosch in den Kämpfen mit den von Norden nach Andalusien drängenden christlichen Reconquistadoren.

Nach der Schlacht bei Navas de Tolosa (1212) an der andalusischen Nordgrenze eroberten die christlichen Ritter Stadt um Stadt, 1236 Córdoba, 1238 Valencia, 1243 Murcia, 1246 Jaén, 1248 Sevilla und 1262 Cádiz. Nur noch das maurische Königreich Granáda hielt sich, wurde zum Sammelbecken für Tausende von Zuflucht suchenden Mauren und erlebte unter den Nasriden ein letztes Aufblühen der maurischen Kultur. Ihr bestes Zeugnis ist die Alhambra. Bezeichnend ist das Verhalten des letzten Maurenkönigs Boabdil, der Granáda am 2. Januar 1492 den allerdings übermächtigen Reyes Católicos kampflos übergab. Boabdil tat dies nach der vertraglichen Zusicherung der Toleranz gegenüber den maurischen Untertanen und weil er die Zerstörung der Alhambra verhindern wollte. Seine Mutter Aisha soll ihn, als er abzog und weinte, verspottet und gesagt haben: »Weine nicht wie ein Weib, da du nicht kämpfen mochtest wie ein Mann.«

Im strengen Sinn waren die Mauren weder hervorragende Kriegsstrategen noch geniale Staatsmänner, die durch Plan und Gesetz Macht festigten und ausübten. Als Eroberer profitierten sie von der Schwäche ihrer Gegner. Fast könnte man sagen, das Eroberte fiel ihnen zu. Auch ihre Züge nach Norden, bis nach Burgund und zur Tourraine, entbehrten der sinnvollen strategischen Planung, so daß sie 732 bei Poitiers von Karl Martell geschlagen wurden und künftig diesseits der Pyrenäen blieben. Ihre politische Schwäche erwies sich durch die mangelhafte Festigung des Staatsapparates, der Al-Andalus nur so lange zusammenhielt, als ihm Erschütterungen erspart blieben. Bei der ersten etwas kräftigen Herausforderung im 11. Jahrhundert brach der maurische Staat auseinander und konnte sich nie wieder als Ganzes formieren. Die Reconquista traf auf einen verwundbaren, in sich zerfallenen Gegner.

Verwundbar waren die Mauren auch aus menschlichen Gründen. Ihre Toleranz zog nicht nur Freunde heran, sondern duldete fremde, feindliche oder verräterische Elemente, die auf ihre Stunde warteten. Selbst im Heer des schrecklichen Almansur, der Geißel Gottes, kämpften christliche Söldner. Ihretwegen gebot Almansur an Sonn- und Feiertagen Kampfruhe. Als Almansur in Santiago de Compostela am Grab des Santiago einen alten betenden Mönch vorfand, befahl er, den Betenden und das Apostelgrab zu verschonen.

Die Stärke der Mauren, ihre ans Wunderbare grenzende schöpferische Leistung, lag im Bereich des Kultivierens. Das betraf zunächst den naturhaften Lebensraum, die Kultivierung der Landschaft und des Bodens, Bewässerung und Gartenkunst, Einführung von Früchten und Pflanzen. Die wirtschaftliche und händlerische Entwicklung nahm einen seit der Römerzeit nicht mehr gekannten Aufschwung. Bestimmte Gewerbe wie die Seiden- und Lederverarbeitung blieben über Jahrhunderte erhalten.

Die Zeitgenossen mußten besonders die Kultivierung des menschlichen

Lebensraumes, das für damalige Verhältnisse humane Zusammenleben als wunderbar empfunden haben. Die Mauren fanden in Spanien vergleichsweise barbarische Verhältnisse vor. Im christlichen Mitteleuropa hielten sich bestimmte Barbarismen bis ins hohe Mittelalter. Das Gottesurteil mit Feuer- und Wasserprobe und Zweikampf wurde erst 1215 kirchlich verboten, während die Mauren schon Jahrhunderte früher eine aufgeklärte Rechtsprechung eingeführt hatten. Die Elastizität der Mauren, ihre jedenfalls prinzipielle Toleranz gegenüber Andersgläubigen, anderen Sitten und Bräuchen brachte in die eher spröde und unduldsame mittelalterliche Umwelt eine ganz neue Dimension ein. Nicht zu reden von den Verfeinerungen des gesellschaftlichen Lebens, die über Córdoba nach Europa drangen, vom Handkuß bis zum Zähneputzen und zum modischen Wechsel der Kleider.

Der Fortschritt der ärztlichen Heilkunst und Arzneikunde im mittelalterlichen Europa wäre ohne Córdoba gar nicht denkbar. Al-Andalus besaß die ersten Apotheken auf europäischem Boden. Ein arabischer Apotheker aus Almería schrieb im 11. Jahrhundert eines der ersten Bücher über die Kunst der Pharmazie. Die Mauren waren theoretisch und praktisch gleichermaßen begabt. Sie schrieben medizinische Bücher, forschten und lehrten, gründeten die erste mittelalterliche Apothekerschule. Als erste untersuchten sie gründlich Ursprung und Auswirkung von Infektionskrankheiten. Ihre Krankenhäuser leiteten staatlich geprüfte Ärzte. Während überall in Europa der Steinschnitt üblich war und bei vollem Bewußtsein des Patienten operiert wurde, führten die Mauren die erste kontrollierte Anästhesie ein.

Ihre Kenntnisse und Fertigkeiten hatten die Mauren aus den Kulturzentren des Orients, aus Damaskus und Bagdad, mitgebracht. Insofern spielte Al-Andalus (dazu etwas später Sizilien) die Vermittlerrolle zwischen Orient und Okzident. Doch in Spanien entstand ein durchaus eigenständiger maurischer Lebens- und Kulturraum, dessen faszinierende schöpferische Vielfalt das Ergebnis einer Symbiose war. Die Schöpfer und Träger der maurischen Kultur waren ja längst nicht mehr reinblütige Araber, Syrer oder Berber, sondern aus der Vermischung mit den einheimischen Andalusiern und den Westgoten hervorgegangen.

Aus dieser Welt stammen Männer wie der maurische Philosoph Averroes, der Aristoteles wiederentdeckte und für das christliche Abendland erschloß. Der jüdische Arzt und Philosoph Maimónides, wie Averroes im 12. Jahrhundert Cordobese, suchte die Synthese zwischen jüdischen, islamischen und griechischen Erkenntnissen, zwischen dem Glauben des einfachen Volkes und dem Wissen der Gelehrten. Beide beeinflußten die mittelalterliche Theologie und gelten als Vorläufer der Jahrhunderte später wirksam werdenden rationalen Aufklärung. Nur pauschal läßt sich in diesem Zusammenhang auf die maurischen Gelehrten hinweisen, auf Mathematiker, Botaniker, Historiker, Kartographen und Chemiker, deren Erkenntnisse an den mittelalterlichen Universitäten gelehrt wurden und größten Einfluß auf die Entwicklung der europäischen Wissenschaften ausübten. Grundlage der maurischen Wissenschaften war die aufklärende Erkundung, die sich allein auf Erfahrung und Experiment stützte.

Bücher, Bibliotheken und Schulen nahmen in der maurischen Kulturwelt einen bevorzugten Platz ein. Auch dies muß man vor dem zeitgeschichtlichen Hintergrund sehen. Als die Klosterbibliothek von Ripoll im christlichen Katalonien mit knapp 200 Bänden schon als groß und berühmt galt, besaß Córdoba 70 Bibliotheken und allein in der Hauptbibliothek 400 000 Bände. Als die Reyes Católicos 1492 in Granáda einzogen, entdeckten sie zu ihrem großen Erstaunen 70 öffentliche Schulen, in denen Kinder aus allen Schichten kostenlos unterrichtet wurden.

Auch in den Künsten waren Theorie und Praxis gleichermaßen ausgeprägt. Ein Maure war es, der im 10. Jahrhundert das Standardwerk der mittelalterlichen Musiktheorie schrieb. Die Kunst der provençalischen Troubadours hat ihren Ursprung in der maurischen Musik und Dichtung, die über die Provence nach Europa vordrangen. Die Mauren brachten Gitarre, Laute und Tamburin nach Europa. Ihre Musik, ihre Gesänge leben weiter in Andalusien, vermischt mit dem, was die Zigeuner später, im 15. Jahrhundert, mitbrachten, im zärtlichen, süßen Cante chico, in den Modulierungen, Brechungen, im wiederholten Klageruf Ay Ay des Cante jondo.

Was heute sichtbar erhalten ist, in weiterlebenden kunsthandwerklichen Traditionen oder in den Zeugnissen der bildenden Kunst und Architektur, repräsentiert nur einen geringen Teil der maurischen Kultur. Doch er ist großartig genug, um unsere Bewunderung zu wecken.

Merkwürdigerweise zerstörten die Mauren selbst einen Teil ihrer Kunstbauten wie das sagenhafte Medina al-Zahra vor Córdoba, die »Stadt der Blume«, Sommersitz des Kalifen und als luxuriösester Palast der Welt bezeichnet. 3000 Bauleute und Künstler schufen in fünfundzwanzig Jahren die Gesamtanlage mit Alcázar, Moschee, Gärten und Wasserspielen. Andere Kunstbauten wie die große Moschee von Sevilla wurden von den christlichen Siegern abgetragen. Erhalten blieben solche Bauwerke, die von den Christen nutzbar gemacht werden konnten. So überdauerten die Mezquita von Córdoba, die Alhambra von Granáda, Giralda und Alcázar von Sevilla. Diese großartigsten Denkmäler der maurischen Architektur spiegeln zugleich die Entwicklung der maurischen Kunst. Die Mezquita (8.–10. Jh.) als Zeichen des originären und kraftvollen Anfangs. Die Giralda (Ende 12. Jh.) vollendet klassisch ausgeformt. Die Alhambra (14. Jh.) im verfeinerten und luxuriös reichen Spätstil. Der Alcázar von Sevilla, vorwiegend von den christlichen Königen in der zweiten Hälfte des 14. Jahrhunderts neu gebaut, aber doch noch das Werk maurischer Künstler, mudéjar, eine letzte, schon nachgeschaffene und leicht übersteigerte Zusammenfassung maurischer Kunstgesinnung.

Wie immer Historiker die politischen Folgen der maurischen Invasion deuten, sie können die ungeheure kulturelle und zivilisatorische Bereicherung und die Ausstrahlung auf das christliche Abendland nicht ungeschehen machen. Ob Spanien durch die Mauren von seiner Bestimmung abgewichen ist, danach zu fragen erweist sich als müßig. Vielleicht war es eher die Bestimmung Spaniens, zwischen Orient und Okzident zu vermitteln und durch die Mauren zu sich selbst zu finden.

GRANÁDA

Granáda, das alte maurische Königreich, das die heutigen Provinzen Málaga, Granáda und Almería umfaßt, ist längst im Großraum Andalusien aufgegangen und kann nur eingeschränkt als eigene Region bezeichnet werden. Doch nimmt Granáda historisch eine Sonderstellung ein und setzt sich ebenso landschaftlich als Hochandalusien vom übrigen Andalusien ab. Geschichtlich begann die eigenständige Entwicklung im Jahre 1031, als der bisherige maurische Statthalter Zavi ben Ziri das selbständige Königreich Granáda ausrief. Unter wechselnden Dynastien blieb Granáda zweihundertfünfzig Jahre länger als das andere Andalusien maurisch. Vor allem die unabhängige Oberschicht der Mauren suchte in Granáda Zuflucht. Wer in der maurischen Welt Rang und Namen hatte, Wissenschaftler, Dichter, Künstler und Kunsthandwerker, siedelte sich in der Stadt oder im Königreich an. Der verständliche Zustrom machte Granáda groß und reich. Als in Sevilla die christlichen Könige herrschten, konnte hier unter der Herrschaft der Nasriden (seit 1241) die maurische Kultur noch einmal ihren vollen Glanz entfalten. Granádas eigener Weg endete mit dem endgültigen Sieg der Reconquista und dem Einzug der Katholischen Könige im Jahre 1492. Die zunächst mäßige, dann radikale Christianisierung überdeckte das maurische Fundament bis auf einzelne architektonische Reste und die Alhambra. Doch in keinem anderen Gebiet blieben mehr maurische Namen für Städte, Orte, Flüsse und Berge erhalten als hier.
Landschaftlich wie menschlich-sozial versammelt die Granadinische Region auf engstem Raum die krassesten Gegensätze. Sie wird beherrscht von der Betischen Kordillere, die sich hier zum Schneegebirge von Dreitausendern zusammenschiebt und partienweise bis zur Küste vorstößt. Die höchste Straße Europas führt in die oberen Regionen. Die Flußtäler wie die Vega von Granáda sind fruchtbar, erlauben den Anbau von Getreide, Früchten, Gemüse, Tabak und Zuckerrüben. In den Niederungen der Küste, die oft unter Überschwemmungen zu lei-

den haben, aber ein ewig frostfreies paradiesisches Klima genießen, gedeihen Zuckerrohr, Bananen, alle Südfrüchte und subtropische Bäume. Auf den Terrassen bei Almería, Málaga oder Motril wird Wein angebaut, auch Hanf, der zu Stricken und Schuhsohlen verarbeitet wird. Öl- und Mandelbäume wachsen auf dem Trockenboden des Hügellandes bis zu 1400 Meter. Die Ausbeute der Küstenfischerei mit dem Zentralhafen Málaga übersteigt den Ertrag der Levantinischen Küste und umfaßt 12,5 Prozent des spanischen Fischfangs.

Mit dem Aufkommen des Tourismus brach für die Küste, die Costa del Sol, die Neuzeit an. Sie wurde zur südlichsten Freizeitlandschaft Europas, allen Bedürfnissen des sonnen- und ferienhungrigen Tourismus angepaßt. Zunächst schien die Rechnung der Planer aufzugehen. Aus einem der ärmsten Gebiete Spaniens wurde eines der wohlhabenden. Doch das betrifft nur die Luxusküste. Wenige Kilometer landeinwärts, im Bergland, liegen armselige, rückständige Dörfer. Der bis auf einige Waldreste, Korkeichen, Kiefern, Edelkastanien bei Lanjarón, kahle und ausgemergelte Boden gibt nichts her. Wer ein paar Ziegen, ein paar Schweine halten kann, darf sich glücklich schätzen. Die Bergdörfer sind verarmt und überaltert, denn die Jungen sind fortgezogen, vorwiegend zur Küste, wo sie im Bau- und Dienstleistungsgewerbe arbeiten.

Tourismus heißt das Zauberwort, das die Region sanieren soll. Neuerdings wurde auch die Sierra Nevada verstärkt in das touristische Programm einbezogen. In wenigen Jahren entstand unter dem Stichwort Solynieve, Sonne-und-Schnee, im Gebiet unterhalb des Pico de Veleta (3470 m) in Höhenlagen über 2000 Meter eines der herrlichsten Skiparadiese Europas. Von Granáda führt die asphaltierte Carrera Sierra Nevada nach 34 Kilometern mitten in dieses ausgedehnte Wintersportgebiet. Binnen kurzer Zeit ist der Wechsel von der tropischen Granadiner Vega über die Region der Krüppelkiefern, der blühenden halbkugeligen Stachelbüsche und kahler werdenden Felsen bis zu Schnee und Eis vollzogen. Zwei Drahtseilbahnen, Sessellifte und Skilifte mit einer Beförderungskapazität von rund 4000 Personen pro Stunde erschließen das Skigebiet mit hervorragenden Pisten, umgeben von einer bezaubernden Bergwelt. Von November bis Juni reicht die Wintersaison. Während Solynieve acht volle Monate Wintersport ermöglicht, verspricht die nur zwei bis drei Fahrstunden entfernte Küste zehn Monate Sonne und einen überaus milden frostfreien Winter. Auch landschaftlich ist die Costa del Sol mit dem Bergland im Rücken reizvoll. Doch die Urbanisierung und Bebauung der Küste lief den Planern davon und ließ anstelle einer Riviera eine Betonküste entstehen. Noch in den fünfziger Jahren war Torremolinos ein Fischerhafen mit 15 000 Einwohnern und einem einzigen Hotel am leeren Strand. Aus Torremolinos wurde eine Vergnügungsmetropole mit Hotelbauten, Wohntürmen und Appartementsilos, die zur Hauptsaison bis zu 150 000 Urlauber beherbergt. Ähnlich erging es Fischerdörfern wie Motril, Nerja, Almuñecar, Fuengirola, Marbella oder Estepona.

In Spanien mehren sich die kritischen Stimmen. In einer führenden spanischen Tageszeitung las ich Ende 1972 zur Situation an der Costa del Sol: »Unsere Landschaften sind verwandelt durch eine ärmliche funktionale, prosaische und unmenschliche Architektur.« Die negativen Folgen der hektischen Urbanisierung und der touristischen Überfremdung blieben nicht aus. Mängel der Kanalisation, Abwässer der Großhotels drohen einst vielgepriesene Badebuchten zu verseuchen. Mit dem Massentourismus kamen gestrandete Existenzen, kleine und große Gauner, Grundstücksspekulanten, die das Gelände willkürlich ausnutzen und auf dem Rücken der überforderten Einheimischen undurchsichtige Geschäfte tätigen. Marbella an der von den Einheimischen so genannten »Kapitalistenküste« bietet den Luxustouristen vier Golfplätze und einen erst jüngst spektakulär eingeweihten Jachthafen für 915 Boote. Hier kostete im November 1972 ein Quadratmeter Boden bis zu 25 000 Pesetas, das sind gut 1250 Mark. Inzwischen reagierten die staatlichen Behörden durch Bauverbote und strengere Kontrollen. Man kann indessen nicht rückgängig machen, was einmal gewollt war und von der staatlichen Tourismus-Planung gefördert wurde. Doch setzt sich das sehr aktive Tourismus-Ministerium in Madrid, gedrängt von der innerspanischen Kritik, zusehend mit der Frage nach Gewinn und Verlust durch touristische Projekte auseinander.

Málaga

Von allen Städten an der Costa del Sol hat Málaga, Provinzhauptstadt mit 330 000 Einwohnern, noch am ehesten ein eigenes Gesicht bewahrt. Daran ändert nichts, daß die Einfahrten in die Stadt auffallend gegensätzlich sind. Wer von Osten, von Motril her kommt, passiert den Villenvorort La Caleta und begegnet zunächst der angenehmen und noblen Seite der Stadt. Von Blumen und Bougainvillien geschmückte hübsche Villen am Hang des Cerro Colorado, der auf seinem Westgipfel stadteinwärts die alte Araberburg trägt. Wer von der entgegengesetzten Seite, von Südwesten nach Málaga kommt, fährt durch die fruchtbare Vega, eine breite Niederung zwischen dem zurückgesetzten Bergland und dem Meer. Hier, im Mündungsgebiet des Guadalhorce, werden Zuckerrohr, Bananen, Orangen und Baumwolle angebaut. Nach den herbstlichen Regengüssen, vorwiegend im Oktober, überschwemmt der Guadalhorce die Felder und verwandelt sie in Sumpfland. Ich habe einmal erlebt, wie nach tagelangen Niederschlägen neben der Küstenstraße Lastwagen, seitlich abgekippt, im Schlamm steckten. Wenn man dann auf der direkten Straße, nicht auf der neugebauten Umgehungsstraße, in die Stadt einfährt, zeigt sie um so deutlicher eine triste und ärmliche Seite. Schlammreste, aufgeweichter steiniger Boden noch am Anfang der Vorstadt. Billig und schlecht gebaute neue Wohnhäuser, Arbeiterviertel, die Lebenswelt der kleinen Leute.

Jenseits der Tetuanbrücke, die über den Guadalmedina führt, wechselt das Bild. Man glaubt in einer anderen Stadt zu sein. Eine überaus freundliche, kultivierte, malerische Innenstadt, die sich bis zum Fuß und zu den Seiten des Gibralfaro mit dem maurischen Kastell erstreckt. In dieser Welt läßt sich gut leben, sogar an Regentagen. Bei der Tetuanbrücke beginnt die breite, von Platanen gesäumte Alameda, die die westlichen Vororte mit der Innenstadt verbindet und zur zentralen Plaza del General Queipo de Llano führt. Von der anderen Seite der Plaza nach Osten zieht eine der schönsten Promenaden der Küste, der Paseo del Parque mit afrikanischen Palmen, Orangenbäumen, vielfarbenen Rosen und Nelken, exotischen Blütenbüschen. Alles Sehenswerte liegt nahe beisammen. Vom Paseo meerwärts der Hafen, ein paar Schritte stadteinwärts die Renaissancekathedrale, der bischöfliche Palast mit der barocken Fassade, die maurische Alcazaba. Aber man kommt nicht nach Málaga, um Kunstwerke zu besichtigen. In dieser Hinsicht haben die Malagueños nie besondere Anstrengungen unternommen. Der eine der beiden Kathedraltürme ist noch heute unvollendet.

Es ist reizvoll, durch die Gassen der geschäftigen Innenstadt zu gehen, in der die Autofahrer den Fußgänger respektieren. Laut und unbekümmert schwatzen die einkaufenden Frauen, begrüßen sich die Männer. Dann hört man das monotone Rufen eines blinden Losverkäufers, der mit Stock und dunkler Brille durch die Straße tappt. Wir hatten die Blinden, Lotterielose an den Rock geheftet, auch in anderen spanischen Städten gesehen, die meisten in Andalusien. In Málaga zählten wir über zehn. Als wir einen Mediziner nach den Augenerkrankungen fragten, sagte er uns, die Quote der Augenkranken sei nicht größer als in anderen Ländern. Sie fallen auf, weil die staatliche Blindenorganisation die Blinden als Losverkäufer einsetzt. Eine gute Einrichtung, denn nicht nur die Malagueños, sondern alle Spanier spielen leidenschaftlich in der Lotterie, und die Blinden kommen auf ihre Kosten.

An den Stufen, die zur zentralen Markthalle hochführen, stehen fast immer Zigeunerkinder, die betteln oder mit klebrigen Händen irgendeine Frucht anbieten. Sie verschwinden, wenn ein Lackhelm, einer der Stadtpolizisten sichtbar wird. In Agrarländern sind Märkte Drehscheiben des alltäglichen Lebens. Anders, direkter, eigenwilliger, unverstellter als auf der Plaza oder Promenade gibt sich der Kaufende und Verkaufende zu erkennen. So war es in der Markthalle von Málaga, wo in sauberen weißgekachelten Verkaufsnischen die Schätze der Vega ausgebreitet lagen. Neben Orangen, Zitronen, Feigen, den birnenähnlichen Aguacates und frischen Trauben jene einheimische Spezialität, die ihre Erfindung dem Alkoholverbot der Mauren verdankt, die Pasas, getrocknete Trauben. Nach der Ernte genügen kaum zwanzig Tage, um die Trauben eintrocknen zu lassen. Sie verlieren dabei rund zwei Drittel ihres Gewichts. Nirgendwo gibt es größere, süßere und schmackhaftere Pasas als hier.

Überhaupt ist der Stadt eine Prise Süßigkeit beigemischt, die konzentriert den Charakter der Málagaweine bestimmt. Sie strömt aus den Gärten. Sie begleitet noch den Aufstieg zum Gibralfaro, dessen Felsengestein und Mauern den Wildwuchs von Büschen, Blumen und Bäumen nicht hemmen können. Das Kastell vom Gibralfaro geht auf das 13. Jahrhundert zurück, während unter der etwas tiefergelegenen maurischen Alcazaba Reste der frühesten phönizischen Siedlung und aus der Römerzeit gefunden wurden. Von der aussichtsreichen Höhe des Gibralfaro folgen die Augen den hinabkletternden grünen und rotblühenden Büschen. Nur vor dem steinernen Ring der Stierkampfarena, vor den weißen Hochhäusern östlich vom Hafen und den Kaimauern kapituliert die Natur. Auch Málaga, das sieht man vom Gibralfaro, wird mehr und mehr von Hotelhochbauten und Wohntürmen am Hafen, an den Stadträndern eingeschnürt, obwohl die ausgedehnte Innenstadt unbeschädigt blieb.

Málaga wurde von Phöniziern als Handelsplatz gegründet und Malaca genannt, was »salzen« bedeutet und vermutlich auf die hier gehandelten gesalzenen Fische hinweist. Doch erst unter den Mauren erlangte die Stadt Größe und Ansehen. Als letzter großer Hafen der Mauren hielt Málaga die Verbindung mit Nordafrika aufrecht, bis im Jahre 1487 nach blutigen Kämpfen die Katholischen Könige einzogen.

Der Handel mit den Erzeugnissen der Vega und der Hafen sind wichtige Einnahmequellen der Stadt geblieben. Da durch den Tourismus die Fischerei in den Küstendörfern zurückging, wuchs die Bedeutung des zentralen Hafens für den Fischfang. Er ist als Doppelhafen angelegt und steht nach der Zahl der einlaufenden Schiffe an achter Stelle der spanischen Häfen. Exportiert werden hauptsächlich die Früchte der Provinz und die Produkte ihrer Verarbeitung: Weine, Pasas, Mandeln, Orangen und Olivenöl. Eingeführt werden vor allem Rohstoffe und Produkte, die der einheimischen Industrie zugute kommen: Kohle, Holz, Baumaterial und Erdöl. Die Bauindustrie, die Herstellung von Baustoffen und Zement hat angesichts der wachsenden Bautätigkeit an der Küste einen starken Auftrieb genommen. Die Stadtoberen haben eingesehen, daß Málaga mit seinen mehr als 300 000 Einwohnern über die herkömmlichen Wirtschaftszweige hinaus die industrielle Produktion erweitern muß, um lebensfähig zu bleiben. So entwickelte sich im möglichen Rahmen eine sehr produktive Industrie in der Herstellung von Fisch- und Obstkonserven, von Bier, Margarine, raffiniertem Öl, von Metallwaren und chemischen Erzeugnissen.

Als Hauptstadt der Costa del Sol mit dem zentralen Flughafen der Küste (südwestlich vor der Stadt) nimmt Málaga teil am Auftrieb des Fremdenverkehrs. Die wegen des wirtschaftlichen Zuwachses und des Beschäftigungsanstiegs im Dienstleistungsgewerbe verständliche Erwartung ist einer gewissen Ernüchterung gewichen. Lokale Kritiker, noch vor wenigen Jahren undenkbar, zählen die Belastungen und Schäden auf, die durch die hektische Ausweitung der Tourismus-Industrie und den Massenzustrom von Fremden entstanden sind. Auch Málaga hat sich mit negativen Folgeerscheinungen auseinanderzusetzen, etwa mit den durch den Fremdenverkehr rapide vermehrten kriminellen Vergehen. Doch einstweilen wird weiter gebaut und investiert und die Stadtwerbung preist Málaga an als »la capital túristica de la Costa del Sol«.

Ronda

Die Straße von der Küste bergaufwärts, schmal und schlecht befestigt, windet sich in endlosen Kehren über die Sierra Bermeja. Eine abenteuerliche, menschenferne Bergkulisse. An den Hängen Korkeichenwälder, dann die kahle Bergregion, idealer Ort für räuberische Unternehmen, die allerdings der Vergangenheit angehören. Nach knapp zwei Stunden, auf einem weitgedehnten Bergplateau breit und friedlich hingelagert, Ronda. Die unerwartete Lage der Bergstadt in der Höhe von 750 Metern und ihr eigenwilliger Aufbau machen Ronda zum Erlebnis.

Durch die spitz auslaufende Vorstadt, den Barrio de San Francisco, führt die Straße nach dem Arabertor bergaufwärts wie auf einem holprigen Eselsrücken. Bis zur Höhe über der schwindelerregenden Felsenschlucht, durch die der Guadalevín in die Tiefe stürzt, zieht sich die schmale und engebaute maurische Stadt. Jenseits der überbrückten Schlucht liegt die von den Christen angelegte Neustadt, nach Norden breit ausgefächert. Die »unvergleichliche Erscheinung dieser auf zwei steile Felsmassen hinaufgehäuften Stadt« fand in Rainer Maria Rilke einen Bewunderer, der hier im Herbst 1912 Zuflucht suchte. Ronda hat etwas von einem abgeschiedenen Versteck. Aber in Ronda zeigt Andalusien seine herbe und spröde Seite. Der rauhe Bergwind fegt durch die Gassen. Der Herbst bringt tagelange Regenfälle und Stürme. Man begegnet wetterharten, robusten Landleuten, die nicht leicht zu haben sind und nur beim Viehhandel oder an der Theke einer Bar gesprächig werden. Es sind vorwiegend die Nachkommen berberischer Söldner, die sich in diesem unwirtlichen Gelände ansiedelten und mit der einheimischen Bevölkerung vermischten.

Wovon leben die Einheimischen? Die Agrarwirtschaft würde nicht ausreichen, um Beschäftigung und Unterhalt der 40 000 Einwohner zu sichern. Ronda ist Marktzentrum, vor allem für den Viehhandel, den Handel mit Schweinen, Eseln, Maultieren und Pferden. In der

Oberstadt befinden sich Fabrikationsstätten für Woll- und Baumwollstoffe, für die Holzverarbeitung, kleinere Konservenfabriken und Gerbereien. Die Gewerbe bleiben im begrenzten Rahmen der einheimischen Bedürfnisse und machen weder die Unternehmer noch die Beschäftigten reich. Wir trafen im Stadtgarten, der Alameda, spielende Kinder, deren Väter als Gastarbeiter im Ausland leben. Viele der jüngeren Männer haben irgendwo im Ausland, in Nordspanien oder an der Küste bessere Arbeitsplätze gefunden, denn die Rondeños gelten als fleißig und tüchtig.

In der Alameda hat Ronda seinem größten Sohn, dem Matador Pedro Romero, ein Denkmal gesetzt. Mit Pedro Romero, im Jahre 1754 geboren, begann der moderne, nach genauen Regeln ablaufende Stierkampf. Er war ein Meister des präzisen Degenstoßes in den gesenkten Stiernacken, der Mut, Kraft und kühle Berechnung fordert, um den Stier mit einem einzigen Stich zu töten. Romero soll in seinem vierundachtzigjährigen Leben die stattliche Zahl von 5600 Stieren getötet haben. Ronda und ganz Spanien verehrt in Pedro Romero nicht nur den Könner, sondern seinen mutigen, männlichen Charakter. Goya hat den Matador porträtiert. Nicht weit von der Alameda steht die alte hölzerne Stierkampfarena, 1784 erbaut, in der schon Romero kämpfte. Sie gilt als älteste spanische Arena ihrer Art und ist heute Monumento Nacional.

Für die meisten Touristen, die von der Küste heraufkommen, ist Ronda mehr Besichtigungsobjekt als Aufenthaltsort. Der Besuch der Bergstadt gehört zum Programm. Aber das in der Stadt Sehenswerte ist spärlich oder nur noch andeutungsweise vorhanden. Die Hauptkirche Santa Maria la Mayor, ursprünglich die Moschee, trägt vier maurische Kuppeln und hat einen schönen, mit Azulejos verzierten Achteckturm. Die Casa del Rey Moro erinnert an den letzten Maurenkönig, ist jedoch ein Adelshaus aus jüngerer Zeit mit aussichtsreicher Terrasse und einer hier beginnenden 365stufigen Treppe, die hinunter zum Fluß führt. In der Oberstadt, nahe der spätmittelalterlichen Posada de las Animas, einem alten Gasthaus, in dem schon Cervantes Quartier nahm, fanden wir das merkwürdige Tempelchen Virgen de los Dolores. Eigentlich ist es nur ein blumengeschmücktes Wandbild mit einem verwitterten Schindeldach, dessen zwei vordere Pfeiler stilisierte Körper von Erhängten darstellen. Eine Gnadenkapelle, so sagte unser Wirt, zur Erinnerung an eine mittelalterliche Gerichts- oder Galgenstätte.

Mehr als solche Einzelheiten verlockt in Ronda die Atmosphäre und Lage, faszinieren die wechselnden Ausblicke nach allen Seiten, hinunter in das Tal mit den Mühlen am Guadalevín, hinunter in die Felsenschlucht, den Tajo, zwischen alter und neuer Stadt. Die Felsenschlucht mit den drei Brücken in verschiedenen Höhen ist Rondas attraktivstes Schaustück, einmal wegen der pittoresken, wilden Naturkulisse, in die die Brücken eingelassen sind, dann auch, weil jede Brücke eine bestimmte Epoche der Stadt bezeichnet. Am Ausgang der Schlucht, tief unten, überspannt die maurische Brücke, der Puente Viejo, den Abgrund. Etwas schluchteinwärts hatten die Römer bereits eine kleine steinerne Brücke gesetzt, den verwitterten Puente de San Miguel. Die Brücken sind noch in Benutzung. Die Calle del Marqués de Paradas führt am Haus des Maurenkönigs vorbei hinab zu den Brücken. Es gehört zu den unvergeßlichen Bildern, wenn man hinabschaut und unten eine winzige Eselkarawane hinüberzieht zum kleineren gegenüberliegenden Berghang.

Den Hauptverkehr trägt die jüngste Brücke, der in der zweiten Hälfte des 18. Jahrhunderts errichtete Puente Nuevo eine an dieser Stelle ungemein kühne Konstruktion, deren Pfeiler und Bogen in der 100 Meter tiefen Steilschlucht verankert sind. Diese Brücke gilt als Wahrzeichen Rondas. Sie gleicht einem Triumphbogen. Aber sie macht auch noch einmal die Herbheit und Abgeschiedenheit dieses unvergleichlichen Platzes in der Serranía deutlich.

Granáda

Granáda ist eine von Rätseln, Widersprüchen und Launen durchsetzte Stadt, bald häßlich, bald schön, wechselhaft wie das Oktoberwetter, das uns überhitzte Tage, dann jäh abfallende Kühle und unvermutet Regen brachte. Doch wer immer nach Granáda kommt, niemand entgeht der Bezauberung, die mit der Alhambra verbunden ist. Schon der erste Anblick beschäftigt die Phantasie. Ein Bild, das sich einprägt, wenn man aus der fruchtbaren Vega kommt und auf dem immergrünen Hügel über der Stadt die Viereckstürme im Licht rötlich schimmern (Alhambra heißt die Rote), im Hintergrund die Schneeberge der Sierra Nevada. Die eingangs zitierte Bitte des Dichters Icaza für einen blinden Bettler zeigt, wie sehr Granáda für die Augen ge-

schaffen ist. »So komm und schau«, schrieb ein maurischer Poet im 14. Jahrhundert. »Die Stadt ist eine Dame, eines Berges Frau. / Gürtelgleich umspannt ein Fluß ihres Leibes Schimmern. / Blumenhaft an ihrem Halse Juwelen flimmern.«
Die Mauren schwärmten von ihrer letzten Königsstadt, in der sie ihre Reichtümer zusammentrugen, in der maurische Kultur und Kunst noch einmal aufglänzten. Die Katholischen Könige Isabella und Ferdinand wählten den Ort ihres endgültigen Sieges, wo sie am 2. Januar 1492 einzogen, zu ihrer letzten Ruhestätte. Den maurischen Untertanen sicherten sie Glaubens- und Betätigungsfreiheit zu. Jedoch nahmen ein halbes Jahrhundert nach dem Tod der Katholischen Könige Unterdrückung und Inquisition solche Ausmaße an, daß sich die Granadiner Mauren zum Aufstand entschlossen. Nach der blutigen Niederwerfung wurden die Überlebenden verjagt. Ihre Vertreibung führte zum wirtschaftlichen und kulturellen Niedergang der Stadt. Sie verkümmerte als Provinznest. Die spanischen Könige, die im Escorial, in Aranjuéz oder Madrid residierten, waren desinteressiert. In der Alhambra hausten Zigeuner mit ihren Eseln und Schweinen. Noch nicht einmal als Geschenk war die Alhambra gut genug. Der Herzog von Wellington verzichtete und wählte ein anderes Landangebot, als ihm die Spanier für seine Kampfhilfe während des Napoleonischen Krieges danken wollten. Kurioserweise wurde die Wiederentdeckung Granádas eingeleitet von einem Mann jenes Landes, dessen eigene Entdeckung dreihundertvierzig Jahre zuvor von Granáda ausging. Im Siegesjahr 1492 schlossen die Katholischen Könige in Granáda mit dem Seefahrer Cristóbal Colón den Vertrag, der zur Entdeckung der Neuen Welt führte. Im Jahre 1832 veröffentlichte der Amerikaner Washington Irving seine »Tales of the Alhambra«, das Ergebnis eines längeren Aufenthalts und engagierten Studiums der maurischen Kulturwelt. Das rasch weltweit verbreitete Buch kam der Romantik, ihrem Sinn für vergangene Kulturen und das Exotische entgegen. Granáda wurde Gesprächsthema und lockte bereits in der zweiten Hälfte des 19. Jahrhunderts Ströme von Besuchern an. Jährlich werden rund fünf Millionen Touristen gezählt.
Zwischen der ältesten Straße Granádas, an der die arabischen Bäder liegen, und dem Alhambraberg zieht das kümmerliche Rinnsal des Darro durch eine Schlucht. Es fällt schwer, daran zu denken, daß für die Mauren die Wellen des Darro wie über Goldkörner dahineilten. Hinabgeworfener Unrat liegt im schmutzigen, trägen Wasser und in

der Schlucht. Hunderte verwilderter Katzen balgen sich um Abfälle. An der Felswand des Alhambraberges die Spuren schmieriger Abwässer. Man muß nur den Kopf heben, um oben, auf dem Felsgrat die Alhambra mit ihren ziegelroten Mauern und Türmen zu sehen. In Granáda liegen Illusion und Desillusion nahe zusammen. Jetzt, während ich dies schreibe, fällt mir der Granadiner Fotograf ein, der seinen Kunden die Wirklichkeit versüßt, indem er ihnen eine Haremskulisse anbietet. Biedere Pärchen stecken ihre Köpfe durch die Pappkulisse und finden sich später auf dem Foto als Wesir und Haremsdame wieder.

Die Auffahrt zur Alhambra führt an der anderen, südlichen Seite des Berges durch einen märchenhaften Ulmenwald, der im 19. Jahrhundert angepflanzt wurde. Zur Maurenzeit war das Vorgelände noch kahl und überblickbar. Von der auf dem Berg zur Stadt hin vorgelagerten Wehrburg, der Alcazaba, mit dem hohen Viereckturm, der Torre de la Vela, überwachten die Mauren die Stadt und das Vorland, blickten sie hinüber zum Albaicín, wo noch heute die Häuser und Gärten des ältesten maurischen Quartiers hügelan steigen. Die früher gebaute Alcazaba wirkt etwas plump und vierschrötig gegenüber dem weiter zurückliegenden Königlichen Palast aus dem 14. Jahrhundert. Er trägt alle Zeichen eines späten, in seiner künstlerischen wie luxuriösen Feinheit nicht mehr zu übertreffenden Stils. Es ist eine genüßliche und fast schon zerbrechliche Summe aus aneinandergereihten Sälen, Innenhöfen, Durchgängen, Brunnen, myrtenumsäumten Wassern, Gärten, Balkonen, Arkaden und Galerien. Man erschrickt vor der verwirrenden Vielfalt dieses grazil verteilten Komplexes und hält sich an einzelne Namen, an den Patio de los Arrayanes, den Myrtenhof mit dem langen Teich, an den Patio de los Leones, den Löwenhof mit den zwölf wasserspeienden Marmorlöwen, die auf ihren Rücken die runde Brunnenschale tragen, vollendet in dekorativer Harmonie, an die Sala de las Dos Hermanas, den Saal der zwei Schwestern, ein pures Schmuckgebilde mit prächtiger Stalaktitendecke.

Soviel verführerische Schönheit weckt die Frage nach den Auftraggebern und Erbauern. Sie waren nicht nur Träumer, sondern geniale Architekten, Kunsthandwerker und Techniker. Das Wasser, das noch heute die Brunnen speist, wurde von den maurischen Wasserbautechnikern aus der Sierra Nevada heruntergleitet. Die Bäder waren vortrefflich ausgestattet und mit Mischanlagen versehen. Im Boden des Saales der Königin waren durchlöcherte Marmorplatten eingelassen, aus denen der Duft aromatischer Öle aufstieg. Das verrät gewiß eine schon dekadente Verfeinerung, zeigt aber auch wie die ganze preziöse Summe der Alhambra eine Baugesinnung, die menschlicher ist als der monumentale Palast Karls V., ein Bau, der sich brutal gegen die maurische Architektur stemmt. Trotz seiner in sich stimmenden klassischen Maße, der Palast mit dem kreisrunden Innenhof steht am falschen Platz. Allerdings macht der besitzergreifende Renaissancepalast auch deutlich, daß das Maurentum dieser Gewalt weichen mußte.

In einiger Entfernung von der Alhambra, oberhalb und durch eine Zypressenallee zu erreichen, liegt der Generalife, der »hohe Garten«. Er war Sommerresidenz der Könige und wirkt noch heute mit dem kleinen Palast, dem Innenhof, den Wasserspielen, dem betörenden Duft der Blumen und grünen Büsche als das, was der Koran »Ort der Seligkeit« nennt. Von hier aus sah der letzte Maurenkönig Boabdil die heranrückenden Spanier. Die Dynastie der Nasriden war längst durch Intrigen geschwächt, auch durch ein aufwendiges, luxuriöses Leben verweichlicht. Die Art der kampflosen Übergabe an die Katholischen Könige zeigt, daß Boabdil dem Reich der Mauren in Spanien keine Hoffnung mehr gab.

Die Sieger, die katholischen Könige Isabella von Kastilien und Ferdinand von Aragón, wußten, was Granáda für sie und für die Einigung Spaniens bedeutete. Sie wollten noch im Tode mit dem Ort ihres Triumphes verbunden bleiben und ließen als ihre Grabstätte in der Stadt die Capilla Real errichten (1506 bis 1517). An diese spätgotische Königliche Kapelle wurde noch im selben Jahrhundert die Kathedrale angebaut, ein markanter Renaissancebau, teilweise jedoch erst Anfang des 18. Jahrhunderts vollendet. Die Bleisärge der Reyes Católicos in der niedrigen Krypta der Capilla Real sind schmucklos. Um so prunkender und beherrschender steht ihr Grabmonument, der weiße Marmorsockel mit dem liegenden Königspaar, vor dem spätgotischen Altar. Als wir eintraten, lasen drei Priester die Totenmesse für die Katholischen Könige. So hatten sie es durch eine Stiftung vor vierhundertfünfzig Jahren für jeden Tag verfügt.

Während in der Capilla Real die Vergangenheit präsent bleibt, bewegt sich in der Umgebung der Kathedrale das alltägliche Leben. Jeden Morgen öffnen in der puppenhaft kleinen Alcaicería, dem historischen Ladenviertel der Mauren, die Andenkenhändler ihre Läden. Auf dem ziemlich schmutzigen Gassenmarkt hinter der Kathedrale drängen sich die lautstark Handelnden und Kaufenden. Über die große provinziell langweilige Gran Via wirbelt der Wind den Straßenstaub.

Natürlich ist es reizvoll, von der Darroschlucht zum Albaicín hochzusteigen, im Gassenlabyrinth des alten maurischen Viertels die Augen offen zu halten. Weiße Häuschen, in- und übereinandergestaffelt, winzige Gärten, ein Gewirr von Mauern, kleinen Torbogen, Terrassen und Innenhöfen. Es ist alles weniger blank, weniger gepflegt als in Córdoba oder im sevillanischen Santa Cruz, vielmehr krummgeworden und alterswelk. Kinder hingen sich wie Kletten an uns, bettelten oder wollten fotografiert und dafür bezahlt werden. Sie haben von den Zigeunern gelernt.

Nur wenige Schritte weiter steigt der Sacromonte an, der kahlköpfige Berg der Zigeuner. Die Gitanos leben längst nicht mehr in den zweitausend Erdhöhlen. Doch nicht alle sind durch den Tourismus reich geworden, wie manchmal gesagt wird. Die meisten haben ihr Auskommen durch eine Art domestizierter Wegelagerei der Kinder und besonders durch die allabendliche Flamencodarbietung in den ausgemauerten Höhlenräumen. Warum nicht, wenn Nacht für Nacht Omnibusse und Taxis willige Touristen heranschleppen? Vielleicht war es früher anders, gefährlicher, erregender, dämonischer. Heute ist die Zambra der Zigeuner vorwiegend routinierte Folklore, betrieben von geschäftstüchtigen Familienclans. Blasse, halbwüchsige Mädchen und fette Zigeunerinnen tanzen und stampfen ihre nächtliche Pflichtübung. Ihre mitreißenden, zudem noch schönen Schwestern sind ausgeflogen und tanzen den Flamenco in den einträglicheren Bars von Madrid, Barcelona, Sevilla oder an der Küste.

In der Stadt, auf der Plaza del Carmen, sprachen wir zwei gutbürgerliche Granadiner, die ungeniert ihre Sympathie für das Nazi-Deutschland bekundeten. Einen invaliden Parkwächter, den wir nach Fuentevaqueros fragten, entdeckten wir als Verehrer des Dichters Federico García Lorca. Er nannte ihn einen »gran Poeta«. Ein höherer Beamter, der uns Audienz gewährte, entpuppte sich als Witzbold und Sprachengenie. Er zitierte Verse in oxfordenglischer, schottischer, amerikanischer Aussprache, gab Kostproben des schwäbischen, bayerischen und mecklenburgischen Dialekts. Nur auf politische Fragen reagierte er zurückhaltend.

Er führte uns durch ein Museum, wo wir ein kleines Foto von García

Lorca entdeckten, das einzige offizielle Erinnerungsstück an den ermordeten Dichter, das wir in Granáda fanden. Ich sagte, das sei doch eine sehr bedürftige Rehabilitierung und hörte: »García Lorca wäre weniger berühmt, wäre er nicht unter diesen Umständen ermordet worden.« Ob er die »Umstände« kenne, den Anteil der Falangisten an der Erschießung García Lorcas in der Schlucht von Viznar, fragte ich direkt. »Was wollen Sie. Falangisten haben García Lorca versteckt. Die Mutter hat das Versteck durch eine unvorsichtige Äußerung preisgegeben. Was folgte, war ein persönlicher Racheakt, kein offizieller Auftrag.« Doch weiß man heute, daß der damalige Zivilgouverneur Valdes die Verantwortung für die Hinrichtung des achtunddreißigjährigen Dichters am 19. August 1936 trug. Örtliche reaktionäre Faschisten wirkten an der Ermordung mit. Nach langem Zögern ließ das offizielle Franco-Spanien die Anerkennung Federico García Lorcas zu, der neben dem Wahlgranadiner Manuel de Falla wie kein anderer Zeitgenosse den Ruhm Granadas und Andalusiens in die Welt trug.

Als wir nach Fuentevaqueros, dem Geburtsort García Lorcas, hinausfuhren, dachte ich an das merkwürdige Gespräch, aber auch an den Parkwächter und die biederen Granadiner. Die Fahrt durch die grüne, gut bewässerte Vega war wohltuend. Die schmale Straße zog durch Wiesen, Pappelwäldchen und Maisfelder. Im Norden des Tals schützende Berge. Der ungepflasterte Dorfplatz von Fuentevaqueros lag träge und menschenleer in der Sonne. An der Seite, wo die Straßenbahnschienen, die Verbindung mit Granáda, endeten, fanden wir eine Bar. Ich fragte einige dreißig- bis vierzigjährige Männer, die ihr Mittagsbier tranken, nach García Lorca. Spontan reagierte ihr lokaler Stolz. Sie wurden lebhaft, besprachen sich ohne Mißtrauen. García Lorca war ihr Poet, den sie verehrten, dessen Mörder sie verachteten. Wir erfuhren das von unserem jungen Begleiter, den uns die Männer mitgaben, obwohl das Geburtshaus nicht weit lag.

Wir gingen über den Dorfplatz in die links einmündende Calle de la Trinidad, bis wir vor dem Haus Nr. 4 standen. Ein schlichtes, von fremden Leuten bewohntes Haus in der Reihe, die übliche Mitteltüre und zwei Fenster. Nur der saubere hellgrüne Anstrich fiel auf. Bekannte oder Verwandte des Dichters fanden wir in Fuentevaqueros nicht. Das Trinkgeld, das ich dem Jungen zum Abschied geben wollte, nahm er nicht an. Auf der Rückfahrt durch die Felder der Vega, nicht in der Stadt, wo das kärgliche Rinnsal des Darro schließlich ganz den

Blicken entschwindet und unter der Erde weiterrinnt, um in den Rio Genil am Stadtrand zu müden, wurden die Verse García Lorcas begreifbar: Los dos rios de Granáda / bajan de la nieve al trigo. — Die zwei Flüsse von Granáda / stürzen sich vom Schnee zum Weizen.

Der Torero und der schwarze Stier

Traje de luces, Tracht aus Licht, heißt das rokokohafte Gewand des Stierkämpfers aus Seide und Brokat, die gold- und silberdurchwirkte Weste, die hautenge, seitlich bestickte Kniehose, farbige Strümpfe und Schnallenschuhe, dazu ein schwarzer Zweispitz und die Coleta, der kurze Zopf. Aber nicht der glanzvoll geputzte Matador ist in der Arena der Star, sondern der nackte Stier. Wenn die Spanier zur Corrída gehen, sagen sie: Vamos a los toros, gehen wir zu den Stieren.

Aus Beobachtung und langer Erfahrung ist ihnen der Kampfstier vertraut, mehr vertraut als jedes andere Tier. Rund hundertfünfzig spanische Wörter charakterisieren die speziellen Eigenschaften des Stiers, über achtzig Ausdrücke kennzeichnen das Verhalten des Stiers in der Arena. Die Spanier lieben den toro bravo, schenken ihm oft mehr Aufmerksamkeit als dem Matador, dem Töter. Verehrung, Faszination und Furcht gehen zusammen, Furcht vor der im Kampfstier verkörperten naturhaften Kraft, dem Unberechenbaren, der gebündelten Irrationalität. Jeder Stierkampf vermittelt den Geschmack, Geruch und die unausweichliche Realität des Todes.

Kampfstiere müssen sterben, sie haben keine Chance. Bei jeder großen Corrída fallen sechs Stiere in den Sand der Arena, im Jahr 3000 bis 4000 Stiere und etwa die doppelte Zahl bei den Novilladas, den Kämpfen von Anfängern mit jüngeren, drei- bis vierjährigen Stieren. Der für die große Corrída reife Stier lebte fünf Jahre königlich umhegt auf den Weiden Andalusiens, bei Sevilla, Cádiz, Huelva, in Hochkastilien und bei Salamanca. Er ist ein hochgezüchtetes Kunstprodukt, nicht allzu groß, kraftstrotzend, energiegeladen, intelligent, feinfühlend mit seiner weichen, nassen Schnauze, schön im schwarzen samtenen Fell, aber oft durch Überzüchtung ein Nervenbündel in einer geballten Masse von zehn bis zwölf Zentnern.

Die idealen Kampfstiere, wie sie aus den Züchtereien von Miura, Pablo Romero, Murube oder Arranz hervorgingen, sind kraftvoll, angriffsfreudig, unberechenbar in ihren Aktionen und von äußerst geschmeidiger, fast tänzerischer Wendigkeit. Sie erkennen ihren Feind, und ihre sensible Intelligenz macht sie fähig, wie ein spanisches Sprichwort sagt, in zwanzig Minuten soviel zu lernen wie ein Mensch in seinem ganzen Leben. Darum dauert kein Kampf länger als zwanzig Minuten.

Der Stierkampf ist genuin spanisch, wie die Farben der Corrída, Rot und Gelb, Blut und Sand, die spanischen Nationalfarben sind. Spanisch ist das hochstilisierte Ritual aus Mut, Gelassenheit, tänzerischer Arroganz angesichts des realen Todes, auch die eigentümliche Mischung aus Eleganz und Grausamkeit.

Bereits im minoischen Kreta, im 3. Jahrtausend vor Christus, war das Messen der Kräfte zwischen Mensch und Stier ein nationaler Sport. Aber dieses Kräftemessen, vor allem das Stierspringen (ein waghalsiger Sprung von vorne, über die Hörner des wilden Stiers auf den Rücken, dann hinab) geschah unblutig, wenigstens für den Stier.

Nur gewaltsam läßt sich von hier oder über Herakles oder Theseus, der den Minotaurus mit der bloßen Hand tötete, eine Brücke zum spanischen Stierkampf schlagen. Richtig ist, daß die Mauren im 8. Jahrhundert den Stierkampf nach Spanien brachten, wahrscheinlich beeinflußt durch die römischen Schaukämpfe zwischen Gladiatoren und Tieren. Der Matador kämpfte zu Pferd gegen den Stier, wie noch heute der spanische Rejoneador, der allerdings selten geworden ist und nur noch gelegentlich als Zugabe auftritt. Bis ins 18. Jahrhundert hinein war die maurische Art des Stierkampfs ein ritterlicher Schaukampf, eine Mutprobe des Adels. Auf diese Weise, zu Pferd und mit Lanze, erlegte Kaiser Karl V. zur Geburtsfeier seines Sohnes Philipp im Jahre 1527 in Valladolid einen Stier. Seit dem 18. Jahrhundert kämpft der Matador zu Fuß. Damals entstand das noch heute gültige Reglement, dessen erster gefeierter Repräsentant Pedro Romero aus Ronda war. Die Schule von Ronda hat Form und Regel der neuzeitlichen Corrída wesentlich geprägt.

Der äußere Ablauf – nach dem Einzug der Toreros in die Arena zu einem aufpeitschenden Pasodoble, angeführt von zwei Herolden zu Pferd, die vom Präsidenten den Schlüssel zum Stierzwinger empfangen – ist immer gleich. Das Verhalten des Stiers in den ersten Minuten bestimmt den Verlauf der Corrída. Der Matador beobachtet, wie seine Peones mit gelbroten Capas den Stier spielerisch reizen, wie der Stier reagiert, und er führt selbst ein kurzes unblutiges Manöver aus. Nach diesem Vorspiel folgt der auch in Spanien unbeliebte Auftritt der Picadores (meist zwei). Sie sitzen schwerfällig gepanzert auf dick gepolsterten Pferden und erwarten den Stier an der Bretterwand, um ihn durch zwei, drei Lanzenstiche in die Schultermuskeln zu verwunden.

Kenner sagen, die Verwundung sei notwendig, um den Stier zu schwächen und zum Senken des Nackens zu bewegen. Picadores, die gegen die Vorschrift handeln, die mit der Lanze bohren und den Stier mehr als nötig quälen, holen sich den Zorn der Zuschauer, außerdem eine strenge Bestrafung. Das Ende dieser tercio de varas genannten Phase bestimmt der Präsident durch ein Signal. Ein Trompetenstoß kündet den Beginn einer neuen Phase an. Der blutende, gereizte, in seiner Kampfkraft etwas behinderte Stier wird in die Mitte der Arena gelockt. Banderilleros, in der großen Corrída drei, versuchen dem Stier im vollen Lauf paarweise Banderillas aufzustecken, geschmückte, mit Widerhaken versehene Stäbe. Das kann, wenn die Männer flink, geschickt und mutig sind, ein prächtiges, artistisches Schauspiel werden. Oft gelingt nur das Setzen von zwei oder vier Banderillas, oder der wütende Stier schüttelt die Stäbe ab.

In der dritten und letzten Phase steht der Matador allein dem gereizten Stier gegenüber. Sie beginnt mit der faena de la muleta, dem Spiel mit dem roten Tuch, und endet mit dem todbringenden Degenstoß. Es stimmt nicht, wie oft gesagt wird, daß diese Phase ein bloßes Schauspiel und für den Torero ungefährlich sei. Wohl ist der Stier geschwächt, aber er ist gereizt, sein Erkenntnisvermögen, seine Sinne sind geschärft. Er ist immer noch zu unberechenbaren Aktionen fähig. Die körpernahen, tänzerischen Pases fordern Mut, denn die Hörner des Stiers sind messerscharf. Der Moment des Tötens, sofern er korrekt ausgeführt wird, setzt in den meisten Fällen auch den Matador der Todesgefahr aus. Der »Augenblick der Wahrheit«, wenn der Matador den Stier von vorne angeht, sich zwischen die Hörner beugt und seinen Degen präzise zwischen den Schulterblättern einstößt, bis zum Schaft, ist pures, tödliches Risiko, dem der Matador nur durch Mut und kühle Berechnung begegnen kann.

Es ist vorgekommen, daß die Hornspitzen des Stiers auf raffinierte Weise angefeilt und präpariert wurden oder daß selbst berühmte Matadore Züchtereien bevorzugen, die auf die Zucht harmloser, weniger aggressiver Stiere spezialisiert sind. Das Stutzen der langen, spitzen, nach vorne gebogenen Hörner unmittelbar vor der Corrída schwächt das Orientierungsvermögen der Stiere. Darum steht das Präparieren unter Strafe. Die Hörner aller getöteten Stiere werden von einer staatlichen Kommission geprüft. Wer gegen mangelhaft qualifizierte Stiere kämpft, kann das schwerlich wiederholt machen. Er würde schnell seinen Rang verlieren und zum Gespött werden, denn das Publikum in der Arena erkennt die Qualität der Stiere. Es reagiert kritisch und erbarmungslos.

Nicht selten ist das Publikum für den Matador gefährlicher als der Stier, weil es mit ungeheurer Emotion Anerkennung oder Verachtung zeigt, weil es den Matador an seiner verwundbarsten Stelle, an seiner Ehre, angreift, bis er sich, um die Gunst des Publikums zu erhalten, zu den gewagtesten Mutproben hinreißen läßt.

Etwa 300 Toreros sind allein in diesem Jahrhundert von den Hörnern der Stiere getötet worden. Unter ihnen gefeierte Matadore wie Joselito, Mejías und Manolete. Im Sommer 1971 fand Pepe Mata bei einem dörflichen Stierkampf in der Mancha den Tod. Keiner der lebenden Matadore ist ohne Narben. Ein Stier riß El Cordobés bei seinem ersten Auftritt in Madrid den Unterleib auf. Antonio Ordoñes, einst gefeierter Held und Freund Hemingways, der heute selbst Kampfstiere züchtet, trägt dreißig Narben am Körper.

Toreros kommen vorwiegend aus den ärmeren Schichten des Volkes. Was sie antreibt, ihren Körper den Hörnern der Stiere auszuliefern, wird häufig mit dem lakonischen Satz beantwortet: Más cornadas da el hambre, mehr Hornstöße gibt der Hunger. Junge Spanier sehen, angestachelt von berühmt gewordenen Vorbildern wie El Cordobés, die Chance, dem Elend zu entkommen. Jedermann in Spanien kennt den Lebensweg El Cordobés, dessen Mutter in den Hungerjahren an Entkräftung starb, dessen Vater als Republikaner in einem Gefängnis der Sieger dahinsiechte. Um El Cordobés nachzueifern, der aus der untersten Klasse nach oben stieg, unternehmen die Jungen alles. Sie schleichen nachts auf die Weiden der Kampfstiere, bis sie verprügelt und davongejagt werden. Sie betteln bei den Stierzüchtern um die Teilnahme an einer Tienta, dem Ausleseverfahren für die zweijährigen Stiere. Sie nehmen am unblutigen Stiertreiben teil oder an Dorfstierkämpfen mit gemieteten älteren Stieren, die gefährlich sind, weil die Stiere nicht getötet werden und aus Erfahrung schlau geworden sind.

Ich habe einmal erlebt, wie ein junger Espontaneo in die Madrider Arena sprang, um auf sich aufmerksam zu machen. Ehe ihm die Toreros helfend beisprangen, schwenkte er vor dem noch frischen Stier seinen roten Pullover und der Stier stieß ihn mit den spitzen Hörnern über den Sand.

Ihr Ziel erreichen nur wenige. Unter den rund 2000 eingetragenen Toreros sind gegenwärtig etwa 160 Matadore. Davon sind nur etwa 30 Matadore gefragt. Sie bestreiten den Großteil der Stierkämpfe zwischen März und Oktober. Allerdings beanspruchen die Spitzenmatadore, es sind vielleicht zehn, für jede Corrída bis zu 50 000 Mark. El Cordobés, dessen tollkühne Schaueffekte die Arenen füllen, wenn auch weniger zum Gefallen der Freunde des klassischen Stierkampfs, erreichte Spitzenhonorare von 60 000 Mark. Das ergibt bei sechzig bis achtzig Corrídas in einer Saison horrende Summen. (El Cordobés stand im Jahre 1962 hundertelfmal in der Arena und durfte von getöteten Stieren nicht weniger als 167 Ohren und 28 Schwänze abschneiden, die vom Präsidenten für hervorragende Kämpfe zugestandenen Trophäen.) Den wenigen Millionären und Großverdienern steht die große Zahl der Unterbeschäftigten oder schlichtweg hungerleidenden Toreros gegenüber, die ihr Brot anderswo verdienen müssen. Die Gehilfen der Matadore, die von diesen bezahlt werden, die Peones, Picadores und Banderilleros, verdienen je Corrída zwischen 100 und 400 Mark.

Jede Corrída, das soll man nicht übersehen, ist eine eigentümliche Mischung aus den Resten eines rituellen Tieropfers, einer todesverachtenden männlichen Mutprobe und hartem Geschäft. Das große Geld fließt in die Kassen der Spitzenmatadore, der Stierzüchter und der Impresarios, der Manager. Die Stiere für eine Corrída kosten heute je nach Zucht, Qualität und Alter bis zu 30 000 Mark.

Zunehmend wächst der Einfluß des Managements, wodurch die Stierkämpfe immer mehr nach der wirtschaftlichen, der profitbringenden Seite verlagert werden. Auch dörfliche Stierkämpfe, die früher von den kommunalen Behörden veranstaltet wurden, geraten mehr und mehr in die Hände von Geschäftemachern. Der Impresario mietet die Arena, meist für eine Saison. Er nimmt zugkräftige Matadore samt ihren Cuadrillas unter Vertrag. Es gibt Impresarios, die junge, noch unbekannte Toreros großzügig fördern, die gute Novilladas mit drei- und vierjährigen Stieren veranstalten, und es gibt solche, die das Wunschdenken junger Nachwuchs-Toreros schamlos ausnutzen. Das Ge-

schäftsgebaren, zumal im Rahmen großer Corrídas oder an den Touristenplätzen, bis zur Erfindung werbekräftiger Legenden und zu gelegentlichen Bestechungen der Stierkampfkritiker, macht es schwer, daran zu denken, daß die Tauromachie nicht nur nervenkitzelndes Schauspiel sein will. Dennoch steckt in jedem Stierkampf etwas von einem irrationalen Ritual, das sich in der Begegnung mit dem Tod, in der Besiegung des Todes vollendet. Insofern hat das »Lichtgewand«, traje de luces, der Matadore symbolische Bedeutung.
Unter den Spaniern sind die Meinungen über den Stierkampf geteilt. Gegen die vor allem im Süden auffallende Mehrheit begeisterter Anhänger, der Aficionados, stehen nicht wenige Desinteressierte, die nie einen Kampf sahen, oder engagierte Gegner des Stierkampfs, die den Vorwurf der Tierquälerei erheben. Die Verteidiger sagen, der aggressive Kampfstier suche den Kampf, ein solcher Tod sei ihm angemessener als der Tod im Schlachthaus. Sie berufen sich auf die Tierärzte, die von einer starken Reduzierung der Schmerzempfindlichkeit durch die erregte Kampflust des Stiers sprechen. Vielleicht ist ein solcher Tod angemessen, wenn man andere Tötungsarten vergleicht, die der zivilisierte Mensch Tieren zumutet, um seine Eß- oder Bekleidungslust zu befriedigen.
Allerdings setzt die Angemessenheit den Idealfall voraus, das heißt korrekt ausgeführte Lanzenstiche des Picadors in den Nackenwulst des Stiers, den korrekten, genauen, blitzschnellen Degenstoß des Matadors, der den Stier auf der Stelle tötet. Der Matador weiß, daß er sich im »Augenblick der Wahrheit« der Todesgefahr aussetzt. Seine Kunst und seine menschliche, charakterliche Größe erweisen sich in jenem Augenblick, in dem er siegt, weil er die Angst vor dem Tod überwindet, stellvertretend für die Zuschauer, die sich mit ihm identifizieren.
Der Idealfall ist wünschenswert, aber eben nur ein Idealfall. Der Stier kann schwach oder einfach kampfunlustig sein; der Matador kann unerfahren, ungeschickt, feige oder ein Stümper sein. Wenn er den richtigen Augenblick verpaßt, eine Sekunde zaudert oder aus irgendwelchen Gründen Pech hat, kann das Ende für ihn, wenn er überlebt, wie für den Stier zur Qual werden. Dann endet die suerte de muerte grausam und blutrünstig, bis den Stier der tödliche Genickstoß mit dem Dolch niederstreckt. Den Matador, der feige war oder versagte, trifft die erbarmungslose Verachtung der Zuschauer. Auch das kann vernichtend sein. Jeder Stierkampf, das liegt in seiner Natur, setzt

elementare Kräfte frei, provoziert Mut oder Angst angesichts des Todes, höchste Anmut, Schönheit, tänzerische Sensibilität und die Grausamkeit des Tötenmüssens vor der Zuschauermenge. Wer eine Corrída besucht, muß wissen, daß das Unberechenbare auch zum quälerischen und barbarischen Schauspiel werden kann.

ESTREMADURA

Estremadura, spanisch Extremadura, das »extreme«, im äußersten Westen gelegene Land, war immer Randgebiet, in der Geschichte wie gegenwärtig, dies im wörtlichen und übertragenen Sinne verstanden. Mit der Westseite grenzt die Region an Portugal. Gegenüber den angrenzenden spanischen Regionen, im Süden Andalusien, im Osten Kastilien, im Norden León, scheint Estremadura ein abseitiges, allein auf sich gestelltes und verkümmertes Dasein bestimmt zu sein. Die Region mit den beiden Provinzen Badajoz und Cáceres umgreift ein Gebiet von 41 600 Quadratkilometern, so groß wie die Schweiz, doch ist das Land mit 29 Menschen je Quadratkilometer dünn besiedelt (in der Schweiz 148 Einwohner je Quadratkilometer). Wahrscheinlich war es die mangelnde wirtschaftliche und politische Attraktivität, die zum Desinteresse der Regierenden führte und das Land in Armut und Hilflosigkeit geraten ließ. Auch Touristen besuchen Estremadura kaum, wegen der extremen Lage und weil lohnendere Ziele in Spanien locken, es sei denn als Durchreisende auf der Nationalstraße N V, die von Madrid über Mérida und Badajoz nach Portugal führt.
Das allerdings krasseste Beispiel für Vernachlässigung und Zurückgebliebenheit bietet das oft zitierte Tal Las Hurdes am Südfuß der Sierra de Gata. Die Bevölkerung in dieser völlig abgeschiedenen, grauen und wilden Bergwelt lebte noch in der Mitte unseres zwanzigsten Jahrhunderts auf einer Primitivstufe, für die selbst die Bezeichnung mittelalterlich euphemistisch wäre. Über Jahrhunderte hinweg hielten sich in den schiefergrauen Hütten elende Lebensverhältnisse außerhalb der menschlichen Zivilisation, Analphabetentum, Aberglauben, Krankenheilungen ohne ärztliche Hilfe. Den Dörflern war Brot unbekannt. Sie ernährten sich vorzugsweise von Wurzeln, Eicheln, Kastanien, Bohnen und Kohl. Der bekannte spanische Filmemacher Luis Buñuel hat 1932 durch einen erschütternden Dokumentarfilm auf Las Hurdes aufmerksam gemacht. Eine Reihe medizinischer und soziologischer Stu-

dien, auch Hilfsorganisationen nahmen sich der Einwohner an. Doch die Verhältnisse, abhängig von der Armut des Bodens und der verfestigten Tradition, konnten nur dürftig gebessert werden. Die Jüngeren verlassen die Dörfer. Nur die Älteren, unfähig sich neuen Lebensbedingungen anzupassen, bleiben. Die Hurdes sind zum Sterben verurteilt. In seinem 1972 in Madrid erschienenen Dokumentarbericht »Las Hurdes, Clamor de Piedras« schrieb José Antonio Pérez Mateos: »Es dunkelt frühzeitig in Las Hurdes; die Nacht kommt bald und sie wird lange dauern.«

Bergland von mittlerer Höhe und weite, abwechslungsreich formierte Hochsteppen, unterbrochen von den nach Westen ziehenden Flußniederungen des Guadiana und des Tajo, bestimmen den Charakter von Estremadura. Ein herbes, einsames Land, bis an die Berghänge von niedrigen, knorrigen Eichenwäldern bewachsen. Die Eicheln dienen der Schweinemast. Gelegentlich sieht man in der Nähe der Dörfer Hirten mit Herden von kleingewachsenen, meist schwärzlichen Schweinen, die in Bewegung gehalten werden und einen in Spanien hochbegehrten Schinken geben. Im späten Herbst ziehen über die steinigen Weiden Herden von feinwolligen Merinoschafen, die ihre Weideplätze wechseln. Wer durch das menschenleere Hochland fährt, auf schmalen, doch gut befestigten Straßen, empfindet die Begegnung mit solchen Wanderherden, die von struppigen Hunden bewacht werden, als unerwartete belebende Wohltat.

In den Tälern wachsen Ölbäume, Mandeln und Feigen, wird Wein angebaut. Bei Cáceres und vor allem in der Niederung des Guadiana, nach der Regulierung des Flusses und der Einrichtung von Staustufen, wodurch bewässertes Kulturland angelegt werden konnte, werden Getreide, Hülsenfrüchte, Baumwolle und Reis angebaut. Seit 1952 betreibt die Regierung den aufwendigen »Plan zur Verbesserung der landwirtschaftlichen Strukturverhältnisse, der Industrie und Stromversorgung im Guadiana-Erschließungsgebiet der Provinz Badajoz«. Noch im Jahre 1960 betrug das jährliche Pro-Kopf-Einkommen in Estremadura 600 Mark, wobei Einkommen und Besitz äußerst ungleichmäßig verteilt waren. Nur sechs Familien verfügten über den größten Teil des nutzbaren Landes. Hinzu kam, daß die ärmste Region Spaniens einerseits zu den ertragsschwachen Trockengebieten gehörte, andererseits in der Guadinaniederung von periodischen Überschwemmungen verheert wurde. Der Plan Badajoz verfolgte als Reform und Hilfsaktion zwei Ziele: Die Gewinnung von anbaufähigem

Kulturland durch den Aufstau und die Regulierung des Guadiana; die Aufbesserung der sozialen Verhältnisse durch Umverteilung des Grundbesitzes. (Siehe »Probleme der Landwirtschaft«.)
Heute ist das Landschaftsbild im Guadianatal, etwa auf der Strecke von Mérida nach Badajoz, verändert. In der Gewinnung weiter landwirtschaftlich nutzbarer Gebiete hat der Plan Badajoz Erfolg gehabt. Weniger erfolgreich erwies sich die Reform der sozialen Verhältnisse. Trotz partieller Umverteilungen des Bodens befinden sich noch 61 Prozent des neu bewässerten Landes in den Händen der früheren Großgrundbesitzer. Hingegen werden die den neuen Ansiedlern zugeteilten Parzellen von durchschnittlich je vier Hektar als zu klein beziechnet. Man darf allerdings nicht vergessen, daß hier in der über Jahrhunderte vernachlässigten Region ein erster Ansatz zur Reform gemacht wurde. Kleine Schritte, die aus dem wirtschaftlichen und sozialen Stillstand herausführen, sind schon viel für die Lebensverhältnisse einer Region, die wie keine andere sich selbst überlassen war und in Ausweglosigkeit verharrte.

Man muß weit zurückgreifen, um sich zu vergewissern, daß der gegenwärtige Zustand der Region nicht angeboren ist. In römischer Zeit gehörte Estremadura zur Provinz Lusitania. Die heutigen Städte Mérida, Badajoz, Cáceres waren Mittelpunkte eines wirtschaftlich, händlerisch und kulturell äußerst fruchtbaren, glanzvollen Lebens. Noch heute ist Mérida die an römischen Bauwerken reichste Stadt Spaniens. Badajoz, maurisch Batalyoz, war im 11. Jahrhundert Hauptstadt eines kleinen maurischen Königreichs. Heute sind beide stille Provinzstädte, die von einer längst überholten Vergangenheit zehren und mit beträchtlicher Verspätung einigen Eifer aufwenden, um den Anschluß an die Gegenwart zu finden.

Zwei Klöster: Guadalupe und Yuste

Je größer die Armut, je unerreichbarer irdische Güter, um so mehr wächst das Bedürfnis, einen heiligen Ort, eine Gnadenstätte, mit Glanz und Reichtum auszustatten. Er soll strahlen, ein Abglanz der ewigen Verheißung sein. Aus dieser Auffassung wird auch verständlich, daß das Pilgerkloster Guadalupe in dem einsamen und kargen Bergland der Sierra de Guadalupe im 14. bis 17. Jahrhundert zu einem Schatzhaus wurde. Der Virgen von Guadalupe wurden mehr als tausend kostbare gold- und silberbestickte, juwelenbesetzte Gewänder gestiftet. Vor ihrem Bildnis brannten ständig 120 silberne und goldene Lampen. Die Entdecker und Eroberer der Neuen Welt, die wie Cortés und Pizarro, wie ihre und des Kolumbus Mannschaften aus Estremadura stammten, brachten der Virgen von Guadalupe Teile ihrer erbeuteten Schätze. Die ersten beiden Indianer, die Kolumbus nach Spanien brachte, empfingen hier die Taufe. Einer der entdeckten Antilleninseln gab Kolumbus den Namen Guadalupe. Die Katholischen Könige huldigten der Virgen und beschenkten sie. Don Juan de Austria stiftete die in der Schlacht von Lepanto erbeutete Hecklampe des Flaggschiffs von Ali Pascha. Jahrhundertelang war Guadalupe neben Santiago de Compostela der meistbesuchte und reichste Pilgerort Spaniens.

Das wundertätige Bildnis der Virgen, eine dunkelgesichtige, knapp neunzig Zentimeter hohe Statue aus Eichenholz, wurde gegen Ende des 13. Jahrhunderts von einem Kuhhirten entdeckt. Die Mönche wissen zu erzählen, es stamme aus der Werkstatt des heiligen Lukas und sei über Rom als päpstliches Geschenk nach Spanien gekommen. Doch wahrscheinlicher ist seine Entstehung auf das 12. Jahrhundert zu datieren. König Alfons XI. ließ an der Stelle, an der der Kuhhirte das Bildnis ausgrub, ab 1340 das Kloster errichten, das Ende des Jahrhunderts von Hieronymiten-Mönchen übernommen und erweitert wurde. Der große Maler der Mönche, Zurbarán, auch er wie die Konquistadoren ein Extremeño, hat die asketischen Hieronymiten in den Jahren 1638 und 1639 porträtiert. Guadalupe bewahrt acht der schönsten Mönchsgemälde Zurbaráns, der wie kein anderer verstand, Weiß als Farbe zu behandeln.

Von fern erinnert der Klosterkomplex eher an eine mittelalterliche Burg, mit Vierecktürmen und kräftigen, unverputzten Mauern. Er überragt ein kleines bäuerliches Dorf, in dem die Zeit stillzustehen scheint. Gleich an der Plaza mit einem alten Brunnen, dessen klares Wasser jedem Ankommenden zur Erfrischung dient, führt eine breite Freitreppe zum Kloster hinauf. Man ahnt kaum, daß hinter den wehrhaften Mauern reich geschmückte barocke Räume liegen, wie der Camarín, die Kapelle der Virgen, oder aus dem frühen 15. Jahrhundert ein schöner zweistöckiger Kreuzgang mit mudéjaren Hufeisenbogen.

Nachdem im Napoleonischen Krieg das Kloster ausgeraubt und 1835 aufgehoben, zweckentfremdet und dem Verfall preisgegeben wurde, blieb nur ein geringer Teil der früheren Schätze erhalten. Erst im Jahre 1908 konnten wieder Mönche, Franziskaner, in Guadalupe einziehen und das Kloster renovieren. Es ist immer noch ein Schatzhaus und vielbesuchte Wallfahrtsstätte. Der Gast, der im Kloster übernachtet, der an den klösterlichen Mahlzeiten teilnimmt und den Rotwein der Mönche trinkt, erhält keine Rechnung, sondern wird nach altem Brauch freundlich gebeten, zu zahlen, was er für richtig hält.

Auch das zweite berühmte Kloster in Estremadura, San Jerónimo de Yuste, am Südfuß der Sierra de Gredos nahe Jarandilla gelegen, beherbergte Hieronymiten. Es wurde 1408 gegründet, wie Guadalupe von Napoleonischen Truppen ausgeraubt und erst in jüngster Zeit restauriert. Doch neben Guadalupe wirkt Yuste bescheiden, ein stiller Ort zwischen Bergland und der überschaubaren Vera, von Wald umgeben, kein Schatzhaus und kein die Gläubigen anlockender Wallfahrtsort. Yuste verdankt seine Berühmtheit allein einem einzigen Mann, der hier achtzehn Monate lebte und starb, Kaiser Karl VI. Der Kaiser, in dessen Reich die Sonne nicht unterging, hatte sich im Februar 1557 hierher zurückgezogen, ein sechsundfünfzigjähriger, der weltlichen Geschäfte müde gewordener, früh gealterter Mann.

Den kleinen Palast, an die Kirche gebaut, ließ der Kaiser selbst errichten, mit einer steinernen Rampe, auf der er zu Pferd hinaufreiten konnte. Im Schloß von Jarandilla wartete er voll Ungeduld auf das Fertigwerden. Ein weltabgeschiedener Ort? Ein asketisch mit Mönchen lebender Kaiser? Das freilich ist ein Trugbild. Wohl enthielt die Bibliothek verwiegend Andachtsbücher. Aber Karl entbehrte nichts. Er war ein exquisiter Esser und ließ die Leckerbissen für seine Tafel, einschließlich Austern, Aalpasteten und Rheinwein, von weither holen, sehr zum Ärger seines Arztes. Ein Haushalt von sechzig Personen diente ihm. Er verfügte über Musiker und einen Uhrmacher, denn er beschäftigte sich gern mit der Uhrenmechanik. In seiner Nähe, im Dorf Cuacos, wurde sein unehelicher Sohn Jerónimo erzogen, dessen Mutter Barbara Blomberg war und der nach dem Tod des Kaisers als Juan de Austria zu Ehren kam. Äußerst geschäftig ging es in Yuste zu. Boten kamen und gingen, brachten und beförderten Nachrichten, denn Karl gab Rat, verlangte Auskunft, mischte sich in die Staatsangelegenheiten, verfolgte bis zu seinem Tode besorgt das Vordringen der Ketzerei und die mißliche Lage der Staatsfinanzen. Achtzehn Monate eines wohl zurückgezogenen, aber keineswegs mönchischen Lebens. Viel-

leicht atmeten die Mönche von Yuste auf, als der Kaiser sterbend seine letzten Worte sprach: Ya es tiempo – es ist an der Zeit.
Geblieben sind eher karge Erinnerungsstücke: ein paar Bücher, einige Uhren, wenige dunkle Möbel, der lederbezogene Tragsessel Karls, in der Klosterkirche die Kopie des von Karl mitgebrachten und verehrten, etwas üppigen Tizian-Gemäldes »Gloria« (dessen Original im Prado hängt), der dunkle Eichenholzsarg, der den Leichnam des Kaisers aufnahm, bis er 1574 in den Escorial übergeführt wurde. An den entlegenen Ort in einer frühlingshaften Landschaft, von Gärten, Hecken und Bäumen umgeben, mit weitem Ausblick über gehügeltes Land, ist die Stille und Unberührtheit zurückgekehrt. Nur selten kommen fremde Besucher hierher.

Mérida

Läge Mérida nicht in Estremadura, weitab von den üblichen Reisestraßen, die Stadt wäre längst ein bevorzugtes Touristenziel. Wie keine andere spanische Stadt bewahrt Mérida Zeugnisse aus der Römerzeit. Die Römergründung auf dem flachen Hügelrücken am rechten Ufer des Guadiana erhielt den Namen Augusta Emerita und wurde Hauptstadt der Provinz Lusitania. Sie galt als schönste Stadt im römischen Spanien. Noch ein Maure behauptete Jahrhunderte später, kein Mensch könne die Wunder Méridas genau aufzählen. Mir scheint, die Einwohner nehmen kaum Notiz von dem, was einmal als Wunder galt und verstreut in der Stadt und am Stadtrand an vergangenen Glanz und Reichtum erinnert. Nur die Stadtverwaltung hofft, daß die sehenswerten Denkmäler mehr als bisher Touristen anlocken könnten. Mitten in der Stadt, in einem alten Kloster, ließ das Tourismusministerium einen stattlichen Parador einrichten.
Mérida ist eine ländliche Stadt mit 40 000 Einwohnern, eine der heißesten Städte Spaniens, im Hochsommer ein Backofen. An der von Arkaden umgebenen und mit Palmen bewachsenen Plaza de España, dem Verkehrsmittelpunkt, sahen wir noch Eselkarawanen vorbeitrotten, die mit Korkrinde beladen waren. In der Stadt wird die Korkrinde, die von den Korkeichen in Estremadura abgeschält wird, verarbeitet. Vorwiegend leben die Einwohner vom Landbau der Umgebung und vom Umschlag der Agrarerzeugnisse, von der Großviehzucht und Schwei-

nehaltung. Mérida verfügt über mustergültige Schlachthäuser und Fleischverarbeitungsstätten.

Die Plaza de España oder Plaza Mayor nimmt etwa den Platz des römischen Forums ein. Nahebei, hinter dem Hotel Emperatriz, liegt das Archäologische Museum, sehenswert vor allem wegen seiner römischen Skulpturen und Porträtbüsten und westgotischen Steinmetzarbeiten. Ein paar Schritte weiter, auf dem Weg zum Parador, überwölbt der fünfzehn Meter hohe Trajansbogen die Straße, der wahrscheinlich in römischer Zeit mit Marmorplatten umkleidet war.

Das älteste, noch vor der Stadtgründung im Jahre 25 vor Christus errichtete Baudenkmal ist die römische Brücke, deren 64 Bogen den Guadiana über eine Länge von 800 Metern überspannen. In seiner einfachen Konstruktion mit mörtellos gefügten Quadern ein wahrhaft großartiges Bauwerk, besonders, wenn man es von der Insel in der Flußmitte sieht. Über den größten Teil des Jahres bleibt der Guadiana zweiarmig, und auf der Insel grasen Rinder, Schafe und kleine, schwarzborstige Schweine. Die Römerbrücke ist niedrig, so daß man von der Flußinsel einen guten Blick auf die etwas höher liegenden weißen und lehmfarbenen Häuser und auf die seitlich des Brückenkopfes liegende maurische Burg, die Alcazaba, aus dem 9. Jahrhundert hat.

Freunde in Madrid hatten von den Störchen Méridas erzählt. Wir fanden sie hoch oben auf den ruinösen Bogenmauern des römischen Aquädukts, der Los Milagros genannt wird. Hochbeinig standen die Störche auf ihren Nestern und ignorierten die Rauchwolken der Lokomotiven, denn unter den Bogen fahren die Züge nach Westen, nach Badajoz. Östlich vom Bahnhof, ebenfalls nahe den Eisenbahnschienen und der Straße nach Madrid, liegen die Reste des römischen Zirkus, dessen Pferderennbahn mehr als 400 Meter lang war. Der riesige ovale Zirkus konnte fast so viele Menschen aufnehmen als Mérida gegenwärtig Einwohner zählt. Heute spielen die Kinder Fußball auf der Grasnarbe.

Wiederum stadteinwärts liegen das Amphitheater für ehemals 15 000 Zuschauer und das römische Theater für etwa 6000 Zuschauer nahe beisammen. Allerdings befinden sich die antiken Stätten, bis auf das restaurierte römische Theater, in ruinösem und verwahrlostem Zustand. Offensichtlich war bis in die jüngste Zeit das Interesse an den Denkmälern gering oder fehlten die Mittel zu ihrer Erhaltung. Nur das römische Theater mit dem Halbkreis der aufsteigenden Sitzreihen, der Orchestra, der abschließenden Reihe marmorner Säulen mit korinthischen Kapitellen und einigen römischen Statuen vermittelt einen starken Eindruck von der einstigen Pracht der Anlage.

Näher als die römische Vergangenheit steht den Einwohnern, vor allem den Mädchen und Frauen, die Erinnerung an die heilige Eulalia, die im Jahre 303 auf einem glühenden Rost zu Tode gemartert wurde. An der Stelle ihres Martyriums wurde eine Kapelle errichtet, für deren an der Straße liegender Vorbau Säulen des Marstempels Verwendung fanden. »Hornito de Santa Eulalia«, kleiner Ofen der heiligen Eulalia, heißt der Ort. Frauen und Mädchen pflegen noch heute eine Locke ihres Haars abzuschneiden und durch das Gitter der Kapelle zu werfen. Wir sahen Männer und Frauen vorübergehen, die sich bekreuzten oder einen Moment innehielten, um die kindliche Heilige zu ehren.

Badajoz

Die Straße von Mérida nach Badajoz führt über den Guadiana, dann durch die weitläufige, fruchtbare Niederung des Flusses, nach dem Plan Badajoz neugewonnenes Kulturland, von Kanälen und Bewässerungsanlagen durchzogen. Ein für Estremadura ungewohnter Anblick: Weizen- und Maisfelder, weißschimmernde Baumwollkulturen, Gemüsefelder, dazwischen Oliven und Korkeichen. Mehr als Mérida hat die Provinzhauptstadt Badajoz von der staatlich geförderten Kultivierung des Landes und dem wirtschaftlichen Zuwachs profitiert. Aber Badajoz hatte das römische Mérida schon in den vergangenen Jahrhunderten abgelöst und erlebte seit 1900 eine Bevölkerungszunahme um mehr als zweihundert Prozent. Heute zählt Badajoz dreimal so viele Einwohner wie Mérida. Als Wirtschafts- und Verwaltungszentrale der Provinz, als Bischofssitz, als Grenzstadt (die portugiesische Grenze liegt 6 Kilometer westlich) und Verkehrsknotenpunkt gewinnt Badajoz an Bedeutung.

Für Badajoz scheint nicht mehr zu gelten, daß Estremadura eine arme, rückständige Region ist. Die Stadt mit sauberen, gepflegten Straßen und Häusern, mit zahlreichen Gärten und Parkanlagen vermittelt den Eindruck von Wohlhabenheit. Während sonst für Estremadura die herkömmliche soziale Trennung zwischen Großgrundbesitzern und Besitzlosen, zwischen reich und arm unüberbrückbar zu sein scheint, lebt in Badajoz eine verhältnismäßig breite Mittelschicht. Man sieht es im alltäglichen Leben, an der gelösten, freundlichen Art, wie die Einheimischen ihre Geschäfte tätigen, wie sie miteinander oder mit Fremden umgehen, wie sie sich kleiden und bewegen. Das Wirtschaftsleben der Stadt konzentriert sich auf die industrielle Verarbeitung von Agrarerzeugnissen und auf den Handel, auf Baumwollspinnereien, Wollwäschereien, Konservenfabriken. Dazu entstanden eine Reihe von Kleinbetrieben zur Versorgung der Provinz mit Gebrauchsgütern.

An der Plaza de España, dem Mittelpunkt der Stadt, liegen das Rathaus und die Kathedrale San Juan aus dem 13. Jahrhundert, deren Fassaden und Fenster im 16. Jahrhundert umgebaut wurden. Mit seinem alten massiven, zinnengekrönten Viereckturm ähnelt das Gotteshaus einer Festung. Als Grenzstadt war Badajoz oft hart umkämpft, und die Einwohner suchten in der festgebauten Kathedrale Zuflucht. Von dem in Badajoz geborenen Maler Luis de Morales (1510 bis 1586), dessen Denkmal auf der Plaza steht, sind in der Kathedrale fünf Gemälde zu sehen. Doch Badajoz ist keine Kunststadt und kann auch in seinen Monumenten nicht mit dem römischen Mérida konkurrieren.

Obwohl die Stadt ähnlich Mérida von den Römern auf einem Höhenrücken am Ufer des Guadiana angelegt wurde, sind keine römischen Erinnerungsstücke erhalten. Aus der Maurenzeit stammen die von Gärten umgebenen Reste der Alcazaba und die alten Stadtmauern mit Zinnen und Türmen, darunter die schöne achteckige Torre de Espantaperros. Sie erinnern daran, daß Badajoz (maurisch Batalyoz) nach dem Zerfall des Kalifats von Córdoba für kurze Zeit selbständiges Königreich war, dessen letzter König, ein Dichter, im Jahre 1094 von den Almohaden vor den Stadttoren geköpft wurde.

Die alte Brücke, deren zweiunddreißig Bogen über den Guadiana führen, der Puente de las Palmas, ist während des 16. Jahrhunderts erbaut worden. Von jenseits des Flusses bietet Badajoz lagemäßig mit der granitenen Bogenbrücke im Vordergrund einen ähnlichen Anblick wie Mérida. Doch im Unterschied zu Mérida zeigt sich Badajoz mit grünen Bäumen, stattlichen weißen Häusern und aus der ansteigenden Stadt ragenden Türmen fast herrschaftlich.

Cáceres

Auf der Fahrt nach Cáceres nimmt das Land wieder den typischen Estremadura-Charakter an, wechselt zwischen faltenreicher, karger Hochsteppe und karstigem Bergland von geringer Höhe. Wandernde Schafherden grasen auf dem trockenen Boden. Kilometerweit säumen krüppelige Korkeichen die wenig befahrene Straße im menschenleeren Land. In Cáceres wird wie in Mérida die Korkrinde verarbeitet und mit Kork gehandelt. Nach dem römischen Mérida, dem neuzeitlichen Badajoz überrascht Cáceres auf eigene Weise. Die Altstadt hat mit ihren massiven granitenen Adelspalästen aus dem 16. Jahrhundert und den robusten Geschlechtertürmen ihre spätmittelalterliche Prägung erhalten, aus manchem Blickwinkel fast florentinisch.

Die Geschichte der Stadt, einer römischen Gründung, ist kriegerisch. Ihr Name wurde aus dem maurischen Alcázares abgeleitet. Dreimal eroberten die christlichen Ritter Cáceres, dreimal holten sich die Mauren die Stadt zurück, bis sie nach der vierten Eroberung im Jahre 1229 christlich wurde. Durch die folgenden Jahrhunderte zogen sich Geschlechterkämpfe des Adels, so daß die Herren ihre Palacios massiv bauten und mit Wehrtürmen versahen. Königin Isabella, erbittert über die unaufhörlichen Adelskämpfe, ließ 1477 die Wehrtürme niederreißen. Sie verschonte nur die Torre de las Cigueñas, den Storchenturm, und die Casa de los Golfines Abajo, weil sich deren Herren im Kampf gegen die Mauren ausgezeichnet hatten. So stammen die meisten Palacios, die hier Casas Solariegas (altadelige Häuser) genannt werden, und wiederaufgebauten Wehrtürme aus dem 16. Jahrhundert. Die steinernen Embleme an den Fassaden sind die Wappen jener Edelleute, die sich bei der Rückeroberung Granadas und der Eroberung der Neuen Welt Verdienste erworben haben. Das Sonnenzeichen des Aztekenkönigs Montezuma über einem Portal erinnert daran, daß ein Edelmann des einheimischen Hauses Toledo die Tochter Montezumas heiratete und das Wappen übernahm. In Cáceres wird sichtbar, daß nahezu ausschließlich Männer aus Estremadura für das Abenteuer der Eroberung einer unbekannten Neuen Welt einstanden.

Die Plaza Mayor liegt nordwestlich der auf einen Hügel gebauten Altstadt, schon außerhalb und direkt vor der alten Stadtmauer mit der Torre del Reloj, dem Uhrturm, der römische und maurische Reste enthält. Es ist die schönste und größte Plaza Mayor von allen Städten in Estremadura, wie überhaupt auch die Neustadt, etwa um die Avenida de España, erstaunlich großzügig angelegt ist. Cáceres mit heute 55 000 Einwohnern ist Provinzhauptstadt und wirtschaftliches Zentrum der Provinz. Die Verarbeitungsstätten für Agrarprodukte des umliegenden Landes, die händlerische Regsamkeit und vor allem die großen Märkte (die wichtigsten Jahrmärkte finden in der letzten Maiwoche und Ende September statt) bestimmen das Wirtschaftsleben.

Auch außerhalb der festlich gefeierten Märkte geht es auf der Plaza Mayor mit Geschäften und Bars unter den Arkaden an der Längsseite lebhaft zu. Fremde und spanische Besucher zieht vor allem das Atmosphärische der spätmittelalterlichen Altstadt an. Den besten Eindruck vermittelt der Weg von der Plaza Mayor hinauf zum Arco de la Estrella und durch dieses alte Stadttor zur spätgotischen Kathedrale Santa Maria la Mayor. Auf dem kurzen Weg und in der Umgebung des Kathedralplatzes drängen sich alte Gassen und Winkel, stehen die schönsten mauerfesten Casas Solariegas. Ein par Schritte weiter, am höchsten Punkt der Altstadt, steht die Kirche San Mateo mit platereskem Portal. Sie wurde im 15. Jahrhundert an der Stelle einer Moschee errichtet. Auch in der Nähe von San Mateo finden wir prächtige Palacios, den ältesten, schon genannten Storchenturm (wie Mérida ist Cáceres eine Stadt der Störche) und die Casa de las Veletas, die heute das Provinzmuseum beherbergt. Die Casa wurde auf der Ruine des Alcázar erbaut, von dem noch die arabische Zisterne mit sechzehn Gewölbebogen erhalten ist.

Zum eigentümlichen Reiz von Cáceres gehört, daß die Stadt auch in ihrem mittelalterlichen Teil nicht im mindestens museal wirkt, sondern äußerst lebendig und gegenwartsbezogen. Die regsamen und lebensfreudigen Einwohner lassen für einen Augenblick vergessen, daß Cáceres in der entlegenen, wirtschaftlich wie sozial dürftigen Region Estremadura liegt. Aber Cáceres macht auch die Vielfalt des Landes und der Lebensintensität, selbst innerhalb der Regionen und von Stadt zu Stadt, deutlich.

Der lange Weg der Minderheiten

Im Mai 1967 stimmten die Cortes einem bemerkenswerten Gesetz zu, das die Religionsfreiheit als Grundrecht der Menschen anerkennt und auch die nichtkatholischen Glaubensgemeinschaften unter den Schutz des Staates stellt. Zwar wurde schon nach dem Zweiten Weltkrieg im Fuero de los Españoles die religiöse Freiheit garantiert, jedoch mit der sonderbaren Einschränkung, daß »keinerlei Gottesdienste oder äußere Manifestationen« geduldet würden – außer denen der katholischen Kirche. Damit war gegenüber religiösen Minderheiten, gegenüber den gläubigen Protestanten und Juden, jede Art von Diskriminierung möglich. Sie wirkte sich demütigend im öffentlichen wie privaten Bereich aus, in Schwierigkeiten bei der schulischen Erziehung, der Eheschließung, der Berufswahl, der Veröffentlichung von Glaubensliteratur, der Bestattung der Toten. Spanienbücher von Autoren wie Richard Wright oder Benjamin Welles, die vor 1967 geschrieben wurden, berichten von solchen Diskriminierungen. Sie gehören der Vergangenheit an, wenn auch das Umdenken, zumal bei der Landbevölkerung, das Ablassen von jahrhundertelang gepredigten und verfestigten Vorstellungen nur langsam einer besseren Einsicht weichen.

Erst das Gesetz vom Mai 1967 beendete einen Zustand, der als erschreckender Anachronismus bis in die Gegenwart anhielt und genaugenommen seit dem Vertreibungsedikt vom 2. August 1492 und der eifernden Intoleranz der Katholischen Könige und ihres Beraters, des Erzbischofs Cisneros, gesetzlich sanktioniert war. Ein langer Weg der religiösen Minderheiten, der von Inquisition und Vertreibung, von Haß, Blut und Repressalien gezeichnet war. Aber auch das neue Gesetz mußte einen langen Weg passieren und die Opposition ultrarechter Kreise überwinden, bis es zustande kam. Wachsender außenpolitischer Druck und die Neuorientierung des Zweiten Vatikanischen Konzils trugen zur Änderung bei. Vor allem Außenminister Castiella (1957 bis 1969), der nicht in allem eine glückliche Hand hatte, fällt das Verdienst zu, unablässig an der Besserung der Minderheitsverhältnisse gewirkt zu haben. Als Außenminister wußte er, daß Spaniens beschädigtes Ansehen in der Welt auch in dieser Frage der Klärung bedurfte. Während einer Privataudienz bei Papst Johannes XXIII. im Jahre 1962 trug Castiella dem Heiligen Vater die Reformpläne vor. Johannes reagierte spontan und sagte: »Wenn der Herr uns befiehlt, wir sollen unsere Feinde lieben, wie viel schöner müßte es für uns sein, unsere Brüder im christlichen Glauben zu lieben.« Man kann sich vorstellen, welche Freude und Erleichterung dieser Ausspruch von Papst Johannes unter den spanischen Minderheiten und den Reformern auslöste.

Nachdem auch die spanischen Bischöfe den Plan Castiellas unterstützten, konnte Castiella 1965 den ersten Gesetzentwurf einbringen. Nach dreimaliger Vorlage nahm der Ministerrat 1967 den Gesetzentwurf an, und das Gesetz wurde im Mai 1967 verabschiedet. Neben der garantierten Religionsfreiheit und dem Schutz des Staates wurden den religiösen Minderheiten bestimmte Rechte zugestanden. Fortan dürfen sie Gotteshäuser bauen, Eigentum besitzen, eigene Schulen und Seminare unterhalten, eigenes Schrifttum drucken und verbreiten, Trauungen vornehmen und Friedhöfe anlegen. Angehörigen nichtkatholischer Glaubensgemeinschaften stehen alle Berufe offen, einschließlich der öffentlichen Ämter im Staat, ausgenommen das Amt des Staatsoberhaupts. Die Ziviltrauung gilt, sofern keiner der beiden Ehepartner katholisch ist. Kinder aus nichtkatholischen Ehen müssen in der Schule nicht am katholischen Religionsunterricht teilnehmen. Die über sieben Jahre laufende und hier nur verkürzt angedeutete Prozedur bis zu einem Gesetz, das nach Christen- und Menschenrecht selbstverständlich sein müßte, zeigt die ganze Problematik eines Landes, das sich nur mühsam von den Fesseln seiner intoleranten Vergangenheit löst.

Noch vor den Römern, Westgoten und Mauren, als geschichtlich älteste Minderheit, lebten Juden auf spanischem Boden. Ihr Schicksal verlief wechselhaft wie Tag und Nacht, ein für Spanien und die spanische Christenheit trauriges, ja selbstzerstörerisches Kapitel, das allerdings in der jüngsten Vergangenheit eine wenig bekannte, Spanien ehrende Wendung nahm.

Unter den arianischen Westgoten genossen die alteingesessenen jüdischen Bürger Ansehen, und sie bekleideten hohe Ämter. Ihr Glaubens- und Gemeindeleben konnte sich ungestört entfalten. Erst nach dem Übertritt der Westgoten zum katholischen Christentum (589) setzte eine Welle der Unterdrückung ein. Die Westgoten stellten in ihrem Bekehrungseifer die Juden unter neue diskriminierende Gesetze. König Erwig ließ den Juden die Haare abschneiden und ihr Eigentum konfiszieren. Zahlreiche Juden ließen sich taufen, zum Teil als Scheinchristen, ohne von ihrem Glauben abzulassen; andere wanderten aus, die meisten nach Nordafrika. Die Verhältnisse machen verständlich, daß jüdische Emigranten die von Nordafrika ausgehende maurische Invasion (711) unterstützen und daß die im Land gebliebenen Juden die Ausbreitung der Maurenherrschaft begrüßten.

Im maurischen Spanien, in Andalusien, wie gleichermaßen in den meisten christlichen Königreichen Spaniens, bis zum Ende des 14. Jahrhunderts, lebten die Juden freier und geachteter als in jedem anderen Land des Mittelalters. Gegen anderslautende oder untertreibende Behauptungen steht die tatsächliche humane, kulturelle und wirtschaftliche Bereicherung, die von der maurisch-jüdischen Periode ausging. An dieser Bereicherung haben jüdische Philosophen, Wissenschaftler, Ärzte, hohe Beamte und Berater, Finanz- und Kaufleute entscheidenden Anteil. Außerdem spielten die Juden im islamisch-christlich zweigeteilten Spanien eine gewisse Vermittlerrolle. Sie lebten in beiden Teilen des Landes, hielten die Verbindung miteinander aufrecht, sorgten auf Grund ihrer Sprachengewandtheit für Austausch und Vermittlung. Doch brachte das Vordringen der Reconquista auch mit sich, daß Juden gegeneinander kämpften. Sie standen im christlichen wie im maurischen Heer. Zu den Absonderlichkeiten gehört, daß Juden zur Finanzierung der Reconquista beitrugen, deren Sieg ihnen die Vertreibung brachte.

Die über sechs Jahrhunderte währende nahezu ungetrübte Toleranz endete im Jahre 1391. Eine Welle von Pogromen, ausgelöst durch religiösen Fanatismus, durch Neid und Mißgunst, erschütterte das Land. In der Stadt Sevilla wurden 4000 Juden getötet. In Valencia blieb kein gläubiger Jude am Leben. Wer nicht fliehen konnte und dem Massaker entging, ließ sich taufen. Die Zahl der Bekehrten wird allein in den Königreichen Kastilien und Aragón auf etwa 200 000 geschätzt. Viele Juden nahmen die Taufe zum Schein an, blieben jedoch ihrem Glauben treu und übten heimlich die jüdischen Religionsbräuche. Da dies nicht verborgen blieb, nannte man die Bekehrten Marranen, Schweine. Es gilt als sicher, daß der Genuese Cristóbal Colón von ausgewanderten spanischen Marranen abstammte. Auch in der Schiffsmannschaft des Kolumbus befanden sich Marranen.

Obwohl einige Jahrzehnte der Beruhigung, sogar des wirtschaftlichen und sozialen Aufstiegs der Bekehrten folgten, hatte das Jahr 1391 eine Entwicklung ausgelöst, die unaufhaltsam zur Entrechtung und schließlichen Vertreibung der spanischen Juden drängte. Dazu trug ein Mann bei, der selbst jüdischer Herkunft war. Tomás von Torquemeda, Dominikanermönch und ehemaliger Beichtvater Isabellas, wurde 1483 zum ersten Großinquisitor der Krone ernannt. Er entfachte die Verfolgung der jüdischen und moslemischen Ketzer mit unnachgiebiger Härte. Als eine ihrer ersten Handlungen nach der Wiedereroberung Granadas unterzeichneten die Katholischen Könige das Dekret über die Ausweisung der Juden. Wer von den ungetauften Juden der Inquisition entgangen war, mußte im August 1492 das Land verlassen. Der von religiösem Eifer und Intoleranz diktierte Beschluß war die menschlich wie politisch unklugste Entscheidung der Katholischen Könige. Spanien verlor Hunderttausende seiner begabtesten und tüchtigsten Untertanen, denen das Land unendlich viel verdankte, seine kulturell und wirtschaftlich aktivste Minorität.

Die Vertriebenen, die ihr Heimatland Sepharad nannten, siedelten sich als Sephardim in Nordafrika und allen europäischen Ländern an. Sie trugen die Kultur und Sprache des Landes, das sie verstieß, in die Alte und Neue Welt. Heute leben in Israel und Nordafrika, in Europa, Amerika und Vorderasien rund zwei Millionen spanisch sprechender Sephardim.

Spanien blieb den Juden über viereinhalb Jahrhunderte versperrt. Gegen Ende des vergangenen Jahrhunderts erlaubte der tolerante König Alfons XII. eine Rückwanderung, die von einigen Familien, zahlenmäßig noch gering, wahrgenommen wurde. Erst im und nach dem Zweiten Weltkrieg wuchsen die jüdischen Gemeinden in Madrid und Barcelona, konnten Gottesdienste gefeiert und das Gemeindeleben gefestigt werden. Vielleicht hat der Rückblick auf die eigene Geschichte die Haltung Spaniens in der Judenfrage zur Zeit des Hitlerschen Antisemitismus und der Nürnberger Gesetze beeinflußt. Spanien, das heißt Franco, weigerte sich, die von Hitler geforderte Rassendiskriminierung zu übernehmen, obwohl die deutschen Truppen an der spanischen Grenze standen. Mehr als 30 000 Juden sollen über die Pyrenäen nach Spanien geflohen sein und dort Zuflucht gefunden haben. Franco ließ gefährdeten Juden, zahllosen Sephardim, in den von Deutschen besetzten Ländern spanische Visen zukommen und ermöglichte ihre Flucht nach Spanien. Auf diesem Weg wurden rund 60 000 Juden, vorwiegend aus den Balkanländern kommend, das Leben gerettet. Serrano Súñer, einer der prominenten Falangisten, zeitweise Regierungsmitglied und Schwager Francos, hatte 1948 erklärt: »Für uns ist die Rassenlehre eine Ketzerei, denn als Katholiken wissen wir, daß das Menschengeschlecht moralisch eine Einheit ist.« Antisemitismus gab und gibt es im Spanien Francos nicht.

Als in Madrid die neue Synagoge im Jahre 1959 eingeweiht wurde, die erste spanische Synagoge seit der Vertreibung von 1492, sprach der Vorsitzende der jüdischen Gemeinde von der »toleranten und wohlwollenden Haltung der spanischen Regierung gegenüber unserer Religion und ihrer Ausübung«. Im gleichen Jahr wurde mit staatlicher Förderung in der Nationalbibliothek von Madrid die Sephardische Bibliographische Weltausstellung eröffnet. In Madrid arbeitet das »Insituto de Estudios Sefardíes« und erscheint eine sephardische Zeitschrift. Solche Einrichtungen waren vor dem neuen Gesetz aus dem Jahre 1967 abhängig vom Wohlwollen des Staates, jederzeit widerrufbar, ohne gesetzlichen Schutz, ohne Anerkennung der jüdischen Gemeinden. Im Falle der Juden, jedenfalls für die jüdischen Gemeinden, war dieses staatliche Wohlwollen gewährleistet.

Anders verhielt es sich bei den Protestanten. Um so mehr Bedeutung hat das neue Gesetz über Religionsfreiheit und staatlichen Schutz, die Anerkennung, die ungehinderte private und öffentliche Ausübung der Religion für die protestantischen Gläubigen und ihre Gemeinden. Vor dem Jahre 1967 war die Lage der Protestanten in Spanien verzweifelt und demütigend. Bei ihnen wirkten sich Illegalität, Rechtsunsicherheit, Schutzlosigkeit im vollen Maße aus. Protestantische Kirchen wurden geschlossen oder auf Hinterhöfe verwiesen. Noch 1956 ließ der Innenminister das Theologische Unions-Seminar in Madrid schließen, was den Protest des Weltkirchenrates zur Folge hatte. Weder protestantische Schriften noch Bibeln durften eingeführt, gedruckt oder vertrieben werden.

Insbesondere waren die Gläubigen im privaten Bereich der Willkür regionaler oder lokaler Behörden ausgeliefert. Es gab auch humane Beamte, die in Einzelfällen großzügig verfuhren, besonders in den größeren Küstenstädten. Doch die Mehrzahl der Protestanten mußte erfahren, daß ihr Glaube nach spanischer Vorstellung mit Ketzerei und Todsünde zu tun hatte. Ihre Eheschließungen waren abhängig von der Bestätigung der katholischen Kirchenbehörde. Für ihre Kinder mußten sie entweder die katholische Schulerziehung dulden oder einen kostspieligen Privatunterricht zahlen. Verschiedene Berufe, alle öffentlichen Ämter waren ihnen versperrt. In ihrer sozialen Position waren sie deklassiert. Selbst die Bestattung bereitete Schwierigkeiten, da auf den geweihten katholischen Friedhöfen die Beerdigung verweigert wurde, es sei denn in der Ecke der Asozialen und Selbstmörder.

Die Repressalien waren um so verwerflicher, als die Zahl der protestantischen Minderheit verschwindend gering ist. Für das traditionell katholische Land konnte der Protestantismus keine missionarische (es gibt nahezu keine Übertritte zum Protestantismus) und erst recht keine politische Gefahr sein. In Spanien leben etwa 30 000 gläubige Protestanten, ein knappes Tausendstel der spanischen Bevölkerung. Aufgrund der kleinen Zahl gläubiger Protestanten kommt der Spanier wenig mit den Andersgläubigen in Berührung. Seine Kenntnisse über den Protestantismus sind im allgemeinen dürftig oder einfach fehlerhaft. Was bis zum Jahre 1967 von der katholischen Kirche, die ja allein das Druckrecht für religiöse Schriften besaß, zur Belehrung und Information verbreitet wurde, war zum Teil von einer erschreckenden Ignoranz und scheute vor verleumderischen Behauptungen nicht zurück. Noch 1950 konnte in Barcelona ein »Katechismus über Protestantismus« von Juan Perrone erscheinen, der allen Ernstes behauptete, das »einzige Ziel all ihrer (der Protestanten) eifrigen Bemühungen« sei die Verbreitung von Sozialismus und Kommunismus. Der Protestantismus sei »ein Verleugnen der wahren Religion« und darum geeignet, keinem anderen Ziel als der »Zerstörung der Gesellschaft« zu dienen. Dieser gewiß besonders gravierende Fall zeigt, mit welchen Mitteln die protestantische Minderheit ins Unrecht gesetzt wurde.

Das neue, durch die Bemühungen Castiellas zustande gekommene Gesetz sichert zumindest die offizielle Anerkennung und die freie Ausübung des Glaubens der nichtkatholischen Bekenntnisse. Es kann heute nicht mehr von den genannten Repressalien gegenüber gläubigen Protestanten die Rede sein. Zudem sind vor allem die jüngeren katholischen Kleriker aufgeschlossen und nicht bereit, vergangene Ketzer- und Hexenmärchen weiterzutragen. Die Wissensbelehrung der Bevölkerung wird zunehmend ergänzt durch die neuzeitlichen Kommunikationsmöglichkeiten, durch Begegnungen mit Andersgläubigen im eigenen und fremden Land. Dennoch, weil in der offiziellen kirchlichen und staatlichen Praxis die Deklassierung von nichtkatholischen Gläubigen allzu lange anhielt, wird es noch einiger Zeit bedürfen, bis die letzten Vorbehalte gegenüber den religiösen Minderheiten getilgt sind.

ALTKASTILIEN

Nördlich und östlich von Madrid zieht das querlaufende Kastilische Scheidegebirge mit den Sierren von Gredos und von Guadarrama die Grenze zwischen Neu- und Altkastilien. Nach Norden bis zur Küstenstadt Santander am Kantabrischen Meer erstreckt sich Altkastilien, Castilla la Vieja, im Osten von Aragonien und Navarra, im Westen von León begrenzt. Die Kantabrische Kordillere trennt den Hauptkomplex der Region vom Meer ab, so daß Altkastilien bis auf die Küstenprovinz Santander in seiner landschaftlichen Struktur eine festgefügte Einheit bildet. Sie wird bestimmt vom weiträumigen, kargen Hochland der Meseta, die im Durchschnitt hundert Meter höher liegt als die Neukastilische Meseta.

Die Meseta ist die Kernlandschaft Spaniens. Wer sie nicht kennt, wer nur in den peripheren Regionen bleibt, wird Kastilien und Spanien nicht begreifen können. Aber es fehlt ihr, was den anderen Regionen, zumal den Küstenregionen, gegeben ist, alles Einladende, Freundliche, Anmutige. Aus der Vogelperspektive ist es eine riesige einförmige braungraue Decke, durchschnitten von wenigen Flußläufen. Auf der Durchfahrt kommt man in Gegenden, deren steinige Nacktheit und trockene Härte grenzenlos gedehnt sind. Die Augen haben keinen Halt. Eine den Menschen peinigende Landschaft, in der selbst die kleinen Dörfer mit lehmigen, kahlen Häusern abweisend und leblos wirken. Die Kastilier, die in dieser Landschaft leben, sind für ihre eigensinnige Härte und ihren Stoizismus bekannt. Sie reden nicht viel, sind karg und ungelenk in ihren Bewegungen, doch führen sie durch, mit zäher Unbedingtheit, was sie sich einmal in den Kopf gesetzt haben.

Trotz einer Reihe von größeren Städten, Santander, Búrgos, Logroño, Palencia, Sória, Valladolid, Segóvia und Ávila (zugleich die Hauptstädte der acht Provinzen), ist Altkastilien dünn besiedelt und kommt mit 32 Einwohnern je Quadratkilometer Estremadura nahe, während etwa Neukastilien mehr als die doppelte Bevölkerungsdichte hat.

Die Ausnahme bildet die dichter besiedelte Küstenprovinz Santander, die als einzige Provinz über eine bedeutende Industrie verfügt, bei Santander, Reinosa, Torrelavega (Eisenerz- und Zinkminen, Hochöfen, Eisen- und Stahlverarbeitung). Das Klima in der durch die Kordillere geschützten Küstenzone ist angenehm, während das Altkastilische Binnenland zu den klimatisch ungünstigsten Gebieten Spaniens zählt. Man sagt, in der nördlichen Meseta herrsche »neun Monate Winter und drei Monate Hölle«. In der kälteren Jahreszeit peitscht ein schneidender Wind die Hochflächen. In einer Zeit, die anderen Regionen noch hochsommerliches Wetter bringt, wird es kalt und frostig. Selbst die südlichste Stadt, Ávila, bleibt nur im Juli und August frostfrei.

Dem kargen Boden und dem Klima entsprechend ist die Vegetation dürftig. Es gibt in den Auen des Duero, der Altkastilien auf der Höhe von Valladolid nach Westen durchfließt, und der wenigen Zuflüsse einige fruchtbare Gebiete. Bei Valladolid und Palencia, bei Búrgos und Logroño werden Weizen, Hülsenfrüchte, besonders Kichererbsen, auch Zuckerrüben und Kartoffeln angebaut. Doch vorherrschend ist das öde und monotone Hochland, von dürrer Macchia bedeckt, verstreut von wetterfesten Stein- und Korkeichen bewachsen. Von Norden nach Süden führen die Cañadas, die alten Wanderwege der Schafe, die hier ihre Sommerweide finden, ehe sie nach Estremadura weiterziehen. Schafe sind genügsame Tiere. So ist auch die eigene Schafzucht weitverbreitet, der das Land einen vorzüglichen Käse verdankt, ebenso die Schweinezucht und in günstigeren Gebieten die Rinderhaltung.

Abgesehen von den Städten Valladolid, Palencia oder Búrgos, die um industrielle Aktivierung bemüht sind, verläuft das wirtschaftliche und soziale Leben äußerst dürftig und inaktiv. Eine Besserung der Lebensverhältnisse scheint in Altkastilien schwieriger zu sein als in anderen Regionen, nicht nur durch die Bedingtheiten des Landes. Erschwerend kommt hinzu, daß dem Kastilier eine ruhmreiche Vergangenheit anhängt und daß er mit leidenschaftlichem Stolz »verachtet, was er nicht kennt«. Aus eigensinniger, ichbezogener Härte mißtraut er jeglicher Anpassung, auch dort, wo herkömmliche Strukturen längst überholt sind. »Elendes Kastilien, gestern herrschend und gebietend, heute in Lumpen gehüllt, verachtend, was es nicht kennt«, schrieb Antonio Machado. Erst recht mißtraut der Kastilier dem Lebensleichtsinn der Andalusier, der geschäftlichen Tüchtigkeit der Katalanen, dem nüch-

ternen Erwerbssinn und Autonomiedenken der Basken. Der Kastilier will das Ganze, doch nach der Formel, die er geschaffen hat, »ich und die Welt«.
Miguel de Unamuno nannte Altkastilien das »Land, in dem Steine und Heilige wachsen«. Man müßte ergänzend die Burgen und Krieger Altkastiliens nennen. Das Land ist von Burgen und Burgruinen übersät. Die Kastelle gaben Kastilien den Namen. Der königstreue Cid, das spanische Urbild des tapferen, gefürchteten Kämpfers, stammt aus Altkastilien wie Santa Teresa von Ávila und Königin Isabella. Die humorbegabte Heilige verabscheute die Bigotterie, zu der die Königin in ihrem Glaubenseifer neigte. Aber beide Frauen zeichneten sich aus durch Nüchternheit, Tatkraft und Lebensklugheit. Etwas von ihrer handfesten Energie könnte dem heutigen Altkastilien guttun, denn der Region, so scheint es, liegt die Vergangenheit näher als die Gegenwart, allerdings eine großartige Vergangenheit, wie die Städte, Kathedralen, Burgen, Paläste und Mauern zeigen.

Ávila

Ávila ist die Stadt der »cantos y santos«, der Steine und Heiligen, der Klöster und wehrhaften Mauern. Beim ersten Anblick der auf einen felsigen Hügelrücken gebauten Stadt denkt man an ein mittelalterliches abwehrbereites Soldatenlager. Eine wuchtige, zwölf Meter hohe und zinnengekrönte Wehrmauer umschließt die ganze Stadt, die zur Bastion wird. Unversehrt wie in keiner europäischen Stadt blieb der befestigte Mauerring aus dem 11. Jahrhundert erhalten, der mit 88 Wachttürmen und 9 Toren bestückt ist. Doch friedlich grasen die Schafe auf der Wiese unter den Mauern. Das Mittagslicht erhellt die alten Steine, nimmt ihnen alles Kriegerische, macht die Mauern in ihrer vollendet einfachen Konstruktion plastisch, harmonisch und schön, ein Werk aus einem Guß.
Das kastilische Licht verbreitet nur selten freundliche Wärme. Noch an sommerlichen Tagen ist das Klima der höchstgelegenen Provinzhauptstadt Spaniens (1130 Meter) rauh, macht der eisige, von der Sierra herabwehende Wind frösteln. Das Hochland, das Ávilas Mauerring krönt, ist steinig, baumlos und steppenartig.
Ávila zählt heute 28 000 Einwohner. Doch wer durch das Alcázartor

Ávila

stadteinwärts geht, wenn nicht gerade Omnibusse schubweise Touristen herangebracht haben, findet eine stille und etwas leblose Stadt. Die Atmosphäre Ávilas entzieht sich dem behaglichen Genießen, sie vermittelt eher eine spirituelle Strenge, ein Klima zum Meditieren und Nachdenken. Vergangen ist die im Mittelalter blühende Stadt, die Stadt der Caballeros. Die Katholischen Könige Isabella und Ferdinand hatten hier eine Sommerresidenz. Ihr einziger Sohn und Thronerbe Juan wurde hier erzogen und nach seinem frühen Tod im Alter von neunzehn Jahren begraben. Das Grab mit dem Abbild des schönen Infanten befindet sich in der Klosterkirche Santo Tomás. Dort soll auch der Großinquisitor Tomás de Torquemeda sein schmuckloses Grab haben. Dieser fanatische Dominikaner trug nicht wenig zum Absterben der Stadt bei. Nach der endgültigen Vertreibung auch der getauften Mauren und Juden verarmte Ávila und wurde zur Provinzstadt.

In den Gassen der Innenstadt sahen wir Esel, die mit Milch gefüllte Blechkannen von Haus zu Haus trugen. Ihr unbekümmerter Gleichmut hatte etwas Erheiterndes. Ähnlich wirken die vierzehn steinernen Löwen vor der Kathedrale, die eiserne Ketten im Maul halten und deren Hinterteile über die Steinsockel, auf denen sie lagern, hinausragen.

Die Kathedrale, deren hintere Apsis in die Festungsmauer eingebaut ist, stammt aus dem 12. Jahrhundert und wurde im 15. Jahrhundert vollendet. In der Grundarchitektur ein Musterbeispiel des Übergangs von der Romanik zur Gotik. Die Hauptfassade mit ihren kantigen hochgezogenen Steinrippen und den fleckigen Granitquadern gleicht einer Burgmauer. Doch das Innere überrascht durch die für spanische Kirchen ungewohnte Helligkeit und das schöne Altarbild von Pedro Berruguete. Im Stadtbereich stehen einige beachtenswerte romanische Kirchen, deren schönste, San Vicente, von der Kathedrale über die Calle del Tostada und durch das Nordosttor zu erreichen ist. In San Vicente kommt die Architektur des spanischen 12. Jahrhunderts noch reiner zur Geltung als in der Kathedrale. Im Innern befindet sich die Grabstätte des heiligen Vinzenz und seiner beiden Schwestern, die in Ávila den Märtyrertod starben. Die Reliefs der Grabstätte stellen die Legende des Heiligen und das grausame Ende dar. Sie gehören zu den eindrucksvollsten Bildwerken der Romanik.

Sonntags und abends, zum Paseo, verlassen die Einwohner ihre ummauerte Stadt und drängen durch das Alcázartor auf die Plaza de

Santa Teresa. Dort, vor den Toren, konzentriert sich das Leben Ávilas, werden die Märkte abgehalten, liegen neben der Kirche San Pedro ein paar Gassen mit Geschäften und einladenden Bars. Dort bekommt man das süße einheimische Kleingebäck, aus Eidotter zubereitet, das Yemas de Santa Teresa heißt. Viel in der Stadt erinnert an Teresa de Jesús, die resolute, tüchtige, freundliche und humorvolle Heilige. Sie tanzte mit ihren Nonnen und duldete keinen Trübsinn. »Gott bewahre mich vor trübsinnigen Heiligen«, sagte sie, und einer skrupelhaften Mitschwester gab sie den Rat: »Wenn Fasten, dann Fasten; wenn Rebhuhn, dann Rebhuhn.« Trotz ihrer schwachen Gesundheit zog Teresa auf einem Eselswagen durch das Land, gründete dreißig Klöster und reformierte den Karmeliterorden. Ihre unzähligen Briefe, ihre religiösen Schriften gehören zu den Schätzen der spanischen Literatur. Doch vor allem war sie die große Mystikerin, die über ihrer Frömmigkeit die Hinwendung zum Menschen nicht vergaß.

In Ávila kam die Heilige als Tochter der adeligen Cepeda y Ahumeda im Jahre 1515 zur Welt. An der Stelle ihres Geburtshauses wurde der Convento de Santa Teresa mit einer unbedeutenden Barockkirche errichtet; im Kloster Nuestra Señora de Gracia ging sie zur Schule; im Kloster Encarnación lebte sie neunundzwanzig Jahre als Nonne und Priorin; bei den Dominikanern von Santo Tomás holte sie Rat; das kleine Kloster San José hat sie gegründet. Encarnación bewahrt ein paar Manuskripte der Heiligen und San José einige Instrumente, eine Handtrommel und Flöten, die Teresa bei klösterlichen Feiern benutzte. Mehr als die Erinnerung bergen die Klöster nicht. Aber Erinnerung, umklammert vom wehrhaften Ring der Stadtmauern mit ihren 88 Türmen, ist Ávilas bester Teil.

Segóvia

Segóvia liegt an der Nordwestseite der Sierra de Guadarrama, wie Ávila auf einer Höhe von mehr als tausend Metern. Aber so freudlos sich die Häuser Ávilas innerhalb der Mauern ducken, so offen, freundlich und belebt zeigt sich Segóvia. Die Härte Ávilas und seiner Umgebung ist aufgehoben. Nicht der kahle Stein bestimmt die nähere Umgebung Segóvias, sondern eine grüne Tal- und Hügellandschaft, in der Erlen, Pappeln und Eichen wachsen, in der Wiesen für die Schaf-

Segóvia

zucht und Getreidefelder liegen. Dem Anreisenden bietet sich, besonders vom Hügel mit den Steinkreuzen an der Zufahrtsstraße, eines der schönsten spanischen Stadtpanoramen. Man überblickt die volle Breite der Stadt, die auf einen Felsenrücken zwischen den Flüßchen Eresma und Clamores gebaut ist. Aus der Mitte ragt die im 16. Jahrhundert errichtete Kathedrale, die letzte gotische Kirche Spaniens, mit zahlreichen Türmchen und einem wuchtigen, vollendet harmonischen Glockenturm. Den linken Abschluß bildet der Alcázar, vorgezogen bis zur Felsspitze, ein Schiffsbug über dem grünen Tal, in dem sich die kleinen Flüsse vereinigen.

Alle Zufahrtsstraßen führen in die entgegengesetzt zum Alcázar liegende untere Stadt, auf die Plaza del Azoguejo, deren rückwärtigen Teil der große römische Aquädukt überspannt. Der Aquädukt gehört zu Segóvia wie die Wehrmauer zu Ávila. Doch seine zwei Bogenreihen sind, obwohl das mächtigste noch intakte römische Bauwerk auf spanischem Boden, überaus luftig, wind- und lichtdurchlässig, fast grazil, ein Kunstwerk als Zweckbau. Erst wenn man herangeht an die aus Granitquadern mörtellos aufgetürmten Träger, wird ihre massive Wucht spürbar. Noch heute, seit dem Anfang des 2. Jahrhunderts, führt der Aquädukt das Wasser aus der Sierra über die Talniederung, in einer Höhe von 29 Metern an der Platzmitte, in einer Länge von 800 Metern. Unter den Bogen fahren Autos, trotten Esel, kommen die Bauern vom Land, beritten oder zu Fuß, mit einer dunklen Wolldecke über den Schultern, oder gehen modisch gekleidete Segovianer.

Wer in die Stadt kommt, überquert die Plaza del Azoguejo. Das geschäftliche Leben drängt durch die Calle de Cervantes in die Oberstadt bis zur belebten Plaza Mayor und zur Kathedrale. Die Gassen hinter der Kathedrale, die zum Alcázar führen, sind stiller. Der Alcázar ist maurischen Ursprungs, wurde aber im Laufe des 19. Jahrhunderts nahezu vollständig neu gebaut, eine nach Lage und Bauweise romantische Burg. Vom Alcázar hat man einen herrlichen Blick auf das Tal zu seinen Füßen, auf die kleine zwölfeckige Templerkirche Vera Cruz aus dem Jahre 1208, auf das Karmeliterkloster, wo der heilige Juan de la Cruz sein Grab fand. Neben Teresa von Ávila, die den siebenundzwanzig Jahre jüngeren Kastilier für ihre Reformpläne gewann, war er der größte spanische Mystiker, der auch als Dichter Werke von mystisch-poetischer Tiefe und Schönheit schuf.

In Segóvia hat sich kastilische Geschichte eingeschrieben. Im Alcázar saß König Alfons der Weise über seinen literarischen und astronomischen Büchern. Hier lebte Isabella von Kastilien, als sie 1474 zur Königin gekrönt wurde. Hier feierte Philipp II. 1570 seine vierte Vermählung mit Anna von Österreich. Wappengeschmückte Adelshäuser und Kirchen sprechen von der bedeutenden Vergangenheit Segóvias. Erstaunlich ist die große Zahl romanischer Kirchen aus dem 12. Jahrhundert. Die markantesten von ihnen sind San Milán in der Vorstadt, auf dem Weg zur Kathedrale San Martín, dann San Estéban mit dem schönen romanischen Glockenturm und als älteste, vortrefflich restauriert, San Juan de los Caballeros. Bei diesen Kirchen sind die offenen Arkadengänge an der Längsseite bemerkenswert.

Doch mehr als sehenswerter geschichtlicher Ort ist Segóvia, ohne laut zu sein, eine lebendige Stadt, eine Stadt, in der man leben kann. Das umliegende Land findet in Segóvia sein Einkaufs-, Handels- und Verwaltungszentrum. Die Landleute bringen in die mit 34 000 Einwohnern nicht allzu große Stadt ihre ländliche Geruhsamkeit, die sich mit dem lebhafteren städtischen Element mischt. Segóvia ist keine reiche, kaum eine wohlhabende Stadt. Aber zu ihrer Eigentümlichkeit gehört, daß hier vorzüglich und mit Genuß gegessen wird. Gebratene Spanferkel, die Cochinillos, gebratenes Lamm oder Rebhuhn sind Spezialitäten, die besonders gut im »Mesón de Candido« an der Plaza del Azoguejo im Schatten des Aquädukts zubereitet werden. Die Segovianer folgen mit kastilischer Gründlichkeit dem Rat der Santa Teresa: Wenn Fasten, dann Fasten; wenn Rebhuhn, dann Rebhuhn.

Valladolid

Wenn es eine Stadt in Altkastilien gibt, für die Antonio Machados' bitteres Wort vom elenden Kastilien, das »verachtet, was es nicht kennt«, nicht zutrifft, dann Valladolid. Die größte und aktivste altkastilische Stadt, von der Ausnahme Santander abgesehen, lebt nicht von gestern, sondern greift mit nahezu baskischem Fleiß nach den neuzeitlichen Möglichkeiten zur wirtschaftlichen und industriellen Ausweitung. Dabei kommt Valladolid die günstige Verkehrs- und Wirtschaftslage auf der zentralen Hochebene nördlich des Duero zugute. Die weitgedehnte, flache und monotone Ebene erinnert an die Mancha, noch intensiver genutzt, ertragreicher, mit Getreideanbau, vor allem Weizen, wohin das Auge blickt. Nach Norden ziehen Getreidefelder bis Palencia und

Valladolid

zur Tierra de Campos, nach Westen, dem Duero folgend, bis Zamora, nach Süden, landschaftlich abwechslungsreicher, bis Medina del Campo und zu den lichten Pinienwäldern bei Olmedo.
Es heißt, in Valladolid wird das reinste Kastilisch gesprochen. Doch die Valladolider sind keine Schön- oder Schnellredner, sie trumpfen nicht auf, zeigen eher ein verhaltenes, nüchternes, ihrer Sache sicheres Selbstbewußtsein. Ihre Stadt ist nicht nur Verwaltungs- und Wirtschaftszentrum, sondern ein Energiezentrum, dessen Ausstrahlung weit über die Provinzgrenze hinausgeht. Ich frage mich, ob im offiziellen Stadtprospekt von 1972 die Einwohnerzahl mit 240 000 nicht doch etwas nach oben abgerundet wurde. Der Michelin (1970) notiert 151 807, der Baedeker (1967) 160 000 Einwohner. An anderen halboffiziellen Stellen werden für 1968 174 579 Einwohner gezählt, für 1959 133 131 Einwohner. Die abweichenden, doch deutlich wachsenden Zahlen zeigen auf jeden Fall, daß Valladolid eine Stadt in Bewegung ist, eine Stadt mit starker Wachstumsquote.
Unter den Valladolidern, die einem auf der Avenida Generalisimo Franco oder auf der Plaza Mayor oder im alten Stadtkern um die Kathedrale begegnen, ist der Anteil junger Gesichter erstaunlich groß. Valladolid besitzt zwar keine Mammutuniversität wie Madrid und Barcelona. Aber die rund 10 000 Studenten und Studentinnen, die ihr umriemtes Bücherpäckchen tragen, gehören zum Stadtbild. Ihre Universität mit barocker Fassade, außer dieser nach dem Brand von 1939 neu erbaut, liegt südöstlich der Kathedrale. Nicht weit davon steht der Renaissancebau des Colegio de Santa Cruz aus dem Jahre 1491, die alte Universität, die heute noch eine Fakultät und die Bibliothek beherbergt.
Dem raschen Wachsen der Stadt am Rio Pisuerga, der nach Süden zum Duero fließt, entspricht ihre dezentrale Anlage. Neue Erweiterungen jenseits des Pisuerga, wo auch das Messegelände liegt, sind im Entstehen. Das Boden- und Wohnungsproblem bereitet Valladolid weniger Sorgen als anderen Städten. Die für die Stadt wohltuende Dezentralisierung, weil sie Geschäftsleben und Verkehr auf mehrere Punkte verteilt, erschwert allerdings die erste Orientierung. Doch Valladolid will nicht vorrangig Touristenzentrum sein und wirkt in dieser Hinsicht ziemlich unbefangen. Mittelpunkte des städtischen Lebens bilden die Avenida Generalisimo Franco mit dem erholsamen Park Campo Grande zur Seite und weiter nördlich die von Bogengängen umgebene Plaza Mayor mit dem Ayuntamiento, dem Rathaus. Nicht in den stets

lebhaften Geschäftsvierteln, sondern außerhalb, im Stadtteil nördlich der Kathedrale, liegen die für Geschichte und Kunst repräsentativen Bauwerke. Man muß sie suchen, aber es lohnt.

Die frühbarocke, vom Escorial-Erbauer Herrera entworfene, unvollendet gebliebene Kathedrale bedarf nicht allzu großer Aufmerksamkeit. Sie wirkt kalt und etwas mißlungen, zumal im Vergleich mit den anderen großartigen Kathedralbauten Spaniens. Nördlich hinter der Kathedrale liegen zwei kleine Kirchen, Santa Maria la Antigua, sehenswert wegen ihrer romanisch-gotischen Architektur, und Las Angustias, in der ein in Valladolid hochverehrtes Bildwerk Juan de Junis steht, die »Virgen de los siete cuchillos«, die Jungfrau mit den sieben Messern. Durch die Calle de las Angustias kommen wir zur Plaza de San Pablo, rechts an der Einmündung das Haus der Diputación, des Provinzlandtags. In diesem Haus wurde 1527 Philipp II. geboren. Der Diputación gegenüber liegt die Kirche San Pablo und an das Gebäude angeschlossen San Gregorio.

Hier stehen wir vor den Kostbarkeiten Valladolids, zunächst vor der spätgotischen platteresken Fassade von San Pablo, ein vollendetes Beispiel der isabellinischen Gotik (15. Jh.). Die ganze Fassadenfläche zwischen zwei einfachen Ecktürmen ist Schauwand, überzogen mit reliefplastischen Bildwerken. Noch üppiger statteten die Bildhauer die Fassade von San Gregorio aus, in deren oberer Mitte zwei gekrönte Löwen ein Wappen halten. Bewundernswert sind die Innenhöfe des Colegio San Gregorio, die gedrehten Säulen, die reichgeschmückten Galerien. Die schönen Säle beherbergen heute das Museo Nacional de Escultura, richtig gesagt, die für Spanien bedeutendste Sammlung farbig bemalter Holzplastiken aus dem 16. und 17. Jahrhundert. Ihre Meister heißen Alonso Berruguete, Juan de Juni, Gregorio Fernández, Pedro de Mena. Die außergewöhnlich reiche und vorbildlich placierte Sammlung ergänzt auf eigene Weise die Sammlung früher polychromer Holzskulpturen im Katalanischen Museum von Barcelona.

In Valladolid sahen wir zum erstenmal die Gigantones, fünf bis sechs Meter hohe Figuren, die anläßlich einer Feria durch die Straßen getragen wurden: die Katholischen Könige mit Gefolge. Valladolid ist den Katholischen Königen eng verbunden. Ferdinand und Isabella feierten hier 1469 ihre Hochzeit. Kolumbus lebte, krank und enttäuscht, die letzten Jahre bis zu seinem Tode in einem Haus an der Calle Colón (heute wiederaufgebaut und Kolumbus-Museum). Zweimal war Valladolid königliche Hauptstadt Spaniens, so unter König Philipp II., bevor er 1561 seinen Hof nach Madrid verlegte. Eine harte Einbuße für das Selbstbewußtsein der Stadt, so daß noch heute keine Straße und kein Denkmal an den hier geborenen König erinnert. Doch wichtiger als die historischen Erinnerungen nehmen die Valladolider das gegenwärtige Leben.

Im Wirtschaftsleben zeigt sich Valladolid für kastilische Verhältnisse, angesichts einer fehlenden Rohstoffbasis, auffallend erfinderisch und regsam. Die Stadt betreibt mit Fleiß die Ansiedlung von Industriebetrieben, wobei die Vielfalt der Produktionszweige beachtlich ist. Neben der herkömmlichen Textilindustrie und der ebenfalls herkömmlichen Verarbeitung landwirtschaftlicher Produkte, vor allem Mehl- und Zuckerfabrikation, nehmen andere Industriezweige bereits einen größeren Platz ein. Die Metallwaren- und Maschinenindustrie, die Automobilfabrikation, die chemische Industrie, vorwiegend mit Düngemittelfabriken, konnten in den letzten Jahren weiter ausgebaut werden. Ergänzend wächst, auf eine Reihe kleinerer Betriebe verteilt, die Produktion von Lebensmitteln und Bedarfsgütern. Die Hauptbezirke der Industrie, das ist zur Frage des Umweltschutzes bemerkenswert, liegen außerhalb, so daß die angenehme und gepflegte Stadt keinen Schaden nimmt. Darum bleibt sie eine Stadt, zu der man gern zurückkehrt.

Búrgos

Búrgos ist das Herz Kastiliens, seine Kapitale, in der die kastilischen Grafen unnd Könige residierten und starben. Doch wenn Enrique Barco Teruel in »Vosotros, los españoles« (1963) Kastilien »erschöpft, müde, apathisch, rückständig« nennt, so gilt das nicht für Valladolid und ebensowenig für Búrgos. Anders und später als das stetig gewachsene Valladolid vollzog Búrgos den Schritt in die Neuzeit. Heute entwickelt sich Búrgos zum wirtschaftlichen Konkurrenten der größeren, 120 Kilometer entfernten Nachbarstadt.

Es ist noch nicht lange her, da lebte Burgos nahezu regungslos im Schatten seiner ruhmvollen Vergangenheit, im Schatten seiner einzigartigen Kathedrale. Für das Wirtschaftsleben, abhängig von Agrarproduktion und Viehhandel, ergänzt durch Wollwebereien und Textilfabrikation, galten die herkömmlichen Rezepte. Eine kleinstädtisch fried-

liche Welt, die kein Aufsehen machte, deren Bild durch Kleriker und Seminaristen, durch Offiziere und Soldaten der starken Garnison belebt, aber nicht gestört wurde. Kirche und Militär nahmen in der historisch königstreuen, nationalbewußten und konservativen Stadt stets bevorzugte Plätze ein. Nicht dies, doch das Stadtbild und das Wirtschaftsleben hat sich geändert. In rund zwei Jahrzehnten nahm Búrgos einen unglaublichen Aufschwung. Seit dem Ende des Zweiten Weltkriegs verdoppelte sich die Einwohnerzahl auf heute 130 000.
Drei Faktoren wirkten zusammen und trieben die Entwicklung voran: die staatliche Förderung der Industrialisierung; die Entdeckung von Erdöl zwischen Búrgos und Santander Mitte der sechziger Jahre; die städtisch-bürgerliche Mentalität der Burgalesen, die sich nicht schnell auf Neues und schon gar nicht auf Abenteuer einlassen, aber kräftig zupacken, wenn ein Unternehmen als richtig und notwendig erkannt wird. Inzwischen entstand im Osten der Stadt ein weitgedehntes Industriegelände. Die Mehrzahl der arbeitenden Bevölkerung ist in der Industrie beschäftigt. An den Stadträndern wuchsen Wohnsiedlungen und Hochhausbauten, was der Stadtplanung gelegentlich heftigen Widerspruch brachte. Doch die zentral angelegte, überschaubare Innenstadt profitierte von der Entwicklung, ohne Schaden zu nehmen.
Die Innenstadt zwischen dem Arlanzón und dem Burghügel behielt ihre noble Atmosphäre. Búrgos hat sich nie als Museumsstadt verstanden. Der Bevölkerungszuwachs, auch der zunehmende Verkehr um die Plaza José Antonio, intensivierte das Leben der Stadt. Es macht Freude, in den Nachmittags- und Abendstunden über die Promenade am Arlanzónufer zu gehen, deren belebtester Teil der Paseo del Espolón ist, und dort am lebhaften Flanieren der Burgalesen teilzuhaben. Es gibt Geschäfte mit modischen Waren, einladende Gasthäuser und Cafébars. Vor allem begreift man, ob auf der Promade oder im geschäftigen Treiben der Innenstadt, daß die Burgalesen dabei sind, ihr Leben mehr auf eine weltoffene Gegenwart auszurichten.
Das der Stadt angeborene konservative Element sorgt dafür, daß die Tradition lebendig bleibt. Sie ist gegenwärtig in der stadtbeherrschenden Kathedrale, in Bauwerken, Denkmälern, Erinnerungsstücken, in den Klöstern Las Huelgas und Miraflores. Búrgos war die Stadt der kastilischen Könige, die Stadt des Cid Campeador, die Stadt der Jakobspilger auf ihrem Weg von Frankreich nach Santiago de Compostela, die im Hospital del Rey vor den Toren der Stadt und anderen Herbergen Unterkunft fanden.

Der Cid, dessen kriegerisches Reiterstandbild am oberen Ende des Paseo del Espolón auf dem Platz vor der Arlanzónbrücke steht, war ein Ritter und Feldherr des 11. Jahrhunderts. Er hieß Rodrigo Díaz de Vivar und stammte aus Vivar in der Nähe von Búrgos. Aus Verdruß über seinen Grafen ging er zu den Mauren über, kämpfte dann wieder mit den Christen und eroberte 1094 Valencia. Um ihn, seinen Kampfmut, seine ritterliche Würde und Gerechtigkeit bildeten sich Legenden, die im ersten Epos Spaniens, im »Cantar del mio Cid«, fünfzig Jahre nach seinem Tode niedergeschrieben wurden. Obwohl zeitweise ein Freund der Mauren, wurde der Cid Campeador zum Nationalhelden, fand er mit seiner tapferen Frau Doña Jimena in der Kathedrale unter der Vierungskuppel ein Ehrengrab. Im ritterlichen Cid, der kein Unrecht duldet, der sich aus Würde gegenüber dem eigenen Herrn und allen Feinden behauptet, erkennt der Kastilier sein Vorbild.

Das alte Búrgos ist nicht von der Epoche des Cid, sondern von der gotischen Epoche geprägt worden, genaugenommen von der Zeit des Kathedralbaus, die mit der Gründung im Jahre 1221 und der ersten Einweihung 1260 begann und bis zur Vollendung noch gut dreihundert Jahre währte. Es hätte wenig Sinn, neben der Kathedrale die anderen Kirchen und Profanbauten aufzuzählen. Doch ein herrschaftliches spätgotisches Haus fordert unsere Aufmerksamkeit, weil es wie kein anderes Haus in Búrgos mit der kastilisch-spanischen Geschichte verbunden ist: die Casa del Cordón an der Plaza de Calvo Sotelo, genannt nach dem steinernen Franziskanergürtel über dem Portal. In diesem Haus empfingen die Katholischen Könige Kolumbus nach seiner zweiten Amerikareise. Hier starb 1506 Philipp der Schöne, der Gatte Johannas von Kastilien, die aus Gram über seinen Tod wahnsinnig wurde. Ihr Sohn, Kaiser Karl V., lebte hier einige Zeit, ehe er sich in das Kloster von Yuste zurückzog. Die Casa del Cordón war das Haus des Condestable (Feldherrn) Pedro Hernández de Velasco, der 1491, kurz vor der Wiedereroberung Granádas, starb. Seine und seiner Gattin Grabstätte befinden sich in der von ihm gestifteten schönsten Kapelle der Kathedrale, der Capilla del Condestable.

Umgeht man die an den auslaufenden Burghügel angelehnte Kathedrale, so wirkt sie, durch Anbauten erweitert, wie ein riesiges unproportioniertes Steingebirge. Erst aus einiger Entfernung wird die Geschlossenheit dieses aus der reinsten Gotik entfalteten Wunderwerks überschaubar, einheitlich, trotz der Vielfalt der Bauglieder, trotz generationenlanger Bauperioden, spanischer, deutscher, flämischer, italienischer Architekten und Künstler. Die Hauptfassade, an der kleinen mittelalterlichen Plaza de Santa Maria mit einem gotischen Marienbrunnen, flankieren zwei herrliche, an deutsche Vorbilder erinnernde Glockentürme. Ihr Erbauer war der deutsche Baumeister Hans von Köln (Mitte 15. Jh.), dessen Sohn Simon und Enkel Franz ebenfalls zur Architektur der Kathedrale beitrugen. Der eine baute die Capilla del Condestable (1494), der andere den Vierungsturm, der als letztes Werk den Kathedralbau vollendete.

Eine spanische Eigentümlichkeit ist der in nahezu allen Kathedralen im Mittelschiff eingebaute Coro, ein sperriger, abgeschlossener Block. Er entspricht einer theologischen Grundhaltung, die auf Trennung zwischen Gläubigen und Klerikern bedacht ist, ein Widerspruch zur kommunikativen Liturgiefeier, die doch eine Gemeinde versammeln will. Aber auch architektonisch erweist sich der Coro, trotz kunstvoller Ausgestaltung, als Mißgriff, weil er die weit- und hochgespannte Raumeinheit zerstört. Auch Búrgos hat diesen Coro. Aber die Kathedrale verteilt sich ohnedies auf eigenständige Kapellen, Retablos, Grabmäler, auf eine Vielzahl von bewundernswerten Bau- und Kunstteilen, die dann doch wieder durch den gotischen Baukörper und die hohen Schiffe zusammengebunden werden. Zu den Absonderlichkeiten der Kathedrale gehört in der Capilla del Santisimo Cristo der lebensgroße Gekreuzigte, mit Büffelhaut bezogen, mit echtem Kopf- und Barthaar—, gehört der Cofre de Cid an der Sakristeiwand, eine eisenbeschlagene Truhe, die der Cid als Pfand für ein Darlehen statt mit Gold und Edelsteinen mit Sand gefüllt hinterlassen haben soll –, gehört auch die überaus reiche und elegante Escalera Dorada, die Goldene Treppe, die zum Nordausgang hinaufführt. Neben der bereits genannten Capilla del Condestable verdient die Capilla de Santa Ana besondere Aufmerksamkeit, vor allem wegen des spätgotischen, in Nußbaumholz geschnitzten Altarbildes (1485) von Gil de Siloé. Diesem flämischen Bildhauer, vielleicht ein Jude, verdankt Búrgos seine vollendeten Kunstwerke in Holz wie in Marmor und Alabaster.

Die Hauptwerke des Gil de Siloé sehen wir in der Cartuja de Miraflores, etwa vier Kilometer südöstlich der Stadt. Für die Burgalesen ist das Kartäuserkloster auf einer bewaldeten Kuppe ein beliebtes Ausflugsziel. In der weiteren Umgebung liegen Gartenschenken, Picknick- und Kinderspielplätze. Sie sind weit genug entfernt, um die Einsiedlermönche nicht zu stören. Das Kloster wurde in der Mitte des 15. Jahrhunderts gegründet. Gegen Ende des Jahrhunderts schuf Gil de

Siloé für die Klosterkirche das große Altarbild, das die Leidensgeschichte Christi, umgeben von zahlreichen Figuren und Symbolen, darstellt. Aus weißem Marmor schlug Gil de Siloé das Doppelgrabmal für König Johann II. und Isabella von Portugal, die Eltern der Katholischen Königin Isabella. Man hat die sternförmige Grabanlage mit dem liegenden Königspaar und Figuren von Heiligen und Engeln eine »Totenfeier der Plastik« genannt. Ein drittes Monument, das Wandgrab des Infanten Alonso, des Bruders der Katholischen Königin Isabella, entstand als Parallelstück zu einem anderen Grabmal, das sich in der Casa de Miranda, dem Provinzmuseum, befindet. Es ist das Meisterwerk des Gil de Siloé, ein Grabmal für Juan de Padilla, den Pagen der Königin Isabella, der zwanzigjährig 1491 vor Granada gefallen war. Der junge Page kniet vor einem Lesepult. In der Feinheit des Ausdrucks, der menschlichen, fast heiteren Fassung das künstlerisch vielleicht beste Werk der Renaissance in Spanien.

Südwestlich der Stadt (knapp 2 Kilometer entfernt), ebenfalls links des Arlanzón, liegt das im 12. Jahrhundert gegründete Monasterio Las Huelgas. Dieses Kloster in dörflicher Umgebung hat in der kastilischen Geschichte eine bedeutende Rolle gespielt. Einmal als Pantheon kastilischer Grafen und Könige, ihrer Damen, Infanten und Infantinnen. Ihre wappen- und reliefgeschmückten Steinsärge und rührend kleinen Holzsärge stehen in der frühgotischen Klosterkirche. Das Museum bewahrt in Vitrinen zahlreiche Kleidungsstücke, die den in das 13. und 14. Jahrhundert datierenden Gräbern entnommen wurden. Die noch gut erhaltenen Gewänder sind von faszinierender Schönheit und lassen einen für Kastilien erstaunlichen maurischen Einfluß erkennen.

Die Zisterzienserinnen von Las Huelgas waren Töchter des höchsten Adels, die den Titel »Señora Doña« führten. Ihre Äbtissin herrschte über 12 Klöster, nicht weniger als 65 Ortschaften, über zahllose Kirchen und deren Pfarrer. Sie unterstand keinem Bischof und verfügte über zivil- und strafrechtliche Befugnisse. Dieses Feudalregiment haben die Zisterzienserinnen längst abgelegt. Heute ist es still in Las Huelgas, und die Nonnen sind voll damit beschäftigt, Kloster, Kirche, Grabdenkmäler und Museum instand zu halten.

Im Jahre 1936 war Las Huelgas der Ort, an dem General Franco seinen Eid als Staatschef ablegte. Während des Bürgerkriegs befand sich das Hauptquartier Francos in Búrgos. Noch einmal wurde Búrgos zum Ort einer nationalen Entscheidung, diesmal eines politisch-juristischen

Tribunals, das die Weltöffentlichkeit erregte, als im Dezember 1971 das Militärgericht sechzehn Mitgliedern der baskischen Nationalistenbewegung ETA den Prozeß machte. Der Prozeß endete, auf Grund der weltweiten und innerspanischen Empörung, mit einem Gnadenakt, der Aufhebung der Todesstrafe für die Verurteilten. Politisch machte der Prozeß von Búrgos wie kein anderes Ereignis der letzten Jahre die Krisensituation des Regimes deutlich, das mit dem Eid Francos in Las Huelgas begann.

Santander

Grüne Wiesen, auf denen Schafe und Ziegen grasen, ziehen sich bis zum Leuchtturm, bis zu den Felsklippen, die steil abstürzen. In der Tiefe brandet das Kantabrische Mer und jagt aufschäumende Gischtwellen gegen die bizarr ausgeformten Felsen. Eine harte und wilde Schönheit umgibt die windgepeitschte Nordspitze, den Cabo Mayor, während die langen Sandstrände in der Bucht, die Häuser Santanders im Rücken, in geschützter und milder Zone liegen. Wir stehen an der Atlantikküste und sind doch noch in Kastilien. Die zentralspanische Region drängt zwischen der Baskenprovinz Biscaya im Osten und Asturien im Westen ans Meer und beansprucht, Santander in der Mitte, einen Küstenstreifen von fünfundsiebzig Kilometer Länge. Santander ist der Hafen Kastiliens.

Alles scheint der Zugehörigkeit zu Kastilien zu widersprechen. Die Sommer sind weniger heiß, die Winter weniger kalt. Das vom Meer bestimmte Klima ist angenehm. Selbst den Regen, Dauergast an der gesamten Kantabrischen Küste, der kommt und geht, dessen Spuren durch Sonne und Wind schnell trocknen, empfanden wir als wohltuend. Als »unkastilisch« erweist sich die Landschaft Santanders zwischen Meer und Gebirge, die Küste, das Land mit saftigen Wiesen, auf denen fette Kühe weiden, leicht gehügelt und partienweise ein nach Spanien versetztes Allgäu. Im Westen, nach Asturien übergehend, die Picos de Europa mit ihren Schneefeldern, eine faszinierende, wild aufragende Gebirgslandschaft (Berghöhe 2400 bis 2672 Meter), die Wanderer und Bergsteiger anlockt. Am besten zu erreichen über Potes, wo Kampfstiere gezüchtet werden, und an einem munteren Forellenbach entlang nach Espinama. Im nordwestlich auslaufenden Teil der Picos de Europa liegt eines der größten und tierreichsten Naturschutzgebiete Europas, in das man über Cangas de Onís und Covadonga gelangt. In den Wäldern und Schluchten des Nationalparks leben Bären, Wölfe, Wildkatzen, Hirsche, Rehe und Gemsen. Um die Berggipfel kreisen Adler und Geier.

Nicht landschaftlich, doch geschichtlich ist dieses asturisch-santanderinische Bergland urkastilisch, geradezu die Keimzelle Kastiliens. Hier sammelten sich die christlichen Ritter, als die Mauren das Land ringsum erobert hatten. Unter der Führung des Don Pelayo formierte sich der Widerstand, wurden die Mauren beim Felsen von Covadonga im Mai 722 von Pelayo und seinen 300 Mitstreitern zum erstenmal geschlagen. Bei Covadonga begann die Reconquista, die Wiedereroberung des Landes, die in acht langen Jahrhunderten kastilischen Geist von Meer zu Meer trug, von Santander nach Cádiz und Málaga. Die Grotte von Covadonga mit dem Sarkophag des Pelayo, des ersten Helden der Reconquista und ersten asturischen Königs, der im nahen Cangas de Onís bescheiden residierte, ist heute spanisches Nationalheiligtum.

Montaña nennen die Santanderiner ihr Provinzgebiet, vielleicht wegen der historischen Bedeutung des Berglandes. Doch sie sind nur zum geringen Teil echte Montañesen, sondern Stadt- und Küstenbewohner. Sie leben als Fischer, Bauern, Händler, Viehzüchter, Hafen- und Fabrikarbeiter. Auch darin, in der Vielfalt der Lebensbereiche auf engem Raum, in der Vielseitigkeit, Offenheit, Beweglichkeit, Aktivität, drückt sich ein Gegensatz zur eigentlichen, geschlossenen und in sich beharrenden Lebenswelt der Kastilier aus. Die Santanderiner sind zäh wie Kastilier, doch lebhafter, anpassungswilliger, offen für Gespräch und Sympathie, wenn ein geringer Anlaß gegeben ist.

In Santander lernten wir Casto kennen, dem wir Grüße überbrachten. Ich vergesse nicht, wie uns Casto, Isabel und die Kinder umarmten, wie auf dem Tisch die Teller mit Oliven und Wurstscheiben standen, wie Casto sein Lieblingsgetränk anbot, Anis und Kognak, Chinchon dulce und Soberano (er sagte »Sol y sombre«, Sonne und Schatten), wie uns Casto zu seinen Arbeiterfreunden in die Bar schleppte und wir tranken, redeten, auf einem alten Holztisch würfelten, Juego de dados, wie Isabel ein nicht enden wollendes Familienessen servierte, das um zehn begann und bis in die Nacht dauerte. Casto, dreiundvierzig Jahre alt, arbeitet in der Eisengießerei, in deren Werksiedlung, ein Barrio obrero, er wohnt. Die Vierzimmerwohnung (87 qm) in dem einfachen

Kastenhaus ist klein für die achtköpfige Familie, doch geschickt eingerichtet, zum Teil von eigenen Händen, denn Möbel waren für Casto unerschwinglich und er kann schreinern. Mi casa, sagte Casto zufrieden. In zwanzig Jahren gehört ihm die Wohnung, für die er einen Monatszins von 721 Peseten (36 Mark) zahlt. Der älteste Sohn (18 Jahre) arbeitet in der Automobilfabrik SEAT, der nächste (17 Jahre) bedient in der Bar, die zur Siedlung gehört. Casto ist nebenher der Chef des Arbeiterviertels, der Presidente, mit Büro und Schreibmaschine, über 900 Einwohner, 140 Familien. Zwischen den Häusern liegen ein Sportplatz, ein Kinderspielplatz und eine Schule, an der drei Lehrerinnen rund 135 fünf- bis siebenjährige Kinder unterrichten. Darauf ist der Arbeiter Casto besonders stolz, denn er selbst, der so gerne Lehrer geworden wäre, der sich mit zäher Geduld Wissen aneignete, konnte nur drei Jahre die Schule besuchen.

Castos Werksiedlung ist eine von vielen, die nahe den Fabriken in der Umgebung der Stadt liegen. Die äußerst aktive Industrie von Santander, ebenso von Reinosa und Torrelavega, gehört zur spanischen Schwerindustrie und basiert auf dem Abbau der Eisen- und Zinkerzlager. Die Eisen- und Stahlerzeugung steht an erster Stelle, gefolgt von der chemischen Industrie und Erdölraffinerien, von der Glas- und Textilherstellung, von der Gummi- und Automobilfabrikation und vom Schiffsbau. Entsprechend der Industrieproduktion wird der Hafen frequentiert, der allerdings nicht zu den größten spanischen Häfen zählt, doch zusätzlich einen regen Passagierverkehr hat.

In der Stadt merkt man kaum etwas von der Gegenwart der Industrie. Selbst in der näheren Umgebung bleibt genug Raum für Ackerland, Gärten und Wiesen, für die schwarzweißen Kühe vor allem, deren Milch konserviert und nach Madrid geliefert wird. Die Madrider wiederum bevorzugen Santander als Sommeraufenthalt. Sie genießen die reizvolle Küste, die Bucht, die Strände, die Segelregatten und Ruderbootrennen. Im freundlichen, gepflegten und heiteren Santander ist gut leben, nicht nur in den Sommermonaten, wenn Gäste die Strände und die Straßen bevölkern und die Stadt auf zuträgliche Weise Internationalität gewinnt. Ihre internationale Sommeruniversität Las Llamas genießt einen ausgezeichneten Ruf. Trotz Fremdenverkehrs bleibt der Lebensalltag familiär, unkonventionell und gediegen, mehr jedenfalls als im grenznahen internationalisierten San Sebastián.

Im Stadtbereich liegen hübsche Villen mit Gärten und Viertel, die auf eine solide Wohlhabenheit der Einwohner schließen lassen. An der

Hafenbucht entlang zieht der breite Paseo de Pereda, dessen Verlängerung nach Osten zu den Stränden führt, nach Westen über die Hauptgeschäftsstraße Calvo Sotelo zur Plaza del Generalisimo mit Rosengarten und heiter aufsprudelnder Fontäne. Die Geschäfte im Umkreis sind geschmackvoll elegant und zeigen ein Angebot, das mit Madrid wetteifert. Im Einkaufszentrum, von der Plaza ausgehend, liegt eine von Geschäften und Bars gesäumte Fußgängerzone. Nach der Zerstörung durch einen Wirbelsturm und ein Großfeuer im Jahre 1941 entstand nahezu die ganze Altstadt neu, was zur Prägung des modernen und gepflegten Stadtbildes beitrug. Der Brand zerstörte auch die Kathedrale, die auf ihrem kleinen Hügel seitlich der Avenida Calvo Sotelo wiederhergestellt wurde. Erhalten blieben der alte gotische Kreuzgang und die Krypta (13. Jh.), eine zwielichtige, magisch wirkende Kapelle mit gedrungenen Säulen und wuchtigen Gewölberippen.

Aber man kommt nicht nach Santander, um Kunstdenkmäler zu besichtigen, eher, um Bibliothek und Haus des bedeutenden spanischen Kultur- und Literaturgelehrten Marcelino Menéndez y Pelayo zu besuchen. Dieser gebürtige Santanderiner, der 1912 starb, der universale Denker der geistig-literarischen Hispanidad und Begründer der neueren spanischen Literaturforschung, soll von sich gesagt haben, er sei »Kastilier des ältesten Kastilien«. Mit kastilischem Stolz berufen sich die Santanderiner in ihrer Stadt am Kantabrischen Meer auf ihre historische Zugehörigkeit zu Kastilien.

Santillana del Mar

Noch einmal ältestes Kastilien, diesmal nicht historisch abstrakt, sondern zum Anschauen, bewahrt das dörfliche Santillana, 31 Kilometer westlich von Santander, 4 Kilometer von der Küste entfernt. Die leicht gehügelte Umgebung ist bäuerlich. Wir sahen Maisfelder und Wiesen, schwarzweiß gefleckte Kühe unter Apfelbäumen, Ochsenkarren mit Maisstroh. Auf den Fensterbrettern, durch die Balkongitter der Gehöfte und Casonas von Santillana leuchten rotblühende Geranien und Pelargonien. Auf der krummen, mit Buckelsteinen gepflasterten Dorfstraße trotten Kühe, fährt der Bauer seine Fuhre in die Scheune. An einem überdachten Brunnen spielen Kinder, waschen die Frauen Hemden und Tücher. Und dies zwischen den schönsten alten Casas und Palacios.

Santillana ist ein Ort mit 100 bis 150 Häusern, die meisten mit prunkenden steinernen Wappen an der Fassade, einstöckige Steinpaläste von Landedelleuten, die sich zum ältesten Adel Kastiliens zählten. Man fühlt sich versetzt in die Zeit des Don Quijote und des Ritters Gil Blas, der in Santillana beheimatet war, ehe er zum Helden des pittoresken Schelmenromans von Alain René Lesage avancierte. Santillana stimmt heiter. Es macht die Zeit der kastilischen Hidalgos anschaulich, der Landadeligen, deren Stolz und deren Wappen größer waren als Besitz und Reichtum. Diejenigen, die von sich sagten »Ich bin das Haus Estreda, ich das Haus Quiros, ich das Haus Velasco« und »wir anerkennen niemand«, haben ihre Steinpaläste längst verlassen. Zurück blieb das bäuerliche Dorf, von den Einwohnern mit besonderem Stolz gepflegt. In den Palacios wohnen Bauern, Handwerker und Andenkenhändler. In den Kutscheneinfahrten stehen Ochsenwagen. Hinter mancher wappengeschmückten Fassade werden Mais und Heu gelagert, werden Kühe gemolken.

Stünden nicht vor dem Palacio de Barreda, dem staatlichen Parador »Gil Blas«, ein paar Touristenautos, liefen nicht durch die wenigen Gassen sehbegierige Touristen, das mittelalterliche Bild wäre vollkommen. Die Steinpaläste sind im 13. bis 18. Jahrhundert erbaut worden. Sie gruppieren sich um die herrliche romanische Stiftskirche, die Colegiata, die von zwei steinernen Löwen auf der Vormauer bewacht wird. Die Gründung von Kirche und Kloster soll in das 6. Jahrhundert zurückreichen. Die Colegiata nahm die Reliquie der heiligen Juliana auf, und die Leute, die sich um das Kloster ansiedelten, nannten ihren Ort nach Santa Juliana Santillana. Die heutige Anlage der Colegiata stammt aus dem 12. Jahrhundert — reine, wuchtig und rustikal wirkende Romanik. Das Ländliche des Ortes übertrug sich auf die Kirche. Ein Kunstwerk ist der alte Kreuzgang mit Doppelsäulen und Steinmetzarbeiten an den Kapitellen, die weltliche und sakrale Motive, Pflanzen, Tiere und Flechtwerk darstellen. Von den Rittermotiven, den Schwertern und Kampfszenen an den Kapitellen ist es nicht weit zur Heraldik der steinernen Wappenschilder an den Palästen.

Von Santillana führt eine Seitenstraße durch Wiesen (etwa 2 Kilometer) zu einem Hügel mit dem Eingang zur Höhle von Altamira. Der kantabrisch-französische Raum ist reich an Höhlen dieser

Art. Ihre Felsenmalereien dokumentieren die Zeit des Paläolithikums, die Altsteinzeit. Sie sind ergreifende Beweisstücke der kultivierten Mentalität und des erstaunlich hoch entwickelten Kunstvermögens jener Menschen, welche in diesem Raum vor 15 000 bis 20 000 Jahren gelebt haben, Altamira zeigt, noch vor Lascaux und den anderen Höhlen, die bedeutendsten Malereien. Ein Zufall führte zu ihrer Entdeckung. Ein Jäger fand 1868 den Höhleneingang, doch weder er noch diejenigen, denen er davon erzählte, kümmerten sich um die Höhle. Erst elf Jahre später suchte ein Amateurarchäologe, der Santanderiner Don Marcelino de Sautuola, in den Höhlengängen nach Funden aus der Steinzeit. Seine neunjährige Tochter begleitete ihn. Während Sautuola den Boden absuchte, entdeckte das Kind die Deckenmalereien und soll ausgerufen haben: Mira, Papa, toros! Alta mira! Schau, Papa, Stiere, schau oben! Der kindliche Ruf gab der Höhle den Namen Altamira. Doch die internationale Wissenschaft mißtraute der Entdeckung und stellte sie als Fälschung hin. Erst in den Jahren nach Sautuolas Tod, um die Jahrhundertwende, erlangten die vergleichenden Forschungsergebnisse eine untrügliche Beweiskraft, die alle Zweifel ausschloß und die Echtheit von Altamira bestätigte.

In der mehrfach gewundenen, etwa 270 Meter langen Höhle befinden sich mehr als 150 Malereien, die meisten von ihnen an der Decke der Sala de Pintura, des Bildersaals. Die Farben, Schwarz, Ocker und Rot, als Paste mit Tierfett angerührt, für die dunkleren Töne mit Holzkohle vermischt, blieben erstaunlich frisch. Dargestellt sind Bisons, Hirsche, Pferde, Wildschweine, ausschließlich Tiere, stehend, liegend, rhythmisiert in ihrer Bewegung, unerhört kraftvoll und lebendig. An der Decke des Bildersaals bewegt sich ein ganzes Bestiarium. Die Maler nutzten die Unebenheiten der Felsendecke, um den Tierleibern eine gewisse Plastizität zu geben. Aber es handelt sich nicht um simple Abbilder, sondern um durchstilisierte Kunstwerke, um eine einfallsreiche, überlegene, ja spielerische Ausbeutung des Gesehenen. Es ist schwer zu sagen, ob die Maler von Altamira ein reines Kunstbild schaffen oder mit ihrer Kunst einem magischen Ritual dienen wollten. Bewundernswert bleibt die unerwartete Vollkommenheit von Kunstwerken, die nach dem gewaltigen Zeitsprung von 20 000 Jahren unser Sehen, Denken, Empfinden, unseren Kunstsinn unmittelbar ansprechen.

DER BÜRGERKRIEG

Kein europäisches Land hat in diesem Jahrhundert einen so grausamen, verzweifelten, Haß und Terror freisetzenden Bruderkrieg durchstehen müssen wie Spanien in den Jahren 1936 bis 1939. Die äußeren Folgen, die Zerstörungen sind durch die anhaltende Periode des Wiederaufbaus nahezu vollständig überwunden. Spät, sehr spät beendeten die Sieger ihr nachträgliches Strafgericht, das den im Bürgerkrieg getöteten und ermordeten geschätzten 1,2 Millionen Menschen weitere rund 200 000 Opfer hinzufügte. Erst im November 1966 erließ die Franco-Regierung eine Generalamnestie für die noch Inhaftierten und Verfolgten, die auf republikanischer Seite gekämpft hatten. Auch damit bleiben die Wunden, die in der »langen Nacht der Gewalt« (Hugh Thomas) aufgerissen wurden, ungeheilt. Die inneren Folgen sind keineswegs getilgt, obwohl den jüngeren Spaniern, die den Bürgerkrieg nicht miterlebt haben, die Frage danach eher lästig zu sein scheint, weil sie, wie mir einer sagte, den Blick nach vorne trübe. Doch wäre es unmöglich, das gegenwärtige Spanien zu begreifen ohne die im Bürgerkrieg mit schrecklicher Gewalt zur Entladung getriebenen politischen und sozialen Spannungen, ohne ihre geschichtliche Konsequenz.

Von der heute älteren Generation konnte sich niemand dem Krieg, dem Mitmachen auf der einen oder anderen Seite entziehen, ob freiwillig oder gezwungen oder durch puren Zufall. Der Krieg spaltete die Lebenseinheit des Landes, zerriß die Familien. Wörtlich genommen standen Brüder in entgegengesetzten Lagern und gerieten, jeder für sich, in die Maschinerie des Tötens und auch des Mordens. Ein Beispiel für viele: Beim Ausbruch des Bürgerkriegs diente von den beiden älteren Brüdern unseres Santanderiner Freundes Casto, der selbst den Krieg als Kind miterlebt hat, der eine als Soldat in Spanisch-Marokko, der andere als Soldat in Madrid. Folglich kämpfte der eine unter Franco für die Nationalisten, der andere auf der Seite der Republikaner. Von den Ereignissen in Santander wußte Casto, daß die Rojos, die Roten, wie er die Republikaner nannte, hundert Menschen in Säcke eingenäht und vom Felsen am Cabo Mayor ins Meer geworfen hatten. Die Nationalisten, nach der Einnahme der Stadt, verfuhren mit ihren Gegnern nicht anders. Es wäre aber sinnlos, Greueltaten gegen Greueltaten aufzurechnen oder humane Beweise, soweit sie der Krieg zuließ, der einen oder anderen Seite gutzuschreiben. Keine Seite blieb ohne Schuld. Die Blutbäder von Badajoz, Guernica, Sevilla, Alicante sind

so verwerflich wie die Ermordung von 13 Bischöfen und 8000 Priestern.
Der Bürgerkrieg war, zunächst jedenfalls, eine innerspanische Auseinandersetzung. Die Generäle, die mit dem Losungswort sin novedad, nichts Neues, die nationalistische Rebellion am 17. Juli 1936 auslösten, wollten »Ordnung, Frieden und Gerechtigkeit« wiederherstellen. Sie entfesselten auf der Gegenseite eine spontane Revolution, die über die Verteidigung der demokratischen Republik hinaus für den Sieg des Sozialismus kämpfte. Zusätzliche Komplikationen ergaben sich aus der Tatsache, daß auf republikanischer Seite erhebliche anarchistische und separatistische Kräfte für ihre eigenen Ziele kämpften (manchmal, wie in Barcelona, gegen die demokratisch-republikanisch Gesinnten). Der revolutionäre Aufstand des spanischen Proletariats gegen das putschende Militär und die alliierten traditionalistischen, monarchistischen und falangistischen Kräfte kann nicht allein aus dem gegebenen Anlaß erklärt werden. Dem angestauten Haß, der sich mit ungeheurer Wucht entlud, der beispiellosen Härte und Grausamkeit liegen Ursachen zugrunde, die aus der politisch-sozialen Entwicklung Spaniens resultierten.
Seit dem Sieg der Katholischen Könige, seit dem Gold- und Silberzustrom aus der Neuen Welt verfestigte sich in Spanien eine staatsorientierte Herrschaftspolitik, die darauf abzielte, »das Alte, das Institutionalisierte und Dogmatische zu bewahren und jede Initiative und erneuernde Gärung im Keim zu ersticken« (Ortega y Gasset). Auch das Ausbleiben des Gold- und Silberstroms änderte nichts mehr an der etablierten staatspolitischen Struktur, die jeden wirtschaftlichen oder sozialen Fortschritt hemmte. Die Kluft zwischen den Herrschenden und der Masse der Abhängigen schien unüberbrückbar. Im Gegensatz zu allen anderen mitteleuropäischen Ländern führte das beharrende autoritäre spanische System dazu, daß erstens neuzeitliche Wirtschaftsformen überhaupt nicht oder teils verspätet oder nur partiell zur Geltung kamen und daß zweitens die Entwicklung demokratischer Gesellschaftsformen rigoros unterdrückt wurde. Aus dieser – hier nur angedeuteten – Entwicklung oder richtiger gesagt Nicht-Entwicklung resultiert die Krankheit Spaniens, resultieren die erbitterten Kämpfe zwischen Traditionalisten und liberalen Reformern im 19. Jahrhundert, wie auch die wirtschaftlichen Katastrophen bis zu den dreißiger Jahren, begleitet von zahllosen Streiks, Aufständen, Terroranschlägen, Putschversuchen, resultiert schließlich die Radikalisierung der

Betroffenen. Es bedurfte nur des Anlasses, um das Pulverfaß zum Explodieren zu bringen.

Der emigrierte Schriftsteller Michel de Castillo schrieb 1966: »Der Bürgerkrieg verlagerte nur einen Konflikt auf das Schlachtfeld, in dem sich die beiden tiefen Tendenzen des Landes gegenüberstanden: die des Fortschritts und der Revolution einerseits, die der Ordnung und der Religion andererseits.« Man wird diese historisch zunächst einleuchtende Formel allerdings differenzieren müssen, um nicht einer verfälschenden Schwarzweiß-Malerei zu verfallen. Immerhin geriet die republikanische Seite, die zunächst noch demokratische Volksfrontregierung, bald in die Abhängigkeit von kommunistischen Kräften (bis zur direkten Anweisung Stalins bereits am 21. Dezember 1936).

Auch die Republik, die seit dem Sturz der Monarchie und der Abdankung König Alfons XIII. bestand, konnte in ihrer Zeit von 1931 bis 1936 das erschütterte und auseinanderbrechende Staatsgefüge nicht mehr steuern. Die Ereignisse drängten zur Katastrophe. Der prominente Franco-Gegner Salvador de Madariaga nennt als »eigentliche Ursache des Sturzes der Republik: ihre Unfähigkeit, die auseinanderstrebenden Neigungen des leidenschaftlichen, bisweilen gewalttätigen Spaniers miteinander in Einklang zu bringen, ihre Unfähigkeit, sein starkes Nationalgefühl so zu leiten, daß der destruktive Trieb zu Diktatur und Separatismus im Schmelztiegel der nationalen Einheit untergegangen wäre«.

Am 16. Juni 1936 gab Gil Roblés, der Parteichef der konservativen CEDA, vor den Cortes-Abgeordneten in Madrid die trostlose Bilanz der vergangenen vier Monate bekannt. Die seit dem 16. Februar 1936 bestehende Volksfrontregierung konnte trotz erheblicher Vollmachten nicht verhindern, daß in vier Monaten aus politischen Gründen 269 Menschen ermordet, 1287 verletzt wurden, daß 113 Generalstreiks und 228 Teilstreiks stattfanden, daß 160 Kirchen völlig zerstört, 251 Kirchen in Brand gesteckt und zahlreiche Wohnungen, Büros, Zeitungsredaktionen überfallen wurden. Gil Roblés sagte weiter: »Ein Land kann unter einer Monarchie oder einer Republik leben, mit einem parlamentarischen oder einem präsidialen System, unter dem Kommunismus oder dem Faschismus. Aber es kann nicht unter der Anarchie leben. Heute ist Spanien leider eine Anarchie, und heute nehmen wir am Begräbnis der Demokratie teil!« So war die unmittelbare Situation, die zum Bürgerkrieg, zum Aufstand des spanischen Proletariats führte. Nachträgliche Spekulationen, ob die Krise noch

einmal hätte friedlich überwunden werden können, erweisen sich angesichts der Eskalierung der Gewalt als unrealistisch.
Auf der nationalen Seite rückten – nach der Erschießung des Generals Goded in Barcelona und dem Flugzeugabsturz des Generals Sanjurjo – die Generale Mola und Franco in den Vordergrund. In den ersten Monaten gab es keinen Oberkommandierenden der aufständischen Armee. Erst Ende September 1936 in Búrgos, wo sich das Hauptquartier der Nationalisten während des Bürgerkriegs befand, beschloß das nationale Verteidigungskomitee die Ernennung Francos zum obersten Befehlshaber und zum Staatschef. Zumindest von diesem Augenblick an kam den Nationalisten eine bessere, einheitliche Organisation zugute, während das republikanische Lager durch seine heterogenen Kräfte, durch anarchistische und separatistische Unternehmen einer ständigen Belastung ausgesetzt war.
Entscheidend trugen zum Sieg Francos die deutschen und italienischen Unterstützungen bei. Ab Anfang August flogen 20 deutsche Junkers 52, begleitet von 6 Heinkel-Jägern, ebenso italienische Flugzeuge Francos Afrika-Armee von Marokko nach Spanien. Den Republikanern kamen bis Mitte August 28 französische Kampfflugzeuge zu Hilfe. Doch ausschlaggebend war der direkte Truppeneinsatz der deutschen Legion Condor (insgesamt rund 16 000) mit einer überlegenen Luftwaffe und der italienischen Divisionen (insgesamt mindestens 50 000). Mit unverhohlenem Zynismus nutzten die deutschen und italienischen Helfer den innerspanischen Konflikt zur Erprobung ihrer Waffen und Truppen. Sie machten Spanien zum Vorfeld des Zweiten Weltkriegs, auf dem, nach Arthur Koestlers Wort, die »militärische Generalprobe« stattfand.
Auf republikanischer Seite kämpften sechs gemischte und zwei internationale Brigaden, insgesamt rund 40 000 ausländische Freiwillige. Unter ihnen zahlreiche Intellektuelle, Schriftsteller, Studenten, Arbeiter aus über fünfzig Ländern, die auf Spaniens Boden die freiheitlich-demokratischen Prinzipien gegen die faschistischen und nazistischen Zwangsregime verteidigten. Der innerspanische Bürgerkrieg weitete sich zu einer internationalen Kraftprobe aus. Allerdings ist die naive Deutung, der internationale Kommunismus habe nur die spanische demokratische Republik verteidigen wollen, ebenso falsch wie die Legende von der uneigennützigen Hilfe Hitlers und Mussolinis. Spanien wurde zum blutigen Austragungsort ausländischer Interessen. Das machte den Bürgerkrieg vollends zur Tragödie.

Wenn Sowjetrußland die spanische Republik durch Waffen, Flugzeuge, Panzer und Kanonen, durch eine Geldhilfe im Wert von einer Milliarde Mark unterstützte, ferner rund sechshundert Berater, Instrukteure und Spezialisten schickte, so verfolgten die Sowjetführer, insbesondere Stalin, einen präzisen Plan. Salvador de Madariaga nennt ihn »die Hoffnung auf Spanien als einen zweiten Sowjetstaat in Europa«. Madariaga weist in diesem Zusammenhang auf die in Spanien anzuwendende Politik des »Trojanischen Pferdes« hin, die während des Kominternkongresses im August 1935 in Moskau von Dimitrow formuliert und erläutert worden war. Auch den Sowjetführern »bot der spanische Konflikt eine vorzügliche Chance, und sie nutzten sie mit demselben kalten Zynismus wie die Achse Rom–Berlin«. Freilich aus anderen Gründen »wünschten auch sie auf die Dauer die Niederlage der spanischen Republik, obgleich sie als ihre Paladine auftraten« (Francisco Ayala).

Es läßt sich nicht leugnen, daß vor dem Ausbruch des Bürgerkriegs die Anarchie herrschte und die republikanische Regierung nicht mehr Herr der Lage war. Doch die Behauptung, ein unmittelbar bevorstehender kommunistischer Aufstand habe die Rebellion der Generäle notwendig gemacht, ist eine Zwecklüge und angesichts der wirklichen Verhältnisse unhaltbar. Die Kommunistische Partei Spaniens war eine Minderheit, deren Einfluß auf die Arbeiterschaft und auf die Staatspolitik in engen Grenzen blieb. Selbst im Parlament unter der Volksfrontregierung (nach der Wahl vom 15. Februar 1936) verfügten die Kommunisten lediglich über 14 von insgesamt 398 Sitzen. Erst die Internationalisierung des Bürgerkriegs und der merkwürdige Nichteinmischungspakt der westlichen Demokratien, der nach eigenem Gutdünken ausgelegt wurde, trieb die republikanische Regierung in die Arme der Sowjets. Dann allerdings wuchs der sowjetisch gelenkte kommunistische Einfluß rapide. Es kam zur Einsetzung von kommunistischen Politkommissaren in der Armee, zu direkten Anweisungen der sowjetischen Berater, zu Kommunisten an der Spitze von fünf Brigaden, sowjetischen Befehlshabern der Panzer- und Luftwaffenverbände, zu Kommunisten in den Schlüsselpositionen. Ein gewiß unverdächtiger Augenzeuge der spanischen Verhältnisse, der damalige Journalist Willy Brandt, berichtete Anfang Juli 1937 in Paris dem erweiterten Vorstand der SAP: »Die kommunistische Partei ist heute die ausschlaggebende Kraft im antifaschistischen Spanien. Wenn sie auch nicht die Führung der Regierung in Händen hat, so beherrscht sie doch

heute den größten Teil des Staatsapparats. Spanien ist in einer Entwicklung zur kommunistischen Parteidiktatur.«
Ein dubioses Unternehmen war die Entführung des Goldschatzes der Bank von Spanien im Wert von mehr als 2 Milliarden Mark. Am 25. Oktober 1936 verließ ein graues Schiff mit der Ladung von 7800 Kisten Gold den Hafen Cartagena. Über Odessa kam das Gold in sowjetische Hände, nach Moskau. Verantwortlich für die geheime Einführung des spanischen Goldes war der republikanische Finanzminister Juan Negrín, der im letzten Kriegsjahr, nach der Ablösung des »spanischen Lenin« Largo Caballero, das Amt des Ministerpräsidenten bekleidete. Negrín starb 1956 im Pariser Exil. Er vermachte testamentarisch die Dokumente über die Deponierung des Goldes dem derzeitigen Staatsoberhaupt Spaniens, seinem Bürgerkriegsgegner General Franco. Leider blieb Negríns Selbstüberwindung für Spanien ohne praktischen Wert. Der nationale Goldschatz Spaniens lagert noch heute in Moskau.
Die Entführung des Goldes mag ein Ereignis am Rande der spanischen Tragödie sein. Aber es zeigt, mit welcher Gutgläubigkeit die spanischen Führer ihren ausländischen Helfern vertrauten. Am 1. April 1939 meldete General Franco von Búrgos aus den letzten Sieg der nationalen Truppen und schloß die knappe Meldung mit den Worten: Der Krieg ist beendet. Franco hatte gesiegt und gründete sein Regime, wie er später selbst sagte, »auf den Spitzen unserer Bajonette und mit dem Blut unserer besten Menschen«. Verloren hat den Bürgerkrieg nicht eine der beiden Parteien, sondern – dank der Internationalisierung des internen Konflikts – das ganze spanische Volk. Soweit der Bürgerkrieg als »rein spanische Angelegenheit« begann, führt ihn Salvador de Madariaga zurück auf die »zwei vorherrschenden politischen Leidenschaften des Spaniers: Diktatur und Separatismus«. Madariaga kennzeichnet die beiden spanischen Parteien durch ein einleuchtendes Bild: »Wenn die heiße Sonne Spaniens das Land austrocknet, das nicht reich an Wasser ist, platzt die Erdoberfläche. Der Ausländer meint: ›diese Erde hier rechts ...‹ oder ›diese Erde hier links ist schuld‹. Es ist aber immer dieselbe Erde.«

LEÓN

Die Leonesen berufen sich mit Stolz darauf, daß in ihrem alten Königreich vierundzwanzig Könige regierten, noch ehe Kastilien Gesetze hatte. Das ist keine Übertreibung. Die Könige von León sahen sich als die Nachfolger der westgotischen Herrscher. Ihre Staats- und Rechtsgesetze bezeugen die Fortsetzung der westgotischen, ebenso der römischen Tradition, wie denn auch der Name der Königsstadt León auf die hier im ersten nachchristlichen Jahrhundert stationierte Legio Septima der Römer zurückgeht.

Im 10. Jahrhundert herrschte León über ein Gebiet, das nach Norden bis an den Atlantik und nach Osten über Búrgos hinaus reichte. Es war eine durch Erbteilungen, Heiraten, Kriege reichlich verworrene Abfolge, die über das asturische zum leonesischen Königtum, dann zur kastilischen Herrschaft führte. Die Leonesen gehörten zu den Vorkämpfern der Reconquista und mußten erdulden, daß ihre Städte wiederholt von den Mauren zerstört wurden. Doch wie wenig geradlinig die Reconquista verlief, zeigt die Tatsache, daß León gelegentlich mit den Mauren gegen Kastilien konspirierte. Schließlich beugte sich León dem wachsenden Vorrang Kastiliens. 1230 erkannten die Leonesen Ferdinand III. von Kastilien als Gesamtkönig an. Immerhin blieb ihr Löwenwappen gleichberechtigt neben dem Burgwappen Kastiliens erhalten. Noch im Jahre 1474, als Isabella von Kastilien in der Kathedrale von Segóvia zur Königin gekrönt wurde, stand neben dem kastilischen das leonesische Banner.

Was heute als historische Region León bezeichnet wird, ist dank der Expansion Kastiliens ein etwas geschrumpftes Gebiet. Es umfaßt von Norden nach Süden die Provinzen León, Zamora und Salamanca. Landschaftlich ist die Region mit dem östlich angrenzenden Altkastilien verbunden. Das heißt, sie wird nahezu ausschließlich von der kargen, weiträumigen Hochfläche der Nordmeseta bestimmt. Nur im Norden drängen die Ausläufer der Kantabrischen Kordillere in das Gebiet, und im Nordwesten begrenzt der Bergriegel der Montes de León die Meseta. Entsprechend hart sind die kontinentalen klimatischen Verhältnisse, sind die Lebensbedingungen. Die Meseta im Binnenland, ihre monotone Weite und melancholische Schwere, mag den Durchreisenden faszinieren. Für ihre Bewohner ist die Meseta eine ständige Herausforderung.

Die Bewirtschaftung des Bodens vollzieht sich äußerst mühsam, zum Teil nach längst überholten Methoden, vor allem im Norden, wo der bäuerliche Kleinbesitz auf die mittelalterliche Parzellierung zurückgeht. Hingegen findet man eine intensive Feldbestellung, moderne landwirtschaftliche Maschinen und Traktoren, wo ein nutzungswirksamer Grundbesitz vorhanden ist. Das gilt für die fruchtbaren Gebiete wie die künstlich bewässerten Auen des Duero, wo Weizen, Zuckerrüben, Kartoffeln, Melonen, Kohl und Bohnen angebaut werden. Ebenso ziehen nach Norden, in die Provinz León, weite Getreidefelder mit Weizen, Roggen und Gerste. Die Provinz erzeugt rund ein Zehntel der spanischen Roggenernte. Wo der Boden nur karges, locker von Stein- und Korkeichen bestandenes Weideland freigibt, halten die Bauern Schafe, Rinder und Schweine. Nördlich von León, am Nordrand der Meseta, liegen die Sommerweiden der Wanderschafe. Einer der herbstlichen Hauptwanderwege, der Cañadas, führt an León und Zamora vorbei direkt nach Süden.

Die Industrie der Region ist nur schwach entwickelt. Sie bleibt in den größeren Städten auf eine kleinere Bedarfsgüterindustrie beschränkt, in Salamanca lebhafter und erweitert durch die von der Viehzucht abgeleitete Lederindustrie. Lediglich am Nordrand der Meseta, wo die kantabrischen Steinkohlenbezirke ins Leonesische reichen, und bei Ponferrada im Bierzo wächst eine aktive Eisen-, Kohlen- und chemische Industrie.

Wer von Altkastilien ins Leonesische kommt, wird kaum einen Unterschied feststellen und die gleiche landschaftliche Struktur, die Meseta, das gleiche Klima, die gleiche Art der Bodenwirtschaft, die gleichen, eher dürftigen als üppigen Lebensbedingungen vorfinden. Um so überraschender zeigen die Begegnungen mit Leonesen, daß in León ein Menschenschlag aufwächst, der sich beträchtlich vom Kastilier unterscheidet. Nicht nur in den Städten, aber dort besonders, fällt die liebenswürdige und aufgeschlossene Lebensart der Leonesen auf. Obwohl sie in der Mehrzahl von rustikaler Robustheit sind, bleibt der Eindruck einer gewitzten Lebensklugheit, die sich nicht auf das Eigene versteift, sondern das andere und Fremde anerkennt, wo es gut und nützlich ist. Zu ihrer großartigen Vergangenheit, die spanische Geschichte mitprägte und in bewundernswerten Dokumenten überliefert ist, verhalten sich die Leonesen so unverkrampft – wie sie mit beachtlicher Selbstverständlichkeit Neues und noch nicht Erprobtes aufnehmen. Das gern zitierte Musterbeispiel hierfür ist die mitten in León vom katalanischen Jugendstil-Architekten Antonio Gaudí gebaute Casa de Botines. Man wird der seinerzeit revolutionären Baukunst Gaudís zugestehen, daß sie in der Altstadt neben dem dreihundertjährigen platereskten Palacio de los Guzmanes einen guten eigenwilligen Effekt bildet.

Touristen besuchen allenfalls Salamanca im Süden und León im Norden. Oder sie durchfahren die Region auf dem Weg nach Asturien und zur kantabrischen Küste oder nach Galicien im Westen. Der letztere Weg über León, Astorga und Ponferrada war der alte Jakobsweg, den im Mittelalter unvorstellbare Scharen von Pilgern nach Santiago de Compostela gegangen sind. Von León ausgehend erreicht man zunächst das schöne Astorga, noch auf der Hochfläche der Meseta, ein Landstädtchen mit bedeutender, in die Römerzeit zurückreichender Vergangenheit. Auch in Astorga konnte der Katalane Gaudí bauen, einen burgähnlichen, die Gotik imitierenden Bischofspalast (1889), der einen merkwürdigen Kontrast zur spätgotischen Kathedrale bildet. An der Plaza Mayor steht ein imponierendes Renaissance-Rathaus, dessen Uhr von zwei mechanisch bewegten Figuren in Pluderhosen geschlagen wird. Der weitere Weg führt über das Bergland der Montes de León, bis auf das etwas düstere Kohlengebiet vor Ponferrada eine abwechslungsreiche, landschaftlich bezaubernde Strecke, die in das grüne Galicien mündet.

Der Pilgerweg, der Camino de Santiago, war die meistbegangene mittelalterliche Touristenstraße. Es gab sogar einen Reiseführer, den ersten des Mittelalters, von dem Franzosen Aymeric Picaud geschrieben. Er unterrichtete über die Wege, Herbergen, Kirchen und Klöster, über Eßsitten und Bräuche der Einwohner. Die aus Frankreich kommenden Pilger folgten dem Hauptweg über den Pyrenäenpaß Roncesvalles, sie passierten Pamplona, Estella, Logroño, Santo Domingo de la Calzada, Búrgos, Sahagún, León, Astorga, Ponferrada, Villafranca del Bierzo, Puertomarín, Arzúa, um zum Grab des Apostels Jakobus zu gelangen. Am Paß von Roncesvalles las ich auf dem Wegschild: Camino de Santiago 787 Kilometer. Die Pilgerreise dauerte Monate, nebenbei ein

Abenteuer, das voller Gefahren steckte. Es gab Wegelagerer und in den Herbergen gerissene Wirte, die auf friedliche Weise die Pilger ausplünderten. Zum Schutz der Pilger richteten Bruderschaften Herbergen und Krankenhäuser ein. Kathedralen und Klöster entstanden am Jakobsweg, der auch zur Einflußschneise der französischen Architektur wurde. Am gesamten Jakobsweg, auf Wegkreuzen, an kirchlichen und weltlichen Bauwerken findet man kein Bildnis häufiger als den Apostel Jakobus mit Pilgerstab und Muschel. Höhepunkte der Pilgerreise waren die Aufenthalte in Búrgos und León, den Städten der berühmten Kathedralen und zahlreicher Herbergen.

Die Provinzhauptstadt León

Man kann sich gut vorstellen, daß die Jakobspilger in der mittelalterlichen Stadt gern Rast machten. In den Außenvierteln, vor allem an der heutigen Plaza del Mercado, fanden sie einfache Herbergen. Sie besuchten, über die Calle de la Rua stadteinwärts gehend, San Isidoro und die Kathedrale. Ihren Bedürfnissen und Proviantseinkäufen dienten die Verkaufsläden der Innenstadt, der Markt auf der Plaza Mayor. Noch heute zeichnet die nicht große, bequem zu durchgehende Altstadt eine gastliche Freundlichkeit aus. Der Fremde, der nicht gerade Attraktionen erwartet, fühlt sich wohl. Die Geschäfte der Calle Generalisimo Franco stellen solide Waren aus, auch modische Kleidung und die begehrten weißen und schwarzen Lederstiefel. Die Leoneserin will in der Mode nicht nachstehen. In den sauberen Geschäften wird gut bedient, in den einfachen Gasthäusern und Cafébars gut bewirtet. Das gilt Fremden und Einheimischen gleicherweise. Immer sind Landleute in der Stadt, denn León ist Einkaufs- und Marktzentrum der Provinz. Man merkt bald, daß die Leonesen von Natur freundlich, gesellig, zum Reden und Lachen geneigt sind.
Verkehrsmittelpunkt der Stadt ist die lebhafte Plaza de San Marcelo, an der die von Gaudí gebaute Casa de Botines, heute das Sparkassengebäude, steht, und der mächtige Renaissance-Palacio de los Guzmanes, der heute die Diputación, den Provinzlandtag beherbergt. Von hier aus zieht östlich die Hauptgeschäftsstraße Calle Generalisimo Franco, durchschneidet die Altstadtgassen und führt direkt zum Kathedralvorplatz. Nach rechts zweigt die Calle del Berrueta ab und

bringt uns zur Plaza Mayor mit ihren schattigen Arkadengängen und dem inzwischen ausgedienten alten Rathaus.

Es wird im Mittelalter nicht viel anders gewesen sein als heute, wenn samstags auf der Plaza Mayor Markt abgehalten wird. Man trifft sich, redet miteinander, kauft und verkauft. Die Campesinos haben ihre Stände aufgeschlagen, dazu an Stangen Sacktücher zum Schutz gegen die heiße Sonne befestigt. Sie bieten ihre ländlichen Produkte an und hantieren flink mit der uralten Handwaage, wenn sie den Käufern Obst, Zwiebeln, Artischocken, grüne Salate, Kohlköpfe, Bohnen, Erbsen oder Kartoffeln abwiegen. An anderen Ständen gibt es billige Textilien oder irdene Krüge in jeder Größe oder die beliebten, knallbunten künstlichen Blumen. Jeder findet, was er braucht. In aufeinandergestapelten kleinen Kisten wartet das Kleinvieh, Hühner und Kaninchen, auf Abnehmer. León ist, trotz seiner 102 000 Einwohner, Landstadt geblieben, abhängig vom kleinen und großen Handel mit Agrarerzeugnissen, von der Verarbeitung der Landprodukte, vom Handel mit Klein- und Großvieh. Der Großmarkt, wo Rinder, Pferde, Schafe und Schweine gehandelt werden, liegt im südöstlichen Außenbezirk, sinnvollerweise nahe dem städtischen Schlachthof.

Vom nördlichen Altstadtkern ausgehend ist León nach Süden in die Breite gewachsen, bis zum Rio Bernesga und jenseits des Stadtflusses, wo ein großer Rangierbahnhof und die Station für die Züge nach Galicien angelegt wurden. León gehört nicht zu den wohlhabenden Städten. Das zeigen manche Außenviertel, die nichts mehr vom freundlich-geschäftigen Leben der Innenstadt spüren lassen, eher farblose und ärmliche Wohnbezirke. Zusätzliche soziale Probleme kommen mit der stetigen Zuwanderung vom Land. Doch wie in fast allen spanischen Städten wird vorbildlich für die Kinder gesorgt. Sie finden ihr Vergnügen auf Spielplätzen und im Kinderpark am diesseitigen Ufer des Rio Bernesga.

In einem ist León reich und gehört zu den reichsten Städten Spaniens: in dem, was aus seiner mittelalterlichen Vergangenheit erhalten blieb, konzentriert in zwei Bauwerken, in der Basilica San Isidoro und der gotischen Kathedrale. Unter den zahlreichen bewundernswerten Kathedralen des Landes nimmt Santa Maria de Regla von León einen Ehrenplatz ein. Ein lateinisches Distichon hebt vier spanische Kathedralen hervor und charakterisiert sie als »die Heilige von Oviedo, die Schöne von León, / die Reiche von Toledo, die Mächtige von Salamanca«. Die Pulchra Leonina, die Schöne von León, darf für sich beanspruchen, die anmutigste und heiterste Kathedrale zu sein. Sie entstand vor der Kathedrale von Búrgos, um 1205 begonnen und im selben Jahrhundert vollendet, wodurch die Reinheit des an Reims und Amiens erinnernden und mehr französischen als spanischen Stils unvermischt erhalten blieb.

Die Hauptfassade mit der riesigen Fensterrose steht für sich, etwas abgesetzt von den beiden flankierenden Türmen. Zwischen die drei Spitzbogen der Hauptportale wurden zwei kleinere Spitzbogen gefügt. Wo immer man hinblickt, ein durch Türme, Strebepfeiler, Spitzbogen und Fenster gelockerter und schwereloser Bau. Noch mehr vermittelt der Innenraum den Eindruck von Leichtigkeit und heiterer Gelöstheit. Das Schönste der Pulchra Leonina sind ihre spätgotischen Fenster. Der Kirchraum mit seinen hochschießenden Pfeilern, Spitzbogen und Kreuzrippengewölben scheint keine andere Aufgabe zu haben, als das farbig gebrochene Licht aufzunehmen. Es durchstrahlt 230 Maßwerkfenster, die zwischen dem 13. und 17. Jahrhundert geschaffen wurden. Obwohl die Kathedrale herrliche gotische Skulpturen wie die Virgen Blanca, die weiße Jungfrau, einen respektablen Schatz und einen mit besten Steinmetzarbeiten geschmückten spätgotischen Kreuzgang besitzt, vermag nichts anderes so zu faszinieren wie das festliche und heitere Zusammenspiel von Architektur, Licht und farbigem Glas. Allerdings, daß hier nach Unamunos Worten der größte Raum mit der geringsten Menge von Steinen geschaffen wurde, machte das Bauwerk gebrechlich und anfällig. Es mußte wiederholt renoviert werden.

Hinter der Kathedrale beginnt der erhaltene Teil der alten Stadtmauer, der nach Norden einen Winkel um die Altstadt legt. Am westlichen Ende der Stadtmauer liegt die Basilica de San Isidoro. Auf dem kurzen Weg zu ihr, ob von der Kathedrale oder der Plaza de San Marcelo ausgehend, passiert man die freundlichsten Altstadtgassen. San Isidoro ist künstlerisch und für die Königsgeschichte Leóns, an die in der Stadt sonst nichts mehr erinnert, von hervorragender Bedeutung.

Die ursprüngliche Basilika entstand im 11. Jahrhundert und wurde nach ihrer Erneuerung 1149 geweiht — eines der frühesten romanischen Bauwerke Spaniens. Unter den romanischen Reliefplastiken am Kirchenportal befindet sich links das Bildnis des universalen Gelehrten und Kirchenvaters Isidor von Sevilla, dessen Reliquien 1063 nach León geholt wurden. Unter dem Schutz des heiligen Isidor wurde die Basilika zur Grabstätte für über vierzig leonesische Könige, Königinnen und deren Kinder. Das Pantheon mit den meist schmucklosen Steinsärgen zwischen kurzen Rundsäulen gehörte zur ursprünglichen Basilika. Aber nicht die Särge, nicht die plastisch ornamentierten Kapitelle faszinieren, sondern die rundum ausgeführten Gewölbe- und Wandmalereien. Die Fresken entstanden um 1167 bis 1188. Ihre Feinheit und Leuchtkraft erinnern an Buchmalereien. Dargestellt sind biblische Szenen, religiöse Symbole, Monatsbilder, Tierkreiszeichen. Als Meisterwerk die Hirtenverkündigung, in ihrer stilisierten Kunst und naiven Darstellungslust eine vollendete Feldszene, zu der kämpfende Ziegenböcke, eine Hundefütterung oder Rinder, die einen kleinen Baum kahlfressen, gehören.

Die Kathedrale und San Isidoro halten den besten Teil Leóns in Erinnerung. Nicht nur als Denkmäler, sondern weil sie eine Gesinnung bezeugen, die den Leonesen geblieben ist. Ihre rustikale Selbstbehauptung sichert ihnen eine Grundhaltung, die den Lebensalltag durch die einfachsten Freuden und Freundlichkeiten enthärtet. Es ist auch kennzeichnend für die Leonesen, daß ihre Darstellungslust nur an einer Stelle überschwenglich und verschwenderisch wird, an der reichen platereskan Fassade des Klosters San Marcos. Dieses Kloster gehörte ursprünglich dem Santiago-Orden, der im 16. Jahrhundert den prunkvollen Renaissancebau erhielt. Die Geschichte des Klosters ist nicht ohne tragische Ironie. San Marcos liegt an der nördlichen Bernesgabrücke, an der Pilgerstraße nach Astorga. In der Spätzeit diente das Kloster als Pilgerherberge, doch wohl nur für erlesene und reichere Pilger, während die schlichteren Leute ihre Quartiere an der Plaza del Mercado oder Plaza Santa Ana suchen mußten. Im 17. Jahrhundert war San Marcos Gefängnis für den Dichter Quevedo, den der König zur Strafe für seine Spottschriften einsperren ließ. Quevedo fror im kalten Kloster jämmerlich und mußte mit eigenen Händen eine Wunde ausbrennen, weil kein Chirurg vorhanden war. Dann diente das Kloster Militärzwecken und im Bürgerkrieg als Massengefängnis. Die neueste Verwandlung machte San Marcos zum Luxushotel, zu einem staatlichen Parador, wiederum also für »erlesene und reichere« Gäste.

Salamanca

Mit Salamanca verbindet sich die Vorstellung von ehrwürdiger Tradition und strenger Wissenschaft. Galt doch die Universitätsstadt auf den drei Hügeln am Rio Tormes als Hochburg spanischer Gelehrsamkeit, als »Mutter der Tugend, der Wissenschaft und der Künste«. Diese gewiß richtigen Kennzeichen bedürfen der Ergänzung. Salamanca überrascht durch das Gegenteil von akademischer Steifheit, nämlich als lebensintensive und von jugendlichem Temperament erfüllte Stadt. In keiner anderen spanischen Stadt sahen wir mehr junge Mädchen, adrett gekleidete chicas, und junge Leute, deren unbekümmerte Munterkeit die alten Plätze und Gassen belebte. Nach seiner Bevölkerungsschichtung ist Spanien ein außerordentlich junges Land. Um das festzustellen, muß man keine Statistiken bemühen, sondern nur in den Städten die Augen offen halten, besonders in den späten Nachmittags- und Abendstunden. In Salamanca kommt hinzu, daß die schulische Tradition der Stadt, auch ihre wirtschaftliche Basis seit den fünfziger Jahren eine starke Förderung und Wiederbelebung erfuhr.

Heute beherbergt Salamanca neben der regulären Universität mit den bekannten Fakultäten eine staatlich unabhängige Päpstliche Universität und eine dritte Universität der Dominikaner, außerdem zahlreiche Colegios und nichtakademische Ausbildungsstätten. Sie liegen verteilt im Zentrum zwischen der Plaza Mayor und dem Rio Tormes. Wenn die Studierenden nicht gerade auf den Plätzen vor ihren Schulen und Hörsälen stehen oder ihre Kolleghefte unter dem Arm tragen, sind sie von den einheimischen Jugendlichen nicht zu unterscheiden. Abends mischt sich das junge Volk auf der Plaza Mayor und erfüllt den Platz mit einer ungemein animierenden Suada. Gelockerte Gruppen ziehen um das Karrée, teils unter den Arkaden, teils an der Innenseite, wobei die Jungen in der einen, die Mädchen in der anderen Richtung gehen. Diese Art des Sich-in-die-Augen-Sehens hat längst nicht mehr den Beigeschmack einer prüden Geschlechtertrennung. Ebenso unbekümmert ziehen gemischte Gruppen über die Plaza oder füllen die nahen Tavernen und Stehbars. Es heißt zwar, in Salamanca gebe es abends nur zweierlei zu tun, einen Vortrag zu halten oder einen Vortrag anzuhören, aber die Anziehungskraft des abendlichen Paseo dürfte stärker sein.

Die Plaza Mayor ist Zentrum, Markt, Treffpunkt und Festsaal Salamancas. Die geschlossene, nicht überladene barocke Architektur macht es leicht, von der schönsten Plaza Mayor Spaniens zu sprechen. Nur tagsüber stört der wachsende Autoverkehr, den die Erbauer schließlich nicht eingeplant haben, die festliche und heitere Atmosphäre. Entworfen wurde die Plaza Mayor mit dem Rechteck dreistöckiger Arkadenhäuser und dem prächtigen Rathaus an der Nordseite von Alberto Churriguera (1729). Die Churrigueras waren in Salamanca zu Hause. Ihnen, vor allem dem berühmten Vater José Churriguera (1665 bis 1725), verdankt Salamanca zahlreiche Bauwerke und bildhauerische Ausschmückungen. Der nach ihnen genannte Stil des Churriguerismo setzt den platersken Schmuckstil unter neuen, barocken Vorzeichen fort, nun auf überreiche ornamentale und figurale Schmuckformen bedacht, die gelegentlich über den Anlaß hinaus eine verschwenderische Extravaganz entwickeln. In dieser Art schuf José Churriguera den üppigen Hauptaltar der spätgotischen Klosterkirche San Esteban, während ihre schöne Fassade noch im früheren platersken Stil ausgestaltet wurde.

Dem dekorativen Element der salmantinischen Kirchen, Paläste, Türme und Bauplastiken kommt der weiche Sandstein gelegen. Er läßt sich, frisch gebrochen und gewässert, leicht schneiden und nach Wunsch bearbeiten. Er saugt das Licht auf, wechselt seine Tönung mit dem Gang der Sonne und gibt den Bauwerken einen milden goldgelben Schimmer, dem Salamanca die Bezeichnung »goldene Stadt« verdankt. Um die gehügelte Stadt mit der herausragenden Kathedrale im richtigen Licht zu sehen, müßte man morgens mit den Bauern über die Tormesbrücke kommen oder am frühen Abend vom jenseitigen Tormesufer herüberschauen.

Der Puento Romano, die römische Bogenbrücke, erinnert an die frühe Zeit der Römergründung, aus der allerdings außer der Brücke und dem Namen Salamanca (römisch Salmantica) kaum etwas erhalten blieb. Wirksamer und die Stadt prägend drängt das späte Mittelalter in die Gegenwart, die Zeit des Lazarillo de Tormes. Der Held des ersten Schelmenromans der Weltliteratur wurde auf einer Wassermühle am Rio Tormes geboren. Der volkstümliche Schelm, der Pícaro, paßt in das Bild der stets weltoffenen, freisinnigen, liberalen Stadt, in der sich das Universitätsleben gut mit dem bäuerlichen und bürgerlichen Element vertrug.

Von der Plaza Mayor, dem Zentrum des bürgerlichen Lebens, ist es nicht weit zum Universitätsviertel, dem Zentrum des geistigen und geistlichen Lebens. Auf dem Weg kommt man an der Casa de las Conchas, dem Haus der Muscheln, vorüber. Der Hausherr, ein Maldonado, war Ratgeber der Katholischen Könige und führte als Santiagoritter die Pilgermuschel im Wappen. So ließ er die Hauswand, die ohnedies die schönsten spätgotischen Fenstergitter hat, mit vierhundert steinernen Muscheln schmücken.

Die Hauptfassade der Universität, die ganze Fläche bildhauerisch ausgestaltet, im unteren Teil das Relief der Katholischen Könige, zeigt den platéresken Stil in seiner Vollendung. Auf dem stillen Vorplatz, dem Patio de las Escuelas, steht das Denkmal des Fray Luis de León (1527 bis 1591), des größten Lehrers der Universität und mystischen Dichters. Er war Augustiner, vermutlich jüdischer Abstammung und hatte das Hohelied aus dem Hebräischen übersetzt, was nach damaliger Regel nicht erlaubt war. Gründe genug, ihn bei der von Dominikanern geleiteten Inquisition anzuzeigen. Das umständliche Inquisitionsverfahren hielt ihn fünf Jahre in Kerkerhaft. Nach seinem Freispruch in den Hörsaal zurückgekehrt, soll Luis de León mit den lakonischen Worten »Dicebamus hesterna die ... Wir sagten gestern ...« begonnen haben. Jedermann in Spanien kennt diese Worte, auf spanisch »Decíamos ayer ...«, mit denen ein freisinniger Mann übersprang oder wegwischte, was ihm durch fünfjährigen Freiheitsentzug angetan wurde.

Man kann einen kargen mittelalterlichen Hörsaal sehen, auf dessen harten Bänken Cervantes, Calderón und Lope de Vega gesessen haben, drei von rund 10 000 eingeschriebenen Studenten aus aller Welt. Die im frühen 13. Jahrhundert vom leonesischen König Alfons IX. gegründete Universität erhielt schon bald als universales Studienhaus der Christenheit den gleichen Rang wie Paris, Oxford und Bologna. Doch die große Zeit der Universität wie der Stadt Salamanca war das 16. Jahrhundert, als Luis de León vor 300 Studenten seine theologisch-exegetischen Vorlesungen hielt. Die Tradition unbeirrbarer Liberalität setzte in unserem Jahrhundert Miguel de Unamuno fort, langjähriger Rektor der Universität, als Gelehrter und Schriftsteller gleicherweise bedeutend. Er starb 1936, während des Bürgerkriegs.

Salamanca hat – wie Zaragoza – zwei Kathedralen, die jedoch aneinandergebaut sind, so daß man durch das Seitenschiff der Neuen in die kleinere Alte Kathedrale gelangen kann. Die romanisch-gotische Catedral Vieja aus dem 12. Jahrhundert war eng mit der Universität verbunden. In ihrer Capilla Santa Barbara fanden in der Frühzeit, nach einer meditativ durchwachten Nacht, die Doktorexamen statt. Der

Altaraufsatz der Capilla Mayor gehört zu den schönsten Retabeln Spaniens, eine riesige halbrunde Bilderwand, über fünfzig leuchtende Bildtafeln des Nicolás Florentino (15. Jh.), die das Leben Jesu darstellen. Die imposante Neue Kathedrale, die Catedral Nueva, in der Zeit vom 16. bis zum 18. Jahrhundert erbaut, bringt etwas verspätet den schon abgelösten gotischen Stil zur Geltung. Ihre von José Churriguera gebaute Kuppel und die bauplastischen Ausschmückungen sind wiederum charakteristisch für die salmantinische Mischung aus plateresken und barocken churriguereken Elementen.

Die Längsseite der Kathedrale weist auf einen freundlichen Platz, die Plaza Anaya, an der im gleichnamigen Palast eine Fakultät der Universität untergebracht ist. Man müßte noch viele Plätze, Paläste und Kirchen nennen, um der Fülle Salamancas gerecht zu werden, die romanische Kirche San Martín, das Colegio de los Irlandeses, für irische Studenten gebaut, den Renaissance-Palacio de Monterrey, den Barockbau der jesuitischen Clerecia, mehr Triumphburg als geistliches Zentrum, so groß, daß sie heute die Päpstliche Universität beherbergt. Doch nicht die kunstreiche Tradition bildet in Salamanca das verbindende Element, sondern eine Atmosphäre, die alles Museale wegscheucht und das Leben der Stadt in unablässiger Bewegung hält.

Obwohl Salamanca mit 120 000 Einwohnern nicht viel größer ist als León, wirkt die Stadt volkreicher, vitaler, auch gemischter in ihrer Bevölkerung. Das zeigt sich besonders auf der Plaza Mayor, hängt aber nicht nur mit den Studierenden zusammen. Wir sahen ebenso Bauern, die an den Markttagen in die Stadt hereinströmten, sahen Angestellte, Arbeiter, Viehzüchter, Händler und Beamte. Salamanca ist als Provinzhauptstadt Verwaltungs- und Handelszentrum der Provinz, mit einer kleinen, intensiv genutzten Industrie (Lederverarbeitung, Bedarfsgüterindustrie, Verarbeitung von Agrarprodukten und Fleisch, kunsthandwerkliche Betriebe).

Das städtische Leben besitzt mehr Gewicht als das ländliche, obwohl auch dies in der Stadt noch greifbar ist, nicht nur durch den Markt und Handel mit Großvieh und Schweinen. Man sieht noch die von Maultieren gezogenen zweirädrigen Karren der Charros, der salmantinischen Bauern, mehr in den Außenbezirken als im Zentrum, aus dem sie der Autoverkehr verdrängt hat. Rund um die Stadt liegen weitgedehnte Getreidefelder und Viehweiden. Im Südosten, bis zum fernen Tal des Rio Agueda vor der portugiesischen Grenze, erstrecken sich baumbestandene grüne Savannen, wo Kampfstiere gezüchtet werden.

Das Klima beschert dem Land wie Salamanca kastilische Härte, rauhe Winter und heiße Sommer. Die Stadt nimmt das widersetzliche Klima nicht anders an als die eigene Vergangenheit. Sie läßt sich weder vom einen noch vom anderen erdrücken, sondern setzt ihre von jugendlicher Vitalität getragene Gegenwart dagegen.

Harte Schulbänke für Studenten

In seiner Glückwunschansprache zum achtzigsten Geburtstag von General Franco am 4. Dezember 1972 wies Vizepräsident Carrero Blanco darauf hin, daß es 1936 unter der spanischen Bevölkerung 25,9 Prozent Analphabeten gegeben habe, deren Anteil bis Ende 1970 auf 3,2 Prozent zurückgegangen sei. Um das zu verdeutlichen: 1936 konnte im Land Calderóns, Cervantes' und Lope de Vegas jeder vierte Einwohner, der mehr als zehn Jahre alt war, weder lesen noch schreiben. Bereits 1960 war die Quote der Analphabeten auf 11,2 Prozent gesunken (während im Nachbarland Portugal noch 31,3 Prozent Lese- und Schreibunkundige gezählt wurden). Nun hat auch die republikanische Regierung, sogar noch während des Bürgerkriegs in den Militäreinheiten, die Alfabetisación, das Lesen- und Schreibenlernen, energisch vorangetrieben. Schon aus wirtschaftlichen Gründen, um den Aufbau und Fortschritt des Landes überhaupt zu ermöglichen, hätte sich jede Regierung mit dem nationalen Übel des Analphabetismus auseinandersetzen müssen. Dennoch gehört die Reduzierung der Analphabeten auf 3,2 Prozent zu den Leistungen des Regimes, die Anerkennung verdienen.

Die Campaña Nacional de Alfabetisación, die noch im Gange ist, kämpft nicht nur gegen geographische und soziale Hindernisse, sondern ebenso gegen Vorurteile, Gleichgültigkeit oder Scheu der Erwachsenen, die zum erstenmal in ihrem Leben schulisch lernen müssen. Jahrhundertelange politisch-soziale Versäumnisse schlugen sich im Bildungs- und Erziehungssektor in der Vernachlässigung der breiten Masse des Volkes nieder, während eine kleine Elite alle Bildungsprivilegien beanspruchte und genoß. Daraus resultierte ein abgrundtiefer Klassenunterschied, der auch heute noch nicht überwunden ist. Gelegentlich wird zwar darauf hingewiesen, daß das Analphabetentum nicht unbedingt ein Gradmesser für die Kultur eines Volkes sei. Salvador de Madariaga schreibt in seinem Buch »Spanien, Wesen und Wandlung« (1955), den »unteren Schichten« des spanischen Volkes seien zu eigen »Gaben der Weisheit, des Gemüts und des Verhaltens, die der Fremde nur bei den gebildeten und wohlhabenden Klassen vorauszusetzen pflegt«. Wer Spanier aus verschiedenen Schichten kennenlernte, wird diese Feststellung bestätigen. Aber sie kann nicht die bildungsmäßige Rückständigkeit breiter Volksschichten wettmachen. Der Mangel an elementarem Wissen führte im menschlichen und politischen Zusammenleben zu katastrophalen Folgen, und er belastet als Haupthindernis den wirtschaftlichen Aufbau des Landes.

Den Verantwortlichen in der Regierung sind die Konsequenzen einer vernachlässigten Erziehungs- und Bildungspolitik nicht entgangen. Sie haben mit der Campaña Nacional de Alfabetisación das Nächstliegende energisch und erfolgreich getan. Sie beginnen allmählich einzusehen, daß das Mithalten in der veränderten Welt einen zweiten Schritt notwendig macht, die Veränderung des antiquierten Erziehungs- und Schulsystems, dessen Grundübel die enorme Chancenungleichheit ist. Es ist ja nicht allein mit dem primitiven Schreiben- und Lesenkönnen getan, sondern es fehlen weitgehend die schulischen Voraussetzungen, um den beruflichen Anforderungen auf allen Gebieten zu entsprechen.

Die sachlichen, mentalen und sozialen Hindernisse im Bereich des Schulwesens sind ungleich stärker als bei der Alfabetisación. Außerdem ist das Unterrichtssystem, etwa für die notwendige und erwünschte Klärung der Chancengleichheit, eng mit der spanischen Sozialstruktur verkoppelt. Eine Neuordnung des Unterrichtssystems wäre zum Scheitern verurteilt, würde nicht zugleich eine Bewußtseinsveränderung in der Einstellung gegenüber den keineswegs überwundenen Klassenunterschieden vollzogen. Das gilt für die unteren wie für die oberen Schichten der Bevölkerung. Vielfach betrachten die unteren Schichten ihre Klassenzugehörigkeit als unabänderlich. Wer Peón ist, landwirtschaftlicher oder industrieller Hilfsarbeiter, bleibt Peón, und sieht auch für seine Kinder keine oder nur minimale Chancen des sozialen Aufstiegs. So bleibt eine fatale Mentalität erhalten, die gekennzeichnet ist durch mangelhaft entwickeltes Verantwortungsbewußtsein über den engen Kreis der Familie hinaus, also für Kommune, Gesellschaft und Staat.

Nach dem bisherigen Schulsystem beginnt die Chancenungleichheit bereits in der Grundschule. Seit 1964 besteht eine achtjährige (vorher sechsjährige) Schulpflicht, vom 6. bis zum 14. Lebensjahr. Neben den kostenfreien staatlichen Schulen gibt es eine große Zahl kirchlicher und privater Colegios, die in der Regel eine bessere Ausbildung bieten, aber Schulgeld verlangen. Je nach Colegio sind die Schulgebühren unterschiedlich hoch. In einem mir bekannten Fall beträgt das reine Lerngeld, ohne Unterkunft und Verpflegung, für ein sechsjähriges Mädchen monatlich 1500 Peseten. Nur wohlhabende Eltern, zumal bei den vielen kinderreichen Familien, können ihren Kindern den Besuch einer Privatschule oder eine höhere Schulbildung erlauben. Diese, die sogenannte Enseñanza Media, beginnt nach dem bisherigen System mit dem 10. Lebensjahr und endet schon nach vier Jahren mit dem Bachillerato elementar (Mittlere Reife) oder nach weiteren zwei Jahren mit dem Bachillerato superior (Abitur). Die Zulassung zur Universität erfordert ein weiteres Vorbereitungsjahr.

Nach langer Vorbereitung betreibt das spanische Erziehungsministerium seit 1970 eine Reform des Schulsystems, die schrittweise verwirklicht wird und nach zehn Jahren abgeschlossen sein soll. Die Befürworter sprechen von einer »friedlichen und lautlosen Revolution«. Revolutionär darf man allerdings die im Ansatz gesellschaftsbezogene Strukturänderung nennen, die den Schülern eine bisher nur erträumte Chancengleichheit bietet. Nach den Reformplänen besuchen die Kinder aller sozialen Schichten – nach einer allgemeinen Vorschulerziehung – vom 6. bis zum 14. Lebensjahr die Grundschule. Die bisherige Trennung vom 10. Lebensjahr an, die auch im Schulsystem der Bundesrepublik Deutschland üblich ist, fiele dann fort. Die kirchlichen und privaten Colegios blieben erhalten, sollen jedoch durch staatliche Subvention den unentgeltlichen Unterricht ermöglichen. Dieser einheitliche erste Bildungsweg würde die bisherigen Privilegien ausschalten. Begabung und Leistung sollen entscheiden, ob nach der Grundschule eine zweijährige Berufsausbildung oder eine dreijährige Fortbildung bis zum Bachillerato (Abitur) erfolgt. Wie bisher schließt ein weiteres Jahr zur Vorbereitung auf die Universität oder eine höhere Fachschule an.

Dieses ehrgeizige und fortschrittliche Projekt könnte im Bereich der Erziehungspolitik die rückständige, traditionell verfestigte Sozialstruktur Spaniens aufbrechen. Die Verwirklichung wäre für Spanien ein ungeheurer Schritt nach vorne. Doch einstweilen ist der Mut der Planer größer als die Hoffnung auf Realisierung in absehbarer Zeit. Ob zehn Jahre genügen, um die Voraussetzungen zu schaffen, hängt auch von der Entwicklung der spanischen Wirtschaft ab, denn die Finanzierung des Gesamtplans ist noch keineswegs gesichert. Im Jahre 1970 waren die Kosten des Gesamtplans auf 757 Milliarden Peseten veranschlagt, ein Betrag, der schon 1972 als zu niedrig angesetzt galt. Zunächst geht es um sehr einfache, notwendige, aber nicht leicht zu schaffende Voraussetzungen. Solange in den ärmeren Gegenden Kinder mitarbeiten und mitverdienen müssen, um den Lebensunterhalt der Familie zu sichern, nützt auch das beste Schulsystem nichts. Noch immer wird die Zahl der Schüler, die unregelmäßig die Grundschule besuchen, auf 500 000 bis 700 000 geschätzt. Noch immer fehlen Schulen im dünn besiedelten Land und neuerdings durch die wachsende Zuwanderung in den Städten. In einigen Gegenden, wo verspätet Dorfschulen errichtet wurden, mußten sie wieder geschlossen werden, weil die Landbewohner in die Städte zogen. Anfang 1973 fehlten, nach einem Korrespondentenbericht, in Madrid Schulplätze für 108 000 Kinder, in Barcelona für 163 000 Kinder. Zur gleichen Zeit sind im ganzen Land Schulen mit 385 000 Plätzen im Bau.

Neue Schulen können errichtet werden, aber kaum läßt sich der große Mangel an Lehrkräften vor allem in den Grundschulen von heute auf morgen beheben. Die studierende Jugend sieht im Lehrberuf kein lohnendes Ziel. Ihm fehlt wegen seiner schon chronischen Unterbezahlung (nicht nur in Spanien) jegliche Attraktivität. Erst neuerdings, vermutlich in Verbindung mit der Reform des Schulsystems, scheint die spanische Regierung die Notwendigkeit einer besseren Besoldung der Lehrer einzusehen. Ende Januar 1973 streikten die Grundschullehrer in mehreren Städten und fanden Unterstützung bei den Vertretern der Elternvereinigung. Nicht der Streik der Lehrer war das Überraschende der Aktion, sondern die Haltung der Regierung. Sie verhängte keine Sanktionen, sondern der Ministerrat gewährte bemerkenswert rasch eine starke Erhöhung des Monatssalärs für Grundschullehrer von 11 000 auf 18 000 Peseten (monatlich etwa 900 Mark). Mehr als früher, zumal seit 1972, scheint das Regime in der Förderung des Erziehungs- und Bildungswesens die notwendige, zentrale Aufgabe zu sehen. Der erste Entwicklungsplan, mit vollem Namen Plan de Desarrollo Económico y Social genannt, für die Jahre 1964 bis 1967, kam vor allem der spanischen Wirtschaft zugute. Für die Verbesserung des Erziehungswesens waren 22,9 Milliarden Peseten vorgesehen. Es sollten 14 000 neue Schulen gebaut werden; davon standen Ende 1967 9000. Ähnlich lag das Schwergewicht des zweiten Entwicklungsplans (1968/71) auf dem wirtschaftlichen Sektor, obwohl die Ausgaben für das Erziehungswesen auf 53 Milliarden anstiegen. Erst der dritte Entwicklungsplan (1972/75) wird seinem Namen gerecht und rückt die bisher vernachlässigte soziale Entwicklung in den Vordergrund. Für den Planungszeitraum genießt das Erziehungswesen einen Vorrang, der zeigt, daß der Staat die Verwirklichung der Schulreform ernst nimmt. Die finanzielle Basis wurde wiederum verdoppelt, auf mehr als 100 Milliarden Peseten. Bis Ende 1975 sollen 1,5 Millionen neue Grundschulplätze, 200 000 Mittelschulplätze, 125 000 Berufsschulplätze und neun neue Universitäten und Fachhochschulen entstehen.

Über dem offensichtlichen Willen zur radikalen und dauerhaften Änderung darf man nicht vergessen, daß die Not des spanischen Erziehungs- und Bildungswesens noch besteht. Erste Ansätze zur Schulreform sind gemacht, erste Erfolge werden sichtbar, noch zu wenig, um voreilige Prognosen zu stellen. Würde die Verwirklichung der Schulreform gelingen, hätte Spanien eines der modernsten und fortschrittlichsten Schulsysteme Europas. Bis dorthin ist ein langer Weg. Zunächst muß aufgeholt werden, was durch die verspätet einsetzende grundlegende Förderung und Planung des Erziehungswesens bis Anfang der siebziger Jahre versäumt wurde.

Eine erfolgreiche und vorbildliche Entwicklung nahm ein Sonderbereich, der jedoch vom Arbeitsministerium verwaltet wird, die Einrichtung der Arbeiteruniversitäten, der Universidades Laborales. Vergleichbares gibt es in westeuropäischen Ländern kaum. Es handelt sich nicht eigentlich um Universitäten, sondern um technische Hochschulen mittleren Grades. Der Studiengang beginnt vom 14. Lebensjahr an mit einer dreijährigen intensiven praktischen und theoretischen Fachausbildung. Nach einem Vorbereitungsjahr folgen drei weitere Studienjahre, die mit dem Ingenieurdiplom im jeweiligen Fachbereich abgeschlossen werden. Wer nicht den Beruf des Ingenieurs anstrebt, kann vorher mit der Meisterprüfung oder dem »technischen Abitur« abschließen. Die Schüler stammen vorwiegend aus Arbeiterfamilien, aus den mittleren und unteren Schichten. Aufnahme und gesamte siebenjährige Ausbildung erfolgen gratis. Doch werden begrenzt auch zahlende Schüler aufgenommen.

Es gibt inzwischen zwölf solcher Arbeiteruniversitäten. Sie sind großzügig und modern eingerichtet, mit technischen und handwerklichen Lehrwerkstätten, Hörsälen, Bibliotheken, Sportplätzen und Erholungszentren. Obwohl die Aufnahmekapazität meist unter 2000 Schülern liegt (ohne die externen Schüler) sind es kleine Universitätsstädte in der Nähe von Gijón, Córdoba, Sevilla, La Coruña, Tarragona, Zamora, Alcalá de Henares, Huesca, Eibar, Valencia, Zaragoza und Cáceres. In der ältesten, 1955 gegründeten Arbeiteruniversität bei Gijón unterrichteten im Studienjahr 1971/72 80 Professoren 1200 Schüler. In dieser Universidad Laboral konnte ich mich davon überzeugen, daß den Studierenden neben der beruflichen Spezialausbildung ein umfassendes, menschlich wie wissensmäßig bildendes Studium geboten wird. Dem einzelnen Schüler, der gewöhnlich mit einer mangelhaften Grundschulvorbildung zur Arbeiteruniversität kommt, bereiten die ersten Semester erhebliche Schwierigkeiten. Doch hier wenigstens öffnet sich ein Weg aus dem starren System, das Bildung zum Privileg einer Elite macht. In ihrem begrenzten Rahmen gewähren die Arbeiteruniversitäten die Chance zum sozialen Aufstieg, der zur Entwicklung einer mobileren Gesellschaft und Wirtschaft beitragen könnte.

Von dieser Ausnahme abgesehen öffnet das bisherige Schulsystem nahezu ausschließlich Kindern wohlhabender Eltern den Zugang zu höherer Bildung und zu den Universitäten. Dennoch wuchs parallel zur wirtschaftlichen und industriellen Entwicklung im letzten Jahrzehnt der Zustrom zu den regulären Universitäten. Während im Jahre 1961 81 614 Studenten gezählt wurden, verdoppelte sich inzwischen die Hörerzahl; 1973 sind rund 160 000 Studierende an den spanischen Universitäten eingeschrieben. Allein in Madrid studieren seit der Eröffnung der Neuen Universität (1971) am östlichen Stadtrand 60 000. In Barcelona werden rund 25 000 Studierende gezählt, in Valladolid rund 10 000. Andere staatliche Universitäten bieten 6000 bis 9000 Studienplätze, in der quantitativen Rangfolge: Granáda, Valencia, Sevilla, Zaragoza, Salamanca und Santiago de Compostela. Begrenzt sind Lehrbetrieb und Größe der Universitäten in Oviedo, Murcia und La Laguna (Canaria). Außerdem gibt es einige nichtstaatliche, private oder kirchliche Hochschulen wie die vom OPUS DEI gegründete Universität in Pamplona, andere in Madrid, Barcelona, Salamanca und Bilbao.

Pamplona, 1962 als Studienzentrum gegründet, 1960 als staatlich unabhängige Universität von Navarra anerkannt, bildet in jeder Hinsicht eine Ausnahme. Zahlreiche Probleme, die das Studium an den staatlichen Universitäten erschweren, scheinen hier nicht zu gelten. Im Herbst 1971 standen den rund 6500 Studenten nahezu 700 Professoren zur Verfügung. Das Verhältnis zwischen der Zahl der Studenten und Professoren von eins zu zehn entspricht einer Wunschvorstellung, die selbst in den reichen Industrieländern kaum erfüllt wird. Wegen ihres akademischen Niveaus gilt die Universität als vermutlich beste des Landes. Ein Besuch gab mir Einblick in die modernen Einrichtungen und vorbildlichen Studienverhältnisse. Gespräche im Campus vermittelten den Eindruck, daß hier wohl eine Elite herangebildet wird, jedoch ohne Auslese nach sozialer Herkunft, ohne Verpflichtung, dem OPUS DEI anzugehören oder zu irgendeinem Zeitpunkt beizutreten. Die normalen kompletten Studiengebühren betragen jährlich 6000 Peseten (300 Mark). Stipendien, auch für die Aufnahme in die Studentenwohnheime, werden gewährt. Allerdings setzt auch hier das bisherige spanische Schulsystem eine Schranke, die nur wenige Schüler aus den sozial unteren Schichten bis zur Universitätsreife gelangen läßt. Immerhin stammen gut 16 Prozent der Studenten aus den sozial unteren und untersten Schichten. Die Mehrzahl kommt aus traditionell der Universität verbundenen Akademikerkreisen und wohlhabenden Familien. Rund 10 Prozent der Studenten stammen aus nichtspanischen Ländern, vorwiegend aus Afrika und Südamerika.

Pamplona ist im vollen Sinne eine autonome, staatsunabhängige Universität. Ihre finanziellen Mittel kommen zu 30 Prozent aus dem Freundeskreis der Universität (rund 20 000 Mitglieder, die vorwiegend dem OPUS DEI angehören), zu 30 Prozent aus Forschungsaufträgen der Universität, zu 11 Prozent vom spanischen Staat, zu 12 bis 15 Prozent von den lokalen Behörden und Korporationen in Navarra. Der Rest wird durch eigene Einkünfte abgedeckt.

Gegenüber Pamplona sind die meisten traditionsreichen staatlichen Universitäten veraltet und beengt. Ihre wirtschaftliche Ausstattung ist, jedenfalls bisher, völlig unzureichend, einschließlich der Honorierung von Dozenten und Assistenten, die in der Regel gezwungen sind, einen Zweitberuf auszuüben. Mehr noch leiden die spanischen Universitäten unter der Verwaltungskompetenz des Erziehungsministeriums, unter der staatlichen Einflußnahme auf den Studiengang, auf Berufungen, auf die gesamte wirtschaftliche und wissenschaftliche Struktur. Nun beziehen die genannten Reformpläne der siebziger Jahre auch die Reform der Universität ein. Der bereits wirksame dritte Entwicklungsplan sieht Universitäts- und Institutsneubauten vor und stellt erweiterte Finanzmittel zur Verbesserung der Studienverhältnisse bereit. Neben der materiellen Aufbesserung streben die ministeriellen Planer eine innere Reform der Universität an. Demnach sollen die ak-

tive Mitarbeit der Studenten und die Lehr- und Lernfreiheit in einer Weise gefördert werden, die der Universität als »Schlüsselstellung zur Demokratisierung« dient. Das klingt unglaublich, denn von dieser Wunschvorstellung sind die Universitäten weiter denn je entfernt.
Im Jahre 1972, in dem das Förderungsprojekt des dritten Entwicklungsplans anlief, machte sich andererseits ein verstärkter staatsautoritärer Zugriff auf die ohnedies schwache Autonomie der Universtäten bemerkbar. Um der andauernden Welle der Studentenunruhen Herr zu werden, beschloß der Staat drastische Maßnahmen. Neben dem seit Jahren praktizierten Polizeieinsatz wurde zum erstenmal eine größere Zahl politisch verdächtiger Universitätslehrer relegiert. Außerdem drohte das Ministerium, die Satzung der Universitäten außer Kraft zu setzen und sie direkt der Staatsbehörde zu unterstellen. Verwirklicht wurde dieser Ausnahmezustand im Februar 1973 für Barcelona. Bemerkenswert ist, daß die autoritäre Universitätspolitik den wachsenden Widerstand der Ordinarien und Professoren hervorruft. Aus Protest gegen den rigorosen Eingriff in die Rechte der Universität Barcelona trat das gesamte Präsidium der Universität zurück. Aus ähnlichen Gründen hatten im September 1972 Rektor und Dekane der Madrider Universidad Complutense ihre Ämter niedergelegt. Ebenso traten im Herbst 1972 in Valencia Rektor und Dekane aus Protest gegen die Entlassung von acht Dozenten zurück. Die Entlassungen wurden daraufhin rückgängig gemacht.
Einige Beweggründe für die seit Anfang der sechziger Jahre andauernden Unruhen an den spanischen Universitäten hängen mit der allgemeinen Krise der Universität zusammen, die in anderen europäischen Ländern genauso oder ähnlich Konflikte auslöste. Solche Konflikte können nicht den Landesuniversitäten oder dem Regime angelastet werden. Doch entscheidender sind die spezifischen spanischen Ursachen, die zu der radikal verschärften Situation führten. Sie liegen einmal darin, daß die Universitäten in der ihnen eigenen Weise die Krise der spanischen Gesellschaft widerspiegeln, zum anderen in dem von Anfang an gestörten Verhältnis zwischen Regime und Universitäten.
Nach dem Bürgerkrieg, durch ein für die Universitätsverfassungen verbindliches Gesetz vom 29. Juli 1943, erhielten die Universitäten eine ideologische Ausrichtung. Nicht in der freien Wissensvermittlung zum Wohl der gesellschaftlichen Entwicklung, nicht in der freiheitlichen Entfaltung von Lehre und Forschung sahen die Gesetzgeber die Aufgabe der Universität. Ihrem Willen entsprechend dienten die Universi-

täten als »Organe des Staates« den politischen Idealen des Regimes. Ausschließlich Mitglieder der Falange wurden als Rektoren eingesetzt. Die Professoren hatten sich zu den Prinzipien des Movimiento zu bekennen. Die Studenten hatten nominell Mitglieder der nach dem Muster der falangistischen Studentenbewegung organisierten Studentengewerkschaft SEU (Sindicato Español Universitario) zu sein, deren wichtigere Funktionäre vom Falangeministerium ernannt wurden.

Diese radikale Staatshörigkeit wurde nach jahrelangen studentischen Unruhen gelockert. Anfang der sechziger Jahre verschärfte sich der studentische Protest, vor allem in der Forderung nach einer freigewählten Studentenvertretung. Das erste massive Aufbegehren der Studenten fiel in eine Zeit, in der sich erste wirtschaftliche Liberalisierungstendenzen abzeichneten und die Regierung um Kontakte mit Westeuropa bemüht war. Wahrscheinlich in diesem Zusammenhang gab die Regierung dem Druck der Studenten nach, obwohl sie zuerst hart reagierte. Einige Professoren verloren ihre Lehrstühle, viele Studenten wurden bestraft oder ausgeschlossen. Dennoch kam es 1965 zur Gründung einer neuen Studentengewerkschaft, der APE (Asociaciones Profesionales de Estudiantes), deren Vertreter frei und geheim gewählt werden. Allerdings besteht immer noch ein oberstes Gremium des SEU, besteht immer noch die Mitgliedspflicht und die Verpflichtung auf die politischen Prinzipien der Studentengewerkschaft. Auch dieses Zugeständnis bleibt relativ und gibt Anlaß zu weiteren Spannungen.

Obwohl der Staat auch für den Studienbetrieb gegenüber 1943 relative Freiheiten eingeräumt hat, sind die Zugeständnisse noch zu gering, um den Universitäten eine wirkliche Autonomie und freie Lehr- und Lernverhältnisse zu garantieren. Das zeigen die jüngsten Eingriffe der Regierung in die Befugnisse der Universitäten und die wachsenden Proteste der Rektoren, Dekane und Professoren. Offensichtlich steht das autoritäre Ordnungsdenken des Staates im Widerspruch zu den für die Universitäten unerläßlichen Freiheiten. Die Unruhe an den spanischen Universitäten wird anhalten, solange nicht durch eine umfassende Strukturreform die volle Unabhängigkeit gesichert ist.

GALICIEN

Galicien fügt der Vielfalt der spanischen Regionen eine Variante von höchst eigenartigem und eigenwilligem Reiz hinzu. Das Land im Nordwesten, an zwei Seiten vom Atlantik, im Süden von Portugal begrenzt, ist weiter vom spanischen Kernland entfernt als nach Kilometern meßbar. Grüne Hügel, regenfeuchte saftige Wiesen, weiches, diffuses Licht und ziehender Nebel lassen an Irland oder die Bretagne denken. Wie dort ist nicht die Gitarre, sondern der Dudelsack, die Gaita, das beliebte Spielinstrument der Gallegos.
Eine herbe, mitunter schwermütige Poesie liegt über dem Land, dessen keltische Wurzeln noch greifbar sind, in keltischen Fluß- und Ortsnamen, in keltischen Opfersteinen, Dolmen und steinernen Resten früher Siedlungen. Die keltische Herkunft, so sagte uns der bekannte galicische Schriftsteller Castroviejo, erklärt die den Gallegos eigentümliche Mischung von nüchternem Realismus und melancholisch schweifender Phantasie, auch die Empfänglichkeit für mysteriöse Phänomene. Zum Teil werden noch abergläubische Praktiken gepflegt, von christlichen Motiven durchsetzt. So hörten wir, daß unfruchtbare Frauen Kindersegen erhoffen, wenn sie um Mitternacht siebenmal bei Padrón ans Meer gehen, an die Stelle, wo nach der Legende das Schiff mit dem Leichnam des Apostels Jakobus strandete. In der Santiago-Legende überbietet die fromme Phantasie die kalte Vernunft.
Auch Salvador de Madariaga machte auf die paradoxe Charaktermischung der Gallegos aufmerksam. Einerseits zeigen die Gallegos »in ihrem milden, grauen Land eine Neigung zum Träumen, sind sie poetisch, phantasievoll, abergläubisch, glauben sie an Erscheinungen und die Gegenwart einer übernatürlichen Welt«. Andererseits nennt Madariaga den Gallego einen »gewitzten, hart arbeitenden, sparsamen, körperlich kräftigen Typ, der Spanien mit Anwälten, Politikern, Lastträgern, Polizisten und Erntearbeitern versorgt«. In Spanien gilt der Gallego, wo und wie immer er tätig wird, als tüchtig und erfolgreich,

als einer, der seine Chancen zu kalkulieren versteht und wortkarg handelt. General Franco ist Gallego. Paradoxerweise gehört sein Geburtsort El Ferrol zu den sozial unruhigsten Plätzen des Landes.
Die Armut zwingt viele Einheimische, ihr Land zu verlassen, in andere Provinzen oder, früher mehr als heute, nach Amerika auszuwandern. Doch die meisten Auswanderer sehnen sich zeitlebens zurück und nützen jede Möglichkeit, um irgendwann nach Galicien zurückzukehren. Ein Gallego ist zuerst Gallego, dann Spanier. Dieses Selbstbewußtsein kommt in der beibehaltenen eigenen Sprache, die dem Portugiesischen verwandt ist, und im Stolz auf die galicische Literatur zum Ausdruck. Man wird schnell und mit Recht belehrt, daß Gallego nicht als Mundart, sondern als vierte spanische Sprache neben dem Kastilischen (offiziell Spanisch), dem Katalanischen und Baskischen gesprochen wird. Viele Kinder lernen erst in der Schule Castellano, das Kastilische. Das ausgeprägte Selbstbewußtsein der Gallegos führt zu starken Vorbehalten gegenüber dem Zentralismus und der Verwaltungsbürokratie Madrids, auch wenn es sich weniger aggressiv äußert als im Baskenland und in Katalonien.
Der Landsitz der Bauern, durch ein jahrhundertelang beibehaltenes System der Erbteilung reduziert, besteht vorwiegend aus Kleinstparzellen, oft weniger als ein Hektar, selten fünf Hektar überschreitend. Das reicht kaum zur Ernährung der Familie. Oft bewirtschaften die Frauen das Land, während die Männer in den Wäldern oder Sägewerken arbeiten. Oder sie suchen Arbeit in den Fabriken der Küstenstädte. Wer in Küstennähe wohnt, betreibt zusätzlich den Fischfang. Doch die weißen und steingrauen Gehöfte stehen freundlich und gepflegt im grünen Land. Zu jedem Hof gehört der typische kleine Fruchtspeicher, auf steinernen Säulen ein graues luftiges Steinhaus mit einem Steinkreuz auf dem Giebel. In diesen, Hórreos genannten Speichern werden, vor Tieren und Fäulnis sicher, Mais, Kartoffeln, Obst, auch Brot und Käse gelagert.
Die Industrie der Region konzentriert sich auf die Küstenstädte El Ferrol del Caudillo, La Coruña und Vigo. Sie kann mit der asturischen und baskischen Schwerindustrie nicht konkurrieren, entwickelt aber im möglichen Rahmen eine produktive Eisen- und Stahlerzeugung. Bei La Coruña entstanden zusätzlich chemische Werke und Metallwarenfabriken. Bedeutender sind noch immer die mit dem Schiffsbau und Fischfang verbundenen Industrien. El Ferrol mit dem ersten Hafen der spanischen Kriegsmarine besitzt die leistungsstärksten Werften Spaniens.

Vigo nimmt den ersten Platz in der spanischen Fischkonservenindustrie ein.

Obwohl nur Vigo für die Hochseefischerei gerüstet ist, hält die galicische Fischerei gegenüber den anderen spanischen Küstenregionen an Fangmenge und Intensität die Spitze. Rund dreißig Prozent des spanischen Fischfangs bringen die galicischen Fischer in ihre Netze. Abgesehen von den Fischereiflotten Vigos und der größeren Küstenstädte sind es meist einzelne und kleinere Fischerboote, die von den rund hundert Küstendörfern ausfahren. Ihre Fanggebiete liegen in Küstennähe und in den weit landeinwärts reichenden Meeresbuchten, den Rias.

Diese Rias, vor allem die Rias bajas an der Westküste, geben der Küstenregion ihren eigenen bezaubernden Reiz. Man kann sie auch vom Land her als Mündungsbuchten der Flüsse kennzeichnen, denn Süß- und Salzwasser mischen sich in den Buchten. Die Rias gleichen den norwegischen Fjorden, doch sind sie gesäumt von grünen Hügeln und Wäldern, von freundlichen Siedlungen, Dörfern und Städten. Zum Meer hin, wo die wechselhaft ausgeformten Rias breiter werden und gelegentlich eine grüne Insel aus dem Wasser steigt, liegen floßähnliche, aus Holzplanken zusammengefügte Anlagen, die meisten mit einem kajütenartigen Aufbau. Sie sind verankert, eine friedliche, stehende Flotte. Ihren Namen, Mejilloneras, verdanken sie den Miesmuscheln (spanisch mejillones), denn sie dienen der Muschelzucht. Je nach der Größe der schwimmenden Anlage hängen von den Planken 500 bis 900 Seile herab, an denen die Muschellarven befestigt werden. Nach drei Monaten werden die Muscheln neu angesetzt, nach nochmals sechs Monaten sind sie ausgereift und können von den hochgezogenen Seilen abgelöst werden.

Santiago de Compostela, geistiger und künstlerischer Mittelpunkt Galiciens, war das Ziel endloser Pilgerscharen. Es muß ein merkwürdiges Erlebnis gewesen sein, wenn sie vom heißen, trockenen und monotonen kastilischen Hochland herüberkamen in das milde, feuchte und grüne Galicien, wo sich der Geruch der Wiesen, Pinien, Kiefern und Eukalypten mit dem Geruch des Meeres mischt. So sehr teilt sich auch heute die Eigenart Galiciens und der Gallegos mit, daß man glaubt, außerhalb Spaniens zu sein.

La Coruña

Wenn nicht gerade der übliche galicische Regen La Coruña eintrübt, zeigt die Stadt an der Nordwestküste ein überaus freundliches und heiteres Gesicht. Es heißt in einem Vers: La Coruña tanzt, Vigo arbeitet, Pontevedra träumt. Diese Typisierung darf man nicht ganz wörtlich nehmen, denn seit einem guten Jahrzehnt befindet sich La Coruña in einer intensiven wirtschaftlichen und industriellen Aufbauphase. Doch gern nützen die Einheimischen Feiertage, Wallfahrten und Sommerfeste, um nach den schrillen Pfeiftönen der Dudelsäcke, zu Tamburin und Pauke ihre anmutigen Tänze, die Muiñeira oder den Virapé, zu tanzen. La Coruña liegt auf einer Landzunge zwischen zwei Meeresbuchten, deren Kopfteil hammerförmig nach Süden und Norden ausgezogen ist. Nur zum Festland hin, nach Südwesten vor allem, konnte sich die Stadt mit heute 200 000 Einwohnern ausdehnen. Der vom Land her Anreisende wird zunächst die neuen Stadtviertel passieren, stattliche Hochhausbauten, weiß und hellgrau, deren architektonische Akzente besser als üblicherweise gesetzt sind. Zwischen den Wohnblöcken blieb genug Raum für breite Alleen, Gärten und Kinderspielplätze mit kleinen Pferdewagen und buntlackierten Tretautos. Auch das Zentrum auf der Landzunge wirkt durch gepflegte Parkanlagen und zahlreiche kleine Plätze mit Gartenbeeten luftig und freundlich. Im milden Klima der geschützten Bucht wachsen Palmen, Mandel- und Orangenbäume, gedeihen prächtige Rosen und Oleander. Die Zufahrtstraßen führen direkt zur Hafenparallele, deren geschwungene Häuserfront vom ersten bis zum vierten oder fünften Stockwerk eine einzige Fensterfront bildet. Diese durchgehenden hellen Glasveranden, Miradores genannt, die das Licht widerspiegeln und besonders gegen Abend wie verzaubert aufglänzen, tragen am meisten zur festlichen und heiteren Atmosphäre der Stadt bei.

Die Glasgalerien blicken zum Hafen, der als Handels- und Verkehrshafen in der Geschichte der Stadt eine bedeutende Rolle spielte. Hier ankerten die Schiffe mit den Jakobspilgern aus England. Von hier segelte die »unüberwindliche Armada« nach England, um auf Befehl Philipps II. die von der Papstkirche abtrünnige Insel zu besiegen. Das Volk drängte am 12. Juli 1588 zum Hafen, um die Ausfahrt der Armada mitzuerleben. Jahrelang hatte Philipp für diesen Tag Schiffe bauen, Vorräte sammeln und Pläne schmieden lassen. Der junge Herzog von Medina Sidonia, ein dem König höriger, doch im Seekrieg unerfahrener Mann, erhielt das Oberkommando über die auslaufenden 130 Schiffe mit 30 000 Männern. Die Expedition endete verhängnisvoll und brachte Spanien die größte Niederlage seiner Geschichte, das Ende der spanischen Seeherrschaft. Der von den taktisch überlegenen Engländern nicht zerstörte Teil der Armada kämpfte verzweifelt gegen einen Orkan. Unter den restlichen Mannschaften wüteten Seuchen. Tausende starben entkräftet, denn Wasser und Proviant waren aufgebraucht. Elf Schiffe mit erschöpften und kranken Mannschaften brachte Medina Sidonia zurück.

Die totale Niederlage der Armada brachte La Coruña ein schreckliches Nachspiel. Im Jahr darauf, 1589, zerstörten die Engländer die Stadt. So blieben keine bedeutenden Baudenkmäler aus der früheren Zeit erhalten. Nur der viereckige, massive Herkulesturm auf einem Hügel im Nordteil der hammerförmigen Halbinsel erinnert an die Römerzeit. Er ist der einzige noch intakte römische Leuchtturm, dessen oberer Teil jedoch im 18. Jahrhundert erneuert wurde.

Die Hafenparallele, die Verlängerung der lebhaften Avenida de la Marina, führt in die enge und verwinkelte Altstadt. Dort kann man, auf dem Weg zur Südspitze, barocke Adelshäuser und zwei kleine romanisch-gotische Kirchen entdecken. Doch vorwiegend ist La Coruña eine Stadt des 18. und 19. Jahrhunderts, die durch ihre baulichen Erweiterungen einen kräftigen Schritt in die Neuzeit machte. Die natürliche Begrenzung erhielt der Stadt ihre wohnliche, bürgerfreundliche Atmosphäre, während die Industriebetriebe und die Erdölraffinerie außerhalb, am Rande des festländischen Stadtteils angesiedelt wurden.

La Coruña gehört zu den industriellen Entwicklungszonen Spaniens und verdankt der staatlichen Förderung einen langsamen, stetigen wirtschaftlichen Aufschwung. Am Stadtrand und in der weiteren Umgebung entstanden Eisen- und Stahlwerke, Metallwaren- und Maschinenfabriken, sowie chemische Werke. Die Industrieproduktion förderte den Umschlag an Fertigwaren, Bedarfsgütern und Rohstoffen im Hafen. In der Stadt wurde eine Arbeiteruniversität und ein Ausbildungszentrum zur Umschulung von Hilfsarbeitern zu Facharbeitern eingerichtet. Neben dem industriellen Aufbau wurden erste Schritte zur Verbesserung der herkömmlichen Wirtschaftszweige der Provinz gemacht, in Richtung auf eine Strukturverbesserung der Landwirtschaft und Viehzucht, auf bessere Anbaumethoden, bessere Zucht- und Fütterungsarten. Galicien nimmt im Rahmen der staatlichen Entwicklungspläne einen bevorzugten Platz ein. Doch zählt die Region auch zu den bisher wirtschaftlich und sozial am meisten vernachlässigten und rückständigsten Gebieten des Landes. Zumindest in La Coruña und noch mehr in Vigo werden die Möglichkeiten einer planvollen Wirtschaftsentwicklung gut genutzt.

Santiago de Compostela

Natürlich regnet es nicht immer in Santiago de Compostela. Im offiziellen Informationsheft der Stadt wird versichert, von Mai bis September regne es nur selten. Doch wer auf Regen setzt, wird seine Wette meist gewinnen, auch en verano, im Sommer. Wir empfanden den milden, in dünnen Strähnen niederfallenden Regen nicht als unangenehm. Er wäscht den Granit blank, aus dem die Kirchen und Paläste gebaut sind. Den Gärten in der leicht gehügelten Stadt gibt er frische Farben. In der Rúa del Villar, im Schutz der breiten Arkaden, kann man von Geschäft zu Geschäft gehen, Bücher, Silberschmiedearbeiten, Pilgerandenken für jeden Geschmack betrachten, und zwischendurch in eine Cafébar einkehren. Nach dem Regen trocknen die Straßen und Plätze schnell und noch schneller beleben sie sich mit Einheimischen, Studenten, Touristen und Pilgern.

Santiago de Compostela war einmal Hauptstadt Galiciens, sie ist es noch heute als geistliche und kulturelle Metropole. Die mittelalterlichen Häuser der Altstadt sind noch bewohnt oder beherbergen Institute und Colegios. Zur Freude aller Besucher blieb das mittelalterliche Stadtbild, die erstaunliche Mischung von romanischer und barocker Baukunst, unversehrt erhalten. Das hängt damit zusammen, daß die Stadt nur einmal in ihrer Geschichte zerstört wurde, im Jahre 997 durch den maurischen Herführer Almansur, der jedoch das Apostelgrab verschonte. Als bedeutendste Pilgerstadt des christlichen Mittelalters neben Jerusalem und Rom wurde Santiago im 11. und 12. Jahrhundert großzügig aufgebaut, so daß Erweiterungen erst im barocken 17. und 18. Jahrhundert nötig wurden.

Neben der Kathedrale zeigen sechsundvierzig Kirchen, zahlreiche Klöster, Herbergen und Hospitale den Vorrang der Pilgerstadt. Klugerweise gab man Santiago eine Universität, 1506 gegründet, die auch heute einen guten Ruf genießt, vor allem ihre medizinische und juristische Fakultät. Die alte Universität liegt nicht weit von der Kathedrale, während eine neue Universitätsstadt am Südwestrand von Santiago errichtet wurde. Rund 7000 Studenten, ergänzt durch die Studenten der Kunstakademie und die Teilnehmer an künstlerischen und musikalischen Studienwochen, beleben das Stadtbild. Sie fallen auf in der nach Ausdehnung und Einwohnerzahl (68 000) nicht großen altehrwürdigen Pilgerstadt und durchsetzen sie mit jugendlichem Temperament. Besonders abends zieht junges Volk durch die Gassen südlich der Kathedrale oder füllt die Tavernen und Stehbars, um zu reden, eine Copita Rotwein zu trinken, ein paar Stückchen Pulpo, Tintenfisch, oder eine kleine Schale Bohnensuppe, die schmackhafte Fabada Asturiana, zu nehmen.

Vor allem ist Santiago die Stadt des Apostels Jakobus. Heute pilgern nicht mehr Tausende und aber Tausende aus ganz Europa zu Fuß und zu Pferd nach Santiago, wie es in der großen Pilgerzeit vom 9. bis zum 17. Jahrhundert üblich gewesen war. Vorwiegend kommen heute spanische Pilgergruppen zum Festtag des Patrons von Spanien am 25. Juli, auch an anderen Festtagen während des Jahres. Alle fünfundzwanzig Jahre und wenn der 25. Juli auf einen Sonntag fällt, wird ein Heiliges Jahr gefeiert, mit besonderen religiösen Zeremonien und der Öffnung der Puerta Santa an der Ostseite der Kathedrale.

Die Bedeutung Roms und Jerusalems als Stätten der Christenheit gründet auf realen, historisch gesicherten Begebenheiten. Jedoch die unglaubliche Wirkung, die von Santiago ausging, die nach Spanien und Europa ausstrahlte und Millionen Menschen in Bewegung setzte, gründet auf einer Irrealität, auf einem puren Nichts. Der Aufenthalt des Apostels Jakobus in Galicien entzieht sich der vernunftmäßigen Beweisbarkeit. Er kann nicht als historische Realität begriffen werden, sondern allein durch das gläubige Einverständnis, das dann allerdings durch seine reale Wirkung die Frage nach der begründenden Realität überholt. Unser rationales Denken prallt an einem Phänomen wie Santiago ab.

Die Legende lautet so: Der Apostel Jakobus der Ältere, der Fischer und einer der »Donnersöhne«, habe in Galicien und Andalusien missioniert. Er sei nach Palästina zurückgekehrt und habe dort den Martertod erlitten, von dem die Apostelgeschichte berichtet. Seine Schüler hätten ihn in ein Boot ohne Segel, ohne Ruder gelegt, das mit dem Leichnam nach sieben Tagen an der galicischen Küste bei Padrón antrieb. Vor der Küste sei ein Wunder geschehen, die Errettung eines Fürsten, der mit seinem Pferd im Meer zu ertrinken drohte und, mit

Muscheln bedeckt, wieder auftauchte. An dieses Wunder erinnert die Muschel, das Zeichen der Jakobspilger. Nach der Legende wurde der Leichnam des Apostels in der Nähe der Küste beigesetzt, und Jahrhunderte später, im Jahre 813, führte ein leuchtender Stern einen Eremiten zu der Grabstelle. Wahrscheinlich bildete sich aus Campus stellae, Feld des Sterns, die Ortsbezeichnung Compostela und wurde in Verbindung mit dem altspanischen San Yago (Jakobus) zu Santiago de Compostela.

Die historische Realität begann mit dem Jahr 813: König Alfons II. von Asturien eilte mit seinen Granden zum Apostelgrab und erklärte Jakobus zum Patron Spaniens und Papst Leo III. gab den wunderbaren Fund der Chirstenheit bekannt. König Alfons ließ über dem Grab die erste Kapelle errichten. Fortan hatte das christliche Spanien seinen Heiligen, in dessen Namen gegen die Mauren gekämpft wurde. Die für mich merkwürdigste Verwandlung machte den friedlichen Fischer Jakobus zum Matamoros, zum Maurentöter, der auf seinem weißen Roß mit dem Schwert kämpfte. Als solcher ist Jakobus im romanischen Tympanon der Kathedrale dargestellt. Die Wirkung und die Anziehungskraft Santiagos setzten schlagartig ein und begründeten die nach unseren Begriffen unvorstellbare Pilgerbewegung, deren Ziel der entlegene, unendlich mühsam erreichbare Ort in Galicien war.

Die Pilger sammelten sich auf dem weiten Platz vor der Kathedrale, der heutigen Plaza de España. Er ist keine dem Marktleben und Alltag verbundene Plaza Mayor, doch wegen der umliegenden Bauten einer der eindrucksvollsten und festlichsten Plätze Spaniens. Wenn man zur barocken Westfassade der Kathedrale blickt, so liegt links das Hostal de los Reyes Católicos, als königliche Pilgerherberge im 15. Jahrhundert gegründet, im 17. Jahrhundert fertiggestellt, elegant wirkend mit Renaissanceportal und plateresker Fassade, heute als Parador ein exklusives Luxushotel. Zur Rechten liegt der Colegio de San Jerónimo mit einem schönen spätromanischen Portal, heute ein Institut für galicische Studien. Der Palacio Rajoy, das Rathaus, an der Rückseite des Platzes wurde im 18. Jahrhundert zugefügt.

Die Krönung des Platzes bildet der Obradoiro, die von zwei Türmen flankierte barocke Hauptfassade der Kathedrale, zu deren Portalen eine barocke Doppeltreppe hinaufführt. Schon für sich genommen ist der im 18. Jahrhundert entstandene Bau eines der imposantesten Kunstwerke des spanischen Barocks. Ein heiter, luftig und repräsentativ aufgetürmtes Schauwerk, mit dem Pilgerapostel in der höchsten Galerie des Mittelgiebels. Doch die barocken Bauten sind nur Schale für die eigentliche, die romanische Santiago-Kathedrale. Sie blieb hinter der Ummantelung samt ihrer alten Portale erhalten und stammt aus dem späten 11. und dem 12. Jahrhundert, aus der stadtgeschichtlich bedeutenden Zeit, in der Erzbischof Gelmírez seinen wehrhaften romanischen Palast (links neben der Kathedrale) baute und mehr politisch als geistlich agierte.

Hinter dem barocken Obradoiro liegt der Pórtico de la Gloria, der seinen Namen zu Recht trägt. Kunstkenner nennen die Skulpturen des galicischen Meisters Mateo, im Jahre 1188 nach zwanzigjähriger Arbeit fertiggestellt, die bedeutendste Schöpfung romanischer Bildhauerei. Wer vor den Propheten, vor dem lächelnden Daniel steht, wer im großen Bogen die vierundzwanzig Ältesten der Apokalypse betrachtet, die Musikinstrumente in den Händen halten, denkt nicht an den Kunstrang. Das Erstaunliche ist die unspirituelle Gelöstheit der Figuren, ihre unmittelbar ansprechende Wirkung, die einfach erfreut, heiter stimmt. Nach altem Brauch legen die Pilger ihre Hand an eine schon ausgehöhlte Stelle der Mittelsäule, die den Baum Jesse darstellt. Am Fuß der Säule kauert eine Figur, angeblich das Selbstportät des Meister Mateo, deren Stirn Kinder mit ihrem Kopf berühren. Durch körperliche Berührung will man teilhaben an der Klugheit und Gesinntheit des Meisters.

Das Hauptportal ist nur an Festtagen geöffnet. An anderen Tagen gelangt man durch die Puerta de las Platerías an der Südseite in die Kathedrale. Dieses älteste erhaltene, vor 1120 fertiggestellte Eingangstor wurde nach den Silberschmieden genannt, die hier, an der Plaza de las Platerías, ihre Werkstätten hatten. Besonders zwei Reliefskulpturen, die schönsten des Plateríasportals, deuten schon in ihrer Gelöstheit, ihrem milden festlichen Realismus eine Grundhaltung an, die in der späteren Kunst des Meisters Mateo ihre Vollendung fand: König David, der auf einer Fiedel spielt, und Gottvater, der Adam erschafft, indem er seine Hand auf das Herz Adams legt.

Die Pilger haben diese Zeichen verstanden, wie überhaupt die Kathedralkunst von Santiago verständlich, mitteilfreudig und volksnah ist. So verhält es sich auch mit den religiösen Feiern, die über den liturgischen Rahmen hinaus als Volksfeste gefeiert werden. Dazu gehört das Feuerwerk, das am Vorabend des Jakobstags, dem 25. Juli, vor der Kathedrale abgebrannt wird. Bis in die Nacht hinein wird auf den Plätzen und am Herradura-Park getanzt und gesungen, ist die Stadt erfüllt

von den Pfeiftönen der Dudelsäcke, von Schellengeklingel und Paukenschlägen. Am Jakobstag ziehen tanzend die Riesenfiguren, die Gigantones, und die großköpfigen Cabezudos durch die Straßen.
Selbst während der Meßfeier, am Jakobstag wie an allen Festtagen, wird ein besonderes Schaustück vorgeführt. Sieben rotgekleidete Männer tragen den großen, eineinhalb Meter hohen silbernen Weihrauchkessel, den Botafumeiro, ins Mittelschiff der Kathedrale. An einem kräftigen Seil, das über eine Rolle unter der dreiunddreißig Meter hohen Vierungskuppel läuft, wird der schwere Kessel befestigt, von den Männern hochgezogen und geschwungen, bis er in fast zwanzig Metern Höhe nach rechts und links durch das ganze Querschiff fliegt und Weihrauchwolken ausstößt. Man sagt, im Mittelalter habe die Beräucherung zur Desinfizierung gedient. Geblieben ist das Schaustück des fauchend und funkensprühend ausschwingenden Weihrauchkessels, das bestaunt wird. Es gehört zu Santiago de Compostela wie die von der Realität losgelöste Jakobuslegende, die angezweifelt, aber nicht weggedacht werden kann. Sie ist für die Pilger, die hinter dem Hochaltar hinaufgehen, um die silberverzierte Statue des heiligen Jakobus zu umarmen, Beweis genug.

Vigo

Vigo liegt am südwestlichen Ufer der südlichsten Ría, dreißig Kilometer von der portugiesischen Grenze entfernt. Die Straße nach Vigo säumen Weinpflanzungen, Maisfelder, Obstgärten, lichte Waldstücke mit Pinien, Kiefern, Eukalypten und einzelstehenden Zypressen, fruchtbares Land im milden Klima. Von Santiago und Pontevedra kommend führt die Straße um die Ría von Vigo und am Südufer entlang westwärts, mit reizvollen Ausblicken auf die ruhige Meeresbucht, auf grünes Ufergelände und Höhenzüge, eine Landschaft wie an einem oberitalienischen See. Die schwimmenden Muschelbrutstätten in der Bucht, die Mejilloneras, geben dem Bild einen exotischen Akzent. Ein wohltuendes Ferienland, dazu mit weiten Sandstränden wie Samil bei Vigo, von Kennern geliebt, nahezu ausschließlich von Einheimischen besucht. Der Atlantik ist spürbar, doch gemildert, denn die Cíes-Inseln vor der Bucht halten die ungünstigen Meeresströmungen ab.
Die so geschützt und malerisch gelegene, aus weißen und hellgrauen

Häusern aufgetürmte Stadt ist alles andere als ein genüßlicher Ferienort, vielmehr eine äußerst expansive Hafen- und Industriestadt. Vigo gehört zu den spanischen Städten mit dem stärksten Wachstum. Von 5520 Einwohnern im Jahre 1840 stieg die Einwohnerzahl bis 1955 auf 155 000 und bis 1973 auf über 200 000. Polypartig umgreift die Stadt den Burghügel mit dem Castillo del Castro. Wenn man hinauffährt auf die Höhe von 125 Meter, öffnet sich eine faszinierende Aussicht auf die Bucht und man sieht, wie die Wohnviertel nach allen Seiten auswuchern.

Zwischen dem Burgberg El Castro und dem Hafen liegt der älteste Teil der Stadt mit dem Fischerviertel Berbés, dem nahen Fischmarkt und Fischerhafen. Enge und steile Gassen, alte Häuser mit massiven Bogengängen, kleine Tavernen, wo es die besten Mariscos gibt (vorzügliche Muscheln, Austern, Krabben, Tintenfische oder Sardinen), geben El Berbés die typische Atmosphäre. Der Hafen mit zahlreichen Molen und ausgedehnten Kaianlagen gehört zu den wichtigsten Häfen Spaniens. Er dient der Küsten- und Hochseefischerei, dem Küsten- und Transatlantikverkehr und zunehmend als Industriehafen. Nach der Fangmenge der Sardinenfischer und dem Umschlag an verarbeiteten Fischen nimmt Vigo die erste Stelle unter den spanischen Seehäfen ein. Wer durch die Geschäftsstraßen geht oder fährt, durch die Neustadt östlich des Burghügels mit Hochbauten, breiten Alleen und Parkanlagen, gewinnt den Eindruck von einer vitalen und geschäftigen Stadt. Es fällt auf, daß Vigo kaum nennenswerte Erinnerungsstücke oder bauliche Kunstwerke aus der Vergangenheit besitzt. Man empfindet das in dieser durch ihre Lage und landschaftliche Umgebung reizvollen Stadt nicht als Mangel. Vigo arbeitet, heißt es lakonisch. In der mit ihrer Gegenwart und Zukunft beschäftigten Stadt bewährt sich jener galicische Charakterzug, der sich mit Fleiß und ohne großes Reden der täglichen Realität zuwendet.

Wie La Coruña erhielt Vigo als industrielle Entwicklungszone durch staatliche Förderung einen gewissen Auftrieb. Neben der herkömmlichen Glas- und Keramikindustrie und dem Schiffsbau wurde die Produktion der kleineren Eisen- und Stahlwerke gefördert. Ebenso entwickelten sich die hier angesiedelte Automobilindustrie mit Montagewerken und die Bedarfsgüterindustrie. Doch die wirtschaftliche Grundlage der Stadt bildet die industrielle Fischverarbeitung, der Fischexport wie die Versorgung des Inlandmarkts mit Fischkonserven. In diesem Wirtschaftszweig ist Vigo die führende Stadt Spaniens.

Als uns Freunde durch eine der mittleren Fischkonservenfabriken führten, kamen gerade frische Bonitos, Thunfische, in die Schneidemaschinen. Ein Teil der Bonitos wird im Kühlraum gelagert und in den arbeitsmäßig ruhigeren Monaten verarbeitet. Vorzugsweise und stets sofort werden die rohen Sardinen verwertet, deren Fangzeit von April bis Dezember reicht, ebenso Muscheln und Tintenfische. Die gefüllten Dosen wandern in den Cocedor, eine Art automatischer Kochmaschine, wo sie auf 110 Grad erhitzt, sterilisiert und geschlossen werden. Im Bereich von Vigo arbeiten mehr als hundert Fischkonservenfabriken. Unser Besichtigungsbetrieb erreicht im Tagesdurchschnitt die lieferfertige Herstellung von tausend Kisten mit je hundert Konservendosen.

Wir sahen vorwiegend Frauen, die bei den Fischbottichen, am Fließband mit der Füllung der Dosen und im Verpackungsraum arbeiteten. Normalerweise beschäftigt der Betrieb rund 250 Arbeiterinnen acht Stunden täglich, samstags vier Stunden. Für Überstunden wird der Lohn um 50 Prozent erhöht. Allerdings ist die Entlohnung selbst für spanische Verhältnisse erschreckend niedrig. Während die Männer an einem normalen Arbeitstag 500 Peseten verdienen, erhalten die Frauen 160 Peseten (Herbst 1971), das entspricht einem Stundenlohn von einer Mark oder acht Mark täglich. Obwohl die Frauen einer Vollbeschäftigung nachgehen, kann eine solche Entlohnung nur als Nebenverdienst gelten, wobei vorausgesetzt wird, daß die Männer als Fischer oder Arbeiter den Hauptverdienst ins Haus bringen. Bedenkt man den wirtschaftlichen Aufschwung Vigos, so scheinen daran die Arbeitskräfte in der Fischkonservenindustrie keinen Anteil zu haben. Zudem ist dies ein krasses, doch nicht nur für Vigo geltendes Beispiel für die Unterbezahlung der Frauenarbeit. Auch hier zeigt sich die Notwendigkeit, die bisher vernachlässigten sozialen Verhältnisse der positiven Entwicklung der spanischen Wirtschaft anzupassen.

Christen, Kleriker und das Regime

In keinem europäischen Land kommt der Kirche eine solche Bedeutung zu wie in Spanien. Es ist insbesondere auf Spanien bezogen und aus spanischer Sicht verständlich, wenn die Tageszeitung »Pueblo« das Zweite Vatikanische Konzil als »wichtigstes politisches Ereignis der letzten fünfhundert Jahre« bezeichnete. Ein Land, dessen offizielle Kirche von jeher als Faktor im politischen Kräftefeld eine entscheidende Rolle spielte, mußte die Neuorientierung des Zweiten Vatikanischen Konzils als alarmierendes politisches Ereignis begreifen. Keine der gegenwärtigen oder künftigen Herrschaftsgruppen in Spanien kann die politische Kraft der Kirche ignorieren. Erst recht nicht angesichts des Veränderungsprozesses, der innerhalb der spanischen Kirche und für ihr Verhältnis zum Staat in Gang gekommen ist. Das entscheidende Kriterium dieses Veränderungsprozesses ist die begonnene oder angestrebte Lösung aus der Verkoppelung mit dem Regime.

Obwohl die innerkirchlichen Widerstände keineswegs überwunden sind, bezieht die spanische Bischofskonferenz in ihrem im Januar 1973 bekanntgewordenen Beschluß zur Neuordnung der Beziehungen zwischen Kirche und Staat eine so eindeutige Stellung, daß eine Nichtverwirklichung nahezu undenkbar wäre. Die Behauptung, die offizielle Kirche Spaniens zeige heute das gleiche Gesicht wie nach der Beendigung des Bürgerkriegs im Jahre 1939, trifft nicht mehr zu. Allerdings hängt die Loslösung vom Staat auch vom Verhalten des staatlichen Partners ab. Bedenkt man die staatskonforme ferne und jüngste Geschichte der spanischen Kirche, so wäre die Gewinnung ihrer Unabhängigkeit eine radikale Neuorientierung im Sinne des Zweiten Vatikanischen Konzils.

Ein Theologieprofessor in Madrid sagte mir, das Hauptproblem der spanischen Kirche sei der Verlust an Glaubwürdigkeit durch ihr Schielen nach Macht und ihr Paktieren mit den Mächtigen. Die spanischen Bischöfe scheinen dies einzusehen und alles daranzusetzen, für die Kirche die Glaubwürdigkeit zurückzugewinnen. Die jahrhundertelange und bis in die jüngste Zeit reichende Praxis der spanischen Kirche hat allerdings dazu geführt, daß man sie im Bündnis mit dem Staat, mit den Privilegierten und Besitzenden, mit der Reaktion sieht, außerdem im engen Pakt mit den Bürgerkriegssiegern, dem Franco-Regime. Vor allem dieses Paktieren führte zu einem starken Wachsen des Antiklerikalismus, der im Bürgerkrieg mit ungeheurer Vehemenz ausbrach, aber auch heute unter Arbeitern und Intellektuellen weit verbreitet ist.

Es ist auch zum großen Teil auf die Haltung der offiziellen Kirche zurückzuführen, wenn heute im »katholischsten Land der Welt«, das 99,3 Prozent getaufte Katholiken zählt, kirchlich-religiöse Indifferenz und Apathie zunehmen. Nach einem Bericht vom Dezember 1970, der sich auf kirchliche Erhebungen stützt, praktiziert rund die Hälfte der Bevölkerung die Glaubensübungen. In Barcelona zählte man 15 Prozent, im Baskenland 80 Prozent. In den Großstädten zählte man rund ein Fünftel der Einwohner als sonntägliche Kirchgänger. Von den spanischen Arbeitern sind es 7,6 Prozent, die mit gewisser Regelmäßigkeit an der Sonntagsmesse teilnehmen. Die überwiegende Mehrheit der Arbeiter wie der Intellektuellen und Studenten bezeichnet sich ausdrücklich als antiklerikal. Trotz solcher radikaler Einbußen ist der Anteil praktizierender Katholiken, verglichen mit anderen europäischen Ländern, immer noch beachtlich. Das breite Volk, besonders in ländlichen Gegenden, hängt stark traditionell geprägten und volkstümlichen Glaubensvorstellungen an. Man sieht dies bei den Feiern der Gottesdienste, bei Wallfahrten, Kirchenfesten oder während der Karwoche, der Semana Santa.

Vor einigen Jahren sahen wir in der Kathedrale von Barcelona eine betende Frau, die mit ausgebreiteten Armen vor dem Gitter einer Kapelle kniete und sich nach einer Weile auf den Knien zur nächsten Kapelle bewegte. In der volkstümlichen Frömmigkeit mischen sich asketische und sinnliche Bedürfnisse. Das wird besonders bei der Feier der Semana Santa deutlich, bei der etwa in Sevilla noch lange Zeit öffentliche Selbstkasteiungen üblich waren. Oder man trägt noch heute büßend ein schweres Holzkreuz auf den Schultern oder eiserne Ketten an den Fußgelenken. Andererseits ist die Semana Santa, wenn die Macarena, das berühmteste Marienbildnis Sevillas, durch die Straßen getragen wird und irgendeine Frau eine Saeta anstimmt, ein höchst sinnliches, erregendes Ereignis, ein Fest entfesselter Weltfreude.

Kirche des Volkes und offizielle Kirche, das sind in Spanien verschiedene Begriffe. Zur Kirche des Volkes gehört der überwiegende Teil des niederen Klerus, der von jeher einen engen Kontakt zu den nichtprivilegierten und unterdrückten Bevölkerungsschichten hatte. Dazu gehören auch jene (für spanische Verhältnisse) progressiven Kleriker und Bischöfe, die im sozialen und pastoralen Bereich fortschrittlicher denken, als dem Regime genehm ist, und die bereits seit Jahren für die Unabhängigkeit der spanischen Kirche eintreten. Seit den fünfziger und sechziger Jahren wächst in den Reihen des niederen und mittleren Klerus die Opposition gegen das Regime. Die Kleriker setzen sich ein für soziale Gerechtigkeit und die Verwirklichung der Menschenrechte. Sie unterstützen streikende Arbeiter und gewähren Demonstranten Schutz.

Bereits 1960 protestierten 339 baskische Priester gegen die Unterdrükkung der Nationalitäten und gegen politischen Terror. Im Mai 1966

demonstrierten 90 katalanische Priester in Barcelona gegen die Mißhandlung eines Studenten und gegen die Mißachtung der Menschenrechte. Die erste aufsehenerregende Anklage eines hohen geistlichen Würdenträgers gegen das Regime kam vom Montserrat. Am 14. November 1963 gewährte der Benediktinerabt von Montserrat, Aureli Escarré, der Zeitung »Le Monde« ein Interview, in dem er sagte: »Spanien ist noch immer in zwei Lager gespalten. Hinter uns liegen nicht fünfundzwanzig Jahre des Friedens, sondern fünfundzwanzig Jahre des Sieges. Die Sieger, zu denen auch die Kirche gehört, die glaubte, an der Seite der Sieger kämpfen zu müssen, haben nichts unternommen, den Graben zwischen Siegern und Besiegten zuzuschütten. Dies ist eines der bedauerlichsten Versäumnisse eines Regimes, das sich christlich nennt, dessen Staat sich aber nicht nach den Grundsätzen richtet, die das Wesen des Christentums ausmachen.« Die Äußerungen des mutigen Abts führten zu einem Skandal, der zwar den Rücktritt Escarrés zur Folge hatte, der jedoch durch die breite Welle des Einverständnisses mit den kritischen Äußerungen die tiefe Kluft zwischen dem christlich und dem staatlich denkenden Spanien deutlich machte.
Katholische Laienorganisationen wie die HOAC (Hermandades Obreras de Acción Católica) und die Jugendorganisation JOC (Juventud Obrera Católica) bekennen sich dazu, »für die Besserstellung der Arbeiterklasse zu kämpfen, als deren Teil sie sich fühlen und mit der sie sich solidarisch erklären«. Von welcher politischen Brisanz die Opposition der Kleriker und der katholischen Laienorganisationen ist, zeigt eine Erklärung des in Paris lebenden Generalsekretärs der illegalen Kommunistischen Partei Spaniens, Santiago Carillo, im Februar 1967: »Im heutigen Spanien sind Katholiken die treuesten und wirksamsten Verbündeten der Kommunisten bei ihrem Kampf für Freiheit und soziale Gerechtigkeit. Diese Allianz ist die beste Garantie für die Zukunft, denn die Kommunisten werden die ersten sein, die die Rechte der Katholiken verteidigen werden, wenn jemand sie bedrohen sollte.« Diese Sätze wurden gewiß nicht uneigennützig gesprochen. Andererseits besteht in den Comisiones Obreras, den Arbeiterkommissionen, eine durchaus nützliche, gemeinsamen Interessen dienende und von gegenseitigem Vertrauen getragene Zusammenarbeit zwischen Katholiken und Kommunisten, wie mir von Mitarbeitern beider Seiten in den Kommissionen versichert wurde.
Im Jahre 1969, nach der Verhängung des Ausnahmezustandes über das ganze Land und zahlreichen Verhaftungen und Verurteilungen,

auch von Priestern, hielt der Pfarrer des Madrider Arbeiterviertels Moratalaz eine bemerkenswerte Predigt, in der er unter anderem sagte: »In diesen außergewöhnlichen Tagen muß die Befreiung des Volkes mit noch größerem Eifer betrieben werden. Die Vorfälle der letzten Zeit sind wie das Brüllen des Tigers, aber die Menschen können nicht dauernd in einem Zustand tyrannischer Unterdrückung und der Tyrannei durch winzige Minderheiten leben ... Es ist der Augenblick gekommen, da wir entschlossen gegen die systematische Vergewaltigung der Freiheit aufstehen und Gerechtigkeit und Anerkennung der Menschenrechte fordern müssen.« Genau diese Sätze führten zur Verhaftung und Verurteilung des Pfarrers Mariano Gamo, obwohl Theologen als Zeugen bestätigten, daß die Predigt »mit der traditionellen Weise der kirchlichen Verkündigung übereinstimmt und den Erfordernissen des Augenblicks entspricht.« Pfarrer Gamo wurde für drei Jahre in das Gefängnis von Zamora eingeliefert, wo zur Zeit etwa dreißig Priester inhaftiert sind.

Aufsehen errregte in diesem Zusammenhang ein Kommentar von Radio Vatikan, der zur Einkerkerung des Pfarrers Gamo mit folgenden Worten Stellung nahm: »Die Kirche ist ein lebendiger Leib, und wenn du ihm in Madrid die Hand quetschst, dann tut der Kopf in Rom weh.« Und weiter: »Wenn solche Fälle sich wiederholen, dürfte es den Katholiken in aller Welt immer schwerer fallen, den offiziell als katholisch bezeichneten Charakter Spaniens zu verstehen.«

Papst Paul VI., der den Reformkurs der spanischen Bischöfe unterstützt, nannte Spanien in einer Ansprache am 25. Juni 1969 im Zusammenhang mit den politischen und sozialen Krisenpunkten der Welt. Er forderte die Bischöfe auf, sie sollten »mit Rat und Tat mitten im Volk zu finden sein«. Der Papst sprach weiter von erwünschten »ernsten Anstrengungen, um die soziale Gerechtigkeit voranzutreiben«. Entsprechend indigniert reagierte die spanische regimehörige Presse. Die päpstliche Mahnung wie die im Dezember des selben Jahres ausgesprochene Kritik von Radio Vatikan markieren eine äußerste Ernüchterung in der Beziehung zwischen der römischen Kirchenleitung und Madrid. Die Vorwürfe wiegen um so schwerer, wenn man bedenkt, daß das Franco-Regime die Verankerung im katholischen Glauben zur Grundlage seiner Existenz gemacht hat. In den spanischen Grundgesetzen heißt es: »Die Spanische Nation sieht es als Ehrenpflicht an, sich an Gottes Gesetze zu halten, nach der Auslegung der Heiligen Katholischen Apostolischen und Römischen Kirche, die die einzig wahre ist und den vom nationalen Gewissen untrennbaren Glauben darstellt, der die Gesetzgebung inspirieren wird.« Würde man nach dieser Grundformel allen Ernstes die politische und soziale Praxis des Regimes messen, so müßte man den kritischen und oppositionellen Stimmen der Kirche Recht geben.

Die offizielle spanische Kirche trifft der Vorwurf, daß sie, jedenfalls allzulange, um ihrer Macht willen mit dem Staat wie mit den Besitzenden eng verflochten war. Sie hat sich nie als Instrument des Regimes begriffen. Sie ist vielmehr auf ein Bündnis mit den Herrschenden eingegangen, das ihren eigenen Machtinteressen diente oder dienen sollte. Dieses Bündnis hat seine Wurzeln im Spanischen Bürgerkrieg, in der vorbehaltlosen Unterstützung der aufständischen Generäle. Es war der Bischof von Salamanca, der spätere und inzwischen gestorbene Kardinal-Primas Plá y Deniel, der am 30. September 1936 den Bürgerkrieg zum »Kreuzzug« erklärte. (Als Kardinal-Primas von Spanien hat sich Plá y Deniel später wiederholt öffentlich für die freie Tätigkeit der oppositionellen Arbeiterbruderschaften, der HOAC, eingesetzt, ohne jedoch das Bündnis Staat—Kirche grundsätzlich in Frage zu stellen.)

Das Bündnis erhielt seine staats- und kirchenrechtliche Festigung durch den Abschluß des Konkordats am 27. August 1953. Das Konkordat legitimiert das Regime und räumt ihm bestimmte Rechte für den kirchlichen Bereich ein. Andererseits werden der spanischen Kirche bestimmte Privilegien und Einwirkungen in den staatlichen Bereich zugestanden. Die auf diesem Weg eingehandelten Vorrechte begründen die Macht der spanischen Kirche, aber auch die Argumente des kritischen Klerus, die inzwischen von der überwiegenden Mehrheit der Bischöfe geteilt werden.

Noch ist das Konkordat gültig. Es sichert der spanischen Kirche Sonderrechte im politischen, wirtschaftlichen, erzieherischen und juristischen Bereich. Die Finanzprivilegien betreffen die Steuerfreiheit für Kircheneigentum, die Zahlung der Priestergehälter aus der Staatskasse, Zuschüsse für Priesterseminare und als Entschädigung für frühere staatliche Enteignungen. Die staatlichen Zuschüsse betragen nach einem Bericht aus dem Jahre 1970 umgerechnet rund 600 Millionen Mark jährlich. Die Monatsgehälter der Priester liegen allerdings selbst für spanische Verhältnisse sehr niedrig. Nahezu 90 Prozent des spanischen Klerus beziehen einen Monatsgehalt von 5000 bis 6000 Peseten (250 bis 300 Mark), etwa ein Drittel von dem, was Geistliche in der Bundesrepublik erhalten. Nicht wenige spanische Priester werden zusätzlich durch ihre Familien unterstützt oder betreiben einen Nebenerwerb. Auch das ist bemerkenswert für die Situation des Klerus im »katholischsten Land«, dem rund 27 000 ordinierte Priester angehören, im Verhältnis zur Bevölkerung weniger als in Irland, Belgien, Frankreich oder Italien.

Wichtiger als die Finanzprivilegien sind andere im Konkordat verankerte Vorrechte: die Überwachung der Erziehung und Moral durch die Kirche, der obligatorische katholische Religionsunterricht in den Schulen, der Einfluß auf die Zensur von Publikationen und aller öffentlichen Informationsmittel, die Anerkennung des Kanonischen Rechts als alleingültiges spanisches Eherecht, die allerdings umstrittene und häufig Konflikte hervorrufende freie Tätigkeit der Katholischen Aktion, der größten kirchlichen Laienorganisation.

Nach Artikel VII des Konkordats nimmt die spanische Regierung unmittelbar Einfluß auf die Besetzung vakanter Bischofssitze und kontrolliert somit die bischöfliche Hierarchie des Landes. Die Regierung schlägt dem Vatikan sechs Kandidaten vor, von denen der Papst drei Namen auswählt. Von diesen empfohlenen Namen benennt wiederum die spanische Regierung innerhalb von dreißig Tagen einen Kandidaten, der nach Zustimmung durch den Vatikan zum Bischof ernannt wird. Dieser den Staat übermäßig begünstigende Wahlvorgang betrifft nur die ordentlichen Bischöfe der 64 spanischen Diözesen, nicht die Weih- oder Hilfsbischöfe, deren Ernennung allein der Kirche vorbehalten ist.

Seit dem Zweiten Vatikanischen Konzil ist zu beobachten, daß der Papst im Verein mit dem reformwilligen Teil des spanischen Episkopats die Ernennung fortschrittlicher Weihbischöfe fördert, daß verwaiste Bischofssitze unbesetzt bleiben (zeitweilig ein Drittel!) oder durch Apostolische Administratoren besetzt werden. So wurde im Jahre 1971 gegen Francos Wunsch nicht der regimekonforme Sekretär der Bischofskonferenz, Guerra Campos, sondern der im Sinne der Konzilsbeschlüsse progressive Kardinal Tarancón als Apostolischer Administrator Erzbischof von Madrid. Der entschiedene Reformator Tarancón erhielt damit die Schlüsselposition im spanischen Episkopat, den Vorsitz der Bischofskonferenz.

Eingangs wurde darauf hingewiesen, daß die offizielle Kirche Spaniens dabei ist, sich aus der Verklammerung mit dem Staat zu lösen. Das ist das vorläufige Ergebnis eines mühsamen Veränderungsprozesses, der noch nicht abgeschlossen ist. Bis zum Ende der sechziger Jahre überwog im spanischen Episkopat der ultrakonservative und regimekonforme Teil, der den Integralismus zwischen Regime und Kirche beizubehalten wünschte. Die mutigen Bischöfe, die der oppositionellen Mehrheit des niederen und mittleren Klerus verbunden waren, blieben in der Minderheit. Es gab einzelne Bischöfe, die mit aller Schärfe öffentlich für soziale Gerechtigkeit, für die Verwirklichung der Menschenrechte, für die Bildung freier, staatsunabhängiger Arbeitergewerkschaften und für wirkliche demokratische Verhältnisse im Land eintraten. Sozial und politisch fortschrittliche Bischöfe wie die von Bilbao, San Sebastián, Pamplona, Ávila und Cádiz beunruhigen die Regierung mehr als die Stimmen der politischen Opposition. Aber sie sprachen nicht für die offizielle spanische Kirche. Diese ist bis heute durch vier Bischöfe, die von Franco ernannt werden, in den Cortes vertreten, nimmt also unmittelbar an der Gesetzgebung des Staates teil. Noch im Jahre 1970 erklärten anläßlich einer kirchlichen Befragungsaktion 89 Prozent von 7000 befragten Klerikern ihre Unzufriedenheit mit dem sozialen und politischen Kurs der offiziellen Kirche.

Die im Jahre 1973 veränderte Haltung der offiziellen Kirche in Spanien kam dennoch nicht unvorbereitet zustande. Das zeigt die seit Jahren stetig betriebene und durch bessere Einsicht geförderte Umgruppierung des Episkopats zugunsten des reformwilligen Flügels. Der zunehmende Druck des oppositionellen niederen und mittleren Klerus wirkte mit wie die Unterstützung des Papstes und die Beschlüsse des Zweiten Vatikanischen Konzils. Demnach fordert die Kirche von ihren Priestern und Bischöfen die Hinwendung zu den arbeitenden Menschen, zu den Unterdrückten und Armen, ebenso die Unabhängigkeit von der staatlichen Gewalt.

In der 17. Vollversammlung der spanischen Bischofskonferenz im Dezember 1972 bekannte sich die offizielle Kirche Spaniens zum erstenmal mit großer Stimmenmehrheit zur Trennung vom Staat und zu ihrer Unabhängigkeit. Wegen der Wichtigkeit der Entscheidung erfolgte eine Bedenkzeit und im Januar 1973 eine Briefwahl, bei der 59 gegen 20 Stimmen bei vier Enthaltungen die Beschlüsse bestätigten. Diese wichtigste Entscheidung, die von der spanischen Kirche je getroffen wurde, bedeutet Distanz von dem jahrzehntelang engen Bündnis mit dem Staat. Die Kirche fordert den Verzicht auf staatliche Privilegien, wie sie ihrerseits Privilegien aufzugeben bereit ist. Die spanische Regierung soll auf ihr in Artikel VII des Konkordats verankertes Recht, Bischöfe vorzuschlagen und praktisch zu ernennen, verzichten.

Ein Korrespondenzbericht vom 23. Januar 1973 verdeutlicht, was durch die Beschlüsse der Bischofskonferenz für die spanische Kirche in Bewegung geraten ist und was das offizielle Dokument unter dem Titel »Die Kirche und die politische Gemeinschaft« enthält: »An die Wurzeln historischer Bindungen geht das Verlangen der Bischofskonferenz, aus der katholischen Staatsdoktrin des Franco-Regimes nicht die Forderung an die Kirche herzuleiten, alle Maßnahmen der Regierung wie bisher gutzuheißen. Daran schließen logische politische und sozialpolitische Ziele der Kirche an: freie Gewerkschaften, Beseitigung der ungerechten Vermögensverteilung, ein Statut für Wehrdienstverweigerer, größere politische Mitwirkung der Bürger und Aufhebung der Freiheitsbeschränkungen, die die herrschende Auffassung von öffentlicher Ordnung mit ihren Sondergerichten und drakonischen Strafen dem Lande auferlegt. Der Episkopat beweist Konsequenz, wenn er im Gegenzug auf das Privileg verzichtet, Priester nur mit Zustimmung ihrer Bischöfe vom Staat anklagen zu lassen. Auf das zweifelhafte Privileg, im Ständeparlament der Cortes und im ›Rat des Königreichs‹ durch vom Staatschef ernannte Bischöfe vertreten zu sein, legt der Episkopat ebenfalls keinen Wert mehr ... Die politische Generallinie zielt auf pluralistische Gesellschaftsformen innerhalb verschiedener möglicher Regierungssysteme. Die Trennung vom Staat soll so deutlich sein, daß keine bestimmten parteilichen oder parlamentarischen Ordnungen vorgeschlagen werden.«

Die zum erstenmal entschiedene Haltung der offiziellen Kirche Spaniens kann nur zum Abschluß eines neuen Konkordats führen, das dieser Haltung und dem Geist des Zweiten Vatikanischen Konzils entspricht. Die spanischen Bischöfe scheinen entschlossen zu sein, auch einem Konflikt mit dem Regime nicht auszuweichen. Doch wurde von Madrider Priestern im Zusammenhang mit der Entscheidung ihrer Bischöfe der Satz zitiert: Die Wahrheit ist wichtiger als die Teilnahme an der Macht. Der Erzbischof von Madrid, Kardinal Enrique y Tarancón, sagte im Mai 1973, als er zu Gesprächen mit dem französischen Episkopat in Paris weilte, es sei notwendig, den Wunsch der spanischen Bischöfe in aller Öffentlichkeit herauszustellen. Wörtlich sagte der Vorsitzende der spanischen Bischofskonferenz: »Die Union Kirche—Staat löst sich durch die Initiative der Kirche auf, die ihrer Mission treu zu bleiben wünscht, indem sie den Wegweisungen des Konzils folgt und freiwillig auf alles verzichtet, was ihre Unabhängigkeit behindern könnte.«

ASTURIEN

Asturien besteht nur aus einer Provinz, Oviedo, und würde dreimal in Katalonien, sechsmal in Altkastilien aufgehen. In Ostwestrichtung, zwischen der altkastilischen Provinz Santander und Galicien, endet die Region nach 200 Kilometern. Von der kantabrischen Küste nach Süden, bis zur Region León, sind es 60 bis 95 Kilometer. Doch die neben Navarra kleinste Region Spaniens nimmt geschichtlich und gegenwärtig, als Wirtschafts- und Industriezentrum, eine hervorragende Stellung ein.

Im asturischen Bergland, das ins Santanderinische hinüberzieht, formierte sich der erste Widerstand gegen die maurischen Invasoren. Hier sammelten sich die christlichen Ritter. Bei Covadonga schlug Don Pelayo mit seinen 300 Mitstreitern im Mai 722 die Mauren, so daß sie nie wieder versuchten, nach Asturien vorzudringen. Der Sieg des Don Pelayo leitete die Reconquista ein. Nach der Legende soll die Hilfe der Gottesmutter, der Virgen de la Batalla, den ersten Sieg der Christen ermöglicht haben. Eine andere Legende berichtet, Don Pelayo habe im Traum ein Kreuz gesehen, das er aus Eichenholz anfertigen ließ und das ihm den Sieg brachte, das Cruz de la Victoria. Es wird heute, mit Silber beschlagen und Edelsteinen geschmückt, in der Cámara Santa der Kathedrale von Oviedo aufbewahrt.

Als erster asturischer König hielt Pelayo in Cangas de Onís Hof. Der Ort mit einer alten hochbogigen Steinbrücke über dem Wildbach Sella liegt in einem romantischen Gebirgstal, 73 Kilometer östlich von Oviedo. Einer von Pelayos Nachfolgern, Alfons II., der bereits in Oviedo residierte, ließ im Jahre 813 über dem angeblichen Grab des heiligen Jakobus in Galicien die erste Kapelle errichten und erklärte den Apostel zum Patron Spaniens. Durch eine Erbteilung im Jahre 910 wurden Galicien und León abgetrennt und eigene Königreiche. Nach einer ziemlich verworrenen Erbfolge endet die selbständige Geschichte Asturiens durch die Vereinigung mit León.

Wer heute von Asturien spricht, denkt weniger an die frühe Geschichte, sondern an das Land der Kohlenbergwerke und Schwerindustrie, an Arbeiteraufstände und Streikunruhen. Im Jahre 1934 erschütterte ein bewaffneter Aufstand die Region, an dem 20 000 bis 30 000 vorwiegend Grubenarbeiter beteiligt waren, die Oviedo, Gijón, Mieres und andere Orte besetzten. Mit der Hilfe von Fremdenlegionären und marokkanischen Regulares schlug General Franco den Aufstand nieder, verhängte er ein grausames Strafgericht über die Aufständischen. Kein Wunder, daß Franco in Asturien die wenigsten Freunde findet. Asturien ist Krisenherd geblieben, auch darum, weil in diesem aktivsten Bergbau- und Industriegebiet Spaniens die Diskrepanz zwischen wirtschaftlichem Wachstum und vernachlässigter Sozialleistung besonders kraß zutage tritt. Es ist verständlich, daß in diesem arbeitsintensiven Gebiet, wo die Grubenarbeiter und Kohlenhauer oft mit vierzig Jahren verbraucht sind, staatlich gelenkte Zwangsgewerkschaften und offizielles Streikverbot Unruhen und wilde oder von den Arbeiterkommissionen angesetzte Streiks herausfordern.

Die Mehrheit der arbeitenden Bevölkerung Asturiens ist in der Industrie und im Bergbau beschäftigt. In den asturischen Kohlenbergwerken werden 90 Prozent der spanischen Kohle gefördert. Die Kohlen werden in der regionalen Industrie und den Kraftwerken verbraucht oder in den Häfen von Gijón, Puerto de Avilés und San Estéban verfrachtet. In dem an Bodenschätzen reichen und noch keineswegs voll ausgenutzen Bergland werden Eisen-, Zink-, Blei- und Kupfererze abgebaut, auch Quecksilber. Asturien liefert rund die Hälfte des spanischen Roheisens, das vor allem in den Werken von Mieres, Gijón und Avilés erzeugt wird. Bei Avilés, nahe der Küste und für Seeschiffe unmittelbar zugänglich, arbeitet das leistungsfähigste Stahlwerk Spaniens.

Neben der Schwerindustrie hat sich im Gebiet zwischen den Küstenstädten San Estéban und Ribadesella, landeinwärts bis Pola de Lena eine vielseitige Industrie entwickelt. Sie umfaßt die Produktion von Metallwaren, Waffen, Explosivstoffen, Chemikalien, Lebensmitteln, Porzellan, Glas, Zement, Fertigwaren und den Schiffsbau. Besonders konzentriert sich die Industrie in den beiden zentralen und größten Städten Asturiens, in Gijón und Oviedo.

Im landschaftlichen Gesamtbild Asturiens nehmen die Industriebezirke, Minen und Kohlenhalden nur einen geringen Teil ein. Der größere Teil der Region ist wildes, unberührtes Bergland, im Süden und

Osten kräftig ansteigend. Im Osten, über Cangas de Onís und Covadonga zu erreichen, liegt in der romantischen, schroff ansteigenden Montana de Covadonga ein Naturschutzgebiet, zeigen die alpinen Picos de Europa ihre Schneegipfel. Das waldreiche Bergland mit Seen und Forellenbächen wird viel von Bergwanderern besucht. Hier wachsen Buchen, Eichen, Fichten, Kastanien und im unteren Hügelland Birken und Eukalypten, deren Stämme zu Grubenholz verarbeitet werden. Schwarzweiß gefleckte Kühe weiden unter Apfelbäumen. Aus den Äpfeln gewinnen die Asturier ihr Nationalgetränk, den Sidra, einen leicht moussierenden Apfelwein.

Die im Süden breit ausgefaltete Kantabrische Kordillere schützt das zur Küste hin abfallende grüne und feuchte Hügelland. Im Becken von Oviedo dehnt sich fruchtbares Land aus, wo vorzugsweise Mais angebaut wird. Wie in Galicien sieht man neben den Gehöften die typischen Hórreos, die Fruchtspeicher, auf vier Steinpfosten gesetzte kleine Häuser, diese jedoch aus Holz, während die galicischen Hórreos aus Steinen gefertigt sind. Sicher vor Ratten und Fäulnis werden hier Mais, Obst, auch Fleisch und Käse eingelagert. Asturien ist regenreiches Land, das durch die wiederholten Niederschläge – ähnlich wie Galicien – frisch und grün bleibt. Aber die Region ist geradezu unspanisch arm an Sonne. Die relative Sonnenscheindauer wird für Gijón im Januar mit 29 Prozent angegeben (für León mit 46 Prozent), ebenso für Gijón im Juli mit 42 Prozent (für León mit 80 Prozent).

Dem Klima entsprechend bevorzugen die Asturier kräftige und gut gewürzte Mahlzeiten wie die Fabada aus Bohnen, Schweinefleisch und scharfer Wurst, aber auch schmackhaft zubereitete Fluß- und Seefische. In Spanien sagt man, der Fisch aus dem Kantabrischen Meer sei der beste der Welt. Jedenfalls kommen an der gesamten kantabrischen Küste vorzügliche Fische wie Fleisch- und Agrarprodukte auf den Tisch. Hier wird gut und mit Ausdauer gespeist.

Oviedo

Vom Anfang des 9. Jahrhunderts bis zum Jahre 924 war Oviedo die Hauptstadt des Königreichs Asturien. Aus dieser Zeit sind wenige, aber überaus kostbare Erinnerungsstücke erhalten. Durch die Verlegung der Königsresidenz nach León, die Vereinigung mit León und seit 1230 mit Kastilien nahm die Bedeutung Oviedos ab. Erst in neuerer Zeit nahm Oviedo einen raschen Aufstieg als Industriestadt und Zentrum der expansiven asturischen Industrie, der Kohlenzechen und Erzminen, als Hauptstadt, Verwaltungs- und Handelszentrum der Provinz, die mit der historischen Region Asturien identisch ist.

Seit der Jahrhundertwende stieg die Einwohnerzahl von rund 23 000 auf 145 000. Aus dem Altstadtkern um Kathedrale und Plaza Mayor mit der Casa Consistorial, dem Rathaus, erweiterte sich die Stadt vor allem nach Südwesten und Nordwesten, wo heute die breite Hauptgeschäftsstraße, die Calle de Uría, bis zum Nordbahnhof zieht. Aber Wachstum, Industrie, Zuwanderung vom Land, fehlende und mangelhafte Wohnungen, Arbeiterunruhen brachten der Stadt mehr Belastung als ihrer organischen Entwicklung gedient hätte. Durch den Arbeiteraufstand im Herbst 1934 wurden viele der alten Gebäude wie die Universität aus dem 17. Jahrhundert zerstört, niedergebrannt oder schwer beschädigt. Die Schäden wurden inzwischen behoben. Die sozialen Probleme sind seit dem Arbeiteraufstand nicht geringer geworden, obwohl die Stadt in ihrem Rahmen am wirtschaftlichen Auftrieb der sechziger Jahre teilhatte.

Natürlich bleibt, wer Oviedo besucht, von solchen Problemen unberührt. Im Zentrum um die Plaza del Generalisimo Franco geht es lebhaft zu, besonders nachmittags und abends zur Paseo-Zeit. In den Geschäftsauslagen der Calle de Uría, die hier beginnt, oder der entgegengesetzt nach Südosten ziehenden Calle de Fruela liegt ein reiches, solides Warenangebot. Einheimische erklärten uns stolz, daß man in Oviedo Bedarfsartikel, Bekleidung und Lebensmittel wesentlich günstiger einkaufe als in Madrid. Aber wer fährt schon nach Madrid, um das zu kontrollieren. Man müßte über den 1364 Meter hohen Puerto de Pajares fahren und mehr noch die regionale Abneigung gegen Madrid überwinden. Wer dem Stadtbetrieb entfliehen will, geht in die links von der Calle de Uría liegenden Parkanlagen des Campo de San Francisco. Der grüne Park mit Bäumen, Büschen und Rosenbeeten ist weit genug, um den Stadtlärm zurückzulassen.

Dem Park gegenüber, rechts von der Plaza del Generalisimo beginnt die Calle de San Francisco, die zur Universität und in der Verlängerung zur Kathedrale führt. Die Universität mit knapp 4000 Studienplätzen gehört zu den kleinsten spanischen Universitäten. Studenten fallen im Stadtbild kaum auf, wohl aber zahlreiche junge Gesichter, Gruppen von Jugendlichen, die in den Abendstunden die Gassen der

Innenstadt beleben. Tagsüber wirkt Oviedo eher als eine von nüchterner und gezielter Geschäftigkeit erfüllte Stadt. Man ahnt den Vorrang des Wirtschafts- und Arbeitslebens, den etwas eiligeren, etwas mehr zeitgedrängten Lebensrhythmus als sonstwo in Spanien, wenn man an der Plaza del Generalisimo steht oder die Calle de Uría hinaufgeht.

An zwei Orten entzieht sich Oviedo der Gegenwart und besinnt sich auf seine frühe Geschichte, in der Kathedrale und auf dem nahen Stadtberg, dem Monte Naranco. Die Kathedrale wurde 1388 begonnen und 1528 fertiggestellt. Der Turm gehört zu den schönsten gotischen Türmen Spaniens. Die Beschädigungen im Innern durch den Arbeiteraufstand von 1934 sind beseitigt. Der spätgotische Kirchenraum wirkt licht und harmonisch. Vom rechten Seitenschiff gelangt man über eine Treppe zu einer kleinen, tiefergelegenen Kapelle, der Cámara Santa mit einem hohen Tonnengewölbe aus dem 12. Jahrhundert und einem niedrigeren apsisartigen Hinterraum aus dem 9. Jahrhundert.

Diese Cámara Santa bewahrt den Schatz der asturischen Könige, der zu den kostbarsten Besitztümern Spaniens zählt. An den Seitenwänden des Vorraums stehen sechs Apostelpaare, romanische Skulpturen von außergewöhnlicher Schönheit und Ausdruckskraft, vergleichbar den etwas später entstandenen romanischen Skulpturen von Santiago de Compostela. Zu den wichtigsten und schönsten Stücken des Schatzes gehören zwei Kreuze, das Kreuz der Engel (808) und das Kreuz des Sieges, angeblich Don Pelayos bereits genanntes Cruz de la Victoria, das im Jahre 908 seine mit Edelsteinen und Silber geschmückte Ummantelung erhielt. Ferner zwei Reliquienschreine, die mit Achaten besetzte Caja de las Agatas (10. Jh.) und die silberbeschlagene Arca Santa (11. Jh.). Die Pilger des Mittelalters bewunderten den legendären Reliquienschatz, den die Arca Santa aufbewahrte, eine der merkwürdigsten Reliquiensammlungen der Welt. Dazu gehörten zwei Kreuzsplitter, Blutstropfen Christi, Brotkrumen vom Letzten Abendmahl, eine Sandale des Petrus, Haare der Maria Magdalena, ein Silberling des Judas, ein Steinchen vom Grab des Lazarus, außerdem Milchtropfen aus der Brust der Gottesmutter und anderes mehr.

Die neben der Cámara Santa eindrucksvollste Erinnerung an die asturische Königszeit bewahren zwei kleine Bauwerke auf dem Stadtberg, dem Monte Naranco. Beide entstanden in der Mitte des 9. Jahrhunderts. Die Kapelle Santa Maria de Naranco war ursprünglich Königspalast Ramiros I., ein hochgezogener Rechteckbau mit zwei Erkern und schönen gedrehten Säulen. Die ehemalige Palastkapelle San Miguel de

Lillo, etwa zweihundert Meter entfernt, ist nur unvollständig erhalten. Doch bewundernswert sind die Steinfiligrane an den Fenstern, beste Zeugnisse der westgotisch inspirierten Steinmetzkunst des 9. Jahrhunderts. Der Weg auf den Monte Naranco ist auch darum lohnend, weil man von der Höhe die Stadt und das umliegende fruchtbare Land überblickt, im Hintergrund die bergige Kordillere, die Asturien von León und dem Hauptteil Spaniens trennt.

Gijón

Als Provinzhauptstadt und asturische Königsstadt genießt Oviedo Vorrang, doch als Industrie- und Hafenstadt rückte die Rivalin Gijón an die erste Stelle der asturischen Städte. Gijón liegt 29 Kilometer nördlich von Oviedo an der kantabrischen Küste. Aus dem Altstadtkern vor und teils auf der felsigen Halbinsel Santa Catalina zwischen zwei windgeschützten Buchten wuchs die Stadt in die Breite und nach Süden. Sie zählt heute 148 000 Einwohner, mehr als Oviedo.

Durch den Arbeiteraufstand von 1934 und im Bürgerkrieg wurden weite Teile Gijóns zerstört. Man hat die Stadt wiederaufgebaut, planvoll erweitert und durch breite Avenidas verbunden. Gute Planung ist ein Kennzeichen Gijóns, seit der in Gijón geborene Staatsmann und Schriftsteller Gaspar Melchor de Jovellanos (1744–1811) seine Initiativen zum Fortschritt der Stadt entwickelte. Nach seinen Entwürfen wurde der Hafen gebaut. Er kümmerte sich um die Stadtplanung, um Aufforstung, Landreform und Bildungsstätten. Ein Mann, der es wie wenige verstand, Theorien in die Praxis umzusetzen. Sein Denkmal steht auf der Plaza del 6 de Agosto, dem Mittelpunkt der Stadt. Von hier führt die Calle Corrida, die belebteste Straße, zum alten Fischerhafen. Geht man die Verlängerung weiter, so kommt man direkt in das Fischerviertel Cimadevilla, wo in dunklen Tavernen, den Chigres, Fischer, Matrosen, Hafen- und Fabrikarbeiter ihren Sidra trinken. An den Sommerabenden lockt das Fischerviertel die fremden Besucher an, oder Einheimische bringen ihre Freunde hierher, denn in den Chigres werden die besten Fische und Mariscos zubereitet. Nördlich hinter Cimadevilla steigt der Hügelkopf von Santa Catalina an. Von der Anhöhe überblickt man die Buchten zu beiden Seiten, die östliche Bucht mit dem weitgeschwungenen sandigen Badestrand San Lorenzo, die westliche Bucht mit den ausgedehnten Hafenanlagen, während sich die Stadt nach Süden breit auffächert.

Ganz im Sinne Jovellanos' behielt Gijón eine Zweiteilung, die den menschlichen Bedürfnissen zugute kommt. Im Schutz der Ostbucht erstreckt sich der Badestrand, liegt jenseits des kleinen Rio Piles eine meeresnahe Ausflugs- und Erholungszone und stadteinwärts die grüne Parkanlage des Parque de Isabel la Católica. Entgegengesetzt, an der Westbucht und weiter westlich liegen die Hafenanlagen und Industriebezirke. Gijón ist keine Stadt bedeutender Kunstwerke oder baulicher Denkmäler der Vergangenheit, aber eine wohnliche Stadt, trotz ihrer Industrie. Anstelle einer Universität besitzt Gijón mehrere Hochschulen, die vorwiegend der Aus- und Fortbildung in technischen und kommerziellen Fächern dienen. Neben einer landwirtschaftlichen Hochschule verfügt Gijón über eine Handelshochschule und eine Provinzialschule für Industrie und Nautik. Am Südostrand der Stadt liegt auf einer Anhöhe der Gebäudekomplex der ersten, 1955 gegründeten Arbeiteruniversität, der Universidad Laboral.

Der alte Hafen unmittelbar östlich von Cimadevilla gibt der Altstadt Farbe, Bewegung und etwas Fischerromantik. Aber man kann nicht recht glauben, daß dies der verkehrsreichste Hafen Spaniens sein soll, bis man erfährt, daß Gijóns eigentlicher Industrie- und Frachthafen am Ende der Bucht, vier Kilometer westlich, angelegt wurde und El Musel genannt wird. Die Straße dorthin führt durch eine ziemlich häßliche Vorstadt mit Fabriken, Materiallagern und Eisenbahnschienen. Hier also liegt die von den wohnlichen Vierteln abgesonderte Zone der Arbeit. Sie taugt nicht für die touristische Besichtigung, doch diese Zone mit dem Hafen von Musel aktiviert das Wirtschaftsleben der Stadt und bietet Arbeitsplätze. Neben der herkömmlichen Glasindustrie und dem Schiffsbau entstanden in und um Gijón Stahlwerke, Maschinenfabriken, chemische Werke, Betriebe zur Herstellung von Bedarfsgütern. Außerdem gibt es eine ältere Tabakfabrik. Als wir in einer Autowerkstatt Gijóns auf einen Reifenwechsel warteten, trafen wir zwei deutsche Ingenieure. Sie gehörten zu einem Arbeitsteam, das im Auftrag einer bundesdeutschen Industriefirma für die UNINSA (Unión de Siderúrgicas Asturianas) ein weiteres großes Stahlwerk aufbaut und installiert.

Im Industriehafen werden vor allem asturische Kohle und Eisenerze verfrachtet. Die Züge mit ihren Ladungen aus den Kohlenzechen fahren auf die Kaianlagen, so daß eine Mischung aus Güterbahnhof und

Hafen entsteht. Dem Betrachter, der zwischen Waggons, Materiallagern, Grubenhölzern, zwischen Kränen und schweren Lastschiffen an den Kais geht, bietet sich ein verwirrender Anblick. Dazu kommt der beim Rangieren, Signalisieren, beim Ent- und Verladen entstehende Lärm. An diesem Hafen wird deutlich, daß Gijón-Musel nach der Zahl der einlaufenden Schiffe an erster Stelle steht, vor Bilbao und Barcelona. Ebenso nimmt Gijón-Musel nach der eingeschifften Tonnage den ersten Platz unter den spanischen Häfen ein, während die herangebrachten und entladenen Güter nach Gewicht wesentlich geringer sind. Aber das spricht für die Arbeitsleistung der asturischen Zechen und Schwerindustrie, wobei noch zu ergänzen ist, daß in den Häfen von Avilés und San Estéban ebenfalls verladen wird.

Die Arbeiter und ihre Kommissionen

Das Madrider Arbeitsministerium registrierte im Jahre 1972 insgesamt 656 Arbeiterstreiks. 1971 und 1970 waren es nicht weniger. Die meisten Ausstände entstanden durch Unzufriedenheit über bestehende oder neu abgesprochene Tarifverträge, an zweiter Stelle durch gezielte Lohnforderungen. Seit dem von Fraga Iribarne 1966 eingebrachten neuen Pressegesetz informieren die spanischen Zeitungen nahezu täglich über Streikunruhen im Land. Gegenüber der Nachrichtenzensur der Vorjahre immerhin ein Fortschritt, wenn auch von den Betroffenen oft bemängelt wird, daß die spanische Presse über Arbeitskämpfe vielfach lückenhaft berichtet oder die Zahl der Streikenden untertreibt.
Streiks sind in Spanien ein Faktum, allerdings kein Recht. Sie werden unter bestimmten Umständen geduldet, können sogar in einzelnen Betrieben den Streikenden partielle Erfolge einbringen, aber sie sind generell verboten und gegen das herrschende Arbeits- oder Syndikatsgesetz. Dieser paradoxe Zustand erlaubt den Ordnungshütern, nach Willkür einen Streik als illegale Handlung einzustufen, gegen Streikende mit Polizeigewalt vorzugehen und Streikführer wegen strafbarer Handlungen dem Gericht für öffentliche Ordnung zu übergeben. Obwohl 1972 656 Streiks stattfanden, am grundsätzlichen Streikverbot und an der paradoxen Situation wird sich vorerst nichts ändern. Noch im Januar 1973 sagte Arbeitsminister Fuente in Barcelona bei der Einweihung eines neuen Gebäudes für die Arbeitsgerichtsbarkeit:

»Nein zum Recht auf Streik, gegründet auf den primitiven Grundsatz, die Gerechtigkeit in die eigene Hand zu nehmen.«

Was geschieht, wenn die Arbeiter »die Gerechtigkeit in die eigene Hand nehmen« und sich dem offiziellen Streikverbot widersetzen? Hierzu vier Beispiele größerer Streikbewegungen, die in der spanischen Presse kommentiert wurden:

Im März 1972 demonstrierten in El Ferrol del Caudillo, dem Geburtsort Francos an der galicischen Nordwestküste, 3000 Arbeiter der staatlichen Werft Bazan. Die Arbeiter hielten einen gerade abgeschlossenen Tarifvertrag für unzureichend und hatten zum Streik aufgerufen. Bei Zusammenstößen der Demonstranten mit der Polizei wurden über zwanzig Personen verletzt und zwei Streikende erschossen. Die spanische Regierung übertrug die Verantwortung für den Betrieb der Marine. Durch die »Militarisierung« wurden die Streikenden der Militärjustiz unterworfen. Nachträglich wurden 19 Streikführer wegen angeblicher Geheimbündelei zu Gefängnisstrafen verurteilt.

Im Mai 1972 streikten in Vigo 2500 Arbeiter der Werft Barreras. Trotz Zusammenstößen mit der Polizei und 15 Verhaftungen konnte der Streik durch einen neuen Tarifvertrag beendet werden. Er brachte den Arbeitern 34 Prozent Lohnerhöhung innerhalb von zwei Jahren, Produktivitätszulagen, Ausbildungszulagen und die betriebliche Einrichtung einer Pensionskasse.

Im September 1972 lösten in Vigo 3300 Arbeiter der Citroën-Autowerke eine Streikwelle aus. Sie forderten die 44-Stunden-Woche und die Wiedereinstellung entlassener Streikführer. Rund 15 000 Arbeiter aus 25 Betrieben schlossen sich den Streikenden an. Es kam zu Aussperrungen, Zusammenstößen mit der Polizei, zu Verhaftungen von 22 Personen wegen Störung der öffentlichen Ordnung. Im Dezember 1972 bestätigte ein Arbeitsgericht die gültige Entlassung von 79 Arbeitern, darunter erstaunlicherweise 21 Funktionäre der staatlichen Zwangsgewerkschaft.

Im Februar 1973 begannen in Bilbao Warnstreiks von 3000 Arbeitern der staatlichen Werften. Sie richteten sich gegen eine unzureichende Lohnsteigerung für 1973 und forderten die vertraglich zugesicherte Anpassung der Lohnerhöhung an die Lebenshaltungskosten, die in spanischen Großstädten seit Januar des Vorjahres um über 11 Prozent gestiegen waren. Nach ersten Aussperrungen kam es zu Protestversammlungen, in denen die sozialen Ungerechtigkeiten des Regimes angeprangert wurden. Darauf verfügte die Werftleitung eine zweimonatige Aussperrung der Streikenden, obwohl der Bischof von Bilbao öffentlich für die Arbeiter eintrat und ihre Forderungen rechtfertigte.

Bemerkenswert ist an diesen und anderen Streiks zweierlei: Erstens das Fehlen legaler Möglichkeiten, gerechte Forderungen der Arbeitenden zu vertreten, der Zustand permanenter Illegalität mit allen strafrechtlichen Folgen. Zweitens die seit einigen Jahren zunehmende Streikbeteiligung (bis zu Verhaftungen) der unteren Funktionäre der staatlichen Gewerkschaft, des Syndikats.

Die Mitgliedschaft im Staatssyndikat oder spanisch Sindicato ist für Arbeiter, Angestellte und Unternehmer obligatorisch. Die Mitgliedsbeiträge werden vom Lohn abgezogen. Das neue Syndikatsgesetz von 1971 brachte einige Verbesserungen für die Wahlmöglichkeit der unteren und mittleren Gewerkschaftsfunktionäre. Alle vier Jahre werden diese, die Betriebsratsmitglieder und die Vertrauensleute in den syndikalen Ausschüssen außerhalb der Betriebe neu gewählt. Aus beiden Gruppen werden wiederum Delegierte in die höheren syndikalen Provinz- und Landesräte gewählt. Bei den letzten Wahlen im Jahre 1971 war festzustellen, daß lediglich die alte, jetzt illegale sozialistische Gewerkschaft UGT ihre Anhänger zur Nichtbeteiligung aufforderte. Andere sozialistische, kommunistische und christliche Arbeitergruppen, ebenso illegale Gewerkschaften wie die Comisiones Obreras riefen entgegen ihrem früheren Wahlboykott zur Teilnahme an den Syndikatswahlen auf. So nahmen an den Syndikatswahlen rund 80 Prozent der spanischen Arbeiter teil. Die äußerst hohe Wahlbeteiligung hat jedoch nichts mit einer Anerkennung des Staatssyndikats zu tun, sondern entsprach einer neuen Taktik der Arbeitervertreter. So jedenfalls wurden zahlreiche Obleute gewählt, die das Vertrauen der Arbeiter genossen und die bei den Streiks der letzten Jahre die Interessen der Arbeiter, nicht die Interessen des Staatssyndikats vertraten. Doch wie die Beispiele zeigten, endet der Einfluß der unteren Funktionäre, wo das Staatssyndikat Tarife ausgehandelt hat oder Interessen des Staates auf dem Spiele stehen.

Nach wie vor, auch nach dem neuen Syndikatsgesetz, ist das Staatssyndikat vertikal strukturiert. Nicht der untere frei gewählte, sondern der staatliche Funktionärsapparat kontrolliert und lenkt das Staatssyndikat. Der Staatschef ernennt den Syndikatsminister, dieser ernennt die Spitzenfunktionäre des Syndikats. Der bis heute beibehaltene patriarchalische Dirigismus beläßt die Arbeiter im Grunde in einer rechtlosen Situation. Gegenüber den Entscheidungen und Tarifabsprachen der übergeordneten Instanzen bleibt die Interventionsmöglichkeit der Arbeiter eine Farce, auch wenn sie – wie gesagt – gelegentlich geduldet wird.

Nimmt man westeuropäische Vorstellungen von gewerkschaftlicher Organisation als Maßstab, so kann das spanische Staatssyndikat nicht als freie Gewerkschaft im rechtmäßigen Sinne gelten. Zu dieser Ansicht kamen die internationalen Vertreter der zur UNO gehörenden ILO (International Labour Organisation), die auf Einladung der spanischen Regierung im Jahre 1969 die Situation der spanischen Arbeiter und des Syndikats untersuchten und das Ergebnis in einem offiziellen Bericht festhielten. Trotz des gerade herrschenden Ausnahmezustands konnten die Emissäre der ILO im Land ungehindert reisen, konnten sie oppositionelle und inhaftierte Arbeiterführer sprechen. Das wurde ausdrücklich vermerkt. Doch der Bericht der ILO nennt die Mängel der staatlichen Zwangsgewerkschaft beim Namen.

Die nur für den unteren Bereich mögliche freie Wahl von Arbeitervertretern und die staatliche Ernennung der Spitzengremien machen das Syndikat zu einem Instrument des Staates, nicht der Arbeiter. Die Annahme, daß mit dem Syndikat ein Instrument geschaffen wurde, um die Arbeiterschaft zu kontrollieren, beweist die Zwangsmitgliedschaft und das Versammlungs- und Vereinigungsverbot außerhalb des Syndikats. Die Zwangsvereinigung von Arbeitnehmern und Arbeitgebern blockiert eine echte, den Konflikt nicht scheuende Interessenvertretung der Arbeiter. So entsteht die merkwürdige Situation, daß Tarifvereinbarungen des Syndikats häufig Streiks auslösen, daß selbst Gewerkschaftsfunktionäre solchen Tarifverträgen widersprechen oder syndikale Zwangsschlichtungen als ungenügend bezeichnen. Außerdem besteht das generelle Streikverbot, fehlt der Rechtsanspruch auf Anwendung des gewerkschaftlichen Kampfmittels, das zum Wesensmerkmal authentischer Gewerkschaften gehört.

An diesen grundsätzlichen Mängeln hat auch das im Februar 1971 von den Cortes verabschiedete neue Syndikatsgesetz nichts geändert. Die Empfehlungen der internationalen Arbeiterorganisation ILO zur Neuregelung des Syndikatswesens blieben unberücksichtigt. Gerade dieses Gesetz, das 12 Millionen spanische Arbeiter, Angestellte und Unternehmer angeht, eignet sich kaum dazu, den Bemühungen um mehr Gerechtigkeit und demokratische Verhältnisse Glauben zu schenken. Die offizielle spanische Kirche, das heißt die überwiegende Mehrheit der spanischen Bischöfe, nennt das Syndikatsgesetz unvereinbar mit der Soziallehre der Kirche. Sie fordert eine frei gewählte, staatsunabhängige Gewerkschaft und Aktionsfreiheit der Arbeiter auf gewerkschaftlicher Basis.

Wie die spanischen Arbeiter über das Syndikat denken, ergab eine Umfrage in 400 Betrieben, die 1968 stattgefunden hat, und die heute kaum weniger aktuell ist als damals. Von den Befragten lehnten 97 Prozent die staatlich gelenkten Syndikate ab, 91 Prozeit forderten Arbeitersyndikate ohne Unternehmer, 70 Prozent forderten eine freie Einheitsgewerkschaft.

Als Gegenbewegung zu den Staatssyndikaten bildeten sich seit 1964 die Comisiones Obreras, die Arbeiterkommissionen. Sie entstanden in Madrider Betrieben, dann in den industriellen Ballungsgebieten an der kantabrischen Küste, teils als spontane Selbsthilfe der Arbeiter zur Vertretung konkreter Forderungen, teils von marxistisch orientierten Basisgruppen initiiert. In einem auch in der spanischen Presse vieldiskutierten Gewerkschaftsprozeß im Jahre 1969 sagte der wegen illegaler Handlungen angeklagte Arbeiterführer Julián Ariza: »Wir mußten eine neue Lösung suchen, weil die offizielle syndikale Organisation dem spanischen Arbeiter nicht die nötige Plattform bietet, seine Interessen nach international gültigen Regeln ausreichend zu vertreten; aber wir blieben im Rahmen der gesetzlichen Möglichkeiten.« Der dem Staatssyndikat eng verbundene Publizist und Direktor der Tageszeitung »Pueblo«, Emilio Romero, bestätigte erstaunlicherweise ebenfalls 1969 in einem Gespräch mit Salvador Paniker den Comisiones Obreras eine »authentische Legitimation auf betrieblicher Ebene«. Allerdings mißbilligte Romero die Unterwanderung durch die illegale Kommunistische Partei und andere illegale Organisationen.

Die Comisiones Obreras verstehen sich als Sammelbewegung der Arbeiter, die im Kampf um gemeinsame Interessen Arbeiter höchst unterschiedlicher parteilicher oder ideologischer Herkunft vereinigt. Arbeiterführer, die ich in den letzten Jahren in Madrid und anderen Orten sprechen konnte, wehrten sich gegen die Vorwürfe, die Comisiones würden von Kommunisten gelenkt. Sie wiesen darauf hin, daß die Mehrzahl der spanischen Arbeiter keiner Partei angehöre, daß es schon wegen der Illegalität keine verbindliche Organisation gebe, sondern die Aktionen der Comisiones jeweils aus der betrieblichen Notwendigkeit entstehen. Das unbürokratische System mache eine einseitige Ausrichtung unmöglich. Für die Wahl der Räte in den Betrieben zähle allein das Vertrauen der Arbeiter, wobei von Fall zu Fall christliche, kommunistische, marxistische oder parteilose Gruppen zusammenarbeiten. Wiederholt nannte man die Arbeiterkommissionen eine soziopolitische Bewegung, die weder auf eine Partei- noch auf eine Arbeiterorganisation festgelegt sein will. Allerdings leisten die Comisiones Obreras in der Praxis genau jene gewerkschaftliche Arbeit, die vom Staatssyndikat vergeblich erwartet wird.

Der nicht von oben organisierten, sondern flexiblen, unabhängigen, jeweils auf den einzelnen Betrieb ausgerichteten Tätigkeit verdanken die Comisiones Obreras ihre Stärke und ihr Ansehen bei den spanischen Arbeitern. Es gibt für die »nichtorganisierte Bewegung« der Comisiones Obreras keine feststellbaren Mitgliederzahlen. Aber man kann sagen, daß die überwiegende Mehrzahl der spanischen Arbeiterschaft den Aufrufen der Comisiones Obreras Folge leistet und daß seit einigen Jahren nahezu jeder Streik als Kampfmittel der Arbeiter von örtlichen Comisiones angesetzt wurde.

Als soziopolitische Bewegung gehören die Arbeiterkommissionen zur fundamentalen Opposition gegen das Regime. Sie haben auf der gewerkschaftlichen Ebene erreicht, was den anderen parteilichen oder ideologischen Oppositionsgruppen des Landes fehlt, die Sammlung auf Grund gemeinsamer, überschaubarer Interessen und trotz ihrer Illegalität die Aktivierung der Arbeiterschaft als größter faßbarer Gruppe. Als ich in Madrid einen Arbeiterführer nach der Zukunft Spaniens fragte, sagte er spontan: Sie wird schon heute im Sinne der Demokratie in den Comisiones Obreras gemacht. Vorerst verträgt sich der scheinbar ernsthafte Optimismus kaum mit der gesetzlichen und politischen Realität Spaniens.

BASKENLAND

Zuerst fiel mir auf, daß die baskischen Provinzen, die Provincias Vascongadas, nicht nach den Hauptstädten, sondern nach ihren Landschaften benannt werden: Vizcaya, Guipúzcoa und landeinwärts Alava. Die erste Eigentümlichkeit der Region in der kantabrischen Nordostecke Spaniens. Das küstennahe Hügelland, regenfeuchte Wiesen unter einem oft grauen, nebelverhangenen Himmel, erinnert an Irland oder die Bretagne. Stechginster blüht auf den Klippen. Die baskische Küste ist abwechslungsreich wie das Hinterland. Es gibt felsige Steilhänge, schön geschwungene Buchten, Sandstrände, die Meereseinschnitte der Rías, doch weniger idyllisch wie die galicischen Rías. In den Niederungen des Küstensaums gedeihen Mais und Weizen. Im Hinterland staffeln sich Berge bis zu 1500 Metern, liegen kleine gewundene Täler, grüne Wiesen und Wälder an den Hängen, fast mitteleuropäisch. Man sieht Eichen, Buchen, Kastanien und Walnußbäume in der Umgebung alter Bauernhäuser, der baskischen Caseríos mit ihren großen schützenden Dächern. Es regnet viel und gründlich, doch die Basken behaupten eigensinnig, sie könnten ohne ihren erfrischenden Regen, den Chirrimirri, nicht leben.

Vizcaya und Guipúzcoa sind flächenmäßig die kleinsten Provinzen Spaniens, aber neben Madrid und Barcelona am dichtesten bevölkert. Die Region zählt etwas weniger als zwei Millionen Einwohner, freilich nicht jeder, der die Baskenmütze trägt, die rot- oder blauwollene Boina, würde sich Baske nennen. Baskisch nach Volkstum und Sprachgrenze sind Guipúzcoa, Vizcaya bis Bilbao und der Nordrand der Alava. Hinzu kommen der nördliche Teil von Navarra und auf französischer Seite Labourd, Basse Navarra und Soule. Ein knappes Viertel der Basken lebt im französischen Staatsgebiet.

In Spanien stellen die Basken – nach ihrer Sprache das Volk der Euskaldunak – die eigenartigste, eigenwilligste und politisch-oppositionell aktivste völkische Minderheit. Nach ihrer politischen Geschichte fielen die baskischen Provinzen um die Mitte des 11. Jahrhunderts mit Navarra an Kastilien. Über acht Jahrhunderte wahrten sie gegen die Zentralisierungsbestrebungen der kastilisch-spanischen Krone ihre Sonderrechte, die Fueros. Erst nach den Karlistenkriegen, im Jahre 1876, verlor das Baskenland seine politischen und wirtschaftlichen Privilegien und wurde dem spanischen Staat voll einverleibt. Damit endete die selbständige demokratisch-parlamentarische Tradition der Basken, die in der kleinen Stadt Guernica, östlich von Bilbao, ihren Mittelpunkt hatte. Guernica, die heilige Stadt der Basken, erlangte traurige Berühmtheit, nachdem Bomberverbände der deutschen Legion Condor an einem friedlichen Markttag im April 1937 die Stadt zerstörten und das erste Beispiel eines Terrorbombardements gaben. Unversehrt blieb die historische heilige Eiche der Basken, deren verkümmerter Stamm noch heute zu sehen ist. Unter ihren Zweigen schworen die kastilischen Könige, die Rechte der Basken zu achten, wurden die baskischen Gesetze verkündet und versammelten sich die baskischen Räte zum Gerichtstag.

Rätselhaft wie die völkische Herkunft ist die Sprache der Basken. Die Ethnologen neigen zu der Ansicht, daß die Basken in anthropologischer Hinsicht keine Fremdlinge sind, sondern ein ureinheimisches voriberisches Volk. Die baskische Sprache, das Euskera, bewahrt als einzige Sprache Westeuropas Überreste des Vorindogermanischen. Sie entzog sich völlig der Latinisierung und blieb als autochthone Sprache erhalten. Die Sprachforscher entdeckten Anklänge an das Finnische und Magyarische, an das Sanskrit, an nordafrikanische und kaukasische Idiome, ohne damit dem Rätsel des Ursprungs nähergekommen zu sein. Die Wort- und Satzbildungen sind ebenso originell wie kompliziert, mit einer Vorliebe für Zusammensetzungen. So entstehen verflixte Wortgebilde wie Arramastequicoerrota oder Bourdincouroutchetacclepoa. Die Wörter sind reich an X und Z. Das Haus heißt Etxie. Die schrille dreilöchrige baskische Flöte heißt Txistu. Sie wird vom Txistulari mit der linken Hand gespielt, während er mit der rechten die kleine umgehängte Pauke schlägt. Typische Tänze der Basken heißen Kaxarranka oder Espatadantxa, der Schwertertanz.

Als wir im Herbst 1971 in San Sebastián an den Fiestá Euskaras teilnahmen und bis nach ein Uhr nachts vermutlich als einzige Fremde unter Basken in einem alten Hof saßen, bemerkten wir, daß sich manche Basken Liedtexte von Nachbarn übersetzen ließen. Junge, intelligente Basken sangen und tanzten einfache Schreittänze, begleitet von

Flöte und Pauke, auch von Maultrommel oder Gitarre, vom rhythmischen Stoßen mit Holzstangen auf Bohlen oder von rhythmisch sich steigernden Schlägen mit Metallstäben gegen freihängende Eisenstangen. Einige der meist ernsten und schwermütigen Lieder wurden spontan erkannt, lösten eine Stimmung aus, die in der Folklore den nationalen und politischen Zündstoff entdeckte. Auch wer die Worte nicht verstand, konnte mitempfinden, wie sich die baskischen Tänze, Lieder, die unterdrückte Sprache zu Symbolen des Widerstands verdichteten, wie sie unter den vielleicht zweihundert Versammelten Einverständnis herstellten. Ich wunderte mich, daß keine Guardia Civil in der Nähe war, zumal für den nächsten Tag der Besuch des Staatschefs Franco in San Sebastián angesagt war.

Obwohl Euskara nur von 700 000 bis 800 000 Basken gesprochen wird, ist das ethnisch-völkisch verbindende Element im baskischen Nationalismus äußerst stark, jedenfalls stärker als in der katalanischen Regionalbewegung. Die Freiheitsliebe der Basken und ihr völkisch-regionales Selbstbewußtsein stehen in permanentem Konflikt mit dem totalitären Zentralismus Madrids. Außerdem hat die eigene demokratische Tradition die Basken wachsam gemacht gegenüber den Praktiken der Diktatur. Doch das Selbstbewußtsein der Basken, die unerfüllten Ansprüche der Minderheit erklären nicht ausschließlich den baskischen Unruheherd. Die regionale politische Bewegung wird ergänzt durch den sozialen Komplex, durch die Forderungen der Arbeiter, die angesichts des Wirtschaftspotentials der baskischen Industrie – nicht anders wie in Asturien – nach gerechten sozialen und tariflichen Verhältnissen verlangen.

Seit den sechziger Jahren macht die ETA (Euzkadi ta Askatasuna – Baskenland und Freiheit) durch radikale Aktionen von sich reden. Es gibt seit dem Kongreß in Bayonne im Jahre 1970 zumindest zwei Flügel der ETA. Einen linksradikalen, marxistisch-leninistisch orientierten Flügel, der das nationale Problem dem Kampf gegen das Regime und für den Sozialismus unterordnet. Einen zweiten »reformistischen« Flügel, für dessen Anhänger das nationale baskische Problem Vorrang besitzt. Die Reformisten kämpfen darum nicht weniger für die Rechte der Arbeiter. Doch lehnen sie die kommunistisch-marxistische Vorherrschaft ab, weil sie in ihr die Gefahr einer neuen Unfreiheit befürchten. Mit mehr Anhängern unter der Mehrheit der Bevölkerung dürfen die Reformisten rechnen. Auch der junge Klerus, der sich zum Teil aktiv an der illegalen Tätigkeit der ETA beteiligt, unterstützt diese Gruppe. Die Methoden der ETA werfen Probleme auf, die sich der Beurteilung nach dem geltenden Recht entziehen. Die Anhänger der ETA rechtfertigen die Gewaltanwendung als Selbsthilfe der Unterdrückten gegen die Gewalt des Regimes, gegen einen nahezu dauernd herrschenden Ausnahmezustand, der die Basken der Willkür der Staatsorgane unterstellt. Die Aktionen der ETA sind ein verzweifelter Akt der Selbsthilfe und eine Herausforderung an den Staat zu menschlicheren politischen und sozialen Verhältnissen im Land. Die Berufung auf die Staatsgesetze verkennt die reale Situation.

Man muß auch sehen, daß linksradikale, marxistisch-leninistische, anarchistische oder antiklerikale Kräfte im Baskenland nie eine vorherrschende Rolle spielten wie etwa in Katalonien. Die Basken verhalten sich eher konservativ, traditionsverbunden, auch in ihrer starken Religiosität, obwohl sie erst spät, im 11. Jahrhundert christlich wurden. Madariaga wies auf den »starren Klerikalismus« hin, der in den baskischen Tälern seine wichtigsten Stützpunkte habe. Doch heute findet der baskische Katholizismus seinen Rückhalt in einem Klerus, dessen engen Kontakt mit dem Volk und dessen vorbehaltloses soziales Engagement niemand anzweifelt. Überhaupt kennzeichnet den baskischen Katholizismus nicht eine erstarrte, sondern eine aufgebrochene Grundhaltung, die konsequent nach der Lehre der Kirche zur sozialen Aktion drängt, die in der Wahrung religiöser und menschlicher Rechte auch streitbar agiert. Nicht nur der Gottesstreiter Ignatius von Loyola stammt aus dem Baskenland. Heute sind jene baskischen Arbeiterpriester und Kleriker zu nennen, die aus christlicher Verantwortung handeln und Repressalien, Gefängnisstrafen und in einzelnen Fällen Mißhandlungen auf sich nehmen.

Madariaga nennt die Basken »kräftig, gesund, einfach«. Sie hätten zum spanischen Charakter »mehr Kraft als Anmut« beigesteuert. Urkraft, das Zeigen von Kraft drückt sich noch in den Spielen und Bräuchen der Basken aus. Weitverbreitet ist der Wettstreit der baskischen Holzfäller, der Aizkolaris, die mit der Axt dicke Buchenstämme durchspalten. Kraft verlangen die wuchtigen Schläge beim Pelotaspiel, dem baskischen Nationalsport, dessen hohe Spielwände in jedem Dorf und jeder Stadt zu sehen sind. Kraft und zäher, aktiver Einsatz sind Wesensmerkmale der lebenstüchtigen Basken. Sie werden ergänzt durch das, was der Baske Miguel de Unamuno bei seinen Landsleuten als »schlau, mit der noblen und gelenkigen Energie des Fuchses« bezeichnete. Nur muß man hinzufügen, daß die baskische Schläue direkt und praktisch umgemünzt wird, daß sie weniger auf lange und spekulative Prozesse aus ist.

Die große Zeit für die Lebenstüchtigkeit, den Fleiß und die Energie der Basken kam mit der wachsenden Industrie. Parallel zu ihrer Entwicklung wuchs die Bevölkerung. Von 1900 bis 1960 vergrößerte sich die Bevölkerungszahl in den baskischen Provinzen um 133 Prozent. Neben die herkömmlichen Fischer, Bauern und Holzfäller traten die Gruben- und Fabrikarbeiter, die heute in den Küstenprovinzen Vizcaya und Guipúzcoa die Hälfte der Gesamtbevölkerung ausmachen.

Der Bergbau, vorwiegend Eisenerzgewinnung, konzentriert sich um Bilbao. In der Nähe der Eisenerzlager wurden die Hochöfen errichtet. Die Werke zur Verarbeitung des Roheisens liegen teils in und um Bilbao, ebenso an anderen Orten wie Portugalete, San Sebastián und Pasajes. Neben Stahl- und Walzwerken und Eisengießereien entstand eine intensive Industrie mit der Herstellung von Maschinen, Eisenwaren, Waffen und Werkzeugen. Bilbao ist ein Zentrum des spanischen Schiffsbaus. Abgesehen vom Vorrang der Schwer- und Metallindustrie gibt es kaum einen Industriezweig, der im Baskenland fehlte. In der Produktion der chemischen Industrie steht Vizcaya an zweiter Stelle der spanischen Provinzen. An der Küste wie in den Tälern der beiden Provinzen Vizcaya und Guipúzcoa liegen zusätzlich Werke der Glas- und Keramikindustrie, der traditionellen Woll- und Textilverarbeitung. Aus dem Holzreichtum der Region entwickelten sich neben den Sägewerken eine beachtliche Möbelindustrie und in den Flußtälern die Papierfabrikation.

Als leistungsstärkstes spanisches Industriegebiet auf verhältnismäßig kleinem Territorium ist das Baskenland für Spanien unersetzlich. Ihre wirtschaftlichen Leistungen machen die Basken mißtrauisch gegenüber der als unzureichend empfundenen Verwaltungsbürokratie in Madrid. Doch die Autonomiebestrebungen der Basken kommen mehr aus der allgemeinen politischen Situation, aus der Unterdrückung ihres freiheitlichen Selbstbewußtseins, von dem eine Redensart sagt: Die Basken nehmen ihre Mütze nur vor dem lieben Gott ab. Wer mit Basken spricht, wird oft hören, daß sie die besten Bürger ihrer Nation wären, wenn der Staat ihre Rechte im Rahmen eines gemäßigten Regionalismus anerkenne und demokratische Verhältnisse herstelle. Die Verwirklichung hängt nicht von den Basken ab.

Bilbao

Für die Industrie- und Handelsstadt Bilbao erweist sich ihre Lage zu beiden Seiten des Nervión, nur 12 Kilometer vom Meer entfernt, als äußerst vorteilhaft. Die Ría de Bilbao und der breite, kanalisierte Fluß ermöglichen die Einfahrt von Seeschiffen bis zu den ausgedehnten Hafenanlagen am Stadtrand. Die Industrie ist auf die ständige Zufuhr von asturischer Kohle angewiesen. Vor allem der schwarzen Kohlenfracht, die in schweren Lastschiffen den Nervión heraufkommt, verdankt Bilbao nach der entladenen Tonnage den ersten Platz unter den spanischen Seehäfen. Ebenso werden im Stadthafen fertige Industrieprodukte unmittelbar verfrachtet, jedoch nach der Einschiffungstonnage weit weniger als die Entlademenge, so daß Bilbao, gemessen an der Gesamtzahl der ein- und auslaufenden Schiffe, an zweiter Stelle hinter Gijón steht.

Die Industriebezirke des Großraums Bilbao erstrecken sich nahezu bis zur Küste an beiden Seiten des Nervión, konzentrierter an der linken Uferseite, weil dort die Eisenreviere liegen. Auf dem Weg nach Santander passiert man die am linken Ufer liegenden Industrievororte, zweigt dann nach Westen ab, während weiter nördlich an der Ría die Hochöfen und Eisenwerke von Baracaldo und Portugalete nochmals Zonen der Schwerindustrie kennzeichnen. Am rechten Ufer des Nervión meerwärts fahrend, eine Anhöhe hinauf mit einem guten Blick auf Hafenanlagen und Werften, verläßt man schneller die Industriezonen. Wir sind die Strecke wiederholt gefahren, weil sie, nicht weit von der Stadt, über grünes Hügelland zu Fischer- und Badeorten wie Las Arenas, Algorta und etwas weiter zu den Strandbuchten von Plencia und Gorlitz führt. Es sind beliebte Ausflugsorte der Bilbainer, verhältnismäßig schnell erreichbare freundliche Erholungsgebiete am Kantabrischen Meer. Auch darin kommt der Stadt die günstige Lage zugute.

Der Großraum Bilbao, nach Süden im Nerviontal bis Miravalles ausgedehnt, versammelt die leistungsstärkste Industrie Spaniens, vor allem die Schwer- und Metallindustrie. Die traditionelle Woll- und Textilfabrikation der im Jahre 1300 gegründeten Stadt wurde längst von den modernen Produktionszweigen überholt. Durch die Zerstörung während der Franzosenkriege und nochmals während der Karlistenkriege im 19. Jahrhundert blieb von der einstigen Stadt wenig erhalten. So wurde Bilbao eine Stadt des ausgehenden 19. und beginnenden 20. Jahrhunderts, jener Jahrzehnte also, in denen die bis heute anhaltende wirtschaftliche und industrielle Entwicklung ihren Anfang nahm. Obwohl Bilbao mit 401 000 Einwohnern an sechster Stelle der spanischen Städte steht, sprechen die Spanier, nicht nur die Bilbainer, von ihrer dritten Großstadt nach Madrid und Barcelona. Die wirtschaftliche Bedeutung und der urbane Charakter Bilbaos scheinen das zu rechtfertigen, zumal sich die Einwohnerzahl des Großraums Bilbao auf rund 750 000 erhöhen würde.

Ein amerikanischer Korrespondent hatte 1965 die Stadt durch folgende Kurzcharakteristik gekennzeichnet: »Da ist das industrielle Bilbao, wo der Rauch aus hundert Schornsteinen in den blauen Himmel steigt, wo die Flüsse verdreckt, die Straßen voll Schlaglöcher und die Austernkneipen voll von reichen Kaufleuten sind.« Diese wenig einladende Notiz im Kopf, kam ich nur widerwillig nach Bilbao, um allerdings gleich eines Besseren belehrt zu werden. Außer den industriellen Randgebieten ist die Stadt selbst frei von Industrie, vielmehr großzügig und planvoll angelegt mit gepflegten Plätzen, breiten Straßen und ausgedehnten Parkanlagen. Nicht die Industrie, sondern Wohnhäuser, Verwaltungsbauten, Kaufhäuser und Banken bestimmen den Charakter der Stadt. Die pompösen Bankbauten der Neustadt sagen dem, der es noch nicht weiß, daß Bilbao das führende Bank- und Finanzzentrum Spaniens ist. Die Kaufhäuser in der Gran Via und eleganten Geschäfte stehen denen in Madrid nicht nach.

Quer durch die in einem großen Bogen des Nervión ausgebreitete Neustadt zieht die dreißig Meter breite Gran Via, die repräsentativste und verkehrsreichste Straße Bilbaos. Sie beginnt an der Plaza de Sagrado Corazón, auf der das monumentale, doch ausdruckslose klassizistische Christusdenkmal steht. Westlich hinter der Plaza liegen die Messegelände, die für das Wirtschaftsleben der Stadt und des Landes kommerziell wie orientierend und richtunggebend von größter Bedeutung sind. Während die allgemeinen Mustermessen im Juli stattfinden, gelten die Frühjahrsmessen im März vorwiegend technischen Sonderschauen, der Elektro- oder Maschinenindustrie oder anderen Industriezweigen. Das geschäftige Alltagsleben konzentriert sich mehr in den Vierteln am entgegengesetzten Ende der Gran Via, die schnurgerade über die große ovale Plaza Federico Moyúa bis zur Plaza de España führt. In gleicher Richtung weitergehend kommt man durch eine äußerst lebhafte Geschäftsstraße zum Puente de la Victoria und jenseits des Nervión in die kleine zusammengedrängte Altstadt.

In den Nachmittags- und Abendstunden scheint halb Bilbao unterwegs zu sein zwischen der Plaza de España, der Nerviónbrücke und dem baumbepflanzten Paseo de Arenal am rechten Ufer. Während der Hauptgeschäftszeiten sieht man drängende und eilige Leute wie sonst kaum in einer spanischen Stadt. Nur in Bilbao und aggressiver als in Barcelona beobachteten wir gereizte, kräftig schimpfende Auto- und Taxifahrer. Und dies nicht nur bei Regen, der Bilbao in eine graue, mißgelaunte Stadt verwandelte. In Bilbao, wo es, wie man sagt, acht Monate im Jahr regnet, schien der baskische Regen seine sonst gepriesene Frische und Milde zu verlieren. Aber die regnerische Eintrübung geht ziemlich rasch vorüber, im allgemeinen. Außerdem hat man bei Regen Gelegenheit, in einer der zahlreichen Tavernen oder Cafébars die freundliche Seite der Bilbainer kennenzulernen. Sie äußert sich spontan in Gesellschaft bei gutem und reichlichem Essen und Trinken.

Man muß in der Altstadt nicht lange suchen, um eine der kleinen Gaststätten zu finden, die baskische Spezialitäten auftischen. Die Basken sind die kräftigsten und herzhaftesten Esser Spaniens. Sie lieben nahrhafte, gut gewürzte Fleisch- wie Fischspeisen und machen aus sonst eher langweiligen Fischgerichten gastronomische Köstlichkeiten. Die kantabrische Fischküche ist die beste Spaniens. Zu den baskischen Spezialitäten gehören neben Krabben, Muscheln, Austern der Bacalao al pil-pil, in Öl eingeweichter Kabeljau, der leicht angebraten mit einer pikanten Sauce aus Tomaten, Knoblauch, Pilzen und Schinkenstücken serviert wird, oder Angulas, kleine in Öl gebackene Glasaale, oder Chipirones, Tintenfische im eigenen Saft gekocht. Dazu trinkt man einen herb-säuerlichen Chakolí oder einen einfachen Sidra. Ein Essen mit Basken, in Bilbao oder San Sebastián oder an irgendeinem Ort, wird leicht zum Schlemmerfest. Den Fischgerichten folgen kräftige Fleischspeisen, folgen Nachspeisen, etwa der Räucherkäse Irizabal und süße Desserts, dann Kognak und Anis. Wer bei einem der typischen Essen mithalten will, muß einen gesunden Magen haben und darf nicht nach der Uhr sehen.

In der Mitte der Altstadt, umgeben von schmalen, verwinkelten Gassen, steht die gotische Kathedrale Santiago. Sie gehört nicht zu den großen Kathedralen Spaniens, besitzt aber eindrucksvolle Portale aus dem 15. und 16. Jahrhundert und einen beachtenswerten gotischen Kreuzgang. Etwas weiter nördlich liegt der schönste geschlossene Platz Bilbaos, die von einem Arkadenrechteck umgebene Plaza de los Mártires. Der Platz wird gern von Frauen mit Kindern aufgesucht. Wenn die Sonne scheint, sind die Bänke vor den Wiesenbeeten schnell besetzt, und bei unverhofften Regenschauern bieten die Arkaden Schutz.

Nach bedeutenden baulichen Kunstwerken muß man in Bilbao nicht suchen. Überhaupt eignet sich Bilbao kaum als Touristenstadt. Wer als Fremder in die Stadt kommt, wird allenfalls die Altstadt besuchen oder den emsigen, gelegentlich gereizten Lebensrhythmus der Bilbainer bestaunen oder ziemlich verwirrt durch die dann doch faszinierenden Hafen- und Arbeitszonen am westlichen Stadtrand gehen. Aber die so stark vom Kommerz und von der Industrie bestimmte Stadt hält zwei Überraschungen bereit, die auch den Fremden interessieren.

Die erste Überraschung bietet das Museo de Bellas Artes im großen Parque Doña Casilda de Iturriza, der neben dem oberen Teil der Gran Via verläuft. Vor allem wegen der Gemäldesammlung zählt das Museum zu den interessantesten Museen Spaniens. Neben Gemälden von Ribera, Goya, Greco, Ribalta, Velázquez, Zurbarán bieten die Säle der modernen Kunst einen nahezu vollständigen Überblick über die baskische Malkunst. Die zweite Überraschung hat weniger mit Kunst zu tun und betrifft den Besuch der hochgelegenen Wallfahrtskirche Nuestra Señora de Begoña im Vorort östlich der Altstadt. Die Kirche, in der die Schutzpatronin von Vizcaya verehrt wird, liegt auf einem Hügel. Sie ist stets vielbesucht, von Pilgern oder Einheimischen, eines der Zentren der baskischen Frömmigkeit. Vom Begoñahügel hat man den besten Ausblick über die Stadt und das Nerviontal. Von hier aus zeigt sich Bilbao als ungemein lebendige, nach allen Seiten auswuchernde Stadt, im Hintergrund die Hafen- und Fabrikanlagen, während die planvolle Neustadt mit ihren geraden Straßenzügen und sieben Bahnhöfen mühelos vom Nerviónbogen umgriffen wird.

San Sebastián

Wiederum fiel mir der wechselnde bis gegensätzliche Charakter nicht nur der spanischen Landschaften, sondern ebenso der Städte auf. Kein größerer Gegensatz wäre denkbar als der zwischen Bilbao und San Sebastián. Während in Bilbao neben der dünnen Schicht der besitzenden Großbürger vorwiegend kleinbürgerliche Städter, Arbeiter,

Angestellte, einfache Leute im Stadtleben vorherrschen, scheint San Sebastián die Stadt des spanischen Besitzbürgertums und derer, die sich dazu zählen, zu sein. Natürlich ist das vereinfacht, gibt es in San Sebastián genug schlichte Bürger, Handwerker, Arbeiter, Angestellte und im Umkreis, vor allem in den Vororten an der Straße nach Irun und Frankreich eine intensive Industrie. Aber San Sebastián ist in erster Linie Bade- und Kurort, präpariert für ein elegantes Strandleben, mit Hotel-Palästen von gestern und zahllosen großen und kleinen Villen, gepflegten Anlagen, wo Tamarisken und Palmen wachsen, ein Ort von etwas ältlicher Vornehmheit und berühmtestes Seebad Spaniens.

In den Sommermonaten, von Juni bis September, trifft sich an der Concha von San Sebastián ein internationales Publikum, genießt das Badeleben an einem der schönsten Strände Europas, nimmt aktiv oder passiv teil an Regatten, Tenniswettkämpfen, Golfwettkämpfen, Reitturnieren, an Musik-Festivals, am Internationalen Film-Festival, am Internationalen Jazz-Festival, an den wechselnden Festen, Kongressen oder exklusiven Empfängen. Es sind nicht nur die Festival- oder Kongreßbesucher, die dazu beitragen, daß sich in den Sommermonaten die Einwohnerzahl der Stadt (162 000) in etwa verdoppelt. Über die nur 20 Kilometer entfernte französische Grenze strömen in wachsender Zahl ausländische, vorweg französische Touristen nach San Sebastián. Aber der hiesige Tourismus unterscheidet sich wesentlich von den Touristenzentren an der spanischen Mittelmeerküste. Das liegt hauptsächlich daran, daß San Sebastián als traditionelle Residenz der spanischen Gesellschaft vorrangig von Spaniern besucht wird.

Seit der Zeit der Monarchie verlegt die spanische Regierung ihren Sommersitz im Juli und August nach San Sebastián. Minister, hohe Beamte, das Diplomatische Korps samt großem Gefolge beziehen ihre Residenzen in den Palästen, Hotels und Appartements der Stadt. Wer etwas auf sich hält, wer sehen und gesehen werden will, folgt ihnen, der hohe Adel und der Besitzadel, die Größen und Sternchen des Schaugeschäfts, die Matadore der Saison, Fußball- und Pelotastars. Nachdem Staatschef Franco auf seiner Jacht »Azor« eingetroffen ist und in weißer Marineuniform von den Notabeln der Stadt empfangen wurde, kann man wie jedes Jahr so oder ähnlich in der »Voz de España« lesen: »Franco war Gegenstand eines herzlichen Empfangs der Stadt, die zu schätzen weiß, was seine Permanenz als Haupt der Staatsbehörde repräsentiert.«

San Sebastián

Fast vergißt man, daß San Sebastián die Hauptstadt von Guipúzcoa ist, der baskischsten aller Provinzen. Aber dann gerät man in eine Seitengasse der Altstadt, folgt zufällig einigen Einheimischen zu einer Nachtvorstellung der Fiestas Euskaras, zwischen altem Gemäuer, und spürt etwas von dem, was hinter der vornehmen Stadtkulisse und unter der offiziellen Oberfläche gärt. Allerdings las ich, wie die offizielle Sprachregelung lautet, in der Zeitung »Voz de España«, die unter ihrer Titelleiste stolz den bekannten Aufdruck »Por Dios, por España y por Franco« trägt. Ein Kommentator schrieb zur Aufführung eines kleinen baskischen Volksstücks: »Auch ist es wahr, und das muß gesagt werden, daß über die Theateraufführung hinaus keine Propaganda (für die baskische Sache) gemacht wurde. Wenn andere Vorhersagen uns Sorgen bereiteten, so verkannten sie das Publikum.« Solche Sätze verraten mehr, als der Kommentator so geflissentlich beteuert.

Die Bucht von San Sebastián, nach ihrer Muschelform La Concha genannt, gehört zu den landschaftlich schönsten Flecken Spaniens. Man muß auf den Monte Igueldo am Westende der Bucht hinauffahren, um das bezaubernde Panorama zu überblicken. Auf der Berghöhe wurde ein Vergnügungspark, vor allem für Kinder, eingerichtet. Im großen halbkreisförmigen Bogen umsäumen die goldgelben Sandstreifen der Playa de Ondarreta und der Playa de la Concha die Meeresbucht. Im Hintergrund, über der grauweißen Häuserzeile der Stadt, die grünen baskischen Berge. Die Häuser der Altstadt drängen bis an den bewaldeten Monte Urgull, der die Bucht im Osten begrenzt. Die Bergköpfe und die vorgeschobene Insel Santa Clara bewahren die weit nach innen geschwungene Bucht vor den Stürmen der Biscaya. Im Schutz der Berge hält sich ein äußerst mildes Klima. Nur der baskische Regen kommt und geht nach eigener Laune.

Am Ostende des Badestrandes, hinter dem Park Alderdi-Eder, liegt das Rathaus und beginnt die mit zartgrünen Tamarisken bepflanzte Alameda Calvo Sotelo, die belebteste Straße der Stadt. Es macht Vergnügen, durch dieses Viertel nahe der Bucht oder über die Alameda zu gehen, wenn nicht gerade unübersehbare Menschenmengen das gleiche Vergnügen suchen. Zur Zeit des Paseo sind alle Fremden und Einheimischen auf den Beinen, oder sie suchen einen Platz in einer Cafébar oder einem Gasthaus. Nicht in allen Hotels, wohl aber in den Tavernen der Altstadt und einigen exklusiven Eßklubs werden die besten baskischen Spezialitäten aufgetischt. Die Altstadt beginnt an der nördlichen Längsseite der Alameda und erstreckt sich auf dem Landkopf bis zum Fuß des Monte Urgull. Im Hafen vor der Buchtseite der Altstadt ankern Fischerboote und zahlreiche blitzsaubere Jachten. Auch die Tavernen am Hafen oder weiter zurückliegend in der Altstadt sind auf den Fremdenverkehr eingerichtet, aber die baskischen Fischgerichte und der Chakolí (baskisch txakolí) schmecken darum nicht weniger gut.

Die Altstadt wurde wiederholt durch Brände zerstört, am verheerendsten während der Franzosenkriege im Jahre 1813, als die mittelalterliche Festung auf dem Monte Urgull hart umkämpft wurde. Nach 1816 begann der Wiederaufbau, und 1863 wurden die Stadtmauern abgetragen, um die Ausbreitung der Stadt zu ermöglichen. Erst im ausgehenden 19. Jahrhundert entstand südlich der Alameda die Neustadt, schematisch angelegt, mit geraden Straßen, herrschaftlichen Häusern und blumenreichen Parks, nach dem Repräsentationsbedürfnis der Jahrhundertwende und schon damals als bevorzugter Ferienort einer privilegierten Oberschicht. So erhielt das Stadtbild seine im Grunde geschichtslose Prägung. Lediglich die Altstadt, trotz Zerstörungen und trotz Fremdenverkehrs, bewahrt die gewachsene, durch Generationen von Fischern und kleinen Handeltreibenden lebendig erhaltene Tradition.

Am Rande der Altstadt, nahe dem Berg Urgull, steht das kleine ehemalige Kloster San Telmo, im 16. Jahrhundert von Dominikanermönchen gegründet. Eine eigenartig kühle, gar nicht zu San Sebastián passende Wirkung geht von dem kompakten Bauwerk und dem alten Kreuzgang aus. Die Klostertrakte dienen heute als Museum. Als Kuriosum kann man das Schwert des letzten Maurenkönigs Boabdil bewundern. Neben einer Gemäldesammlung (Einzelgemälde von Goya, Zurbarán u. a., während ein Saal dem beachtlichen baskischen Maler Zuloaga vorbehalten ist) beherbergt der interessanteste Teil des Museums eine baskische volkskundliche Sammlung. Hier wurde zusammengetragen, was zum täglichen Leben und zum Festefeiern der Basken gehört, handwerkliche und landwirtschaftliche Geräte, Hausrat, Einrichtungsgegenstände, Volkstrachten, Musikinstrumente, dazu in Schaukästen Figuren von tanzenden und musizierenden Basken. Es sind bewegende Schaustücke, ohne das ermüdend Provinzlerische, das sonst leicht volkskundlichen Sammlungen anhängt. Hinter ihnen steht die Lebensrealität der Basken, die sich mit eigensinniger Zähigkeit behauptet oder zu behaupten sucht. Wir hatten den Eindruck, daß die

Basken keine eifrigen Museumsbesucher sind, und nur wenige fremde Gäste suchen das Klostermuseum auf. Wer nach San Sebastián kommt, findet Genüge an anderen attraktiven Reizen der Stadt und der Concha.

Probleme der Wirtschaft und Industrie

Die Entwicklung der spanischen Wirtschaft und Industrie nahm seit Anfang der sechziger Jahre einen Aufschwung, dessen nachweisliche Meßwerte Spanien noch vor Japan an die Spitze der Welt rückten. Spanien ist der Sprung von einer katastrophalen Ausgangslage als unterentwickeltes Land in die Reihe der semi-industriellen Länder gelungen. Die Entwicklung hält an und könnte Spanien, wenn nicht neue Probleme durch den Herrschaftswechsel nach dem Tode General Francos entstehen, dem Ziel der technokratischen Wirtschaftsplaner nahebringen, bis 1980 an die zehnte Stelle der Industrienationen vorzurücken.
Mit Recht verweisen inner- wie außerspanische Kritiker auf negative Begleiterscheinungen der wirtschaftlichen Konjunktur. Während die industrielle Entwicklung um jeden Preis gefördert wurde, blieben andere Sektoren wie das Bildungs- und Schulwesen im Schatten. (Siehe »Harte Schulbänke für Studenten«.) Es gab eine Reihe von Fehlinvestitionen, korruptive Fälle wie den Matesa-Skandal und utopische Vorhaben, die zumindest am Anfang mehr für den guten Willen als für einen auf das Machbare gerichteten Realitätssinn sprachen. Vor mir liegt eine Zeichnung des Madrider Karikaturisten Mingote, erschienen in der Zeitung »ABC«: Drei Regierungsherren, von Reportern umgeben, stehen mit einer Schere vor einem Band. Dahinter ein wüstes Feld mit dicken Steinen. »Jetzt schneiden wir erst mal das Band da durch – dann werden wir schon weitersehen ...« Mingote nannte das: Boom auf Spanisch. Karikaturen setzen Verständigung voraus. Ihnen liegen reale, von allen verstehbare Anlässe zugrunde. Nur wäre dem hinzuzufügen, daß die Wirtschaftsplaner und die spanische Bevölkerung schließlich doch – nach einem jede Erwartung übertreffenden Lernprozeß – das Unmögliche erreicht haben, den Aufbau einer expansiven Wirtschaft. Sie haben wirklich steinigen Boden ertragreich gemacht.
Das bisher nicht gelöste Hauptproblem ist die rückständige Sozial-

struktur. Das Volk und die arbeitenden Menschen hatten am Produktionszuwachs keinen oder nur geringen Anteil. Wirtschafts- und Finanzoligarchien schöpften die Profite ab und erlangten, durch Privilegien gestützt, einen Machtzuwachs, der in seiner Art die feudalen Verhältnisse der Vergangenheit fortsetzte oder neu festigte und der seiner Natur nach auf die politische Entwicklung des Landes eher hemmend als fördernd einwirkte. In keinem europäischen Land verfügen die Finanzeliten über einen vergleichbaren Einfluß auf die sozio-ökonomische Struktur. Nach einem Bericht des Madrider Ökonomieprofessors Juan Velarde Fuertes aus dem Jahre 1967 kontrolliert eine kleine Gruppe von 124 Personen, die in den Aufsichtsräten der sechs spanischen Großbanken sitzen, bereits 49,4 Prozent des spanischen Aktienkapitals. Die Verantwortlichen weisen darauf hin, daß die Konzentrierung dem Wohl der Allgemeinheit diene, indem die Kapitalgewinne gezielt neuen Investitionen zugeführt werden und damit das Wachstum der Wirtschaft fördern. Eine solche Rechtfertigung bleibt jedoch unglaubhaft, solange nicht der gravierende Abstand zwischen Wirtschaftswachstum und Sozialleistung angemessen verringert wird, anders gesagt, solange das Abstraktum Wirtschaft Selbstzweck bleibt und zur Etablierung einer Elite führt, während die abhängigen Sozialpartner die Zeche zahlen.

An diesem Zustand haben auch die seit 1964 laufenden Entwicklungspläne nichts geändert, obwohl sie der wirtschaftlichen und sozialen Entwicklung (Desarrollo Económico y Social) dienen sollten. Gefördert wurden vorzugsweise die Industrie, die Mechanisierung und der Export. Erst im jüngsten, auf den Planungszeitraum von 1972 bis 1975 und das Fernziel 1980 ausgerichteten Entwicklungsplan liegt das Schwergewicht auf elementaren sozialen Erfordernissen und sind konkrete soziale Verbesserungen eingeplant. Die sozialpolitische Notwendigkeit dieser Änderung hat der bis Juni 1973 amtierende Entwicklungsminister López Rodó schon vor einigen Jahren erkannt. López Rodó sagte bereits 1966: »Wenn wir die Grundlage für ein allgemeines Wohlbefinden schaffen, geben wir der Freiheit Raum. Und nur eine solche Grundlage ermöglicht es den Menschen, mit Würde Entscheidungen zu treffen. Elend macht jede mögliche Freiheit zunichte.«

Trotz aller negativen Prophezeiungen über einen absehbaren wirtschaftlichen (und politischen) Zusammenbruch des Regimes hat die spanische Wirtschaft einen Stand erreicht, der im Sinne López Rodós die »Grundlage für ein allgemeines Wohlbefinden« schaffen ließe. Das rasche und inzwischen solide gefestigte Wachstum der spanischen Wirtschaft ist um so erstaunlicher, wenn man die mangelhaften Voraussetzungen bedenkt und eine Mentalität, die sich nur widerstrebend einen Leistungswillen zu eigen macht, ohne den kein wirtschaftlicher Aufbau möglich wäre. Kritiker pflegen gelegentlich darauf hinzuweisen, daß das spanische »Wirtschaftswunder« allein durch amerikanische Hilfe und ausländisches Kapital zustande gekommen sei. Das ist ein völlig unlogischer Schluß. Nach dem amerikanisch-spanischen Stützpunktabkommen von 1953 gewährte Amerika dem isolierten Land eine jährliche Hilfe, die wohl zur Gesundung der Wirtschaft beitrug. Wie der amerikanische Korrespondent Benjamin Welles schrieb, »überstieg die amerikanische Hilfe jährlich niemals 800 Millionen Mark weniger als 2 Prozent des spanischen Nationalprodukts des Jahres 1955«. Die amerikanischen Kapitalien allein hätten kaum den außerordentlichen wirtschaftlichen Aufschwung bewirkt ohne die innerspanische Planung und Arbeitsleistung. Erst später, als sich die wirtschaftlichen Verhältnisse gefestigt hatten und für Investitionen lohnend wurden, folgten andere Fremdkapitalien. Niemand hätte auf unsicherem Boden investiert.

Welche Voraussetzungen waren gegeben? Bis in die fünfziger Jahre war Spanien eine Agrarnation mit ökonomischen Strukturen, die immer noch den europäischen Verhältnissen des 19. Jahrhunderts entsprachen. Die Industrie des Landes beschränkte sich auf zwei Bezirke, auf die asturisch-baskische Küste und Katalonien. Eine sehr junge, aus handwerklichen Betrieben hervorgegangene Industrie, die erst während des Ersten Weltkriegs produktiv wurde. Im Gegensatz zu anderen europäischen Ländern fehlte Spanien die industrielle Tradition und Erfahrung.

Der Spanische Bürgerkrieg hatte 1939 ein zerstörtes und verstörtes Land zurückgelassen. Die Städte lagen in Trümmern. Verluste an Menschen und Material ließen auch die Wirtschaft in einem chaotischen Zustand zurück. Die Goldreserven der spanischen Nationalbank lagen (und liegen) unerreichbar in Moskau. Niemand half Spanien, auch nicht diejenigen Mächte, die mitschuldig an der Eskalation des Bürgerkriegs waren und die Werkzeuge zur Vernichtung geliefert hatten. Die Isolierung hielt an, auch nach der Beendigung des Zweiten Weltkriegs. Notgedrungen verschanzte sich Spanien in seiner Autarkie, obwohl das Land wirtschaftlich bis zum Höhepunkt der Krise im Jahre 1959 dem Zusammenbruch zusteuerte.

Staatschef Franco, auf Frieden und Ordnung bedacht, zeigte während zwanzig Jahren seines Regimes für ökonomische Probleme kein oder nur geringes Interesse. Er überließ das wirtschaftliche Feld anderen, teils unfähigen Männern. Bereits 1941 wurde das INI (Instituto Nacional de Industria) gegründet. Es sollte als Organ des Staates den Aufbau der Industrie steuern, neue Produktionsstätten errichten und durch Kapitalhilfen die Privatindustrie stützen. Aber das INI erwies sich, zumindest bis Ende der fünfziger Jahre, als »Hemmschuh des Wirtschaftslebens« (Madariaga). Einerseits ein zentrales, paternalistisches System, andererseits fehlte ein praktikabler und klarer Wirtschaftsplan. Obwohl das INI bis zu einem Siebentel des Staatsbudgets verschlang, laborierte man mit Zufallserfolgen und mißachtete die Eigengesetzlichkeit der Wirtschaft. Die Resultate der mit ideologischen Scheuklappen gelenkten Wirtschaft waren entsprechend. Im Jahre 1953 lag der Lebensstandard der spanischen Arbeiter und Bauern um 10 bis 30 Prozent unter dem Standard vor dem Bürgerkrieg. Die Quote der Arbeitslosen stieg auf 35 Prozent. Andererseits mußten neugegründete Industriebetriebe stillgelegt werden, weil die Zuleitung von Kraftstrom nicht ausreichte, eine Folge mangelhafter Planung.

Das umstrittene Stützpunktabkommen mit den USA vom Jahre 1953 brachte dem Land immerhin, vierzehn Jahre nach der Beendigung des Bürgerkriegs, die genannten Kapitalhilfen, die das Schlimmste abwendeten. Doch auch sie konnten den desolaten Zustand der spanischen Wirtschaft nicht ändern. In den fünfziger Jahren trieb Spanien unaufhaltsam dem wirtschaftlichen Zusammenbruch entgegen. Die wachsende Inflation schürte die sozialen Spannungen. Massenstreiks und Universitätsunruhen erreichten Höhepunkte. Anfang 1959 warnte der Industrielle Alejandro de Aroaz die Regierung: »Wir haben mehr ausgegeben, als wir verdient haben; wir haben mehr investiert und verpfändet, als wir erspart haben; mit Ausnahme der Wasserkraftwerke und neuen Staudämme ist fast nichts von dauerhaftem Bestand geschaffen worden.« Benjamin Welles, Augenzeuge jener Jahre in Madrid, berichtet, daß amerikanische Wirtschaftler »die Regierung wiederholt gedrängt hatten, der ständigen Verschuldung Einhalt zu gebieten, die Militärausgaben zu kürzen, einen vernünftigen Pesetenkurs festzusetzen, den staatlichen Dirigismus aufzuheben und die Wirtschaft zu liberalisieren. Aber das Regime hatte sich taub gestellt«.

Erst Mitte 1959, als der Staatsbankrott unmittelbar bevorstand, folgte Franco dem Drängen der jüngeren technokratischen Wirtschaftsplaner und billigte ihren radikalen Reformkurs, der eine neue Phase der spanischen Wirtschaft einleitete. Sie hatten bereits gegen innerspanische Widerstände die assoziierte Mitgliedschaft in der OECD (Organization for Economic Cooperation and Development) durchgesetzt, und sie erstellten im Juni 1959 den »Stabilisierungsplan«, den die OECD für ihre Hilfsaktion forderte. Der Auftritt der Technokraten war für die spanischen Verhältnisse ein unerhörter Vorgang. Sie durchsetzten das bisher ideologisch starre Denken mit ihrem flexiblen wirtschaftlichen Pragmatismus. Abgesehen von den notwendigen Sofortmaßnahmen betrieben die Technokraten die Liberalisierung der spanischen Wirtschaft und die Abkehr vom politisch begründeten wirtschaftlichen Autarkismus. Die Öffnung zur Weltwirtschaft brachte dem Land ausländisches Kapital und intensivierte den Export und Import. Dem vorausgehenden, zwei Jahrzehnte lang hilflos und planlos operierenden wirtschaftlichen Paternalismus setzten die Technokraten ihre am modernen Wirtschaftsdenken orientierten Ziele entgegen, vorweg die Umwandlung der Agrarnation in eine Industriegesellschaft.

Bei der Kabinettumbildung von 1962 besetzten die Technokraten die wirtschaftlich wichtigen Ministerien: Alberto Ullastres als Handelsminister, Mariano Navarro Rubio als Finanzminister, Gregorio López Bravo als Industrieminister (seit 1969 Außenminister). Der zweiundvierzigjährige Laureano López Rodó übernahm das »Kommissariat Entwicklungsplan«, eine Schlüsselstellung für die gesamte wirtschaftliche Koordinierung, die 1965 zum Ministerium aufgewertet wurde. Als Kopf der Planungselite verantwortete López Rodó die seit 1964 laufenden Entwicklungspläne. Auch dies, die erste und weitergeführte detaillierte Wirtschaftsplanung für Spanien und die Methode der Erstellung, bedeutete eine ungewöhnliche Neuerung. López Rodó lehnte die bisherige bürokratisch-autoritäre Wirtschaftsführung ab, er konsultierte die vom Plan Betroffenen, um ihre Vorschläge zu hören. Diese und andere partielle, wirtschaftliche Liberalisierungen sollen nicht darüber hinwegtäuschen, daß sie im Rahmen der Staatsdiktatur ihre Grenzen finden. Dennoch sind sie höchst bemerkenswert und wurden durch ihre wirtschaftlichen Erfolge auch gegenüber innerspanischen Widerständen bestätigt.

Die genannten Technokraten, teils auch ihre Mitarbeiter, gehören der katholischen Vereinigung OPUS DEI an. Das erschwerte ihre Position und brachte höchst unterschiedliche Opponenten gegen sie und ihre modernen Wirtschaftspraktiken auf den Plan, die linke Opposition und ultrarechte Kreise, vor allem die Falangisten, die ihren Einfluß im Herrschaftsapparat schwinden sahen, und die spekulierenden Wirtschaftsmanager, die in der Zeit mangelhafter Planung ihre Profite gemacht hatten. Doch der Erfolg, das heißt die Überwindung der Staatskrise von 1959 und der rationell durchplante und andauernde wirtschaftliche Aufschwung, festigte den Einfluß der technokratischen Equipe. Sie stellt heute, nach der Meinung vieler, auch oppositioneller Kenner, neben dem zum Außenminister ernannten López Rodó eine Reihe der fähigsten Minister im Kabinett.

Zu den Technokraten würde ich auch einen Mann wie Manuel Fraga Iribarne zählen, der nicht dem OPUS DEI angehört, sondern von der Falange ausging, jedoch als dynamisch-pragmatischer Individualist aus dem falangistischen Schema ausbrach. Als Informations- und Tourismusminister (1962 bis 1969) trug Fraga Iribarne wesentlich zur wirtschaftlichen Expansion und zur Öffnung Spaniens bei, indem er den Tourismus zu einem florierenden Industriezweig ausbaute. Von Anfang an sah Fraga Iribarne den Tourismus im Rahmen des wirtschaftlichen Gesamthaushalts und überwand Vorbehalte gegen seine großzügige Planung mit der Bemerkung: »Der Tourismus ist für unsere zukünftige Zahlungsbilanz ausschlaggebend.« Da die Importe immer noch die Exporte übersteigen, erweist sich die Deviseneinfuhr durch den Tourismus zum Ausgleich der Zahlungsbilanz als unerläßlich.

Wie konsequent die technokratischen Wirtschaftsplaner den Industrialisierungskurs vorantrieben, zeigen einige Vergleichszahlen. Während um die Jahrhundertwende 68 Prozent der spanischen Bevölkerung in der Landwirtschaft tätig waren und 1950 noch die Hälfte der Bevölkerung, reduzierte sich der Anteil bis 1970 auf 29,2 Prozent und soll 1980 18,9 Prozent betragen. Hingegen stieg der Anteil der in der Industrie Beschäftigten von 25,1 Prozent im Jahre 1950 auf 38,1 Prozent im Jahre 1970. Bis 1980 soll der Anteil der in der Industrie Tätigen auf 44,6 Prozent ansteigen. Bereits heute trägt die spanische Industrie rund 40 Prozent zum Sozialprodukt bei. Weitere 40 Prozent bringt der Dienstleistungsbereich ein, vor allem der Tourismus, während auf die Landwirtschaft noch 20 Prozent entfallen. Allein in den Jahren 1965 bis 1969 stieg der industrielle Produktionsindex um 80 Prozent. Indexzahlen sind unter gewissen Vorbehalten aufzunehmen, das heißt, sie geben ein Gesamtbild, bedürfen jedoch einer differenzierenden Auslegung. Das gilt besonders für die Steigerung des jährlichen Pro-Kopf-Einkommens von 125 Dollar im Jahre 1936 auf 290 Dollar im

Jahre 1960 und 818 Dollar im Jahre 1970 und die geplante Steigerung bis 1980 auf 2000 Dollar. Bei diesen enormen Steigerungsquoten handelt es sich um durchschnittliche Meßwerte auf Grund des Gesamteinkommens, wobei etwa der sehr starke Unterschied zwischen dem Einkommen der elitären Oberschichten und der Mehrzahl des Volkes zu berücksichtigen ist. Einstweilen bleibt für den Großteil der Bevölkerung die Erreichung der durchschnittlichen Einkommensziffern ein Wunschtraum. Dennoch und trotz aller unzureichenden Partizipation, trotz der nachhinkenden Sozialleistungen, läßt sich nicht leugnen, daß durch die Entfaltung der Wirtschaft seit 1960 auch die allgemeine Lebens- und Einkommenssituation aufgebessert wurde.

Eindeutiger sind die Vergleichswerte für den rein materiellen Zuwachs. Zu den großen Leistungen gehört der planmäßige Ausbau der Elektrizitätsversorgung, vor allem durch die Errichtung von Wasserkraftwerken, die drei Viertel der Energieversorgung liefern. Demzufolge stieg der Verbrauch an elektrischer Energie je Einwohner von 612 Kilowattstunden im Jahre 1960 auf 1515 Kilowattstunden im Jahre 1970. Im gleichen Jahrzehnt konnte sich die Produktion der spanischen Werften verfünffachen. Im Jahre 1971 lieferten die spanischen Werften an der atlantischen Küste 875 000 Bruttoregistertonnen Schiffsraum, zum großen Teil für ausländische Auftraggeber — gegenüber dem Vorjahr eine Steigerung von 17 Prozent. Heute steht der spanische Schiffbau an der fünften Stelle der Weltrangliste. Im Großschiffbau rückte Spanien seit 1971 an die dritte Stelle hinter Japan und Schweden.

Interessant ist der Ausbau der spanischen Automobilindustrie, weil er im Jahre 1953 von einer Null-Situation ausging. Spanien begann die Automobilproduktion mit einer FIAT-Lizenz und gründete 1953 die Sociedad Española die Automóviles de Turismo, abgekürzt SEAT. Heute erreichen die SEAT-Werke eine jährliche Produktionskapazität von 300 000 Einheiten (1971 verließen 283 000 Personenkraftwagen die Werkhallen). Im Produktionsrang folgt die spanische SEAT heute unmittelbar den Daimler-Benz-Werken. Volkswirtschaftlich bedeutet das eine Direktbeschäftigung für 24 000 Arbeiter und Angestellte und zusätzlich die Beschäftigung für 20 000 Arbeitskräfte in außerbetrieblichen eigenen Werkstätten. Nimmt man die Zulieferungs- und Zubehör-Industrie hinzu, so erweitert sich die Zahl der Beschäftigten und Teilbeschäftigten auf rund 400 000. Der innerspanische Kraftfahrzeugpark verfügte im Jahre 1940 über 40 000 Einheiten und wuchs bis 1972 auf rund 5 Millionen Einheiten, davon rund 2,8 Millionen

Personenkraftwagen. Zusehends werden spanische Automobile exportiert. 1970 und 1971 war der spanische SEAT 600 das in Finnland meistverkaufte Auto. Im Jahre 1971 konnte Spanien 80 000 Automobile (davon 70 Prozent SEAT) exportieren, nach Österreich, Finnland, Belgien, Holland, Dänemark, Frankreich und die Bundesrepublik Deutschland.

Nicht viel anders als in der Automobilindustrie ging der Aufbau der spanischen Wirtschaft und Industrie von einer Null-Situation aus. Den Anfang erschwerten eine in dieser Hinsicht ignorante, im vertrotzten Autarkiedenken befangene Staatsführung, mangelnde Erfahrung und ein schon sprichwörtlich gewordener spanischer Inferioritätskomplex für den Bereich von Technik und Industrie. Gemessen an dieser Ausgangsbasis gehört die Entwicklungsleistung der spanischen Wirtschaft und Industrie zu den erstaunlichsten und bewundernswertesten Phänomenen der vergangenen fünfzehn Jahre. Diese Leistung ignorieren, hieße verschweigen, was die Wirtschaftsplaner, die Unternehmer und die arbeitende Bevölkerung in gemeinsamer Anstrengung geschaffen haben. Die Probleme sind darum nicht weniger geworden. Vor allem scheint mir der Wunsch des Regimes nach ökonomischer Legitimierung so lange vergeblich zu sein, wie das Ungleichgewicht zwischen Wirtschafts- und Sozialstruktur anhält.

NAVARRA

Aus der Vogelperspektive gesehen gleicht Navarra einem Quadrat, dessen vier Ecken nach der Windrose ausgerichtet sind. Nur die südliche Ecke hat eine etwas unförmige, über den Ebro greifende Ausweitung. Die Seiten der sich nach Norden zuspitzenden Hälfte grenzen an das Baskenland und die Pyrenäen, während die Seiten des südlichen Teils nach Altkastilien (mit der vom Ebro gezogenen Grenze) und nach Aragonien zeigen. Diese Lage bestimmt den völkischen, landschaftlichen und klimatischen Charakter der Region.

Die nördliche Hälfte, oberhalb der Provinzhauptstadt Pamplona, ist nach Volkstum, Bräuchen und Sprache der Einwohner baskisch. Die gleiche Landschaft, das gleiche Klima wie im Baskenland. Grüne Hügel und Täler, Laubwälder, häufig Kastanien, Weideland und Maisfelder. Das Klima ist gemäßigt und bringt viel Regen. Rauher wird das Klima im Bergland der Pyrenäen, wo im Winter reichlich Schnee fällt. Einsame, romantische, von kleinen Bergdörfern gesäumte Taleinschnitte wie Baztán, Valcarlos (hinter Roncesvalles) und Roncal führen in die Pyrenäen und zu den Pässen. Fremde Besucher kommen selten hierher, obwohl die Täler mit ihren dunklen Wäldern, frischen Wiesen und Bergbächen sehr reizvoll sind und die Bewohner, wie auch im Bidasoatal, ihre alten baskischen Bräuche und Tänze, begleitet von Dudelsack, Flöte und Trommel, bewahrt haben. Ein völlig anderes Bild zeigt der südliche Teil Navarras, der zum Ebrobecken abflacht und schon innerspanischen Charakter annimmt. Es ist trockenes und heißes Land, von dürrer Hochsteppe bedeckt. In den fruchtbaren Talauen gedeihen Wein, Getreide und Obst. Die Navarresen in diesen Gebieten verhalten sich weniger lebhaft als die Basken, sondern kommen schon dem etwas schwerfälligen, zähen, bäuerischen Typus der aragonesischen Landbewohner nahe.

Navarra besitzt – außer Pamplona – keine größeren Städte und keine Industrieansiedlungen. So blieb die vorwiegend landwirtschaftlich ausgerichtete Region, im Gegensatz zum Baskenland, dünn besiedelt, nach der Einwohnerzahl (440 000) die kleinste Region Spaniens. Aber das kleine Navarra, das flächenmäßig weniger als ein Sechstel von Altkastilien ausmacht, darf sich rühmen, als eines der ältesten spanischen Königreiche das Vaterhaus der kastilischen Krone zu sein. Der navarresische König Sancho el Mayor teilte vor seinem Tode im Jahre 1035 das Land an seine drei Söhne auf. Durch die Erbteilung wurden sie Könige von Kastilien, Aragonien und Navarra.

Navarra war aus der spanischen Mark Karls des Großen entstanden, hatte aber schon bald die fränkische Herrschaft abgeschüttelt. Seit dem frühen 10. Jahrhundert bestand das Königreich Navarra, als Grenzland mit Gebieten jenseits der Pyrenäen einer wechselhaften Geschichte unterworfen und zeitweise in französischem Besitz. Nachdem Kastilien durch den Sieg über die Mauren seine Vormacht gefestigt hatte, und im Zuge der Vereinigungsbestrebungen annektierte der kastilische König Ferdinand der Katholische im Jahre 1512 das diesseitige Navarra, während Niedernavarra jenseits der Pyrenäen französisch blieb. Die Navarresen trotzten dem kastilischen König ihre Sonderrechte ab, die Fueros. Jahrhundertelang bewahrten sie ihre eigenen Gesetze, Rechte und die eigene Münzprägung.

Noch heute ist Navarra eine Hochburg der spanischen Traditionalisten und Monarchisten, allerdings in der für Fremde schwerverständlichen karlistischen Sonderart. Die Karlisten erkennen den offiziell von der Regierung bestimmten Thronprätendenten Don Juan Carlos nicht an. Sie berufen sich darauf, daß der Bourbonenkönig Ferdinand VII. im Jahre 1833 gegen das salische Erbfolgegesetz, das nur männliche Thronfolger zuließ, seine Tochter Isabella zur Königin bestimmt und seinen Bruder Don Carlos übergangen hatte. Seitdem verlangen die Karlisten die Wiedereinsetzung der nach ihrer Meinung legitimen Dynastie. Ihr Thronprätendent heißt Carlos Hugo de Borbón-Parma, der vor einigen Jahren durch seine Heirat mit der kapriziösen holländischen Prinzessin Irene Aufsehen machte. Aber Carlos Hugo ist französischer Staatsbürger. Sein Versuch, einen spanischen Paß zu erhalten, scheiterte. Ende 1969 wurde er mit seiner Familie aus Spanien ausgewiesen.

Jährlich am ersten Sonntag im Mai treffen sich die Karlisten in Estella, der einstigen Residenzstadt navarresischer Könige. Sie ziehen durch Weingärten und Weizenfelder zum Kloster Irache und auf den Montejurra, 20 000 bis 30 000 Anhänger mit der roten Baskenmütze mit langer gelber Troddel, um die Reden ihrer Anführer zu hören. Im Bürgerkrieg kämpften die Karlisten auf der Seite Francos, was ihnen eine Reihe von Sonderrechten einbrachte. Davon ist heute nicht mehr die Rede. Ob das Regime weiterhin das Maitreffen auf dem Montejurra duldet, steht in Frage. Die Karlisten mit rund einer Viertelmillion Anhänger nahmen die wohl merkwürdigste politische Entwicklung einer spanischen Gruppe. Sie wandelten sich von einer ultrakonservativen Bewegung zu einer massiven Oppositionsgruppe, seit 1970 zunehmend radikalisiert. Ihre Anführer fordern für Spanien die parlamentarische Demokratie, Gewerkschaftsfreiheit und Zulassung politischer Parteien, die Anerkennung der Nationalitäten in einem föderalen Staatsverband. Beim Treffen im Mai 1973 auf dem Montejurra sagte Prinzessin Irene, die als einziges Mitglied der Bourbonenfamilie einreisen darf, vor rund 10 000 meist junger Karlisten: »Spanien hat eine Revolution dringend nötig, die ein ungerechtes Regime hinwegfegt, die ein totalitäres politisches System ablöst, die unannehmbare ökonomische Strukturen zerstört und durch eine neue Wirtschafts-, Sozial- und politische Struktur ersetzt.« Karlistische Abgeordnete in den Cortes gehören seit einigen Jahren zu den schärfsten Kritikern des Regimes.

Wenn es um die Wahrung der Freiheit ging, haben die Navarresen schon immer den Mächtigen die Zähne gezeigt. So behaupteten sie gegen den kastilischen Zentralismus ihre Fueros. So verteidigten sie im Jahre 1521 Pamplona, als der König des französischen Teils von Navarra die Stadt zurückerobern wollte. Bei der Verteidigung wurde einem jungen baskischen Hauptmann namens Iñigo López de Recalde das rechte Bein zerschmettert. Während seiner langwierigen Genesung im baskischen Stammhaus Loyola und im katalanischen Manresa erfuhr der elegante Don Iñigo jene Wandlung, die ihn zu Ignatius von Loyola, dem Begründer des Jesuitenordens, machte.

Die Besiegung eines Eindringlings aus frühester Zeit, Karls des Großen, bildete den Stoff, der im mittelalterlichen Legendenkreis um den Ritter Roland kräftig ausgeschmückt wurde. Eigentlich war König Karl mit seinem Hereeszug gekommen, um die Mauren zu besiegen. Nachdem 778 die Eroberung Zaragozas mißlang und Aufstände im Sachsenland gemeldet wurden, befahl König Karl den Rückzug. Er führte sein Heer über Pamplona und die Paßstraße von Roncesvalles zurück. Weil er Pamplona plündern und zerstören ließ, lauerten die aufgebrachten Navarresen in der Schlucht von Roncesvalles den abziehenden Truppen auf. Während die Vorhut mit König Karl bereits Valcarlos erreicht hatte, überfielen die Navarresen die langsamere Nachhut und ließen keinen Franken entkommen. Das war am 15. August 778. Als letzter, nach seinen Paladinen, fiel Roland, der die Nachhut befehligte. Sein Zauberhorn Olifant, bei dessen Klang die Vögel tot herabfielen und die Feinde davonliefen, war nach dem dritten Hornstoß zerbrochen. Sein berühmtes Schwert Durandal, dessen Knauf einen Faden vom Mantel der Jungfrau Maria, einen Zahn des Apostel Petrus, ein Haupthaar des heiligen Dionysius und einen Blutstropfen des heiligen Basilius barg, hatte der todwunde Roland ins Wasser geschleudert. Aber das gehört schon zur Legende, in der Roland mit seinen Franken nicht gegen die Navarresen, sondern gegen die Mauren kämpft.

Sicherlich trugen die von Frankreich herüberkommenden Jakobspilger, die seit dem 10. Jahrhundert über die Paßstraße durch Valcarlos, über den Puerto de Ibañeta und Roncesvalles kamen, zur Legendenbildung bei. So entstanden zahlreiche Epen, darunter das französische Chanson de Roland (um 1100) und das deutsche Rolandslied des Pfaffen Konrad (12. Jh.). Der italienische Orlando furioso des Ariost (frühes 16. Jh.), den Ritterkampf gegen die Mauren und die Liebe des »rasenden Roland« mischend, lebt noch heute im sizilianischen Puppenspiel weiter.

Nur ein paar Häuser, von Hügeln und Laubwald umgeben, machen den in knapp 1000 Meter Höhe gelegenen, einsamen, oft regenfeuchten Paßort Roncesvalles aus. Unmittelbar am Jakobsweg, dem Camino de Santiago, entstanden im 12. Jahrhundert das Augustinerkloster mit dem großen Pilgerhospiz und die 1212 geweihte Stiftskirche, die an die frühe französische Gotik erinnert. In Roncesvalles fanden die Pilger Aufnahme, ehe sie weiterzogen, den steinernen Pilgerkreuzen folgend, noch 48 Kilometer durch eine fast schweizerische grüne Hügel- und Tallandschaft hinunter nach Pamplona.

Der Jakobsweg mit dem Ziel Compostela führte quer durch Navarra, über Pamplona, Puente la Reina, Estella, Los Arcos, Viana, dann durch Altkastilien. Ein zweiter Pilgerweg führte etwas weiter östlich durch die Pyrenäen, über den Somport, dann nach Jaca, am Stausee von Yesa entlang über Leyre, Sangüesa und stieß in Puente la Reina auf den erstgenannten Jakobsweg. Dem Camino de Santiago verdankt Navarra in den zitierten Orten einen erstaunlichen, kaum bekannten Reichtum an Klöstern, Hospizen und Kirchen aus dem 11. bis 13. Jahrhundert, romanische und frühgotische Bauwerke und Bauplastiken. Es ist ein Weg, der ganz Navarra umfaßt, der von den grünen Pyrenäentälern über Pamplona zur trockenen Hochebene der Ribera, bis zu den Weizenfeldern, Oliven- und Weinkulturen von Viana und zum Ebrobecken führt.

Pamplona

Pamplona liegt auf einer Terrasse über dem Rio Arga, der aus den Pyrenäen kommt, um den Stadtblock eine Schleife zieht und nach Süden fließt, in den Ebro. Fruchtbare Niederungen, Weideland, grüne Hügel umgeben die Stadt, während die dunklen Pyrenäenberge im Blickfeld bleiben. Pamplona war die erste Stadt, in der die Jakobspilger nach langer Paßwanderung durch die Pyrenäen einkehrten. Das gab der mittelalterlichen Stadt religiösen, kulturellen und wirtschaftlichen Auftrieb. Die Mauren hatten Pamplona nur zwölf Jahre in der Hand. Bereits 755 waren sie vertrieben worden, über zwei Jahrzehnte vor dem Einzug Karls des Großen. Auch später kamen über die nahen Pässe nicht nur friedliche Pilger. Wegen der Schlüsselstellung im spanischen Vorland der Pyrenäen wuchs die kriegerische Bedrohung, zumal nach der Annektierung Navarras durch Kastilien. So ließ Philipp II. 1571 die Befestigungswerke und die Ciudadela, die Stadtfestung, errichten. An drei Seiten umgeben die Festungswälle die Altstadt, teils etwas düstere Relikte, teils von grünen Pflanzen und Sträuchern überrankt oder aufgebrochen und zu Wanderungen hinunter ins Argatal einladend.

Wer heute von Frankreich herüberkommt, hat das Argatal zur Rechten und stößt aufwärtsfahrend auf die breite Avenida del Generalisimo Franco. Nach der reizvollen Auffahrt, die Kathedrale im Blick, durchquert die Avenida die Neustadt, Wohnblöcke im Stil des Jahrhundertanfangs, durch ein Netz gerader und schematisch angelegter Straßen verbunden. An der Plaza del General Mola führt die querlaufende Avenida de Carlos III nach rechts zum Hauptplatz der Stadt, zur großen, mit Bäumen bepflanzten Plaza del Castillo. Um den verkehrsreichen Platz liegen die Geschäftsviertel und die Altstadt, nach Norden bis zur Kathedrale vor der Festungsmauer, während nach Süden die Hauptpromenade zieht, der Paseo de Sarasate, der an den in Pamplona geborenen, um die Jahrhundertwende weltberühmten Geigenvirtuosen und Komponisten Sarasate erinnert.

Dem eiligen Besucher, der wenig Zeit aufwendet, verwehrt Pamplona den Zugang. Andere Städte wie San Sebastián zeigen sich eindeutiger, geben ihren Charakter williger zu erkennen. Pamplona bleibt vielschichtiger, vieldeutiger, zeigt nicht immer und nicht schnell die freundliche Seite. Man muß Geduld und gutes Schuhwerk mitbringen, denn die Stadt zwingt zum Gehen: von der Plaza del Castillo über den Paseo de Sarasate, dann zu den aussichtsreichen Jardines de la Taconera. Oder in entgegengesetzter Richtung, über die Calle de Juan de Labrit an der Plaza de Toros vorbei, dann an den Festungswällen entlang oder hinunter in die Anlagen am Arga. Oder quer durch die vor allem spätnachmittags laute und lebhafte Altstadt, über die Plaza Consistorial mit der schönen barocken Rathausfassade und weiter bis zur Kathedrale. Wer viel gegangen ist, wird in der rechten Stimmung eine der Altstadttavernen aufsuchen oder im Mesón del Caballo Blanco hinter der Kathedrale einkehren. Vom rustikalen Caballo Blanco hat man eine reizvolle Aussicht auf das grüne Argatal.

Typisch für Pamplona scheint mir die Kathedrale zu sein, das sehenswerteste Bauwerk der Stadt. Verborgen hinter einer klassizistischen Portalfront (1783 erbaut) liegt das respektable Bauwerk, das der navarresische König Carlos el Noble (1387—1425) anstelle der früheren romanischen Kathedrale im Stil der französischen Gotik errichten ließ. Sehr schön sind die bauplastischen Ausschmückungen im Innern, besonders das Grabmal des Königs Carlos und seiner Gemahlin Eleonore, deren liegende Alabasterstatuen noch zu ihren Lebzeiten (1416) von Janin Lomme aus Tournai geschaffen wurden. Der Claustro mit seinem fein differenzierten Maßwerk gehört zu den vollendeten gotischen Kreuzgängen Spaniens. Französischer Einfluß herrscht vor, denn zur Bauzeit der Kathedrale war Navarra noch mit dem jenseitigen französischen Teil eins.

Als Provinzhauptstadt und mit 138 000 Einwohnern größte Stadt Navarras ist Pamplona Verwaltungs- und Marktzentrum mit einem weiten Einzugsgebiet. In den Straßen und Einkaufsvierteln der Altstadt, besonders an Markt- und Festtagen, mischen sich derbe Landleute unter die Stadtbevölkerung. Aber das Wirtschaftsleben der Stadt wird nicht mehr ausschließlich von der Agrarwirtschaft, vom Markt, Viehhandel und der Verarbeitung landwirtschaftlicher Produkte bestimmt. Das zeigt das Industrieviertel Rochapea, das zeigen die modernen Hochhausviertel, die den Blick ins Land verstellen, und der neue Stadtteil La Chantrea. Pamplona wird kaum zur Konkurrenz für die baskische

Industrie, nahm aber im möglichen und noch ausbaufähigen Rahmen einen raschen Aufschwung durch die industrielle Produktion von Metallwaren, Maschinen, Automobilen, Textilien und Chemikalien.

Die zunehmende Industrialisierung brachte Pamplona allerdings Probleme, wie sie ähnlich an nahezu allen Industriestätten des Landes mehr oder weniger heftig aufflackern. Zudem liegt Pamplona noch im Aktionsbereich der baskischen Separatistenbewegung ETA. Ende Januar 1973 erklärte sich die ETA verantwortlich für die Entführung des Industriellen Felipe Huarte aus Pamplona. Huarte wurde nach zehn Tagen freigelassen, nachdem zwischen Leitung und Arbeitnehmern von Huartes Schraubenfabrik »Torfinasa« ein neuer Tarifvertrag abgeschlossen worden war. Danach wurden der Monatslohn der Arbeiter um 150 Mark erhöht und die 44-Stunden-Woche eingeführt. Außerdem gewährt die Huarte-Firma künftig einen Monat Jahresurlaub und volle Lohnfortzahlung bei Krankheit. Dieser spektakulär erzwungene Tarifvertrag hat in Spanien verständlicherweise nicht nur Zustimmung geerntet. Er zeigt jedoch die Entschlossenheit der Betroffenen, Versäumnisse oder Untauglichkeit des Staatssyndikats durch eigene Initiative zu ersetzen.

Von solchen Spannungen wird der Fremde wenig merken, besonders dann nicht, wenn er zur Fiesta von San Fermín (7. Juli) nach Pamplona kommt. Eine volle Woche hindurch verwandelt sich Pamplona in eine turbulente Stadt, drängen Einheimische, Bauern und fremde Gäste durch die Gassen und füllen die Tascas. Die Riesenfiguren, die Gigantones, und die großköpfigen Cabezudos ziehen durch die Straßen, verneigen sich vor dem Rathaus und tanzen vor der Kathedrale. Täglich finden Stierkämpfe statt. Den Höhepunkt bildet der Encierro, das Eintreiben der Kampfstiere, die von gezähmten Stieren flankiert vom Platz beim Portal de la Rochapea durch die engen, verbarrikadierten Gassen zur Siterkampfarena getrieben werden. Hunderte von jungen Burschen, meist das rote navarresische Halstuch umgebunden, laufen vor und mit den Stieren, riskieren die üblichen, gefährlichen Mutproben. Die Stiere sind gereizt, nehmen manchen, der nicht schnell genug davonlaufen oder sich an einem Fenstergitter hochziehen kann, auf die Hörner. Jeder Encierro fordert Verletzte, manchmal Tote. Eine waghalsige, barbarische Mutprobe.

Ernest Hemingway hat den Encierro und das Pamplona der San-Fermín-Tage in seinem ersten Erfolgsroman »Fiesta« (1926) literarisch weltweit bekannt gemacht. Wahrscheinlich kommen deswegen vorzugsweise Amerikaner zu den San-Fermín-Tagen nach Pamplona. Für Hemingway, der 1924 zum erstenmal nach Pamplona kam und oft wiederkehrte, blieb in seinem Stammhotel »La Perla« an der Plaza del Castillo während der Fiesta stets ein Zimmer reserviert.

Nach der Fiesta, wenn die Fremden abgereist sind, nimmt der Alltag in Pamplona seinen gewohnten und trotz Industrie und Provinzzentrale eher ruhigen, mittelstädtischen Gang. Nur im Zentrum der Altstadt konzentriert sich das Lebem, während die Viertel der Neustadt etwas verschlafen wirken. Immer belebt, viel besucht fanden wir ein neues Sport- und Erholungszentrum im Argatal am nordöstlichen Stadtrand. Die vorbildlichen, weiträumigen Anlagen umfassen mehrere große Schwimmbecken, Plätze für Tennis und alle Ballspiele, Kinderspielplätze, eine Rollschuhbahn und selbstverständlich Pelotaplätze mit hohen Spielwänden, dazu ein Restaurant und eine Bar. Auf den gepflegten Wiesen, im Schatten von Kastanien und Weiden, verbringen vollzählige Familien den Sonntag oder arbeitsfreien Tag. Sie finden Tische und Klappstühle, überdachte Koch- und Abwaschnischen, einen riesigen offenen Kamin mit mehreren Feuerstellen und bereitliegendem Brennholz. Während die Männer ihre Fische im Kamin braten lassen, legen die Frauen die Tischtücher auf, werden Salate zubereitet, kommt das Mitgebrachte auf den Tisch, Wein, Brot, Huhn, Fleisch, Obst und Käse. Noch in diesem naturbedingt einfachen Rahmen bleibt der Eindruck, daß die Navarresen gut zu leben wissen.

OPUS DEI, EINE SANTA MAFIA?

In der Niederung am westlichen Stadtrand von Pamplona liegt der Campus der Universität von Navarra, stattliche helle Gebäude zwischen gepflegten Grünanlagen. Sie ist eine mittlere Universität mit 6500 Studienplätzen (siehe »Harte Schulbänke für Studenten«) und besitzt drei miteinander korrespondierende Wesensmerkmale. Die Universität wurde von der katholischen Laienorganisation OPUS DEI gegründet, deren prominente Mitglieder die leitenden Funktionen innehaben. Mit Hilfe der Provinz Navarra und der Stadt Pamplona erreichte das OPUS DEI 1960, acht Jahre nach der Gründung des Studienzentrums, die Anerkennung als einzige autonome, staatlich und kirchlich unabhängige Universität Spaniens, gegen den Widerstand der zentralistischen Kulturpolitik, gegen den Widerstand von Falange und Movimiento. (Finanziell deckt der Staat heute 11 Prozent des Universitätsetats.) Die Universität von Navarra ist drittens eine Elite-Universität, nicht im Sinne exklusiver Aufnahmebedingungen, sondern bezogen auf das hohe akademische Niveau, auf die vorbildlich ausgestatteten Institute, auf die modernen Lehrmethoden, auf die optimale Relation von Studenten und Professoren (zehn zu eins).

Für die Aufnahme spielen Herkunfts-, Rassen- oder Geldschranken keine Rolle. Entscheidend sind die im akademischen Lehrbetrieb geforderten Leistungen und das sich verantwortliche Einfügen in eine Kommunität, die von christlichem Geist getragen ist, aber den Bildungs- und Meinungspluralismus respektiert. Das entspricht dem Bildungsziel des OPUS DEI, »alle Menschen im Respekt der Freiheit und im Verstehen des Charakters und der persönlichen Meinungen der anderen zu erziehen«. In diesem Rahmen konnten sich freizügiger als an den Staatsuniversitäten außerhalb der staatlichen Studentengewerkschaft SEU Studentengruppen bilden; zumindest wurden sie geduldet. Von den Studenten, die ich sprach, gehörten nur wenige dem OPUS DEI an. Die eigene oder die Mitgliedschaft der Eltern ist weder Bedingung noch wird danach in irgendeiner Weise gedrängt. Von der Universitätsleitung hörte ich, für das Studium sei es unwichtig, ob ein Student dem OPUS DEI angehöre oder nicht; man könne keine Zahlen von Mitgliedern nennen. Dennoch kann man davon ausgehen, daß aus der Universität von Navarra ein Großteil der aktiv oder sympathisierend dem Laienorden verbundenen spanischen Führungselite kommt.

Das erste, was mir bei der Begegnung mit OPUS-DEI-Mitgliedern und im offiziellen Bereich auffiel, war die Diskretion, Verschwiegenheit und die Wahrung einer gewissen Anonymität. Man erhält bereitwillig Auskunft über die allgemeinen geistlichen Grundlagen, erfährt kaum etwas über die Organisation, nichts über Mitgliedschaft, Mitglieder oder Mitgliederzahlen. »Dein Gehorsam muß schweigsam sein!« lautet eine der OPUS-DEI-Maximen. Was für den einzelnen gilt, wird insgesamt von der Vereinigung praktiziert. Wie in der Universität von Navarra, so anderswo, wird generell auf öffentliche Werbung und Publizität verzichtet.

Die Geheimhaltung, die weithin anonymen oder anonym scheinenden Wirksamkeiten provozieren Gerüchte und höchst widersprüchliche Meinungen. Man hört reden von einer klerikalen Geheimgesellschaft, die ihre Mitglieder an die Schalthebel der Macht delegiert. Die einen sehen im OPUS DEI die in Spanien dominierende Pressure-Group, die anderen einen »weißen Freimaurerbund« oder eine »Santa Mafia«. Wieder andere bezichtigen das OPUS DEI des »unguten Versuchs, Religion mit Politik und Geschäft zu vermischen« oder sprechen unter Hinweis auf den MATESA-Skandal (von dem noch zu reden sein wird) von Nepotismus und blanker Korruption. Kein Wunder, daß ein so zu Recht oder Unrecht apostrophierter katholischer Laienorden beunruhigt und infolge mangelhafter Selbstdarstellung zu allen möglichen Spekulationen Anlaß gibt.

Tatsache ist, daß OPUS-DEI-Mitglieder seit Anfang der sechziger Jahre in auffallender Weise in die Schlüsselpositionen des politischen, wirtschaftlichen und geistigen Lebens drängen oder gerufen werden. Sie waren im Kabinett bis 1973 durch vier Mitglieder, sind im neuen Kabinett durch Außenminister López Rodó vertreten. Doch werden unter den neuen Ministern mindestens vier Sympathisanten genannt. Andere Mitglieder besetzen Führungspositionen in Banken und in der Industrie, in den Universitäten und im Erziehungswesen, in Presse und Rundfunk. Bereits Ende der fünfziger Jahre hatte Franco jene OPUS-DEI-Leute in sein Kabinett geholt, die als Wirtschaftsfachleute und Technokraten entscheidend die Umformung der spanischen Wirtschaft beeinflußten. Sie vor allem (neben anderen, von der Vereinigung unabhängigen Technokraten) setzten den Prozeß in Gang, der aus dem Dilemma des ideologisch starren Autarkismus herausführte. Ihre modern durchplanten, marktwirtschaftlich orientierten und liberalen Wirtschaftsmethoden sind der spanischen Wirtschaft gut bekommen. Konsequent führte der neue Kurs während der sechziger Jahre in der innerspanischen Politik zur Entideologisierung und Versachlichung, wenn auch immer noch in den Grenzen des Franco-Regimes.

An der durch Erfolge gestärkten und wachsenden politisch-ökonomischen Macht von OPUS-DEI-Mitgliedern entzündet sich die politische Gegnerschaft. Die Falange, die seit rund fünfzehn Jahren eine schrittweise Verdrängung aus dem Herrschaftsapparat hinnehmen mußte, beschuldigt das OPUS DEI der Zersetzung des ursprünglichen Regimes und der geheimen Tendenz zur eigenen politischen Machtübernahme. Marxistische Kritiker vertreten die gegensätzliche Annahme, die Vereinigung betreibe die Beibehaltung und Stärkung der »reaktionären Substanz des Franquismus«.

Was ist und was will das OPUS DEI? Gegründet wurde die Vereinigung 1928 von dem sechsundzwanzigjährigen Priester José Maria Escrivá de Balaguer als Priester- und Laienvereinigung zunächst für den Bereich der Diözese Madrid. Monsignore Escrivá, geboren im aragonesischen Barbastro, war als Priester in Landpfarreien, in Madrider Armenvierteln und unter Studenten tätig. Er lebt heute als Generalpräsident auf Lebenszeit in Rom. Escrivás Grundgedanken sind in zwei Büchern festgehalten, in »El Camino« (1934; bisher in 23 Sprachen übersetzt, Gesamtauflage 2,3 Millionen) und in den »Conversaciones con Mons. Escrivá de Balaguer« (1968). Beide Bücher sind im Madrider OPUS-DEI-Verlag Rialp erschienen.

Als erstes katholisches Laieninstitut erhielt das OPUS DEI 1947 die päpstliche Anerkennung und 1950 durch das päpstliche Dekret »Primum inter Instituta« die endgültige Bestätigung. Heute wird die Mitgliederzahl des in 73 Ländern der Welt verbreiteten Laienordens auf 50 000 geschätzt, wobei nach offiziellen Angaben die spanischen Mitglieder die wenigsten sind. Der volle Name »Sociedad Sacerdotal de la Santa Cruz y Opus Dei« nennt die »priesterliche Gesellschaft vom heiligen Kreuz« zusammen mit dem »Werk Gottes«. Die Priester bilden eine Minderheit von zwei Prozent, denn in erster Linie will das OPUS DEI ein Laienorden sein. Man unterscheidet drei Gruppen. In der ersten Gruppe sind die Numerarios zusammengefaßt. Sie sollen unverheiratet sein und neben einem höheren Studium auch ein theologisches Studium absolviert haben. Der zweiten Gruppe der Oblatos gehören Ledige ohne ein höheres Studium an. Zur naturgemäß größten Gruppe der Supernumerarios zählen Verheiratete jeglichen Standes. Sie leben in ihren Familien, während die Erstgenannten bei völliger ziviler und beruflicher Freiheit in Wohnheimen leben. Allen gemeinsam ist die Verpflichtung auf die geistlichen Ziele und die in diesem Sinne regelmäßig stattfindenden Unterweisungen durch Exerzitien.

Lediglich Numerarios und Oblatos legen die Gelübde der Armut, Keuschheit und des Gehorsams ab, jedoch nicht auf Lebenszeit, sondern jährlich. Diese Bindung kann also abgelöst werden, beispielsweise durch Verheiratung und Übernahme in die Gruppe der Supernumerarios. Das Gelübde der Armut äußert sich vor allem durch Verzicht auf einen Teil des Einkommens zugunsten des OPUS DEI. Wie Escrivá selbst über die Gelübde denkt, zeigt sein Hinweis aus dem Jahre 1954: »Weil wir keine Ordensleute sind, habe ich euch seit der Gründung tausendmal gesagt, daß mich die Gelübde nicht interessieren. Was das OPUS DEI will, sind Tugenden. Das einzige, was wir wünschen, ist die Ausübung der natürlichen und übernatürlichen Tugenden, denn sie sind ein Mittel, um die christliche Vollkommenheit – jeder in seinem Stand in der Welt – zu erreichen, auch damit wir besser in der Lage sind, allen Menschen zu dienen.«

Das Entscheidende und Neuartige gegenüber der bisherigen katholischen Ordenspraxis liegt in der Verpflichtung, einen Beruf auszuüben und durch maximale Leistung und Bewährung in der Welt die »Selbstheiligung« anzustreben. In der Sprache Escrivás heißt das: »Inmitten der durch und durch materiellen, irdischen Dinge müssen wir uns bemühen, heilig zu werden, indem wir Gott und allen Menschen dienen.« In der Umkehrung dieser Maxime spricht Escrivá vom »Lernen, das geistliche Leben zu materialisieren«. Das für die »Selbstheiligung« notwendige leistungsbezogene Arbeitsethos bedingt zwangsläufig die Herausbildung eines Elitebewußtseins. In den Verlautbarungen des OPUS DEI wird das nicht geleugnet. »Du willst ein Durchschnittsmensch sein? In der Masse untergehen? Du bist zum Führer geboren!« Oder es ist die Rede von »heiliger Unverschämtheit, ohne dich aufzuhalten, bis du deine Pflicht ganz erfüllt hast«. Es sollte nicht verwundern, daß eine von solchen Voraussetzungen geprägte Gruppe in einem Land, das sich nur widerstrebend dem neuzeitlichen Leistungsdenken anpaßt, verhältnismäßig rasch Führungspositionen besetzt und zugleich Gegenstand eines permanenten Mißtrauens bleibt.

Das OPUS DEI unterhält nicht nur elitäre Bildungsstätten wie die Universität von Navarra oder die nach modernsten Methoden arbeitende Hochschule für das Wirtschaftsmanagement in Barcelona, das Instituto de Estudios Superiores de la Empresa (IESE). Es unterhält ebenso Studentenwohnheime wie in Köln, Zentren und Schulen für Werktätige in aller Welt, die unabhängig von Herkunfts- oder Geldfragen jedem Lernwilligen geöffnet sind, das Zentrum in der Madrider Arbeitervorstadt Vallecas, das ELIS-Zentrum in Tiburtino, der Vorstadt Roms, das Strathmore-College in Kenia, das SEIDO in Osaka und andere. Neben der Leistung für die Ausbildung werktätiger oder ärmerer Schichten sind solche Einrichtungen vorzüglich geeignet, die Ideenwelt des Laienordens zu verbreiten. Grundsätzlich erklärt das OPUS DEI, offen zu sein für Angehörige aller Berufe, auch der sozial unteren Schichten. Da keine Angaben oder Zahlen vorliegen und in Spanien der hohe Anteil führender Personen bekannt ist, verdichtet sich jedoch der Eindruck, daß der Orden vorzugsweise die intellektuellen, wirtschaftlichen und politischen Eliten zu gewinnen sucht.

Als ich mit einer Gruppe junger spanischer Kleriker über das OPUS DEI diskutierte, richtete sich ihre ablehnende Haltung einmal gegen die elitäre Struktur, die das Volk ausschließe und nach paternalistischem System in der Rolle des Empfängers lasse (durch Sozialwerke, Bildungszentren etc.). Dem Vorwurf der Exklusivität widerspricht das OPUS DEI. Doch läßt sich nicht leugnen, daß dem Laienorden ein Elitedenken zugrunde liegt. Wieweit dies die Mitgliedschaft beeinflußt, bleibt so lange im dunkeln, wie genaue Angaben über die Mitglieder fehlen. Als schwerwiegender erwies sich der zweite Vorwurf, der des Nepotismus, der personellen Unterwanderung von Führungspositionen und eines undurchsichtigen Hand-in-Hand-Spielens. Nun kann man niemandem verdenken, wenn er Leute seiner Wahl bevorzugt, von deren Fachkönnen und Zuverlässigkeit er überzeugt ist. Was die Aufnahme von einigen Mitgliedern in das spanische Kabinett betrifft, so ist nachweisbar, daß sie ihre Ministerämter nicht auf Grund ihrer Zugehörigkeit zum OPUS DEI erhielten, sondern wegen ihres persönlichen fachlichen, organisatorischen, planerischen Könnens. Offensichtlich hatten technokratische Fachleute wie Navarro Rubio, Ullastres, López Bravo und López Rodó das bessere Konzept zur Konsolidierung und Entwicklung der spanischen Wirtschaft.

Der Vorwurf der jungen Kleriker entzündete sich an einem konkreten Korruptionsfall, der mit dem staatlichen Kreditwesen zusammenhängt und in den prominente OPUS-DEI-Mitglieder verwickelt sind. Voraus ging 1962 eine von Finanzminister Navarro Rubio (OPUS-Mitglied) durchgesetzte Bankreform, die das staatliche Kreditwesen der Bank von Spanien unterstellte. Nach seinem Ausscheiden aus dem Kabinett, 1965, wurde Navarro Rubio Gouverneur der Bank von Spanien und Präsident der staatlichen Kreditanstalt. 1969 wurde ein Finanzskandal aufgedeckt, der wegen seiner Größe und innenpolitischen Auswirkung die spanische Öffentlichkeit aufschreckte, der MATESA-Skandal. Bis 1969 hatte die MATESA (Maquinaria Textil del Norte de España, S. A.) knapp 10 Milliarden Peseten an Staatskrediten und Exportvergütungen für zum größten Teil fiktive Verkäufe kassiert. Die überwiegende Mehrzahl angeblich exportierter Textilmaschinen stand in den Papieren, ohne jemals verkauft und ausgeliefert worden zu sein. Der verantwortliche Inhaber von MATESA, Juan Vilá Reyes, gehört dem OPUS DEI an. Soviel erfuhr die Öffentlichkeit, während die Frage nach den Schuldigen auf der kreditgebenden Seite bisher ungeklärt blieb. Angeblich sollen die ebenfalls dem OPUS DEI angehörenden

Exminister für Finanzen (Navarro Rubio), Handel (García-Monco) und Industrie (López Bravo) von der Affäre mittelbar betroffen sein. Wieweit die Zuständigkeit der Ministerien reichte, ob sie getäuscht wurden oder wissentlich oder fahrlässig gehandelt haben, das zu klären, wird Aufgabe des Obersten Gerichtshofs sein. Der Prozeß, durch eine ungute Verzögerungstaktik und durch Gerüchte belastet, soll im Sommer 1973 beginnen.

Besonderes Gewicht erhält der MATESA-Skandal durch den politischen Hintergrund, genauer gesagt, durch die Gegensätze im Kabinett zwischen den reformwilligen OPUS-DEI-Ministern, die auf Liberalisierung und Öffnung Spaniens nach Europa (EG) drängen, und ihren Gegnern, die auf der Beibehaltung und Festigung des autoritären Regimes verharren. Die Gegner, vor allem die Falange, hatten den MATESA-Skandal bekanntgemacht und für die politische Auseinandersetzung weidlich genutzt. Sie hatten geglaubt, durch den Skandal den Einfluß der OPUS-DEI-Minister in der Regierung ausschalten oder vermindern zu können. Es wurde auch verbreitet, das OPUS DEI habe von der MATESA 2,4 Milliarden Peseten erhalten. Das OPUS DEI hat dieser Behauptung im Juli 1970 entschieden widersprochen. Juan Vilá Reyes habe nur privat als Mitglied des Ordens für die akademischen Institutionen 2 Millionen Peseten gestiftet.

Obwohl der MATESA-Skandal von den Gegnern als OPUS-DEI-Fall hochgespielt wurde, gebietet die Wahrheit die Feststellung, daß nachweislich ein prominentes Mitglied, der Firmeninhaber, betrügerischer Handlungen schuldig geworden ist. Weitere Anschuldigungen außerhalb der Firmenseite sind bis zum Prozeß nicht mehr als Gerüchte. Überhaupt zeigt gerade der MATESA-Fall, soweit der Orden einbezogen wird, das grundsätzliche, von Gegnern nicht ungern gesehene Mißverständnis in der Verwechslung von Institution und Mitgliedern.

Das Mißverständnis beruht darauf, daß der weltliche Besitzstand der Mitglieder, pekuniär, beruflich, wirtschaftlich, politisch, wie auch immer, unterschiedslos dem OPUS DEI zugeschlagen wird. Daraus folgt fälschlicherweise die Identifizierung des OPUS DEI mit der weltlichen Stellung und Meinung einiger in der Öffentlichkeit bekannter Mitglieder. Doch Grundlagen und Ziele des OPUS DEI sind geistlicher Natur, wenn auch auf Bewährung in der Welt angelegt. Keinem Mitglied kann die Institution die Gewissensentscheidung und Selbstverantwortung abnehmen. Das gilt besonders für den wirtschaftlichen, gesellschaftlichen und politischen Bereich. Konkret gesagt, es gibt nicht nur keine verbindliche politische Doktrin, sondern sie wird von Escrivá und prominenten Mitgliedern als unvereinbar mit der Zielsetzung des OPUS DEI bezeichnet. Nicht wegen der verbalen Äußerung, sondern aufgrund der Tatsachen muß dem Versuch, das OPUS DEI als politisch homogenen Machtfaktor in Spanien oder anderen Ländern zu klassifizieren, widersprochen werden. Es gibt unter den Mitgliedern höchst gegensätzliche politische Parteiungen, regimekonform oder oppositionell, republikanisch, demokratisch, liberal oder monarchistisch gesinnte Parteigänger. Rafael Calvo Serer war eine Zeitlang Berater des früheren Thronprätendenten Don Juan de Borbón y Battenberg, ein anderes Mitglied war Erzieher von Don Juans Sohn Juan Carlos. OPUS-DEI-Minister und eine Mehrzahl prominenter Mitglieder förderten die Ernennung des Prinzen Juan Carlos zum Nachfolger Francos. Exhandelsminister Alberto Ullastres nennt sich Republikaner. Nicht wenige andere OPUS-Mitglieder zählen sich zu den Karlisten. Keine Richtung kann den Anspruch erheben, verbindlich den Orden zu vertreten. Auch nicht die Equipe der Technokraten, sosehr sie im Bewußtsein der Öffentlichkeit dem OPUS DEI nahesteht. Nicht alle Technokraten sind Mitglieder oder Anhänger des Ordens. Einige Technokraten wie Fraga Iribarne erwiesen sich als ausgesprochene Gegner des OPUS DEI. Andererseits findet die Politik der OPUS-Technokraten ihre Widersacher unter anderen OPUS-Mitgliedern, zum Beispiel in der Gestalt von Rafael Calvo Serer.

Besonders durch Rafael Calvo Serer erfährt der Meinungspluralismus unter den Mitgliedern eine aufschlußreiche Bestätigung. Calvo Serer, angesehener Professor für Neue Geschichte, vertrat in seinen Veröffentlichungen bis Mitte der fünfziger Jahre ein restauratives, gegenrevolutionäres Programm, vor allem in »Teoría de la restauración« (1953). Er bezeichnet selbst sein Buch »La fuerza creadora de la libertad« (Die schöpferische Kraft der Freiheit; 1958) als Wende zu einer neuen Orientierung, die ihn zu einem der kritischsten demokratisch und sozialreformerisch denkenden Publizisten Spaniens machte. Calvo Serers Organ war die Zeitung »Madrid«, deren Herausgeber er 1966 wurde. Ein Kredit der Banco Popular (OPUS DEI) ermöglichte ihm, zwei Drittel der Verlagsaktien anzukaufen. Daß damit ein Privatmann, nicht das OPUS DEI, wie oft gesagt wurde, die Majorität übernahm und »Madrid« unabhängig blieb, zeigt das Schicksal der Zeitung. Unter Calvo Serer und seinem Chefredakteur Antonio Fontán

(ebenfalls OPUS-Mitglied) wurde »Madrid« zu einem einflußreichen oppositionellen Blatt, bis zur unverhüllten Forderung nach freien Gewerkschaften, Sozialreformen, Meinungsfreiheit und der kritischen Feststellung: »Wir Spanier haben die volle demokratische Beteiligung nicht erlangt, die man uns dem Gesetz nach gab.«
Mit ihrer offenen Kritik standen Calvo Serer und Antonío Fontán politisch in Widerspruch zu ihren OPUS-Kollegen in der Regierung. Das Ende ist bekannt. Nach wiederholter Verhängung von empfindlichen Geldstrafen und zeitweisen Verboten mußte die unabhängige Zeitung »Madrid« im November 1971 auf Anordnung des Informationsministeriums ihr Erscheinen einstellen. Der Herausgeber Rafael Calvo Serer lebt seitdem in Paris. Käme er nach Spanien zurück, stünde ihm ein Prozeß wegen »staatsschädigenden Verhaltens« bevor. Das Verlagsgebäude wurde auf Anordnung der Behörden im April 1973 gesprengt, um für einen Wohnblock Raum zu schaffen.
Das OPUS DEI ist die Summe seiner Mitglieder, die sich den religiösen Postulaten des Laienordens verpflichtet wissen und ihr berufliches wie politisches Engagement selbst entscheiden und verantworten. Zum OPUS DEI gehören die genannten Minister ebenso wie Professor Calvo Serer, der 1972 aus seinem Pariser Exil die Bildung einer neuen spanischen Übergangsregierung gefordert hat und die politischen Verfahrensweisen in Spanien »anachronistisch, ungenügend und überholt« nannte.

ARAGONIEN

Wer die Nationalstraße II von Barcelona nach Madrid fährt, wird – Aragonien durchquerend – eines partienweise eintönigen, aber ungemein starken Landschaftserlebnisses teilhaftig. Nach der Huerta von Lérida und dem schon aragonesischen, malerisch gelegenen Fraga führt die Straße kilometerweit über das karge, ausgebrannte Hügelland von Los Monegros. Grau-braune und rötliche Auffaltungen der Erde; in Senken wenige Ölbäume und dürres Gras. Kurz vor Zaragoza erreicht die Straße das fruchtbare Ebrotal, zieht nach der zentralen Provinzhauptstadt wieder durch trockenes Bergland und über die Randhöhen der Meseta, von grünen Oasen unterbrochen, dann über die kastilische Hochfläche. Die Fahrt vermittelt eindrucksvoll den ernsten Charakter der aragonesischen Landschaft. Mit Ausnahme der wenigen grünen Bänder einiger Flußtäler ein abgeschlossenes, vegetationsarmes oder von spärlicher Grassteppe bedecktes Hochland.

Der Ebro, der aus den kantabrischen Bergen und von Navarra kommend nach Südosten fließt, schneidet Aragonien in zwei etwa gleich große Teile. Nur in den künstlich bewässerten Talauen des Ebro, vor allem in der Huerta von Zaragoza, und einiger kleiner Flüsse ist das Land fruchtbar. Hier gedeihen Mais, Weizen, Hafer, Zuckerrüben, Baumwolle und Gemüse. Auf den unteren Terrassen wachsen Oliven, Mandeln, Feigen und in geschützten Lagen hochstöckige Reben, die einen guten Wein liefern. Sonst erstrecken sich links wie rechts des Ebro trockene, dürftig bewachsene Hochsteppen, oft wüstenhaft kahle Anhöhen, trostlose, menschenleere Trockengebiete, nur selten von erdfarbenen Dörfern und kleinen Oasen unterbrochen, eine fast afrikanische Landschaft. Nach Norden klettert das Bergland zu den Pyrenäen an, nach Süden zum Iberischen Randgebirge.

Eingekeilt zwischen Gebirgen hält sich im aragonesischen Kernland ein hartes kontinentales Klima mit überhitzten Sommern und frostkalten Wintern. Im Zentrum, um Zaragoza, bleiben nur fünf Monate im Jahr stets frostfrei. Aragonien gehört zu den regenärmsten und trockensten Gebieten Spaniens. Bodenbeschaffenheit, Trockenheit und Klima bringen mit sich, daß Aragonien noch vor der Estremadura unter allen spanischen Regionen die minimalste Bevölkerungsdichte hat (23 Einwohner je Quadratkilometer). Die Ausnahme bildet Zaragoza, die Hauptstadt und einzige Großstadt Aragoniens, in der sich die Industrie des Ebrobeckens konzentriert und die von einer fruchtbaren Huerta umgeben ist. Die beiden anderen aragonesischen Provinzhauptstädte Huesca und Teruel zählen 29 000 und 22 000 Einwohner.

Salvador de Madariaga nannte den Aragonesen »den primitivsten und vielleicht echtesten Repräsentanten der typischsten Züge des Spaniers. Urwüchsig und geradezu neigt er zu extremen Ansichten. Er ist unnachgiebig zäh, reicher an Intuition als an bewußtem Denken, unabhängig, stolz und individualistisch. Besser als irgendein Werk der Literatur vermittelt der Aragonese Goya den Genius von Aragonien«. Goya wurde in Fuendetodos südlich von Zaragoza, einem der typischen kleinen, dürftigen und farblosen Dörfer, als Sohn eines Baturro, eines Bauern, geboren. In Zaragoza hat man Goya am Rand der Plaza Nuestra Señora del Pilar ein merkwürdiges Denkmal gesetzt. Um das Standbild Goyas gruppieren sich vier steinerne Bewunderer des Meisters, Figuren aus der vornehmen Gesellschaft. Im Triumph des Bauernsohnes, die feingeputzten Herrschaften zu seinen Füßen, drückt sich aragonesischer Stolz aus.

Vielleicht sollte man der Charakterisierung Madariagas hinzufügen, daß die etwas schwerfällige und anspruchslose Lebensart den Aragonesen von seinen Nachbarn unterscheidet, vom unternehmerischen, lebhaften Katalanen wie von den gewerbetüchtigen, lebensfrohen Navarresen und Basken. Doch Vergleiche dieser Art bleiben unvollständig ohne den Hinweis auf die ungleich härteren Lebensbedingungen, denen die Aragonesen ausgesetzt sind. Ihr Land sperrt sich jeder wirtschaftlichen Nutzung, gibt nichts her, sondern fordert und plagt unter einem lastenden Klima. Die wenigen fruchtbaren Zonen wurden dem kargen Boden abgetrotzt. Selbst das Ebrotal bringt nur dort landwirtschaftlichen Nutzen, wo Bewässerungsgräben gezogen wurden wie der rechts neben dem Ebro fließende Canal Imperial, der 25 Kilometer südöstlich von Zaragoza endet.

Dieses Land, das heute zu den ärmsten und hilfebedürftigsten Regionen Spaniens zählt, trieb vom 12. bis zum 15. Jahrhundert eine äußerst unternehmersiche, regelrecht expansive Politik. Als einziges

Aragonien

der spanischen Königreiche dehnte Aragonien seinen Herrschaftsbereich im außerspanischen Mittelmeerraum aus, eroberte die Balearen, Sizilien, Sardinien und Süditalien. Ursprünglich, als die Mauren bis zum Ebro und zeitweise nördlich des Ebro herrschten, existierte in den Pyrenäen nur das navarresische Königreich. Durch die Erbteilung des Königs Sancho el Mayor wurde das östliche Pyrenäenland im Jahre 1035 selbständiges Königreich und erhielt seinen Namen von dem kleinen Pyrenäenfluß Aragón.

Schrittweise dehnte sich das winzige Königreich durch die Eroberung maurischer Gebiete nach Süden aus. Nach der Vertreibung der Mauren aus Huesca, 1096, wurde die Stadt Königsresidenz. Eine schauerliche Begebenheit verbindet sich mit der heutigen Bischofs- und Provinzhauptstadt. König Ramiro II. von Aragón lud aufrührerische Adelige ein, um ihnen eine neue Glocke vorzuführen, deren Klang man im ganzen Land hören würde. Ramiro ließ die Adeligen, die gekommen waren, enthaupten und ihre fünfzehn Köpfe in Kreisform aufstellen, als Glockenrand, während der sechzehnte Kopf als Klöppel in der Mitte an einem Seil befestigt wurde. Die Könige von Aragón waren unnachgiebige, kriegerische Herren. Alfons I., der 1118 Zaragoza eroberte und zur Hauptstadt machte, der die Mauren über den Ebro zurücktrieb, trug den Beinamen »der Krieger«. Auf friedlichem Wege, durch Heirat, kam 1137 die Grafschaft Barcelona, also Katalonien, zu Aragón. Damit und durch die spätere Eroberung südlicher Gebiete beherrschte Aragonien im 13. Jahrhundert das große Dreieck zwischen den Pyrenäen und der Mittelmeerküste bis hinunter nach Valencia und Murcia.

Während Kastilien und die nördlichen Königreiche das maurische Spanien zurückeroberten, betrieb Aragonien seine eigene Eroberungspolitik im Mittelmeerraum. Nur hatte das zur Folge, daß sich Aragonien durch kühne und abenteuerliche Unternehmen verausgabte und Spanien der wachsenden Vormacht Kastiliens überlassen blieb. Die Heirat Ferdinands II. von Aragonien und Isabellas von Kastilien vereinigte die beiden mächtigsten Königreiche Spaniens. Doch obwohl Ferdinand die 1504 gestorbene kastilische Isabella um zwölf Jahre überlebte, waren die Weichen zuungunsten Aragoniens bereits gestellt. Die politischen Gewichte hatten sich nach Kastilien und durch die Einnahme Granádas und die Entdeckung der Neuen Welt zum spanischen Süden verlagert. Damit endet nicht nur die selbständige Geschichte des Königreichs Aragonien, sondern begann sein politischer und wirtschaftlicher Niedergang, dessen Folgen für das Kernland Aragonien bis in die Gegenwart reichen.

Für fremde Besucher ist Aragonien vorwiegend Durchreiseland. Vielleicht legt man in Zaragoza eine Rast ein, ehe man weiterfährt auf der Nationalstraße II nach Madrid oder das Ebrotal aufwärts nach Logroño oder Pamplona und nach Nordspanien. Es gibt aber, besonders in den Vorpyrenäen, abseits der üblichen Touristenstraßen eine Reihe von Orten, deren romanische und gotische Bauwerke die Erinnerung an die aragonesische Königszeit wachhalten und die den Besuch lohnen.

Die lebhafte Provinzhauptstadt Huesca, einst von Wällen mit 99 Türmen umgeben, hat eine gotische Kathedrale mit schönem Figurenportal. In der ältesten Kirche San Pedro (frühes 12. Jh.) mit eindrucksvollem romanischem Bauschmuck findet man das Grab des Königs Ramiro II. Nördlich von Huesca, kurz vor Jaca, liegt das romanische Kloster San Juan de la Peña (9. bis 12. Jh.), von einem mächtigen Felsen überwölbt und von Wäldern umgeben. Das Kloster hatte seit dem Ende des 9. Jahrhunderts einen großen Namen und diente als Grabstätte für Könige von Navarra und Aragonien. Jaca darf sich rühmen, die erste romanische Kathedrale Spaniens zu besitzen (11. Jh., später teilweise gotisch erneuert), das Vorbild für zahlreiche Kirchen Nordspaniens. Auch hier gewinnt die romanische Bauplastik, vor allem in den Tierdarstellungen, eine in der Stilisierung ungemein starke Ausdruckskraft. Nach der Überquerung des Pyrenäenpasses von Somport endete in Jaca der erste Tagesmarsch der Jakobspilger, bevor sie dem Lauf des Rio Aragón folgend ins Navarresische weiterzogen. Heute befindet sich in Jaca ein Sommersitz der Universität von Zaragoza. Vor Huesca war die auf einem Hügel über dem Aragón landschaftlich reizvoll gelegene alte Stadt Residenz des ersten aragonesischen Königs Ramiro I., die Keimzelle Aragoniens.

Zaragoza

Dem von Barcelona und Lérida Anreisenden bietet Zaragoza einen imponierenden Anblick. Von der Vorstadt aus und bevor man auf der alten Steinbrücke den Ebro überquert, fällt der Blick auf die breite Stadtfront jenseits des Ebro, herausragend die Türme und Kuppeln der ufernahen Wallfahrtsbasilika Nuestra Señora del Pilar und links der schlanke Glockenturm der gotischen Kathedrale La Séo, eine faszinierende Silhouette.

An der rechten Uferseite des Ebro, von den beiden Kathedralen stadteinwärts bis zur Calle del Coso, liegt der alte Stadtkern, genau an der Stelle des einstigen Römerlagers, von dem Mauerreste erhalten sind. Kaiser Augustus gab der Stadt den Namen Caesar Augusta, woraus das maurische Saracusta und später Zaragoza abgeleitet wurde (in deutscher Schreibweise nach der Aussprache Saragossa). An die Mauren, die in Zaragoza vier Jahrhunderte herrschten (von 713 bis 1118), erinnert das am Westrand der Stadt gelegene Castillo de la Alfería. Es wurde nach der Rechristianisierung umgebaut, nicht zu seinem Vorteil, diente als Schloß der Könige von Aragón und beherbergte später das Inquisitionstribunal. Maurischen Einfluß zeigen die schönen Kirchtürme des 14. Jahrhunderts, von San Miguel, San Gil, San Pablo, Santa Magdalena, eckige Backsteintürme, deren mudéjare Dekorierung an Moscheetürme erinnert. Auch nach dem Sieg der Christen blieben die Mauren in Zaragoza, waren maurische Bauleute und Keramiker begehrt.

Die Vereinigung Aragoniens mit Kastilien nahm Zaragoza den Glanz der Königsstadt und den politischen Vorrang. Doch als Kreuzpunkt der Straßen von Kastilien zu den Pyrenäen, von Katalonien nach Nordspanien behielt Zaragoza seine hervorragende Bedeutung in Friedens- und Kriegszeiten. Die Stadt blieb wirtschaftliches und geistiges Zentrum zumindest des aragonesischen Kernlandes. 1474 wurde die Universität gegründet, deren literarische und medizinische Fakultäten berühmt waren und noch heute sind. Karl V. ließ durch flämische Techniker den Canal Imperial anlegen, der durch seine Bewässerungsadern das Schwemmland des Ebro fruchtbar macht. Demselben Jahrhundert, dem 16., verdankt die Stadt Zaragoza zahlreiche repräsentative Renaissancepaläste wie den der Grafen Luna, heute die Audiencia (Berufungsgericht), deren Portal zwei steinerne Giganten flankieren, oder die Lonja bei der alten Steinbrücke, deren große Halle mit gotischem Kreuzgewölbe den Börsen von Valencia, Barcelona und Palma nicht nachsteht. Leider sind mehr als zwanzig der alten Paläste der Modernisierung der Stadt zum Opfer gefallen.

Aus seinem kompakten Stadtkern zwischen Ebro und Calle del Coso hat sich Zaragoza nach allen Seiten ausgebreitet, ziemlich planlos und verwirrend für die Orientierung außerhalb des Zentrums. Vor allem in den letzten zwanzig Jahren ist die Stadt sprunghaft gewachsen, mit

Hochhausvierteln, Wohnsiedlungen, neuen Straßenzügen, wo vordem Schafe weideten, und Industrievororten bis zum Kaiserkanal. Die Zuwanderung vom Land brachte Zaragoza eine enorme Steigerung der Einwohnerzahl von 274 222 im Jahre 1955 auf 440 000 im Jahre 1972. Damit wohnt gut die Hälfte der Provinzbevölkerung in der Hauptstadt.

Angesichts der trostlosen Verhältnisse im aragonesischen Hinterland versteht man den Drang der arbeitsfähigen Bevölkerung in die Stadt. Wer heute nach Zaragoza kommt, wird feststellen, daß die Stadt alles bietet, was dem dürftigen Hochland fehlt: in der Umgebung das mit Fleiß bewirtschaftete Agrarland der Huerta und im Stadtbereich eine noch wachsende Industrie, die genug Arbeitsplätze bereitstellt.

Zaragoza ist Industriestadt geworden und verdankt der staatlichen Förderung als eine der sieben industriellen Entwicklungszonen neben La Coruña, Vigo, Búrgos, Valladolid, Sevilla und Huelva seinen beständigen wirtschaftlichen Aufschwung. Die herkömmliche Industrie der Verarbeitung agrarischer Produkte des Umlandes wurde ausgebaut, die Zuckerraffinerien, die Konservenfabrikation, ebenso die Papierherstellung und die Holz- und Lederverarbeitung. Neue Industriezweige siedelten sich an, deren Fabrikationsvielfalt den neuzeitlichen Bedürfnissen entspricht. Metallwaren- und Maschinenfabriken, Chemiewerke, Baustoffunternehmen, elektronische Fabriken, Textilbetriebe, Werke der Glasindustrie. Die Industrie wird von den Wasserkraftwerken der Pyrenäenflüsse mit Strom versorgt. Als besonders vorteilhaft erweist sich die Verkehrslage Zaragozas im Knotenpunkt eines sechstrahligen Straßen- und Eisenbahnsystems.

Der wirtschaftliche Auftrieb hat den Charakter der Stadt, zumal in den letzten zwei Jahrzehnten, gründlich verändert. Erstaunlich schnell scheinen sich die Zugewanderten dem städtischen Lebensrhythmus anzupassen, obwohl man in den Straßen und Einkaufsvierteln auch bäuerlich derbe Gesichter sieht. Die Stadt formt ihre Menschen, macht aus den sonst eher schwerfälligen und verhaltenen Aragonesen lebhafte und geschäftige Stadtbewohner. Man muß nur von der alten siebenbogigen Steinbrücke, dem Puente de Piedra, der immer belebten Calle Don Jaime I stadteinwärts folgen, um in das Zentrum der vitalen Stadt zu gelangen. Die Calle stößt auf die Plaza de España, dem von hohen Geschäftshäusern umgebenen Verkehrsmittelpunkt, der von der Hauptverkehrsstraße, der breiten Calle del Coso, gekreuzt wird. Nach Süden zieht die elegante Promenade, der Paseo de la Independencia, bis zur Plaza de Aragón, in deren Mitte aus einem ovalen Brunnenbecken Fontänen aufsprudeln. In den späten Nachmittagsstunden sammelt sich das Volk auf der Promenade. Man sieht junge, temperamentvoll diskutierende Leute, weniger Studenten, deren Zahl (6000) nur 1,35 Prozent der Bevölkerung ausmacht. Die Plätze der Straßencafés an der Plaza de España sind schnell besetzt, und in den Tascas der nahen, engen Calle de los Martires stauen sich die Gäste, die stehend ein kleines Glas Wein nehmen und dazu Happen vorzüglich zubereiteter Mariscos.

Eine Eigentümlichkeit Zaragozas blieb bisher unerwähnt, seine Bedeutung als religiöses Zentrum und Wallfahrtsstätte. Zaragoza gilt als erste christianisierte Stadt Spaniens und bewahrt die Erinnerung an zahlreiche Märtyrer, die für ihren Glauben starben. Ihnen wurde eine eigene Kirche geweiht, die Kirche der Santas Masas, der heiligen Massen, heute Santa Engracia genannt. Ihre Krypta mit den Gräbern und frühchristlichen Sarkophagen und ihre platereske Fassade blieben erhalten, während das Hauptgebäude nach der Zerstörung im Franzosenkrieg (1808) erneuert wurde.

Im Jahr nach der Wiedereroberung, 1119, begannen die Zaragozaner an der Stelle einer abgetragenen Moschee ihre Kathedrale La Séo zu bauen, deren hoch aufragender Glockenturm ein Wahrzeichen der Stadt ist. Die vierhundertjährige Bauzeit bis 1521 gab der im wesentlichen gotischen Kathedrale eine etwas verwirrende Stilvielfalt. Den bewundernswerten alabasternen Retablo der Capilla Mayor schuf ein deutscher Meister aus Schwaben im 15. Jahrhundert. Romanische und gotische Elemente zeigt das äußere Kirchenhaupt, dessen obere Backsteinmauern durch schönsten mudéjaren Dekor und bunte Kacheln (Azulejos) geschmückt sind. Auch hier, wie bei den mudéjaren Kirchtürmen, waren maurische Künstler am Werk.

Seit dem Mittelalter bis in die Gegenwart kommen Pilgerscharen in die Stadt, deren Ziel jedoch nicht die Kathedrale La Séo ist, sondern die Wallfahrtsbasilika Nuestra Señora del Pilar. Von der Ebrobrücke aus gesehen wirkt die riesige Basilika mit ihren vier laternengekrönten Ecktürmen und elf Kuppeln überaus prachtvoll. Das weiträumige, etwas düstere Innere der von 1681 bis Ende des 18. Jahrhunderts errichteten Basilika erhielt eine reiche Ausstattung, an der Goya und sein Lehrer Bayeu mitwirkten. Doch die Basilika verdankt ihre Bedeutung weniger der Architektur und bildnerischen Kunst als der religiösen Verehrung. In der Santa Capilla wird vor einem verschwenderischen, von Gold, Silber und Diamanten glitzernden Hintergrund die Virgen del Pilar verehrt, eine kostbar gekleidete und gekrönte Marienstatue auf einer kleinen Säule (Pilar) aus Jaspis. Auf dieser Säule soll nach der Legende dem Apostel Jakobus am 2. Januar des Jahres 40 die heilige Jungfrau erschienen sein. Eine Begebenheit, so fiktiv wie die spanische Santiago-Geschichte, aber durch die Jahrhunderte wirksam. Unzählige spanische Mädchen erhalten zu Ehren der Virgen von Zaragoza den Namen Pilar. Jahraus, jahrein kommen die gläubigen Pilger, die kleine silberbeschlagene Säule zu berühren oder zu küssen und eine besondere Gnade zu erhoffen.

Jährlich am 2. Januar feiern die Zaragozaner das Fest der »leiblichen Erscheinung der Virgen del Pilar in Zaragoza«, am 12. Oktober das Hauptfest zu Ehren der Virgen. In der Woche um den Oktobertag verwandelt sich Zaragoza in eine fröhlich ausgelassene Stadt. Eine Festkönigin wird gewählt. Umzüge mit blumengeschmückten Wagen und liturgische Prozessionen ziehen durch die Altstadtstraßen zum Platz vor der Basilika. Dort tanzen die besten aragonesischen Jota-Tanzgruppen um die Wette. In der Nacht zischen Feuerwerkskörper über den Ebro. Das religiöse Fest wird zum spanischen Volksfest, lockt Gruppen aus allen spanischen Regionen und fremde Besucher an. Die letzten Stierkämpfe der Saison finden statt, sportliche Wettkämpfe und Kunstausstellungen. Zur gleichen Zeit zeigt die große Nationale Mustermesse am Paseo de Isabel la Católica den Produktionsreichtum der aragonesischen Wirtschafts- und Industriemetropole. Für eine Woche genießt Zaragoza das Privileg, die lebhafteste und festlichste Stadt Spaniens zu sein.

Von Essern und Trinkern

In der Mitte des 17. Jahrhunderts nannte der lebenserfahrene Moralphilosoph Baltasar Gracián seine spanischen Landsleute »mäßig, was das Essen, und nüchtern, was das Trinken anlangt, jedoch üppig in der Kleidung«. Für die Mehrzahl der Bevölkerung trifft das heute wie vor dreihundert Jahren zu. Doch die spanischen Eßgewohnheiten zeigen äußerst differenzierte regionale Besonderheiten. Wer Bekanntschaft mit mehreren regionalen Küchen und Eßgewohnheiten macht, wird unschwer feststellen, daß die gastronomischen Varianten durchaus systematisch angelegt sind. Grob gesprochen heißt das: die spanische Küche zeigt in ihrer Qualität und Quantität ein eigentümliches Gefälle von Norden nach Süden. Dasselbe gilt für die Eßlust, die Freude an guten und reichlichen Mahlzeiten.

In der Rangfolge der spanischen Speisenkarte nimmt die baskische Küche den ersten Platz ein. Nun liefern schon die natürlichen Produkte die Grundlage für die Vielfalt und den Reichtum der baskischen Mahlzeiten. Die Qualität der Fische, die in den kantabrischen Gewässern gefangen werden, gehört zur weltbesten. Die Schlachttiere, die im regenfeuchten kantabrischen Land weiden, geben ein hochwertiges, schmackhaftes Fleisch. Solche geschenkten Voraussetzungen fehlen dem größeren Teil Spaniens, vor allem den kargen, trockenen Hochebenen Kastiliens und Andalusiens. Entsprechend frugal und mäßig im Sinne Baltasar Graciáns muß sich das durchschnittliche Essen in diesen Regionen begnügen. Aber Eßgewohnheiten, wie etwas zubereitet auf den Tisch kommt und verzehrt wird, sind auch Ausdruck des jeweiligen regional verschiedenen Charakters und der Lebensintensität.

Von mäßigem Essen kann im Baskenland keine Rede sein. Die Basken sind gewaltige Esser. Ihre üppigen Mahlzeiten, die in der Regel aus zwei Hauptgerichten bestehen, Fisch und Fleisch, umgeben von köstlichen Vor- und Nachspeisen, geraten leicht zu Schlemmermahlen. Sie essen nicht nur deftig und reichlich, sondern gut. Gegen alle Vorurteile, die der spanischen Gastronomie einen minderen Rang zuschieben, wage ich zu behaupten, daß zumindest die baskische Fischküche in Europa unübertroffen ist. Die Phantasie der baskischen Köche, etwa in der Zubereitung von Bacalao, dem anderswo eher langweilig servierten Kabeljau oder Stockfisch, verdient höchste Anerkennung. Überaus schmackhaft und abwechslungsreich kommt ein reiches Angebot an Fischen, Schalentieren und kleinen Aalen auf den Tisch, ob man in einer bescheidenen oder exklusiven Gaststätte speist, in San Sebastián, Bilbao oder irgendeiner anderen baskischen Stadt. Nur wird der ungewohnte Fremde in Kauf nehmen müssen, daß die baskische wie die spanische Küche überhaupt reichlich Öl verwendet und mit Knoblauch nicht spart.

Zum Essen trinken die Basken in kräftigen Schlucken ihren Chacolí oder auch den einheimischen Sidra, den Apfelmost, und beschließen das Mahl gern mit Kognak und Anís. Aber sie halten es wie alle Spanier: Sie kennen ihr Maß. Borracho, betrunken zu sein, verträgt sich nicht mit der spanischen Würde und gilt als übles Schimpfwort. Wer über seinen Durst trinkt, könnte vor anderen lächerlich wirken und zum Gespött werden. Das ist Grund genug zur Mäßigung. Nirgendwo wird man seltener Betrunkene sehen als in Spanien, es sei denn in den Touristengebieten. Aber dort sind es die Fremden, die den billigen Wein des Landes zu hastig trinken oder seine Wirkung unterschätzen. Der Spanier begnügt sich meist mit ein oder zwei Chatos, kleinen, halb mit Wein gefüllten Gläsern. Er trinkt nicht, um der Wirklichkeit zu entfliehen, sondern aus Gründen der Geselligkeit, um besser, angenehmer, wohlgelaunter in seiner Umgebung zu bestehen. Der geradezu angeborene Drang zur kommunikativen Selbstbehauptung, zur Selbstbestätigung unter Freunden und in Gesellschaft, würde schon durch etwas Trunkensein empfindlich gestört. Die sehr feinnervige Beziehung zur geselligen Umwelt, die eigentümliche spanische Mischung aus Stolz und Würde, setzen jedem Unmaß im Trinken eine Grenze.

Wie das Essen in Nordspanien zur Lust wird, zu einem Vergnügen bereitenden Ereignis, so bleibt es im äußersten Süden, in Andalusien, eher an den Rand gedrängt, eine notwendige Übung, der man sich rasch unterzieht. In dieser Hinsicht lebt der Andalusier anspruchslos (um so mehr liebt er das gepflegte Aussehen und adrette Kleidung). Das ist kein soziales Problem, jedenfalls nicht auf die allgemeinen Eßgewohnheiten bezogen, sondern eine Frage der Mentalität. Auch im Baskenland gibt es arme und reiche Esser, was ihrer übereinstimmenden Gaumenfreunde keinen Abbruch tut. Fernando Díaz-Plaja nannte Andalusien eine »kulinarische Wüste«, und Ortega y Gasset schrieb mit freimütiger Direktheit: »Die andalusische Küche ist die gröbste, primitivste und ärmste der ganzen Halbinsel.« Pflichtschuldig füge ich hinzu, daß ich in den Paradores von Jaén, Córdoba, Cádiz und Málaga stets vorzüglich gegessen habe. Außerdem verdankt ganz Spanien den Andalusiern zwei Spezialitäten von nicht geringem Reiz, den Gazpacho und die Tapas.

Gazpacho besteht aus einer eiskalten pikanten Knoblauchbrühe, der kleine Würfel von Rohprodukten wie Tomaten, Gurken, Zwiebeln, Melonen und Brotwürfelchen zugegeben werden. Ursprünglich erfrischte der Gazpacho, aus dem Tonkrug genommen, die andalusischen Landarbeiter. Heute wird Gazpacho nicht nur in Andalusien, sondern in allen Regionen, in jeder Taverne und jedem Luxusrestaurant serviert, mit wechselnden Zutaten, an heißen Tagen ein Genuß.

Auch die Tapas, wörtlich Deckel, kleine Appetithappen, sind zur allgemeinen spanischen Spezialität geworden, obwohl sie am ehesten andalusischen Eßgewohnheiten entsprechen, denn man nimmt sie nebenher, stehend, ohne Besteck, im Gespräch mit Freunden, dazu trinkt man einen Chato oder eine Copita de Vino. Tapas sind das Vielfältigste und Einfallsreichste, was aus der spanischen Küche kommt. Es sind kulinarische Proben der gesamten Speisenkarte Spaniens. Sie erschließen auf einfachste und bekömmliche Weise den Zugang zur Gastronomie des Landes. Die Miniaturgerichte in den kleinen Schälchen belasten den Magen nicht. Nach Wunsch gibt es ein paar Oliven, Käsewürfel, Wurst- oder Schinkenscheiben, Champignons, in Öl gebacken, Fleischspießchen, Fleischklößchen oder gulaschähnliche Happen, kleine oder große Schnecken. Von größerem Reiz ist das vielfältige Angebot an Fischen und Meerestieren, ebenfalls in winzigen Portionen serviert, geröstet, gebacken oder roh, Muscheln, Austern, Krabben, Tintenfische, Seespinnen, kleine Aale, Langusten, was das Meer hergibt.

Jede spanische Stadt hat im Zentrum eine oder ein paar Gassen mit Tascas, kleinen Stehkneipen, meist mit Straßenfenster, durch das man die Fülle der angebotenen Tapas betrachten kann. Der Besuch der Tascas gehört zum spanischen Alltag wie der abendliche Paseo. Nirgendwo kommt der Fremde dem spanischen Leben näher als in einer typischen Tasca. Ein Gang durch mehrere Tascas mit den entsprechenden, nach Geschmack und Lust gewählten Kostproben ersetzt ein komplettes Abendessen. Aber der Spanier besucht die Tasca in erster Linie, um mit Freunden oder Bekannten stehend bei einem Gläschen Wein und ein paar Appetithappen zu reden oder vielleicht ein Geschäft zu besprechen. Der Verzehr gilt in der Regel als Vorspeise vor dem eigentlichen Mittag- oder Abendessen.

Die Spanier bevorzugen ein leichtes Frühstück, bestehend aus einem Café solo oder Café con leche, aus schwarzem Kaffee oder mit Milch, und ein paar Churros. Morgens haben die Churrerías auf den Plätzen und an den Straßenecken Hochbetrieb. Fingerdicke Teigschlangen werden in einen Kessel mit siedendem Öl gespritzt und so lange gebacken, bis sie knusprig sind. Zerteilt und etwas mit Puderzucker bestreut finden die Churros ihre Empfänger. Frisch und noch warm schmecken sie am besten. Gegen zwölf Uhr mittags beleben sich Bars und Tascas zum erstenmal. Man trifft sich, nimmt einen Schluck Wein und ein paar Tapas, denn das übliche Mittagessen kommt erst gegen zwei, gelegentlich drei Uhr auf den Tisch. Nach mitteleuropäischem Maß verschiebt sich der spanische Tagesrhythmus um gut zwei Stunden in den Nachmittag und Abend hinein. Darum bieten Tapas eine willkommene Überbrückung. Erst recht gilt das für den Abend. Das Abendessen in der Familie wie in den Gaststätten findet nicht vor neun Uhr abends statt, in der Regel gegen zehn Uhr. Man darf nicht erstaunen, wenn eine Verabredung zum Abendessen auf zehn Uhr angesetzt ist.

In allen spanischen Dörfern und Städten gehört der frühe Abend dem Paseo, der Promenade. In diesen schönsten Stunden des Tages, wenn in den heißen Sommermonaten die Tageshitze abgeklungen ist, beleben sich schlagartig die Straßen und Plätze. Spontan erwachen vordem wie tot oder verschlafen wirkende Orte. Man erfährt die erstaunlich vitale Bereitschaft des individualistischen Spaniers zum kommunikativen Austausch, zur Geselligkeit, zum miteinander Reden und zum sprühenden miteinander Sich-Freuen. Vor allem junge Leute promenieren gruppenweise, während die Älteren eher am Rand einer Plaza sitzen und dem Treiben zuschauen. Oder sie treffen sich in einer Cafetería zur Tertulia, einer Art gehobenem Stammtisch, der zu animierenden Gesprächen einlädt. Die eigentliche Zeit für den Tasca-Besuch liegt zwischen dem Paseo und dem obligaten Abendessen. Dann allerdings sind die Tascas rasch von redenden, trinkenden, essenden Menschen überfüllt. Man hat Mühe, zur Theke vorzudringen und wundert sich, mit welcher Geschwindigkeit die bedienenden Mozos die gewünschten Tapas vorlegen.

Abgesehen von den überall verbreiteten und in ihrer Vielfalt nur gering regional unterschiedlichen Tapas besitzt jede Region ihre gastronomische Eigenart. In Andalusien äußert sich das Besondere weniger in der Zubereitung der Hauptgerichte als in den kleinen Sachen, köstlichen Vor- und Nachspeisen, gaumenkitzelnden Naschereien, Dulces, Kuchen, kandierten Früchten. Der zartrote Schinken von Trevélez in der Provinz Granáda ist so delikat und aromatisch wie der im Bergdorf Jabugo in der westlich auslaufenden Sierra Morena. Nirgendwo gibt es bessere Tapas, vielleicht Madrid ausgenommen, als in der Sierpes von Sevilla.

Aus Kastilien stammt der Cocido, ein schmackhaftes, kräftiges Eintopfgericht, das neben der valencianischen Paella zu den spanischen Nationalgerichten zählt. Die Zutaten wechseln von Region zu Region, aber am besten schmeckt der Cocido in Madrid. In den Topf kommen Garbanzos, die Kichererbsen, weiße Bohnen oder Rüben, ein paar Kartoffeln, Fleisch vom Rind und Schwein, etwas Huhn, frischer Speck und ein Chorizo, die paprikarote, mit Knoblauch gewürzte Wurst. Das Ganze, auf dem Herdfeuer gekocht, ergibt eine sättigende Hausmannskost, die allerdings einen gesunden Magen voraussetzt. Wer in Kastilien kulinarische Spezialitäten sucht, sollte lieber in Toledo zartes Rebhuhn essen oder in Segovia Cochinillo, ein junges, knusprig gebratenes Spanferkel. Die Kargheit des Landes schließt nicht aus, daß sich der Kastilier an den Ausspruch der resoluten und lebensklugen Santa Teresa aus Ávila hält: Wenn Fasten, dann Fasten; wenn Rebhuhn, dann Rebhuhn.

Nach ihrem Beliebtheitsgrad steht die Paella an der Spitze der spanischen Gerichte. Wie der Cocido erhält die Paella reichlich und regional unterschiedliche Zutaten, ist aber von feinerer Art und bedarf einer sorgfältigeren Zubereitung. Die Paella kommt aus dem Valencianischen, wo Reis angebaut wird, denn Reis bildet die Grundlage hierfür. Jeder valencianische Wirt schwört auf seine, um Nuancen abweichende Art der Zubereitung, auf seine Kombination verschiedener Zutaten und Garnierung. Das Servieren der Paella in der flachen schwarzen Pfanne, in der sie auf offenem Feuer zubereitet wurde, ist ein Augenschmaus. Wichtig ist die Verwendung von reinem Olivenöl. Der safrangelbe Reis, eine nicht zu dicke Schicht, muß trocken und körnig sein, etwa in der Mitte zwischen gekocht und gebraten. Dazu kommen grüne Bohnen oder anderes Frischgemüse, Tomaten, Geflügelfleisch, kleine Schnecken, Muscheln und andere Schalentiere. In dieser Mischung von Land und Meer, als Paella mixta, wird die echte Paella zum Schlemmeressen. Die beste Paella fand ich in dem kleinen Fischerdorf El Palmar in der Albufera, südlich von Valencia.

Überhaupt steht den Bewohnern der Levante mit den fruchtbaren valencianischen Huertas ein reiches Angebot an Früchten und Gemüsen zur Verfügung. Sie füllen den Tisch, geben den schmackhaften levantinischen Fleisch- und Fischspeisen die Rundung. Der Levantiner ißt gut und gern. Sein Genuß steigert sich, wenn er sieht, daß es seinen Gastfreunden ebenso wie ihm schmeckt. Nicht nur ländlich üppigen Mahlzeiten, ebenso feinen Süßigkeiten sind die Levantiner, besonders Frauen und Kinder, zugetan: Kandierten Früchten, Marzipan, Turrones aus Mandeln, Honig und Zucker. Die Herstellung, vorzugsweise im Alicantinischen, geht wie in Andalusien auf die Maurenzeit zurück. Dazu gehören auch die Pasas, die süßen getrockneten Trauben, die ihre Entstehung dem Alkoholverbot der Mauren verdanken.

Ein aus der Provinz Valencia stammendes alkoholfreies Getränk muß besonders erwähnt werden, denn es wird zumal an heißen Tagen in ganz Spanien getrunken: die Horchata. Sie wird gewonnen aus der Chufa, einer Erdmandel, die nur im Valencianischen wächst. Die weißgraue milchige Horchata mag dem Nichtkenner beim ersten Schluck etwas fade schmecken, aber eine kalte Horchata erfrischt vorzüglich und stillt in der Sommerhitze den Durst besser als ein gezuckertes Fruchtgetränk. Zum Essen an heißen Tagen empfiehlt sich, eine Sangría zu trinken, ein leicht mit Wasser verdünnter Rotwein, in den Zitronenstückchen und Eis gegeben werden, dazu regional verschieden etwas Gewürz oder ein Schuß Likör.

Würde man alle regionalen Besonderheiten der spanischen Speisenkarte aufzählen, die Liste fände kein Ende. Man müßte hinweisen auf die asturische Fabada (weiße Bohnen, Speck und Wurst), auf die galicischen Mariscos (Meerestiere), auf den Cordero (Lammbraten) von Altkastilien, auf die katalanische Zarzuela (eine pikante Mischung von Fischen und Meerestieren, mit scharfer Sauce serviert) und vieles mehr. Man dürfte die saftigen roten Erdbeeren von Aranjuez nicht vergessen, nicht die Truchas (Forellen) aus den Bergbächen im Norden und nicht die Tortillas (Omeletten), die als Zwischengericht in vielerlei Art bereitet werden, zum Beispiel mit zartem Spargel oder als Tortilla Español mit Kartoffeln und Zwiebeln. Sehr delikat schmecken in Olivenöl gedünstete Artischocken, die mit geschmorten Schinkenwürfeln serviert werden. Das durchschnittliche Essen besteht aus vier Gängen, doch gelegentlich übertreffen die Vor- und Zwischenspeisen die Hauptgerichte.

Von einigen Köstlichkeiten der baskischen Küche abgesehen bietet die spanische Speisenkarte weniger raffinierte als ländliche, substantielle, unverhüllt »offene« Gerichte. Die spanische Küche kennt keine Privilegien, sondern bleibt in den jeweiligen Regionen die Küche für jedermann. Auffallend zeigt sich das eingangs erwähnte Gefälle von Norden nach Süden besonders bei den Fleischspeisen. Hingegen sind die Fischgerichte, selbst in Madrid und den Städten des Binnenlandes, durchweg von hoher Qualität. Vermutlich am wenigsten bekannt ist die außerordentliche Vielfalt der spanischen Küche. Sie gewährt, zusammen mit den gebietsmäßig bestimmten Eßgewohnheiten, einen untrüglichen Einblick in den von Region zu Region vielfältig differenzierten spanischen Lebensalltag.

DIE BALEAREN

Die Balearen-Inseln bilden die Fortsetzung des Andalusischen Faltengebirges, das vom Cabo de la Náo in nordöstlicher Richtung unter dem Meer weiterzieht und nach etwa 90 Kilometern Íbiza, die erste Insel, aufsteigen läßt. Wer es genau nimmt, würde mehr als fünfzig balearische Inseln und Inselchen zählen, deren Hauptinsel Mallorca – nach einer etwas groben Ortsbestimmung – zwischen dem nördlichen Barcelona (175 Kilometer) und dem südlichen afrikanischen Algier (315 Kilometer) liegt. Zusammengenommen ergeben die Balearen eine Fläche von 5014 Quadratkilometern, die knappe Hälfte Navarras, der kleinsten spanischen Festlandregion. Bewohnt und bewirtschaftet sind nur vier Inseln: Mallorca (467 000 Einwohner), Menorca (45 000), Íbiza (43 000) und Formentera (4000).

Ihren Namen verdanken die Balearen den balearii, den in der Antike gefürchteten Schleuderern, die ihren Feinden tennisballgroße Steine entgegenwarfen. Aber die Griechen, die den Namen von ballein, schleudern, ableiteten, meinten damit Mallorca und Menorca, denn nur dort traten die berüchtigten Steinschleuderer auf. Die beiden anderen Inseln Íbiza und Formentera wurden wegen ihres Pinienbestandes Pityusen genannt. Erst in der Neuzeit, auch aus verwaltungstechnischen Gründen, nennt man die gesamte Inselgruppe Balearen.

Eine bewegte Geschichte hat auf den Inseln ihre Spuren hinterlassen. Vom Altertum bis in die Neuzeit waren sie begehrte Objekte als Handelsplatz, Kolonie oder wegen ihrer strategischen Lage zwischen Afrika und Westeuropa. Die seefahrenden Invasoren des Mittelmeers kamen und gingen. Zuerst die Phönizier, dann die Griechen, Karthager und Römer. Ihnen folgten die Vandalen, Westgoten, Byzantiner, Mauren, Aragonesen, Franzosen und Engländer. In der Zeit ihrer Herrschaft zerstörten oder überlagerten sie das Alte, schufen sie Neues nach ihrer Vorstellung, ihrem Vermögen, ihrer Kultur. Merkwürdigerweise ließen Eroberer und Kolonisatoren die frühesten Zeugnisse unbeschädigt, die megalithischen Bauten des 2. Jahrtausends vor Christus. Es sind vor allem die Talayots, aufgetürmte Wehrbauten im Mittelpunkt von Wohnsiedlungen, ähnlich den Nuraghen auf der Insel Sardinien. Andere Bauten, längliche Steinhügel, die als Gräber und teils als Wohnung dienten, gleichen umgestülpten Booten. Sie werden deswegen Navetas, Schiffchen, genannt. Unbekannt blieb die Verwendung der sogenannten Taulas, rechteckiger Monolithe, überdacht von einer größeren rechteckigen Steinplatte. Die auf Mallorca und Menorca zahlreich erhaltenen Monumente dieser Art lassen auf eine rege Bautätigkeit der Urbevölkerung schließen.

Von den Invasoren beherrschten die Römer am längsten die Inseln, über ein halbes Jahrtausend, bis sie im Jahre 426 von den Vandalen vertrieben wurden. Die Mauren, seit 798 im Besitz der Inseln, blieben vierhundertdreißig Jahre. Im September 1229 eroberte König Jaime I. von Aragón mit 150 Schiffen und 16 000 Kriegern Mallorca, einige Jahre danach besetzte er die anderen Inseln. Er gründete das selbständige Königreich Mallorca, dem die französischen Provinzen Roussillon, Montpellier und Cerdagne zugeschlagen wurden, und übergab es seinem Sohn Jaime II. Aber ein Jahrhundert später machten die Aragonesen der Selbständigkeit Mallorcas ein Ende. Sie besiegten 1349 bei Lluchmayor den mallorquinischen König Jaime III. Die Balearen wurden aragonesische Provinz und fielen mit Aragonien im Jahre 1479 an die spanische Krone.

Eine Sonderentwicklung nahm Menorca, die zweitgrößte Insel. Sie wurde 1708, während des Spanischen Erbfolgekrieges, von den Engländern erobert und blieb – von einer kurzen französischen Besetzung abgesehen – rund hundert Jahre in englischem Besitz. Vor allem die Stadt Mahón, von den Engländern zur Hauptstadt ausgebaut, erinnert an das englische Jahrhundert. Noch heute besuchen Engländer gerne Menorca. Sie nennen die Insel: Ein Schottland unter blauem Himmel.

Mit der Einführung von Pauschalreisen und Charterflügen nimmt die friedliche Invasion des internationalen Massentourismus auch hier zu: Die Balearen sind zum begehrtesten Ferienparadies Europas geworden, an einigen Plätzen mehr zur Ferienfabrik. Der Flughafen Son San Juan nahe Palma de Mallorca, von unzähligen rotierenden Windrädern umgeben, die jeden Ankommenden heiter stimmen, rückte — gemessen an seiner Verkehrsfrequenz — an die Spitze aller spanischen Flughäfen. Im Jahre 1971 brachten 38 539 Flugzeuge über 3 Millionen Urlauber nach Mallorca; 1972 kamen 3,7 Millionen, 1973 werden es weit über 4 Millionen sein. Bald werden innerhalb eines Jahres zehnmal mehr Fremde, als Mallorca Einwohner zählt, die Insel bevölkern. Neben der hohen Zahl der über den Luftweg Anreisenden wirkt die Zahl der Schiffspassagiere geradezu kläglich: 1971 verließen im Hafen von Palma 352 875 Passagiere die eingelaufenen 6333 Schiffe.

Was keinem der kriegerischen Eroberer gelungen ist, brachte der neuzeitliche Tourismus zustande. In rund fünfzehn Jahren hat sich das Gesicht der Hauptinsel, jedenfalls in den touristischen Zentren, völlig verändert. Wer an der Bucht entlang von Palma nach El Arenal fährt, passiert auf einer Strecke von zwölf Kilometern eine einzige Front von Hochhäusern und Hotelbauten, wo vordem in drei kleinen Dörfern Fischer und Landleute wohnten. An den Stränden und zugänglichen Plätzen der Küste entstanden Hotelstädte und Ferienzentren. Rund um die Hauptinseln zieht die steinerne, lebenverändernde Umklammerung des Tourismus. Wie das äußere Bild, so hat sich auch die Lebensstruktur der Einheimischen verändert. Sie sind in den Dienst des Tourismus genommen, profitieren wirtschaftlich von den mannigfaltigen Dienstleistungen, die der Fremdenverkehr mittelbar oder unmittelbar fordert. Wirtschaftlich nahmen die Balearen durch den Tourismus einen ungeheuren, noch vor fünfzehn Jahren nicht erwarteten Auftrieb. Nach einer Statistik der Banco de Bilbao aus dem Jahre 1972 gehören die Balearen zu den neun wohlhabendsten Provinzen Spaniens (neben Madrid, Santander, Vizcaya, Alava, Guipúzcoa, Navarra, Barcelona und Gerona). Allerdings mehren sich unter den Einheimischen, die noch vor wenigen Jahren den Ausbau des Tourismus als wirtschaftliche Chance begrüßt hatten, die kritischen Stimmen. Sie weisen auf zunehmende Konflikte, die aus der Überfremdung und Milieuveränderung resultieren, auf schädigende und in krassen Fällen selbstzerstörerische Auswirkungen für die Lebenswelt der Inselbewohner.

Nun bieten die Inseln ideale Voraussetzungen für ein Ferienparadies. Das mediterrane Klima beherrscht ohne heftige Schwankungen die Jahreszeiten. Im mäßig subtropischen Hochsommer mit Durchschnittstemperaturen von 25 Grad bringt das Meer Kühlung. Der kurze Winter bleibt mild, mit durchschnittlichen Januartemperaturen von 10 Grad. Anfang Februar blühen Millionen von Mandelbäumen. Noch der Oktober gewährt warmes Badewetter. Es gibt unverschmutzte Sandstrände und kleine, von Pinienwäldern oder Felsen umkränzte

Badebuchten. Das planktonarme Wasser spült glasklar an die Ufer, ungetrübt von den sonst an den Mittelmeerküsten üblichen Anschwemmungen. Die Sonne und der meist wolkenlose, azurblaue Himmel geben den Inseln eine Lichtfülle, die schon Ariost veranlaßte, die Insel Mallorca la luminosa, die Leuchtende, zu nennen.

Da dem allgemeinen Tourismus ein gewisses Trägheitsmoment zu eigen ist, sind die touristischen Zentren an der Küste und die bekanntesten Badestrände überfüllt, während nur einige Kilometer entfernt ein von Fremden nahezu unberührtes Land beginnt. Aber erst im Innern erschließt sich der ganze Reiz der Inseln. Landeinwärts entdeckt man Landschaften, die zu den schönsten der mediterranen Welt gehören, wechselnd zwischen bizarr ausgeformten Bergen und fruchtbaren Ebenen. Man findet kleine romantische Täler und offenes Hügelland, von den typischen Schutzmauern umgrenzte Felder, Weingärten, unzählige Mandelbäume, uralte Ölbäume und schattige Pinienwälder. Es ist ein auf allen Inseln unbeschädigt erhaltenes einsames, stilles Binnenland, dem noch heute zukommt, was George Sand bekannte: Eine grüne Schweiz unter einem kalabrischen Himmel mit der Feierlichkeit und Ruhe des Ostens. So unglaublich das angesichts der pausenlos ankommenden und abreisenden Touristenströme scheinen mag, es bedarf keiner allzu großen Anstrengung, um im Inselinneren Mallorcas Landschaften zu entdecken, die den Namen Isla de la calma, Insel der Stille, rechtfertigen.

Mallorca

Palma de Mallorca in der großen Bucht im Südwesten der Insel gehört mit 215 000 Einwohnern (etwas weniger als der Hälfte der Inselbevölkerung) zu den spanischen Großstädten. Palma ist eine noble und schöne Stadt geblieben. Auch der Tourismus hat die Substanz der alten Ciutat de Mallorques nicht verändert, obwohl ihre Straßen und Promenaden an den Sommertagen von Gästen aus aller Welt überfüllt sind. Nur außerhalb, an den Stadträndern, entlang der Küste nach Westen und Osten wachsen die Hotelstädte, sind ehemals kleine, friedliche Strandbuchten von Hochhausbauten umstellt.

Hoch und breit überragt die gotische Kathedrale die Häuser der historischen Ciutat. Jeder vom Meer Kommende sieht die Kathedrale, ihren wuchtigen Längskörper mit den senkrechten, licht- und windbrechenden steinernen Rippen. Als die aragonesischen Eroberer, die Mallorca von den Mauren befreiten, auf ihrer Überfahrt im Herbst 1229 in einen Sturm gerieten, gelobte König Jaime I., der Jungfrau Maria einen Dom zu errichten. Doch entstand zunächst die Königskapelle, in der gegenwärtig die Sarkophage der mallorquinischen Könige Jaime II. und Jaime III. stehen. An der Kathedrale, deren erster Bauabschnitt auf das 14. Jahrhundert zurückgeht, wurde bis zum Jahre 1601 gebaut. Sie gehört zu den größten und großartigsten Kathedralen Spaniens, im Inneren weiträumig und hell, mit 44 Meter hohem Gewölbe, das von schlichten achteckigen Pfeilern getragen wird. Die große Fensterrose, deren Durchmesser elf Meter beträgt, ist eine der schönsten in ganz Spanien, eine leuchtende Sonne aus Glas.

Die Kathedrale steht in der Oberstadt, die auf Mallorquín, einem Dialekt des Katalanischen, Vila de Dalt heißt. Für Fußgänger ist sie durch eine Reihe malerischer Treppen und steiler Gassen mit der Unterstadt, der Vila de Baix, verbunden. Aber in der Oberstadt, östlich und nördlich der Kathedrale, liegen nicht nur die meisten sehenswerten Monumente und Kirchen – hier, in einem Gewirr von Gassen, Plätzen, Wohn- und Geschäftsvierteln, bleibt Palma sich selbst am nächsten.

Östlich der Kathedrale, hinter dem Bischofspalast, beginnt der alte Stadtteil La Portella, schattige Gassen, gesäumt von massiven Wohnpalästen des Adels, den Cases de Senyor. Die Renaissancepaläste mit einfacher Fassade, breiter Toreinfahrt, quadratischem Innenhof mit Säulen und breitem Treppenaufgang, geben eine nahezu florentinische Kulisse. Durch das alte Stadttor La Portella gelangt man zur Uferstraße, und entgegengesetzt, stadteinwärts, zur gotischen Kirche Santa Eulalia und nahebei zur Plaza Cort mit der schönen Renaissancefassade des Rathauses. Aber hier, im Zentrum der Oberstadt, interessiert die Historie nicht mehr. Bis zur weiter nördlich liegenden Plaza Mayor ziehen die belebtesten Geschäftsstraßen der Stadt. Sie stoßen auf die sehr lange, für den Autoverkehr gesperrte Calle Sindicato, die malerischste und lebhafteste Fußgängerzone, die ich in spanischen Städten fand. Wenn man die Auslagen in den Geschäftsstraßen, das Treiben und Getriebenwerden der einkaufenden Fremden wie Einheimischen betrachtet, fällt es nicht schwer, Palma eine wohlhabende Stadt zu nennen.

Außerhalb des Geschäftsviertels, an einem stilleren, sehr sympathisch wirkenden Platz, steht die gotische Klosterkirche San Francisco mit einem bewundernswerten Kreuzgang aus dem 13. Jahrhundert. Die Kirche birgt das Grabmal des interessantesten und berühmtesten Mallorquiners, des Philosophen, Mystikers und Missionars Ramón Llull (1235–1316), mit latinisiertem Namen als Raimundus Lullus bekannt geworden. Seine Biographen berichten, daß er sich nach einer ausschweifenden Jugend den Wissenschaften und dem religiösen Leben zuwandte. Ramón Llull war ein Universalgenie und äußerst produktiver Schriftsteller. Er schrieb katalanisch und gilt als Vater der katalanischen Literatur. Er begründete dreihundert Jahre vor der Santa Teresa von Ávila die spanische Mystik. Llulls Prosadichtung »Llibre d'amic e amat« gehört zu den hervorragenden Werken der mittelalterlichen Mystik. Sein bedeutendstes Werk, die »Ars magna Lulli«, beeinflußte Descartes, Leibniz, Giordano Bruno und machte ihn weltweit bekannt.

Aber Llull war nicht weniger ein Mann des praktischen Denkens und Handelns. Er lehrte den Gebrauch des Kompasses und beschäftigte sich mit Kartographie. Sensationell für seine Zeit dürfte die Erfindung einer merkwürdigen Maschine gewesen sein, die mit Täfelchen »gefüttert« wurde, auf denen verschlüsselt Grunderkenntnisse verzeichnet waren. Die Maschine mischte die Täfelchen, und die neue zufällige Zuordnung sollte die Rätsel der Welt enthüllen. Zu Llulls erstaunlichen Aktivitäten gehört die Gründung einer Schule für orientalische Sprachen, gehören seine Missionsreisen, die er im Alter unternahm, um Juden und Mohammedaner zu bekehren. Auf seiner letzten Missionsreise soll er in Nordafrika gesteinigt worden sein. Angeblich retteten ihn Genueser Kaufleute, die den Schwerverwundeten nach Mallorca zurückbrachten, wo er bald darauf starb.

Ramón Llull lebte in der für die wirtschaftliche, kulturelle und bauliche Entfaltung Palmas fruchtbarsten Zeit, als Mallorca selbständiges Königreich war. Nur vier Könige regierten das Inselreich: Jaime I., Jaime II., Sancho de Mallorca und der letzte König, Jaime III., der 1349 bei Lluchmayor im Kampf gegen die Aragonesen fiel, die sich das aufblühende Königreich zurückholten.

Die mallorquinischen Könige residierten im Almudaina-Palast westlich der Kathedrale, der von ihnen ausgebauten Araberburg, in der schon die maurischen Statthalter wohnten. Am Anfang des 14. Jahrhunderts ließ Jaime II. eine zweite Königsburg errichten, das Schloß Bellver, auf einem bewaldeten Hügel drei Kilometer westlich von

Mallorca

Palma. Über dem duftenden Pinienwald thront die helle Wehrburg mit kreisrundem Innenhof und gotischer Galerie. Ein massiver Rundbau von architektonisch vollkommenem Ebenmaß, umgeben von einem eigenwillig ausladenden starken Mauerkranz. Bellver wurde allerdings nie umkämpft und war nur kurze Zeit bewohnt. Heute ist Bellver ein beliebtes Ausflugsziel. Vom abgesetzten Rundturm hat man einen weiten, herrlichen Ausblick auf die Bucht, die Hafenanlagen, die Stadt und das zurückliegende Hügelland.

Zwischen der Stadt und Schloß Bellver liegt der Stadtteil El Terreno, dem noch immer etwas von der Fama anhaftet, ein von Künstlern bewohnter Villenvorort zu sein. Doch in jüngster Zeit überwiegen die Hotelbauten, und an die Stelle der Künstler sind die Touristen getreten, denen in Bars und Nachtlokalen Unterhaltung geboten wird. Weniger hier, in den Außenbezirken, als in der Stadt selbst hat Palma seinen Adel bewahrt. Das ist noch den Geschäftsvierteln anzumerken, den lebhaften und den stilleren Plätzen, den malerischen Gassen und den Adelspalästen der Oberstadt. Doch mehr noch zeigt Palma seine noble, weltoffene, auch elegante Seite auf den mit Palmen bewachsenen Uferstraßen Paseo Marítimo und Paseo de Sagrera, an dem die Lonja steht. Die im 15. Jahrhundert errichtete Handelsbörse dient heute als Provinzialmuseum. Die Lonja mit ihrer weiten Halle, den gewundenen Säulen und dem harmonischen gotischen Bauschmuck verbindet Zweckbezogenheit und Repräsentation der mallorquinischen Handelsherren. Ein Meisterwerk Guillermo Sagreras, nach dem der Paseo benannt wurde.

Vom Paseo de Sagrera führt die Avenida Antonio Maura stadteinwärts, unterhalb des Almudaina-Palastes, wo in schönen, gepflegten Anlagen Rosen und Tamarisken wachsen, zur belebtesten Promenade der Stadt. Ihr Hauptteil wird Borne genannt und heißt offiziell Paseo Generalísimo Franco. Der gesellige Mittelpunkt Palmas zwischen Uferstraße und Plaza Pio XII. lockt in den Nachmittagsstunden jeden an, der Bekannte sehen oder selbst gesehen werden will. Fremde und Einheimische promenieren über den breiten, von hohen Platanen überschatteten Borne. In den Sommermonaten herrscht ein internationales Sprachengewirr bis hinunter zur Uferstraße. Man hat Mühe, einen Passanten zu erwischen, der eine Auskunft geben könnte, und nicht weniger Mühe, in einem der Straßencafés einen freien Platz zu finden.

Das Wirtschaftsleben Palmas wie der Insel ist in erster Linie auf den

Fremdenverkehr ausgerichtet. Die Haupteinnahmen bringen das Hotelwesen, Dienstleistungen jeglicher Art, die Gastronomie, der Handel und infolge der regen Bautätigkeit in den touristischen Zentren eine florierende Bauindustrie. Neben zahlreichen Handwerksbetrieben wie den Glasbläsereien gibt es eine kleine Industrie für Bedarfsgüter, Lebensmittel und Textilien. Der einzige größere Industriezweig betreibt die Schuhfabrikation und Lederverarbeitung. Mallorquinische Schuhe kann man in den vornehmsten Schuhgeschäften Madrids kaufen. Ihre traditionellen Produktionsstätten befinden sich in Palma, Inca, Binissalem, Lloseta und Lluchmayor. In den Gassen von Lluchmayor (12 000 Einwohner), 24 Kilometer südöstlich von Palma, liegt ein Geruch von Leder und Wein. In Inca, mit 14 000 Einwohnern drittgrößtes Städtchen, 30 Kilometer nordöstlich von Palma, laden die Fabricas, die Leder- und Schuhfabriken, zur Besichtigung ein. Doch begehrter sind in diesem alten Städtchen mit dem Namen aus der Neuen Welt die traditionellen Weinkeller, die Cellers.

Ein anderer für Mallorca typischer Gewerbezweig, die Herstellung künstlicher Perlen, der Perlas Majóricas, konzentriert sich in Manacor. Das mit 21 000 Einwohnern zweitgrößte Städtchen liegt 50 Kilometer östlich von Palma. Ein gewerbetüchtiger Ort, der neben der Perlen- und Schmuckfabrikation für die Herstellung mallorquinischer Möbel bekannt ist. Für die Touristen ist Manacor Ausgangspunkt zum Besuch der berühmten unterirdischen Grotten, die im Bergland in Richtung Porto Cristo an der Ostküste und weiter nördlich entdeckt wurden. Die bekanntesten Grotten, die Cuevas del Drach nahe Porto Cristo, mit phantastischen Tropfsteingebilden und einem unterirdischen See, dehnen sich über zwei Kilometer aus. Auf dem Weg von Palma nach Manacor wie überhaupt im Ostteil der Insel wechseln fruchtbare Ländereien mit einer dürftigen Trockensteppe, der Garriga, wo Ginster und Rosmarin blühen, wo Oliven und Mandeln geerntet werden. Die leicht gehügelte Trockensteppe geht über in die bergige Serranía de Levante, die parallel zur Ostküste nach Süden verläuft und zum Mer hin zahllose kleine Badebuchten freigibt, von Cala Ratjada im Norden bis Cala Marmolis im Süden.

Die Verkehrsstraßen der Insel, die von Westen nach Osten knapp 100 Kilometer und von Norden nach Süden 76 Kilometer mißt, sind durchweg ausgebaut. Regelmäßig fahrende Omnibusse verbinden Palma mit den übrigen Orten und den anderen Küsten der Insel. Außerdem führen drei Schmalspurlinien der insularen Eisenbahn über ein Schienennetz von insgesamt 246 Kilometern nach Sóller, nach Felanitx und auf der längsten Strecke über Inca nach Manacor und bis Artá.

Wer über Inca nach Alcudia (von Palma 53 Kilometer) fährt, sieht in der Ebene, die auf Mallorquín Es Pla heißt, und in der Huerta von Alcudia an der weiten Bucht der Nordostküste fruchtbares Bauernland. Für die Bewässerung sorgen Norias, die von den Mauren eingeführten, von Eseln bewegten Schöpfwerke. Neben Zitrusfrüchten werden Mais, Weizen und Gemüse angebaut. Ein Großteil der Frühkartoffeln von La Puebla wird im Mai nach England ausgeführt. Doch vorwiegend exportieren die Mallorquiner die Baumfrüchte der Insel: Mandeln, Johannisbrot, getrocknete Aprikosen und Feigen. Aus den Früchten des Johannisbrotbaums stellen die Mallorquiner einen aromatischen Likör her, den sie Palo nennen. Doch das wichtigste Landesprodukt sind die Mandeln. Rund 6 Millionen Mandelbäume verwandeln die Insel nicht nur Anfang Februar in einen prachtvoll blühenden Garten, sondern erbringen eine jährliche Durchschnittsernte von 70 Millionen Kilogramm Mandeln. Ich sah, wie die Bauern im September mit langen Stangen die Mandeln von den Bäumen schlugen und in ausgebreiteten engmaschigen Netzen sammelten.

Parallel zur Nordküste, der nach Westen etwas geneigten längsten Küste, erstreckt sich die teils bewaldete, teils karstige Sierra del Norte, mit dem 1445 Meter hohen Puig Mayor, die höchste und ausgedehnteste Bergkette Mallorcas. Der Kalkwall der Sierra schützt die Insel vor den kalten Nordwinden. Ihm vor allem verdankt Mallorca das gesunde mediterrane Klima und die Fruchtbarkeit des Binnenlandes. An küste gibt es keine oder nur wenige kleine Badestrände. Aber die der steil zum Meer hin abfallenden und meist unzugänglichen Nord-Höhenstraßen über dem Meer, versteckte Häfen wie Puerto Sóller und die Täler der Sierra landeinwärts, zeigen die landschaftlich reizvollste Seite der Insel.

Ein Ausläufer der Sierra nach Nordosten drängt zwischen die Bucht von Pollensa und das offene Meer, die waldreiche Landzunge von Formentor. Die Paßstraße, ausgehend von dem freundlichen, zunehmend von Touristen besuchten Hafenstädtchen Puerto de Pollensa, führt bis zum Kap Formentor. Sie bietet, in Serpentinen hochsteigend, wechselnde herrliche Ausblicke auf die nördliche Steilküste, auf Felsenbuchten und das anbrandende Meer, das hier eine Tiefe von mehr als 2000 Metern hat. An der Südseite der schmalen Landzunge, zur Bucht von Pollensa hin, liegen im Schutz von Pinienwäldern kleine Badebuchten. Eine Seitenstraße führt zum Luxushotel »Formentor«, das durch die Verleihung des internationalen Literaturpreises Prix Formentor bekannt wurde.

In einem der schönsten und trotz gelegentlicher Touristenbesuche stillsten Hochtäler der Sierra liegt das Kloster von Lluch, 18 Kilometer nördlich von Inca. Die Klosteranlagen, Gärten und Äcker bilden eine kleine Oase von herbem Reiz, umgeben von Wäldern und aufgetürmten Bergen, deren schroffes Kalkgestein die merkwürdigsten Formen annahm. Die Mallorquiner lieben das Hochtal von Lluch und besuchen die Wallfahrtsstätte, um die Schwarze Madonna in der Klosterkirche zu verehren. Das Hochtal bildet einen guten Ausgangspunkt für Bergwanderungen. Der Bedeutung des Klosters entspricht, daß Lluch durch drei große, inzwischen durchgehend ausgebaute Straßen mit den Städten der Insel verbunden ist. Die Hauptverbindung führt nach Inca im Süden. Die zweite Straße zieht durch wildes, urtümliches Bergland nach Nordosten hinunter in die Huerta von Pollensa. Die dritte Straße nach Südwesten, die Lluch mit Sóller verbindet, führt allerdings auf kühnen Wegen durch das schroffe Bergland zwischen den höchsten Erhebungen der Insel, Puig Mayor und Massanella (1349 Meter). Noch vor dem Puig Mayor, in der Schlucht bei Gorc Blau, zweigt eine Straße ab, die über waghalsige, aber gut ausgebaute Serpentinen nach La Calobra an der Küste führt, einer kleinen Bucht an der Mündung der großartigen Felsenschlucht Torrent de Pareis.

17 Kilometer nördlich von Palma liegt besonders reizvoll auf einer fruchtbaren Hochterrasse das Dörfchen Valldemosa, im Sommer außer an Sonntagen tägliches Ziel der Touristenomnibusse. Die Einwohner führen in ihrer schönen Volkstracht Mallorquiner Tänze vor. In der Cartuja, dem ehemaligen Kartäuserkloster mit einem bezaubernden Blumengarten, wird die Erinnerung an Frédéric Chopin und George Sand gepflegt, die hier im Winter des Jahres 1838 wohnten. Überschwenglich schrieb Chopin einem Freund: »Es ist gewiß, daß ich im Begriff bin, in einem entzückenden Kloster zu leben, das in dem wunderbarsten Land der Erde liegt — das Meer, die Berge, die Palmen, ein Friedhof, eine Kirche aus der Zeit des ersten Kreuzzuges, eine Moschee in Trümmern, tausend Jahre alte Olivenbäume.« Doch für den empfindlichen, tuberkulosekranken Chopin wurden die 96 Tage zum Schrecken. Der rauhe Bergwind, Regen, Nebel bedrückten ihn. Die Dorfbewohner schikanierten die Freigeister, die in ihrer Cartuja

wohnten. Das ist längst vergessen. Heute leben die 1200 Einwohner Valldemosas vom Ruhm des Komponisten, der auf dem kläglichen Mallorquiner Klavier seine Préludes intonierte, und der Schriftstellerin, die dem Winteraufenthalt ihr Buch »Un hiver à Majorque« widmete.

Nicht weit von Valldemosa, am Küstenhang, liegt das Schloß Miramar, das der exzentrische österreichische Erzherzog Ludwig Salvator 1872 mit den umliegenden Ländereien und Landsitzen aufkaufte. Im Mittelalter war Miramar Sommerresidenz der Könige von Mallorca, und Ramón Llull richtete hier 1276 seine Schule für orientalische Sprachen ein. Ludwig Salvator sammelte die Gedichte des »erleuchteten Doktors« Llull. Seine eigene schriftstellerische Tätigkeit galt vor allem den Balearen, über die er ein siebenbändiges Werk verfaßte. Der Arxíduc, wie er auf Mallorquín hieß, lebte bis 1913 hier inmitten seines privaten Fürstentums, von seinem Hofstaat und von Hunden, Katzen und Papageien umgeben. Die älteren Einwohner erzählen noch heute von dem sonderbaren Arxíduc, der nicht duldete, daß Pinien abgeschlagen wurden, der unter den Bauern seine Freunde suchte, der das Bauernmädchen Catalina Homar aus Valldemosa liebte und zu seiner »Prinzessin« machte. Auf einer gemeinsamen Indienreise holte sich Catalina Homar vermutlich die Lepra. Sie starb jung und unter schrecklichen Qualen. Für sie brennt im weißen Landsitz S'Estaca Tag und Nacht eine Votivlampe.

Oberhalb von Miramar, hoch über dem Mer, an den Waldhängen des Arxíduc entlang, führt die enge, kurvenreiche Küstenstraße von Valldemosa über Deyá nach Sóller. Das malerische Bergdorf Deyá, versteckt zwischen Steineichen, Pinien, Oliven und Zitrusbäumen, zählt 450 Einwohner, von denen fast ein Drittel Fremde sind, die hier heimisch wurden, Schriftsteller, Künstler und Lebenskünstler. Zum großen Einkauf müssen sie zehn Kilometer nach Sóller hinunterfahren, dem Landstädtchen (10 000 Einwohner) im windgeschützten Orangental, paradiesisch gelegen in einer fruchtbaren Gartenlandschaft. Einige Kilometer nördlich liegt an einer fast kreisrunden Bucht, von Waldbergen umkränzt, der Fischerhafen Puerto de Sóller. Wenn fünfzehn bis zwanzig Omnibusse auf der kleinen Mole stehen und die Touristen ausschwärmen, wird das winzige Dorf fast erdrückt.

Wie Mallorca in den bevorzugten Küstengebieten, nicht im Binnenland, auf die Dauer mit dem wachsenden Tourismus fertig werden wird, dafür ist noch kein Rezept gefunden. Einstweilen läßt die Bautätigkeit in den touristischen Zentren darauf schließen, daß eine Steigerung des Zustroms von Touristen erwartet wird. Andererseits beschäftigt nicht wenige einsichtige Einheimische die Frage nach einer notwendigen Begrenzung der Touristenzahl. Eine andere Frage ist die der Ansiedlung von Fremden wie in Deyá. Dafür gibt es keine verbindlichen Statistiken. Doch zahlreiche Ausländer sind, zumal in den vergangenen fünfzig Jahren, auf Mallorca heimisch geworden. Es heißt, von den Inselbewohnern habe rund ein Drittel jüdische Vorfahren. Jüdische, maurische und europäische Zuwanderer sind in der mallorquinischen Bevölkerung aufgegangen und zu Mallorquinern geworden. Sie sind stolz auf ihre eigene Art, ihre Bräuche und Lebensgewohnheiten, auf die mallorquinische Dichtung und Umgangssprache, auch wenn sie nur ein Zweig des Katalanischen ist.

Menorca

Ihre lateinischen Namen, aus major und minor zu Mallorca und Menorca geworden, deuten das Größenverhältnis der beiden Inseln an. Ein knappes Fünftel der üppigeren und attraktiveren Hauptinsel nimmt Menorca ein. Die kleinere, weniger aufregende und herbe Schwesterinsel liegt vierzig Kilometer nordöstlich. Von Alcudia kann der nächstgelegene Hafen Ciudadela an der Westküste Menorcas in drei Stunden erreicht werden. Doch die meisten Schiffe, von Palma oder vom Festland kommend, laufen im Hafen der Inselhauptstadt Mahón an der Ostküste ein. Ebenso verfügt Mahón über einen Flughafen. Die einzige, gut ausgebaute Hauptstraße durchquert die Insel und verbindet über eine Entfernung von fünfzig Kilometern Mahón und Ciudadela. Nur ein paar Kilometer mehr beträgt die gesamte Insellänge, weniger als zwanzig Kilometer ihre Breite.

Die sachlichen Angaben sagen nichts über den eigentümlichen Reiz Menorcas, dem – nach englischer Rede – »Schottland unter blauem Himmel«. Es ist, verglichen mit Mallorca, ein herber Reiz, denn keine Sierra schützt das Inselinnere vor der Tramontana, dem kalten, trockenen Nordwind. Der höchste Berg, der Monte Toro in der Inselmitte, erreicht eine Höhe von 358 Metern. Menorca bildet vorwiegend eine leicht gewellte grüne Hochfläche mit geringem Baumbestand von wetterverformten Olivenbäumen, Steineichen und Aleppokiefern, deren

Menorca

Windfahnen nach Süden geneigt sind. Obstbäume gedeihen kaum im rauheren Klima, doch in windgeschützten, ummauerten Zonen wachsen Feigen-, Pfirsich- und Johannisbrotbäume.

In der freundlicheren und fruchtbaren Südwesthälfte werden Weizen, Gerste, Kartoffeln, Gemüse und Futterrüben angebaut. Auf den ausgedehnten Weideflächen grasen Rinder und Schafe. Die Bauern sind meist Eigentümer der im grünen Land verstreut liegenden weißen Einzelhöfe. Sie haben um ihre Felder zum Schutz gegen Wind und Wetter schulterhohe Mauern aus Bruchsteinen errichtet, deren geometrisches Netzwerk das Land überzieht.

Einen besonderen Akzent erhält Menorca durch die zyklopischen Steinaufschichtungen aus prähistorischer Zeit, die man im Land um Mahón und im Nordwesten entdecken kann. Die meisten der schon genannten megalithischen Bauten aus dem 2. vorchristlichen Jahrtausend befinden sich auf Menorca. Bisher wurden über 200 Talayots, 64 Navetas und 30 Taulas gezählt. Sie liegen meist einsam und versteckt im Binnenland. Nur einzelne, besonders gut erhaltene wie bei Ciudadela die Naveta Es Tudons, bei Mahón der Talayot und die Taula von Trepucó und Telatí de Dalt locken touristische Besucher an.

Zunehmend öffnet sich Menorca dem Tourismus, besonders an der Südküste mit ihren kleinen Sandstränden und reizvollen Buchten. Aber man hat den Eindruck, daß die Menorquiner die Erschließung für den Tourismus zurückhaltender betreiben als ihre Nachbarn auf Mallorca. Noch ist Menorca ein Ferienziel für Kenner, und die touristische Unvollkommenheit macht die Insel nur liebenswerter. Vor allem Engländer haben der Insel, die im 18. Jahrhundert unter englischer Oberhoheit stand, ihre Anhänglichkeit bewahrt.

Auffallend erinnert Mahón, von den Engländern 1722 zur Hauptstadt ausgebaut und gegenwärtig 17 000 Einwohner zählend, an die früheren Herren. Mahón verdankt geradezu seinen Reiz der Mischung von einheimischen und englischen Stilelementen. Man findet weiße Häuser ohne Balkone, englische Schiebefenster und rote Ziegeldächer. Aristokratische Paläste, Villen, aparte Landhäuser mit gepflegtem Rasen und manche Restaurants, wo mit Vorliebe Gin getrunken wird, wären ohne die einstigen Herren nicht denkbar. Die Engländer verlegten die Inselhauptstadt von Ciudadela hierher, weil Mahón einen der sichersten und zudem schönsten Naturhäfen am Mittelmeer besitzt. Durch eine sechs Kilometer lange, malerisch verzweigte Bucht fahren die Schiffe bis zur weißen Stadt. Verkehr und Handel der Insel konzentrieren sich in Mahón. Unter den Gewerbezweigen nimmt die Schuhfabrikation, mit Produktionsstätten in Mahón, Ciudadela und Alayor, den ersten Platz ein. Außerdem werden in Mahón wie in Manacor auf Mallorca künstliche Perlen hergestellt. Die Insel exportiert einen vorzüglichen Käse, und gastronomische Kenner wissen, daß die Salsa Mahonesa, die Mayonnaise, in Mahón erfunden wurde.

Im Gegensatz zu Mahón konnte Ciudadela, mit 14 500 Einwohnern zweitgrößtes Inselstädtchen, seinen ursprünglichen maurisch-spanischen Charakter bewahren. Die Anlage der Wohnviertel und kleinen Gassen verweist auf die Zeit der Maurenherrschaft. Schöne wappengeschmückte Adelspaläste und die gotische Kathedrale mit einer Renaissancefront halten die Erinnerung an die ehemalige Inselhauptstadt wach. Noch jetzt ist Ciudadela Sitz des Bischofs von Menorca. Fischerboote und Jachten liegen in der Hafenbucht, deren Ufer von weißen Häusern besetzt sind. Neben dem offiziellen Mahón ist Ciudadela die Stadt der Einheimischen geblieben, ein Ort, wo Vergangenheit und Gegenwart lautlos ineinander übergehen.

Ibiza

Unter den drei Hauptinseln der Balearen ist Ibiza mit einer Fläche von 575 Quadratkilometern die kleinste, die lieblichere und exotischere Schwester. Ibiza liegt achtzig Kilometer südwestlich von Mallorca, der spanischen wie der nordafrikanischen Küste am nächsten, und kann von Palma in sechs Schiffsstunden oder zwanzig Flugminuten erreicht werden. Der klimatische, biologische und kulturelle Charakter der Insel zeigt Eigentümlichkeiten, die von der Nähe zu Afrika geprägt sind. Nachwirkender als auf den anderen Inseln blieb auf Ibiza das Erbe jener Völker erhalten, die von Nordafrika herüberkamen, der Karthager und Mauren.

Die Karthager gründeten im Jahre 654 v. Chr. die spätere Inselhauptstadt und gaben ihr den Namen Ibosim, woraus Ibiza wurde. Als karthagischer Lager- und Handelsplatz war Ibiza vor den anderen Inseln ein Zentrum des mittelmeerischen Handels- und Kulturaustauschs. Es muß eine überaus fruchtbare Zeit gewesen sein, denn Ibiza gehört zu den ergiebigsten archäologischen Fundstätten des Mittelmeers. Auf

der kleinen Insel legten die Ausgrabungen Kunstgegenstände aus Vorderasien, Ägypten, Griechenland und Italien frei, vor allem das größte und interessanteste Vorkommen punischer Kunst. Hauptfundorte sind Puig des Molins, der Windmühlenhügel im Westen der Stadt Íbiza mit nahezu 4000 karthagisch-ibizenkischen Gräbern, und die Kultstätte der Göttin Tanit bei San Vicente. Die Funde waren so reichhaltig, daß sie zwei Museen in Íbiza füllen, und ein Großteil den archäologischen Museen von Madrid und Barcelona übergeben wurde.
Neben Münzen, Schmuck, Amphoren und Keramik gehören zu den erstaunlichsten Funden Terrakottafiguren von Menschen und Tieren und Terrakottabüsten. Sie zeigen etruskische und kretische Einflüsse, Zeugnisse eines primitiven Kunstausdrucks, mit plumper, aber vitaler Körperlichkeit, oft mit überstarkem Geschlecht und obszöner Gestik, mit steif angesetzten Armen und großen Ohren. Die alte punisch-ibizenkische Kunst, Tonfigürchen, die Büsten der Tanit, Keramik und Schmuck, lebt im zeitgenössischen Kunstgewerbe Íbizas weiter, allerdings nicht selten in dürftigen und modischen Nachbildungen. Die Kunsttradition der Insel, ebenso ihre freundlich-ländliche Umwelt, ihre Lichtfülle und Atmosphäre machten Íbiza vor der touristischen Entdeckung und bis jetzt zu einem von Malern und Bildhauern bevorzugten Platz.
Das Binnenland und die Küsten zeigen eine vielfältige Gliederung, so daß die Insel bergiger wirkt als sie ist, denn der höchste Berg Atalayasa bei San José steigt nur zu 475 Metern an. Auf den Bergrücken wachsen Aleppokiefern und fichtenähnliche Wacholderbäume, an den Hängen und in den Niederungen Pinien, Oliven, Mandeln, Feigen und Palmen. Im äußerst milden, im Hochsommer subtropischen Klima (im August mit durchschnittlich 36 Grad) gedeihen alle mediterranen Obstbäume.
Als wasserreichste der Inseln besitzt Íbiza eine üppige und fruchtbare Vegetation. In den Tälern bauen die Ibizenkos Weizen und Gerste an. Auf den durch Windmühlen und arabische Norias bewässerten Flächen wachsen außer den Obstbäumen Melonen, Erdbeeren, Gemüse, Zuckerrüben und Kartoffeln. Im April und Mai werden Frühkartoffeln aus Íbiza in die europäischen Nordländer exportiert. Als zusätzliche wichtige Einnahmequelle zählt die Salzgewinnung, deren weite Verdunstungsflächen im Süden liegen. In den Salinen auf der Landzunge südlich des Flughafens von Íbiza türmen sich die jährlichen Erträge von rund 100 000 Tonnen Salz zu weißen Bergen.

Das Wirtschaftsleben wird, abgesehen vom wachsenden Tourismus, vorwiegend von der Landwirtschaft, vom Anbau in den Huertas bestimmt, gefolgt von der Fischerei. Die Ibizenkos sind Bauern und Fischer. Wo die meist zerklüfteten Küsten zugängliche Buchten, die Calas, freigaben, entstanden die einzigen größeren Siedlungen: Neben der Inselhauptstadt Íbiza, lange Zeit der einzige Ort, San Antonio Abad und Santa Eulalia del Río, beide mit je 7000 Einwohnern. Im Inneren der Insel leben die Bauern auf verstreuten Einzelhöfen mit kleinem Landbesitz oder in wenigen Orten, die als Pfarrsprengel entstanden sind und daher Heiligennamen tragen, San José, San Miguel, San Lorenzo oder San Carlos. Auch hier sind es überwiegend Einzelhöfe, die sich um eine blendendweiße ländliche Wehrkirche scharen. Die kubischen, nahezu fensterlosen Kirchen erinnern an die Zeit, als sich die Einheimischen der Raubüberfälle von Seepiraten erwehren mußten und in den Kirchen Zuflucht suchten. Im 17. und 18. Jahrhundert unternahmen die Ibizenkos ebenso räuberische Gegenzüge. Aus Nordafrika holten sie sich Beute und Sklaven, die teils verkauft, teils als Landarbeiter eingesetzt wurden. Möglicherweise trugen auch diese zwangsweisen Einwanderer dazu bei, sicherlich jedoch die früheren Eroberer, daß auf Íbiza mehr dunkelhäutige Einwohner leben als auf den anderen Inseln.

Die Landfrauen tragen noch das lange schwarze Haar glatt gekämmt, mit Mittelscheitel und Nackenzopf. In den Dörfern sahen wir Frauen mit langen schwarzen Kleidern und schwarzen Kopftüchern. Ein auffallender Kontrast zu den weißgekalkten Mauern der ibizenkischen Bauernhäuser. Die eigenwillige bäuerliche Architektur, vor allem der Einzelhöfe, ist eine Besonderheit, die Íbiza mit keiner anderen Insel teilt. Ihre schneeweißen kubischen Bauten mit dicken Mauern und kleinen Fenstern gleichen bäuerlichen Wehrburgen. Auch sie dienten der Verteidigung gegenüber den Seepiraten, die ins Inselinnere vordrangen. Die Häuser sind zweckmäßig und schön. Ihre unverändert erhaltene Bauweise, einschließlich des gewölbten Backofens, geht auf die Karthager und Mauren zurück, ein sichtbarer orientalischer Einschlag, der zum eigentümlichen Reiz der Insel gehört.

Der Tourismus konzentriert sich auf einige Küstenorte, hier allerdings mit raschem, umwelt- und lebenveränderndem Auftrieb. San Antonio Abad an der Nordwestküste mit kleinem Strand hat sich zum touristischen Zentrum entwickelt. Die Bucht ist von Hochhäusern und Hotels umstellt. Das Städtchen dient den Ansprüchen der Feriengäste, die in

Ladenstraßen und Kellerbars vergnügliche Kurzweil finden. Santa Eulalia del Río an der Südostküste konnte im Oberdorf noch etwas von seinem ländlichen Charme bewahren, denn die Badebuchten liegen außerhalb, vor allem in Es Caná und an der Cala Llonga. Doch Es Caná besitzt schon mehr Hotelbauten, als es dem eher dürftigen Strand gemäß wäre. Selbst an entlegenen Buchten wie Portinatx und Puerto San Miguel im Norden, beide von grünen Bergwäldern umgeben, wachsen die Hotelbauten.

In Íbiza, der weißen, hügelaufwärts gebauten Stadt an der großen Südbucht, mischt sich der Festungscharakter mit dem Zauber einer afrikanisch-maurischen Stadt. Für den vom Meer Kommenden ein unvergeßlicher Anblick, wie die weißen Häuserkuben mit den dunklen Fensterrechtecken zur Pyramide ansteigen, auf der Höhe die Kathedrale und der eckige Glockenturm. Unübersehbar sind die massiven braunen Festungsmauern, deren Bau unter Karl V. begonnen und unter Philipp II. vollendet wurde. Der Mauergürtel umschließt die Altstadt oder Oberstadt, die D'alt Vila, zu der man durch zwei monumentale Tore emporsteigt. Das steinerne Wappen Philipps II. mit einer Inschrift aus dem Jahre 1585 schmückt das Haupttor, die Puerta de las Tablas. Links und rechts des Tores und an der hinteren Seite stehen in Nischen drei römische Statuen. Nicht viel mehr erinnert an die Römerzeit. Das Labyrinth der steigenden Gassen und verwinkelten Treppenaufgänge hat eher maurischen Charakter. Kinder holen an den Straßenbrunnen Wasser. Man entdeckt überraschende Durchblicke und gelangt zu Terrassen und Aussichtspunkten oberhalb der Bastion, sieht hinab auf den Hafen, die weite Bucht, auf die Unterstadt, deren letzte südöstliche Häuser auf einem Felsenvorsprung steil zum Meer abfallen.

Nicht weniger pittoresk wirken die labyrinthischen weißen Gassen der Unterstadt, im Fischerviertel Sa Penya und in der Hafengegend bis zum westlichen Geschäfts- und Marktviertel. Erst die Erweiterung nach Westen macht verständlich, daß in Íbiza mit 16 500 Einwohnern rund 38 Prozent der Inselbevölkerung leben. In den Sommermonaten wächst die Zahl auf mehr als das Zweifache. Dann haben die Bars, Fondas, Straßencafés und Restaurants Hochbetrieb. In den zahllosen Boutiquen, Diskotheken, kleinen Galerien und Souvenirläden blüht der Handel und gelegentlich verschwiegen auch der mit Haschisch.

Vor einigen Jahren entdeckten die traumseligen Hippies Íbiza und kamen zu Tausenden, langbärtig und phantasiegekleidet, ein neuer Exotismus, der Íbiza gar nicht schlecht zu Gesicht stand. Die Behörden griffen ein, bemüht, gute und schlechte Hippies zu unterscheiden und dem Haschischhandel auf die Spur zu kommen. Aber die große Welle der Blumenkinder, der sich manche Normalurlauber auf Zeit willig ergaben, verebbte bis auf einige Ausläufer. Es scheint so, als habe Íbiza auch diese Invasion, wie alle vorausgegangenen, überstanden. Trotz aller Touristen, die nicht weniger werden, blieb Íbiza ein liebenswerter und menschenfreundlicher Ort. Am ehesten wird im Frühjahr begreiflich, zur Zeit der Mimosen- und Mandelblüte, wenn die Ibizenkos und ein paar Einzelgänger noch unter sich sind, warum Künstler und andere Individualisten auf Íbiza ihre zweite Heimat fanden.

SPANIEN UND DIE ANDEREN

Seit einigen Jahren ist Spanien das begehrteste und meistbesuchte Touristenland der Welt. Die Zuwachszahlen ausländischer Gäste übertrafen selbst die kühnsten Erwartungen der spanischen Vorausplanung. Bereits 1972 überstieg die Zahl der eingereisten Touristen die Erwartung für 1980. Im Jahre 1972 besuchten Spanien 31 Millionen Fremde, unter ihnen 3,9 Millionen Deutsche. Das waren 16,8 Prozent mehr als im Vorjahr. Dieser neuzeitlichen friedlichen Invasion steht eine umgekehrte Bewegung gegenüber, die von Spanien in andere westeuropäische Länder führt, die Ausreise von mehr als einer Million spanischer Gastarbeiter.

Obwohl in der innerspanischen Diskussion um die Tourismus- und Gastarbeiterfrage zunehmend kritische Stimmen auf negative Folgeerscheinungen aufmerksam machen, weiß man sehr wohl, was das ökonomische Wachstum des Landes Touristen und Gastarbeitern verdankt. Das Zahlungsdefizit Spaniens gegenüber dem Ausland, vorläufig noch durch das Ungleichgewicht von Export und Import anhaltend, kann nur durch zusätzliche Deviseneinnahmen ausgeglichen werden. Geldüberweisungen der Gastarbeiter und vor allem die von Touristen eingeführten Devisen, 1972 die enorme Summe im Werte von 2,6 Milliarden Peseten, wurden zur wichtigsten Stütze der spanischen Zahlungsbilanz. Der Tourismus garantiert Stabilität und Wachstum der spanischen Wirtschaft.

Aber die Bewegung von und nach Spanien gewinnt nicht weniger eine im weiteren Sinne politische Bedeutung, die vielfach unterschätzt wird. Gewiß leben Gastarbeiter im fremden Land meist isoliert und kontaktarm. Vorbehalte, Sprachbarrieren, mangelnde Integration erschweren die Verständigung und das Kennenlernen des Gastlandes und seiner Menschen. Dennoch bleibt nicht aus, daß zurückgekehrte spanische Gastarbeiter bestimmte Erfahrungen mitbringen, seien sie auch nur auf den Arbeitsplatz, den Umgang mit Arbeitskollegen, der Gewerkschaft oder Arbeitgebern bezogen. Solche Erfahrungen schärfen die Urteilsfähigkeit gegenüber dem eigenen Land. Sie ermöglichen Vergleiche und führen nicht selten zu praktischer Nutzanwendung.

Auch der Tourismus scheint zunächst wenig zur Verständigung beizutragen. Sprachliche Schwierigkeiten und das Haften der meisten Touristen an bestimmten Ferienplätzen, die zudem für die touristischen Bedürfnisse präpariert sind, verhindern das wirkliche Kennenlernen des Landes und seiner Bevölkerung. Aber nicht alle fremden Besucher geben sich mit der üblichen touristischen Praxis zufrieden. Sie reisen durch das Land. Es kommt zu Kontakten und Vergleichen, manchmal vordergründig, manchmal nachwirkend, die vorgefaßte Meinung bestätigend oder korrigierend. So schmal die Verständigungsbrücken auch sein mögen, jede wahrgenommene Möglichkeit des Kennenlernens fördert das wechselseitige Verstehen und bedeutet viel gegenüber einem Zustand des Abgeschlossenseins und der Unkenntnis über den anderen.

Dem Tourismus kommt insofern eine politische Bedeutung zu, als der Öffnung Spaniens, auch für den Tourismus, eine politische Entscheidung vorausging, von Spanien her gesehen die Beendigung der ideologisch bedingten Isolationspolitik und der wirtschaftlichen Autarkie. Diese Entscheidung, die nach meiner Meinung wichtigste und folgenschwerste während der Regierungszeit Francos, fiel im Jahre 1959, als dem Land infolge des starren Ideologismus der wirtschaftliche und politische Zusammenbruch drohte. Die Antreiber der Reform waren die wirtschaftskundigen Technokraten, die zunächst für die Wirtschaft die Ablösung des staatlichen Dirigismus, Versachlichung, Liberalisierung und die Öffnung zum Ausland forderten. Nur widerstrebend, doch durch die ausweglose Situation gezwungen, gab Franco den Reformern den Weg frei. Er sagte ihnen offensichtlich mürrisch, wie der amerikanische Korrespondent Benjamin Welles berichtet: Hagan lo que les de la gana. Machen Sie, was Sie wollen! Spanien nahm den Rat und die Hilfe des bis dahin eher verhaßten Auslands an. Die wirtschaftlichen

Erfolge, vor allem in den sechziger Jahren, gaben den reformerischen Technokraten recht.

Als Folge dieser neuen, keineswegs von allen Kräften im spanischen Herrschaftsapparat getragenen Politik, revidierte Spanien schrittweise sein Verhältnis zum Ausland, besonders durch die Hinwendung nach Europa. Doch blieb bis zum gegenwärtigen Zeitpunkt jede Annäherung von einem wechselseitigen unterschwelligen Mißtrauen begleitet, das nicht allein politisch begründbar ist. Kein europäisches Land hat ein komplizierteres, von Vorurteilen belastetes und irrational verstelltes Verhältnis zu den anderen Ländern wie Spanien. Diesem merkwürdigen, aber nicht abzuleugnenden Verhältnis, das zum Beispiel in Spanien die Leyenda Negra entstehen ließ, die Legende von der mutmaßlichen Verschwörung gegen das gutwillige Land, gibt der spanische Kulturhistoriker Américo Castro in seinem Buch »Spanien, Vision und Wirklichkeit« (1957) folgende Gründe: »Bei den Spaniern ist es die Arroganz, die Melancholie, der Argwohn und die Bitterkeit gegenüber dem Ausland; bei den Fremden die Verachtung, das hartnäckige Mißverstehen, die verleumderische Ungenauigkeit und manchmal ein überspannter Enthusiasmus.«

In dieses bedenkenswerte Schema paßt, daß Franco als Staatsoberhaupt niemals sein Land verließ und ins Ausland reiste. In vieler Hinsicht entspricht Francos unveränderter Argwohn gegenüber dem Ausland, gegenüber den europäischen Staaten, dem spanischen Selbstverständnis. Hinzu kommen persönliche politische Gründe, die Francos Haltung erhärten. Einmal die Verärgerung über die jahrelange Verfemung des Regimes durch die Vereinten Nationen. Zum anderen die Verachtung der westlichen parlamentarischen Demokratien, weil Franco den Parlamentarismus für untauglich hält und weil sein Kampf gegen den Kommunismus nicht die nach seiner Meinung gebührende Honorierung fand. Die entschiedene Abwehr des Kommunismus, sozusagen stellvertretend oder als Vorkämpfer für die westeuropäischen Nationen, spielt in der spanischen Staatsideologie eine hervorragende Rolle. Das erfuhr der bundesdeutsche Außenminister Walter Scheel bei seinen Konsultationsgesprächen im Juni 1972 in Madrid, als der seinerzeit noch amtierende spanische Außenminister López Bravo erklärte, Spanien habe der Integration Europas gedient, »indem es sich in seinem Bürgerkrieg für etwas entschieden hat, das man erst Jahre später als Westeuropa zu bezeichnen begann«.

Die Ächtung der Franco-Diktatur durch die Vereinten Nationen im

Jahre 1946 traf das offizielle Spanien darum empfindlich, weil die kommunistischen Diktaturen, zu den Siegermächten des Zweiten Weltkriegs zählend, unbehindert der UNO als Mitglieder angehörten. Dem von der UNO über Spanien verhängten Boykott widersetzte sich lediglich Argentinien unter seinem damaligen Staatspräsidenten Perón. Argentinische Weizenlieferungen bewahrten Spanien vor der Hungersnot. Spanien revanchierte sich und gewährte Perón nach seinem Sturz politisches Asyl. Die Revidierung des Urteils der Vereinten Nationen und die Aufnahme 1953 in die UNESCO und zwei Jahre darauf als Vollmitglied der UNO verdankt Spanien vor allem den iberoamerikanischen und arabischen Mitgliedern.

Dem Verhältnis zwischen Spanien und Iberoamerika liegt eine typisch spanische Verhaltensweise zugrunde, die sich der Motivation durch berechnende oder taktierende Vernunft entzieht. Die traditionellen familiären Bindungen, gefestigt durch gemeinsame Geschichte und gemeinsame Sprache, sind stärker als politisch-ideologische Vorbehalte. Mit dem kommunistischen Kuba unterhält Spanien offiziell wie inoffiziell freundschaftliche Beziehungen. Während der Kuba-Krise unterstützte Spanien Fidel Castro und nahm dafür einen zeitweisen Ausfall der nordamerikanischen Hilfe in Kauf. In jüngster Zeit, im Mai 1973, nahm Spanien an der iberoamerikanischen Ministerkonferenz für Planung und Entwicklung teil. Minister López Rodó bot die Hilfe und Mitwirkung Spaniens an, unter anderem durch eine Kredithilfe von 100 Millionen Dollar und ein konkretes Gemeinschaftsprojekt mit dem sozialistischen Chile. Die wechselseitigen Beziehungen zu Iberoamerika sind eng und freundschaftlich, was auch durch die große Zahl iberoamerikanischer Studenten an spanischen Universitäten zum Ausdruck kommt. Nur Mexiko, noch jetzt Sitz einer spanischen Exilregierung, bildet eine Ausnahme.

Das spanisch-nordamerikanische Verhältnis basiert auf einem Zweckbündnis, einem seit 1953 wirksamen Stützpunktabkommen. Gegen entsprechende Zahlungen und Wirtschaftshilfen richteten die USA im Zuge ihrer strategischen Planung mehrere Militärbasen wie den Marinestützpunkt Rota bei Cádiz, Flughäfen bei Madrid, Sevilla und Zaragoza ein. Die militärische Präsenz der USA auf spanischem Boden trifft in Spanien auf eine geteilte Meinung, bei der Bevölkerung wie in offiziellen Kreisen. Vor allem befürchtet man, im Konfliktfall zwangsläufig in das Verteidigungsnetz der NATO einbezogen zu sein, ohne jedoch über Mitgliedschaft und Mitspracherecht in der NATO zu verfügen. Dennoch weiß das offizielle Spanien sehr gut, was das Land politisch und wirtschaftlich dem Bündnis mit den Vereinigten Staaten von Amerika verdankt. Die Wirtschaftshilfen förderten erfolgreich den wirtschaftlichen Aufbau Spaniens. Als erstes, zudem wichtigstes Land des Westblocks durchbrachen die USA im Jahre 1953, wenn auch unverkennbar aus einseitigem strategischem Interesse, die außenpolitische Isolierung Spaniens. Das brachte dem beschädigten Ansehen und der weltweiten Ächtung der franquistischen Diktatur die entscheidende Wende.

Die arabischen Staaten wie die iberoamerikanischen verhalfen Spanien zur Aufnahme in die UNO. Wer Spanier nach ihrem Verhältnis zu den nordafrikanischen Arabern fragt, wird in den meisten Fällen von einer Sympathie-Beziehung hören. Dazu gehört auch, daß Spanien in der Frage des Nahostkonflikts eine pro-arabische Haltung einnimmt. Besonders nach der Aufgabe von Spanisch-Marokko im Jahre 1956 blieb Spanien gegenüber Marokko bemüht, die menschlichen, wirtschaftlichen und politischen Kontakte beizubehalten und auszubauen. Aber gerade die Beziehungen zu Marokko erweisen sich als konfliktreich, wobei die einseitige Ausdehnung der marokkanischen Hoheitsgewässer im Mai 1973 zum Schaden der spanischen Fischer noch ein geringeres Übel ist. Der Hauptkonflikt, der seit Jahren teils offen, teils unterschwellig die Beziehungen trübt, betrifft die Spanien verbliebenen Besitzungen, die Stadtenklaven Ceúta und Melilla an der nordafrikanischen Küste, die größere Enklave Sidi Ifni und die Spanische Sahara, die an Marokko, Algerien und Mauretanien grenzt. Reiche Phosphatvorkommen geben der Sahara wirtschaftlich einen zusätzlichen Wert. Eine Lösung ist unumgänglich, zumal Spanien um eine gemeinsame Mittelmeerpolitik mit den arabischen Staaten bemüht ist. Spanien wünscht die Ausdehnung der europäischen Entspannungspolitik auf den Mittelmeerraum; ein verständlicher Wunsch angesichts der Präsenz nordamerikanischer und sowjetrussischer Flottenverbände im Mittelmer.

Die spanische Ostpolitik wird von der geostrategischen Lage Spaniens im westlichen Mittelmeer bestimmt, eine konsequente Folge der mit dem Mittelmeer verbundenen Sicherheitsfragen. Dennoch bilden die eigenwilligen Beziehungen Spaniens zur Sowjetunion die erstaunlichste Neuorientierung der spanischen Außenpolitik, bedenkt man die jüngste Vergangenheit, den Spanischen Bürgerkrieg, die militante Abwehr des Kommunismus und die antikommunistische Staatsideologie. Seit

1969 liegt vor den Kanarischen Inseln eine sowjetische Fischereiflotte von 200 Schiffen. Russische Touristen besuchen Spanien, und spanische Touristen gehen in Leningrad und Odessa an Land. Ein Handelsabkommen in der Größenordnung von 40 Millionen Dollar kam 1972 zustande, vorwiegend auf die Lieferung spanischer Agrarprodukte und sowjetischer Maschinen und Öl bezogen. Nachdem 1970 der spanische Außenminister in Moskau konferierte, betrat im Februar 1973 zum erstenmal ein sowjetischer Minister spanischen Boden. Der sowjetische Fischereiminister besuchte den Fischereistützpunkt auf Gran Canaria. Sein vorgesehener Besuch in Madrid fiel zwar aus Krankheitsgründen aus, doch in Madrid wie in Moskau bestehen gegenseitige Handelsmissionen mit konsularischem Charakter. Nachdem Spanien bereits mit einer Reihe von Ostblockstaaten volle diplomatische Beziehungen unterhält, ist ein Botschafteraustausch zwischen Madrid und Moskau nur noch eine Frage der Zeit.

Man kann in der Annäherung Spaniens an den Todfeind aus dem Bürgerkrieg die spanische Variante zur europäischen Entspannungspolitik sehen, die Konsequenz der neuen europabezogenen Politik. Offensichtlich hat die spanische Staatsführung aus den gefährlichen Krisen der fünfziger Jahre und einer gescheiterten Isolationspolitik gelernt. Seit der Öffnung Spaniens steht das Thema Europa im Vordergrund, begreifen die spanischen Politiker zunehmend die wirtschaftliche, kulturelle, auch politische Notwendigkeit der Annäherung und Zusammenarbeit mit den westeuropäischen Staaten. Es fehlt nicht an innerspanischen Gegenstimmen, an dem genannten unterschwelligen Mißtrauen, an Vorbehalten und abweichenden Meinungen über die Art der Annäherung. Doch das Konzept der spanischen Europapolitik gewann in den letzten Jahren eindeutige Konturen, durch bilaterale Bemühungen der spanischen Außenpolitik, durch die enge Zusammenarbeit mit Frankreich und die europäisch ausgerichtete Mittelmeerpolitik.

Das Verhältnis Spaniens zu den einzelnen westeuropäischen Ländern bezeichnete Außenminister López Bravo im Mai 1973, kurz vor seinem Ausscheiden aus dem Kabinett, als freundschaftlich. Nur in den Beziehungen zu Großbritannien bestehen Spannungen wegen der ungeklärten Gibraltar-Frage. Aber es geht der spanischen Europapolitik nicht allein um freundschaftliche Beziehungen zu einzelnen Ländern. Franco, der seinen Argwohn gegenüber Westeuropa noch vor wenigen Jahren offen aussprach, sagte in seiner Botschaft zum Jahresbeginn 1973,

Spanien sei ein Teil Europas und hoffe, in Europa wirtschaftlich und politisch »den Platz einzunehmen, den uns die Geschichte bietet und den die Fähigkeiten und Anstrengungen des spanischen Volkes verdienen«. Ein anderer, der 1970 als Minister zurückgetretene konservative Silva Muñoz, sprach deutlicher auch im Sinne oppositioneller Kreise, als er im Juni 1972 in San Sebastián erklärte: »Wenn man vom Eintritt Spaniens in Europa spricht, handelt es sich darum, der jahrhundertelangen spanischen Isolierung ein Ende zu bereiten. Es handelt sich um die endgültige Eingliederung unserer Nation in die moderne Welt, um die letzte Gelegenheit, mit dem Trauma von der Spaltung unserer Nation Schluß zu machen.«

Diesem so gewünschten »Eintritt Spaniens in Europa« stehen, wie man weiß, die innerspanischen politischen Realitäten im Wege. Konkret geht es um die Aufnahme Spaniens in die Europäische Gemeinschaft (EG). Schon 1962 wurde dem Ministerrat der Europäischen Wirtschaftsgemeinschaft der spanische Wunsch, der EWG beizutreten, übermittelt. Nach jahrelangen mühevollen Verhandlungen, wobei sich die innenpolitischen Gegebenheiten Spaniens als Haupthindernis erwiesen, kam im Jahre 1970 die Einigung über einen Präferenzvertrag zustande, der auf sechs Jahre bemessen ist. Die Aufnahme Spaniens als Vollmitglied in die Europäische Gemeinschaft wird kaum möglich sein ohne politische Anpassung an die westeuropäischen Staaten, ohne die Gewährleistung wirklicher demokratischer Verhältnisse und die volle Anerkennung der Menschenrechte, ohne eine frei und geheim gewählte Volksvertretung und die demokratische Kontrolle der Regierenden. Auf mögliche innenpolitische Änderungen im Zuge der Annäherung an die EWG angesprochen, erwiderte der damalige Außenminister López Bravo im April 1970 mit verhaltenem Optimismus: »In seinen innenpolitischen Auswirkungen hat die wirtschaftliche, soziale und kulturelle Entwicklung meines Landes einen Prozeß der Liberalisierung erlaubt, für den man nicht von vornherein eine Grenze festsetzen kann. Entsprechend dieser Entwicklung wird Spanien soweit gelangen, wie es für die Spanier von Vorteil ist. Ich glaube, daß der materielle Wohlstand und die von der Kultur ermöglichte geistige Reifung die eigentlichen Voraussetzungen für die Freiheit sind.«

Eine völlig neue Situation, auch im Hinblick auf die spanische Europapolitik, brachte die Regierungsumbildung am 9. Juni 1973. Franco ernannte seinen treuen Gefolgsmann Admiral Carrero Blanco zum Präsidenten der Regierung. Damit übergab Franco das Amt des Regierungschefs oder Ministerpräsidenten seinem bisherigen Vizepräsidenten, während Franco selbst Staatsoberhaupt mit der höchsten Macht- und Entscheidungsbefugnis und Chef der spanischen Streitkräfte bleibt. Carrero Blanco, dessen Amtszeit als Regierungschef nach spanischem Gesetz fünf Jahre umfaßt, machte von seinem Recht der Regierungsumbildung Gebrauch. Von den bisherigen Kabinettsmitgliedern blieben acht, während zehn entlassen wurden.

Als neuer Außenminister löste der bisherige tüchtige Planungsminister López Rodó seinen OPUS-DEI-Kollegen López Bravo ab. López Rodó gilt als energischer Befürworter des spanischen Eintritts in die Europäische Gemeinschaft und einer schrittweisen innenpolitischen Liberalisierung. Er wird sich allerdings mit jenen Ministern auseinandersetzen müssen, die den Eintritt in die EG ohne Änderung des autoritären innenpolitischen Systems erstreben. Vor allem untersteht López Rodó einem Regierungschef, der als ultrakonservativer Gefolgsmann Francos einen harten antiliberalen Kurs vertritt und am wenigsten geneigt sein dürfte, die spanische Innenpolitik den westeuropäischen Demokratien anzupassen. Zunächst scheint durch die Regierungsumbildung die Bemühung um Integration in die EG, das heißt zugleich die Bemühung um demokratischere Verhältnisse im Land, wiederum einen Rückschlag erlitten zu haben.

Durch die vorzeitige Ernennung Carrero Blancos will der »alte Mann« Franco die Fortführung des franquistischen Regimes nach seinem Tode garantiert wissen. Sicherlich zielte Francos Entscheidung auch darauf, seinen seit 1969 designierten Nachfolger als Staatsoberhaupt und künftigen König, den jungen Prinzen Juan Carlos, von vornherein an ein politisch eindeutiges Regierungskonzept zu binden. Prinz Juan Carlos gehört zu den Unwägbarkeiten im franquistischen Planspiel. Obwohl er sich in politischen Fragen eher vorsichtig äußert, ließ er keinen Zweifel daran, daß er die Eingliederung in die Europäische Gemeinschaft wünscht, auch mit allen im Rahmen der Gesetze möglichen innenpolitischen Konsequenzen. Daß Juan Carlos bei seinem Besuch in der Bundesrepublik im September 1972 die BRD einen modernen Sozialstaat mit einem wirksamen politischen System nannte, dürfte wohl um einige Nuancen von der antiliberalen Grundhaltung seines künftigen Regierungschefs abweichen.

In Spanien gewann Juan Carlos, vor allem in den beiden letzten Jahren, rascher und mehr Sympathien, als man ihm zugebilligt hatte. Dieses unerwartete Wachsen seiner Beliebtheit im spanischen Volk und die mit Juan Carlos verbundenen Hoffnungen auf eine freiere und demokratischere Entwicklung geben zu denken. Einstweilen bleibt die Frage offen, ob Juan Carlos über genug persönliche Stärke und die Rückendeckung im spanischen Herrschaftsapparat verfügt, um seine Vorstellungen zu realisieren. Ungewisser denn je wartet Spanien auf den Übergang, den Momento de la sucesión. Die Frage Que será?, Was wird sein?, weckt viele Antworten zwischen Entmutigung und Hoffnung.

PERSONEN- UND SACHREGISTER

»ABC« 128, 305
Abderrahman III., Kalif v. Córdoba 86, 159, 171
Agrarprodukte 63, 67 ff., 73 f., 81, 86—93, 150, 156 ff., 176 f., 179 ff., 241, 244 f., 329 ff., 351
Aigua Xellida 31
Alameda 183
Alava 293, 345
Alayor (Menorca) 356
Albocácer 69
Albufera 67, 77, 341
Albufereta 80
Alcalá de Henares 112
Alcantarilla 83
Alcázar (Sevilla) 158 f., 175
Alcázar de San Juan 111
Alcázar (Madrid) 123
Alcázar (Toledo) 97, 101
Alcira 67
Alcoy 78
Alcalá de Henares 256
Alcudia (Mallorca) 351, 354
Alemán, Rodrigo 100
Alexander VI., Papst 115
Alfons I. 331
Alfons II. 267, 280
Alfons IX. 249
Alfons X. 86
Alfons XI. 200
Alfons XII. 211
Alfons XIII. 147, 236
Algeciras 166
Algorta 298

Alhama 85
Alhambra (Granada) 115, 171, 175 f., 185 ff.
Alicante 55, 66, 78—82, 107, 234
Almagro 111
Almansur (Maurenkönig) 169, 172 f., 265
Almeria 55, 150, 173, 176
Almoraviden 171 ff.
Almuñecar 178
Alonso, Infant 227
Alpujarras 12
Altamira 69, 233
Altea 80
Altkastilien 214—240, 316
Amaya, Carmen 39
Ampurdán 31
Analphabeten 92 f., 251
Andalusien 9, 18, 39, 90, 91, 94, 109, 150—175, 176 ff., 191, 197, 266, 340
Andorra 50—53, 61
Andorra la Vella 51—53
Andreu, José 63
Angestellte, span. 290
APE-Studentengewerkschaft Asociaciones Profesionales de Estudiantes) 259
Araber 96 ff., 170 ff.
Aragón, Königshaus 35, 58, 210, 314
Aragonien 18, 61, 214, 329—342,
Aranguren, José Luis 22
Aranjuéz 94, 108 f.

Arbeiter 287–292
Arbeiterkommissionen (Comisiones Obreras) 274, 287, 289
Arbeiteruniversität 255 ff.
Arbeitsgerichtsbarkeit 287
Arbeitsgesetz 287
Arbeitsministerium (Madrid) 287
Arese, Minister 138
Arfe, Enrique de 100
Argamasilla de Alba 111
Arias Salgado, Gabriel (Informationsminister) 22
Ariza, Julián 291
Armada, span. 263 f.
Armee, spanische 143 ff., 147 f.
Aroaz, Alejandro de 308
Arzúa 242
Astorga 242
Asturien 90, 228, 280–292
Atalayasa (Ibiza) 357
Atlantik 17, 27, 269
Auden, W. H. 12
Augustiner 249
Augustus 57, 154, 333
Automobilindustrie 23, 37, 127, 311 f.
Averroes, maurischer Philosoph 155, 173
Avila 214 f., 216–218
Avilés 281, 287
Ayala, Francisco 238

Badajoz 92, 94, 197 ff., 204–206, 234
Bagdad 173
Bailén 153
Balaguer, José Maria Escrivá de 323 f.
Balearen 61, 331, 343–368
Banderillos 192 f.
Baracaldo 298
Barbera, José Sole 63

Barcelona 26 f., 30–45, 50, 58, 60, 62, 89, 123, 135, 141, 165, 188, 211, 235, 254, 256, 258, 272, 287 324, 343, 345
Barco Teruel, Enrique 223
Barrio Chino (Barcelona) 39
Basken 19, 216, 294–312
Baskenland 10, 89, 273, 293–312
Baskische Sprache (Euskera) 294 ff.
Barbate 12
Bauern (Campesinos) 66 ff., 72 f., 88 ff., 244 f., 261, 358
Bayonne 295
Baztán 313
Bechi 15, 68
Benedikt XIII., Papst 69
Benediktiner 47
Benicarló 69
Benidorm 79 f.
Bergbau 297
Berruguete, Alonso 100, 222
Besalú 29
Betische Kordillere 176
Betriebe 288 ff.
Bevölkerungsgruppen 24 f., 27, 88, 126 ff., 252 ff., 281 f., 297
Bidasoa-Tal 313
Bilbao 17, 37, 89, 165, 256, 287 f., 293, 298–301, 337
Bildungspolitik 251–59
Biscaya 228
Bischöfe, spanische 272 f., 275 ff., 291
Bischofskonferenz, spanische 272 ff., 278 f.
Blanes 30
Blasco Ibáñez, Vicente 75
Blomberg, Barbara 105
Boabdil (Maurenkönig) 115, 171, 187, 304
Bodenreform 90
Borgias 78
Bosch, Hieronymus 104, 135

Bourbonen 124, 315
Bourbon-Parma, Carlos Hugo von 314, 327
Braceros 89 ff.
Brandt, Willy 238
Brooke, Sir George 166
Bundesrepublik Deutschland 362, 367
Buñuel, Luis 197
Búrgos 20, 118, 123, 214 f., 223–228, 237, 239 f., 242 f., 334
Búrgos, Prozeß von 13, 17, 43, 50, 63, 138, 143, 148 f., 228
Bürgerkrieg, spanischer (1936–39) 9, 10, 14, 21, 24, 38, 40, 43, 54, 74 f., 83, 97 f., 101, 107, 143 f., 148 f., 162, 234–239, 246, 272, 276, 285, 307, 315, 364

Caballero, Largo 239
Cabo de la Nao 78 f., 343
Cabo de Palos 85
Cabo San António 78
Cáceres 24, 44, 177 ff., 206 f., 256
Cadaqués 31
Cadiz 55, 151, 169 f., 171, 191, 229
Cala Llonga (Ibiza) 359
Calderón de la Barca 16, 249
Calpe 80
Camino de Santiago 315 ff.
Campello 80
Campo de Criptana 111 f.
Campos, Guerra 277
Camprodón 26
Cangas de Onís 282
Carcagente 67
Carillo, Santiago 274
Carlos el Noble 318
Carrero, Blanco, Admiral 137, 139, 149, 251, 366 f.
Cartagena 55, 85, 150, 239
Castelldeféls 45
Castellón 55, 66, 68,

Castiella, span. Außenminister 208 f., 213
Castillo, Michel de 236
Castro, Américo 362
Castroviejo 260
CEDA (Konservat. Partei) 236
Cerdaña 26
Cervantes Saavedra, Miguel de 13, 31, 112 f., 134, 249
Ceuta 170, 364
Chopin, Frédéric 352
»Christus von Lepanto« (Barcelona) 40
Chumez, Jumy 120
Churriguera, Alberto 248
Cid Campeador 216, 225 f.
Cifuentes, Rodrigo, Generalleutnant 143
Cijara 93
Cisneros, Erzbischof 208
Ciudadela (Barcelona) 36
Ciudadela (Menorca) 354 ff.
Cocido 340
Colegios 253
Conversaciones en Madrid 22
Córdoba 14, 86, 109, 151, 153–58, 169, 173 ff., 256
Cortes 14, 21 ff., 60, 137 ff., 207 ff., 278, 290, 315
Cortés, Hernando 48, 200
Cortijos 151
Costa Blanca 55, 69, 79
Costa Brava 26, 28–31, 55
Costa del Azahar 55, 66–70
Costa de la Luz 55, 150 ff., 165
Costa del Sol 55, 150 ff., 165, 177 ff., 181 ff.
Costa Dorada 55–58
Covadonga 229, 280
Crozier, Brian 147
Cuenca 94–96
Cuelgamuros 106

Daimiel 111
Dali, Salvador 31
Damaskus 173
Denia 79
Despeñaperros 152—154
Deyá (Mallorca) 353 f.
Diaz de Vivar, Rodrigo 225
Diaz-Plaja, Fernando 13, 15, 127, 338
Díez-Alegría, Generalleutn. 142 f.
Diplomatische Corps 302
Dominikaner 247, 304
Don Carlos 105
Don Quijote de la Mancha 13, 19, 96, 109—113, 232
Duero 215, 220 f., 241

Ebro 18, 55, 66, 329 ff., 332 ff.
EG (Europäische Gemeinschaft) 366 f.
Eibar 256
Eisenbahn, spanische 36
El Arenal 345
Elche 78—82
El Cordobés 155, 193 f.
El Escorial 94, 102—106, 107, 202
El Ferrol del Caudillo 147, 261, 288
El Greco 97, 100 ff., 103, 135, 301
El Palmar 77, 341
El Saler 77
El Serrat 52
El Toboso 18, 111 f.
Encamp 52 f.
Energieversorgung 311
Enseñanza Media 253
Erster Weltkrieg 39, 88, 307
Erwig, Westgotenkönig 209
Es Caná (Ibiza) 359
Escarré, Aureli, Abt von Montserrat 49, 61 f., 274
Espinama 228
Espinosa, Jerónimo Jacinto de 76
Espot 53
Estany 29

Estella 242, 314, 316
Estepona 178
Estremadura 24, 89, 118, 150, 197 bis 214, 330
ETA (baskische Nationalistenbewegung) 228, 295 f., 319
Euskaldunak 293
EWG 65, 68, 140, 366
Export, spanischer 12, 23, 37, 65, 87 ff., 310
Extremeños 19

Falange 144 ff., 259, 321 ff.
Falange Española Tradicionalista y de las Juntas de Ofensiva Nacional Sindicalista (FET y de las JONS) 145 ff.
Falangisten 22, 107, 144, 146 ff., 189
Falla, Manuel de 189
Fallas (Valencia) 74 f., 82
Faust, Karl 30
Ferdinand II. und Isabella (Kathol. Könige) 35 f., 40, 58, 94, 101, 114 bis 119, 176, 185, 187 f., 206, 208 ff., 216 f., 220, 222 f., 235, 240, 249, 314, 331
Ferdinand III. 154, 157 f., 240
Ferdinand VII. 134, 164, 314
Feria San Jaime (Valencia) 74
Fernández, Gregorio 222
Festivals (San Sebastian) 302
Festival de la Canción Mediterranea 32
Fidel Castro 363
Figueras 26
Fischerei 270 f., 300, 358, 365
Flamenco 14, 59, 131 ff., 150, 162, 188 f.
Floridablanca, Graf 83
Fontan, Antonio 327 f.
Formentera 343 ff.
Fraga 329

Fraga Iribarne (Informationsminister) 12, 22, 139, 142, 287, 310, 327
Franco y Bahamonde, Francisco Paulino 9, 12, 17, 20 ff., 107, 137 ff., 227, 234 ff., 237, 239, 251, 261, 278, 281, 302, 308, 361, 366 f.
Friede von Utrecht (1713) 166
Fuengirola 178
Fuente, Arbeitsminister 287
Fuentevaqueros 189
Fueros 294
Fuster, Joan 67, 75

Galicien 10, 19, 90, 91, 169, 260 bis 279, 280
Gallegos 19, 260 f.
Gamo, Mariano 275
Gandía 78
García Lorca, Federico 9, 16, 150, 162, 189
García-Monco, Handelsminister 326
Gargantua de Orgaña 26
Garraf 45, 55
Gastarbeiter, spanische 361
Gaudí, Antoni 33, 42 f., 242 f.
Gazpachos 338
Gemeinsamer Markt (EWG) 65, 68
Gerona (röm. Gerunda) 15, 26 f., 28–31, 345
Gewerkschaft, staatl. 289
Gewerkschaften 21, 24, 142, 289
Gewerkschaftsgesetz (1971) 142 f.
Gibralfaro (Malaga) 179 ff.,
Gibraltar 19, 55, 166–168
Gijón 37, 165, 256, 281 f., 285–287, 298
Gijón (Madrid) 130
Gil Blas 232
Giralda (Sevilla) 158, 175
Goded, General 237

Golf von Rosas 31
Góngora, Luis de 155
Gorlitz 298
Goya y Lucientes, Francisco José de 100, 103, 108, 126, 129, 135 f., 183, 301, 304, 330, 335
Gracian, Baltasar 11, 13, 25, 336 f.
Granada 16, 19, 101, 114, 115, 118, 143, 151, 154, 171, 174, 184–190 206, 256, 340
Granada, Königreich v. 176–196, 331
Gran Canaria 365
Gredos 96
Großgrundbesitzer 20, 90, 93, 151 ff., 204 f.
Grundschule 252 f.
Guadalevín 182, 184
Guadalhorce 179
Guadalmedina 179
Guadalquivir 18, 150, 153 ff., 158 ff.
Guadalupe 199–202
Guadiana 93, 111, 198 ff., 202 ff.
Guardia Civil 295
Guernica 234, 294
Guipúzcoa 44, 141, 293, 297, 303, 345

Habsburg, Haus 117 f., 134 f.
Hadrian 162
Häftlinge, politische 144
Handwerk 63, 126 ff., 350 ff.
Hannibal 69, 80
Hasdrubal 85
Heinrich VIII. v. England 117
Hemingway, Ernest 193, 319 f.
Herzog von Medina Sidonia 263
Hitler, Adolf 237
HOAC, Kathol. Laienorganisation (Hermandades Obreras de Acción Católica) 274, 276
Horchata 342

Huarte, Felipe 319
Huelva 55, 191, 334
Huerta 66 f., 70—85, 86—93, 329
Huesca 44, 54, 330 f., 332
Hugo, Victor 72

Ibañeta 316
Iberische Berge 18, 329
Ibi 81
Ibiza 343 ff., 356—360
Ibiza (Ibiza) 359 f.,
Icaza 185
IESE (Instituto de Estudios Superiores de la Empresa) 324
ILO (International Labour Organisation) 290
Importe 37, 310
Inca (Mallorca) 351 f.
Industrie, span. 27 f., 36, 63 f., 126 ff., 181, 223, 230, 261 f., 280 ff., 295 ff., 305—312, 334 ff.
INI (Instituto Nacional de Industria) 308
Inquisition 123, 185, 249
Instituto Nacional de Colonisación (INC) 93
Irene, Prinzessin 314 f.
Irving, Washington 185

Jabugo 340
Jaca 316, 332
Jaén 24, 109, 152—154, 171
Jaime I. v. Aragón 344, 348
Jaime II. v. Aragón 344, 348
Jaime III. 344, 348
Jamara 108
Jarandilla 201
Játiva 67, 78
Jávea 79
Jerez de la Frontera 150, 163
Jijona 78 ff.
JOC, Jugendorganisation (Juventud Obrera Católica) 274

Johann II. u. Isabella v. Portugal 227
Johanna von Kastilien 117 f., 225
Johannes XXIII., Papst 208
Joselito 193
Jovellanos, Gaspar Melchor de 285
Juan Carlos, Prinz 149, 314, 367 f.
Juan de Austria, Don 40, 105, 113, 200 ff.
Juden, span. (Sephardim) 99 ff., 102, 115, 155, 157, 169 ff., 208 ff.
Judenpogrome 162, 210 ff.
Juni, Juan de 222
Just, Don Cassiano, Abt v. Montserrat 49

Kalifen v. Cordóba 169 ff., 205
Kantabrische Küste 228, 285, 298 f.
Karl III. 83, 124, 134
Karl IV. 108 f., 136,
Karl V. 48, 103, 105, 116 ff., 123, 134 ff., 157, 187, 191, 225, 333, 359
Karl VI. 201
Karl der Große 51, 314 ff.
Karl der Kühne 29
Karl Martell 172
Kastilien 9, 36, 83, 91, 94—119, 197, 210, 240, 280, 293 f.
Kastilien, Königshaus 35, 58, 314
Kastilische Sprache (Castellano) 61 ff., 221
Katalanen 19, 26—66, 215 f.
Katalanische Sprache 61 ff., 72 f., 81, 354
Katalonien 10, 18, 26—66, 169, 296, 307
Katholizismus, baskischer 269 f.
Katholizismus, spanischer 99 ff., 272 ff.
Köln, Hans von 226
Königreiche, alte spanische 10, 18
Koestler, Arthur 237

Kolumbus (Christóbal Colón) 40, 114 ff., 160, 185, 200, 210, 220, 225
Kolumbussäule (Barcelona) 35 f.
Kommunismus 362, 364 f.
Kommunisten 15
Kommunistische Partei Spanien 238, 274
Konjunktur, wirtschaftliche 305 ff.
Konkordat m. d. Vatikan 21, 143, 276 ff., 278
Konquistadoren 200
Küche, spanische 336–342

La Coruña 17, 256, 261, 263 ff., 334
La Escala 31
La Laguna (Canaria) 256
Landflucht 89 f.
Landwirtschaft 37, 65, 86–93, 126 ff., 151 ff., 264 f., 310 ff., 358
La Rabassa 53
Las Arenas 298
Las Hurdes 12, 197 ff.
Lascaux 233
Las Llamas (Santander) 230
Lazarillo de Tormes 248
Lebenshaltungskosten (d. Arbeiter) 288 ff.
Legion Condor 237, 294
Leningrad 365
Leo III., Papst 267
Leo XIII., Papst 49
León 91, 94 ff., 197, 214, 243–246, 282
León (Provinz) 240–259, 280
León, Fray Luis de 249
Lepanto 40, 113, 200
Lérida 27, 53–55, 329
Lesage, Alain René 232
Levante 66–93, 95
Ley de Cortes (1942) 137, 140
Ley orgánia (1967) 137, 145

Leyenda Negra (Schwarze Legende) 16 f., 21
Leyre 316
Linares 150
Lissabon 35
Lloret de Mar 30
Llull, Ramón 61, 348, 353
Logroño 214 f., 242, 332
Lonja (Sevilla) 159
Lonja de la Seda 73
López, Rodó (Außenminister) 23, 87 ff., 139 ff., 306, 309 ff., 322, 363, 367
López Bravo, Gregorio (Industrieminister und Außenminister) 309 f., 322, 326, 362, 365 ff.
Lorca 85
Los Arcos 316
Los Monegros 329
Loyola, Ignatius von 48, 296, 315
Ludwig Salvator, österr. Erzherzog 353
Lusitania 199, 202 ff.

Madariaga, Salvadore de 14, 17, 58, 61, 88, 107, 169, 236, 238, 239, 251, 260, 296, 308, 330
Machado, Antonio 9, 96, 154, 220
Madrid 10, 14ff., 17, 24, 33 f., 36, 64, 83, 89, 94–96, 99, 106, 113, 120–149, 188, 211, 254, 256, 258, 291, 295, 323, 340, 345, 362 f.
»Madrid« 327 f.
Madrider Regierung 58 ff., 137–149
Maestrazgo 69
Maeztu, Ramiro de 110 f.
Mahón (Menorca) 354 ff.
Maimónides, jüd. Arzt und Philosoph 173
Malaga 17, 43, 55, 151, 165, 176, 178–182, 229
Mallorca 343 ff., 346–354
Manacor (Mallorca) 350

Mancha 84, 96, 109—113, 152, 220
Manolete 155, 193
Manresa 50
Manzanares 109 ff., 122
Marbella 178
March, Ausiás 61
Mar Menor 85
Marismas 150
Marokko 147, 237
Martial 165
Matador 155, 190 ff.,
Mataró 36
Mateo 268
MATESA (Maquinaria Textil del Norte de España) 325 ff.
MATESA-Skandal 322
Mauren 97 ff., 102, 115 ff., 151, 157 ff., 166 ff., 168—175, 176 ff., 185 ff., 191, 206 f., 209 ff., 225, 229, 240, 267, 280, 314 ff., 331 ff., 344 ff., 356
Maurisches Spanien 168—175
Maximilian I. 117 f.
Medina del Campo 221
Mejias 193
Mejilloneras 262, 269
Melilla 364
Mena, Pedro de 222
Menéndez y Pelayo, Marcelino 229, 231, 280, 284
Menorca 343 ff., 354—356
Mérida 197 ff., 202—204
Meseta 11, 18, 36, 95 f., 110 f., 123, 214, 240 ff., 329
Mezquita (Cordóba) 154, 156 ff., 175
Mieres 281
Militärbasen, amerikanische 363 f.
Militärjustiz 288
Minderheiten 207—213
Mingote 120, 305
Miravalles 298

Mittelmeer 17, 58, 343 ff.
Moctezuma 206
Mohammed 171
Mola, General 147 f., 237
Molina, Tirso de 112
Monte Bernisa 78
Monte Toro (Menorca) 354
Montejurra 314 f.
Montes de León 241
Montjuich (Barcelona) 32, 35, 43
Montserrat 19, 46—50, 60, 105, 274
Moore, Henry 47
Morales, Luis de 205
Moratalaz (Madrider Arbeiterviertel) 275
Morella 68 f.
Morris, James 97
Moscardó, Oberst 101
Moskau 239, 365
Mota del Cuervo 112
Motillar del Palancar 95
Motril 177 ff.
Movimiento, Nacional 139 ff., 145 f., 321 ff.
Mozaraber 99 f.
Münchener Manifest 22
Münzer, Hieronymus 123
Muños Grandes 143
Murcia (Land) 17, 66, 93
Murcia (Stadt) 82—85, 171, 256, 331
Museen (Madrider) 132—137
Museo de Arte de Cataluña 33, 44
Museo Municipal (Cordóba) 156
Museo Nacional de Céramica (Valencia) 77
Museo Nacional de Escultura (Valladolid) 222
Museo Picasso 43
Museo Provincial de Bellas Artes (Valencia) 76
Mussolini, Benito 237

Napoleonischer Krieg (1808–1812) 48, 109, 130, 164, 200 f., 298
Nasriden 171 f., 176, 187
Nationalbank, span. 307
Nationalisten 234 ff.
NATO 363
Navarra (Provinz) 214, 280, 293 f., 313–328, 345
Navarro Mariano Rubio (Finanzminister) 309, 325 f.
Navas de Tolosa 153, 171
Negrín, Juan 239
Nerja 178
Nervión 298 f.
Neukastilien 94–119, 150
Numancia 15

Oberster Gerichtshof 326
Ocaña 96, 111
Odessa 239, 365
OECD (Organization for Economic Cooperation and Development) 309
Oliana 50
Olivia 78
Olmedo 221
Omaijaden 85, 159, 171 ff.
Oñar 28
Opposition d. Kleriker 274
Opposition, politische 62, 278, 309 f., 315, 326 ff.
OPUS DEI (kath. Laienorganisation) 138 ff., 256 f., 309, 310, 320–328
Ordino 52
Ordoñes, Antonio 193
Ortega y Gasset 12, 129, 151 f., 235, 338
Otto I., dtsch. Kaiser 157
Oviedo 256, 280 f., 282–285

Padrón 266
Paella 341

Palacio Real (Aranjuéz) 108
Palamós 30 f.
Palencia 214, 220
Palma de Mallorca 344 ff.
Palmar (Elche) 81
Pamplona 48, 54, 114, 242, 256 f., 313, 315 f., 317–320, 332
Paniker, Salvador 22, 291
Pantano de Contreras 95
Pasajes 297
Paß v. Roncesvalles 242, 315
Paul VI., Papst 275
Payne, Stanley G. 106
Peñiscola 69
Peñon de Ifach 80
Pepe Mata 193
Pérez Mateos, José Antonio 198
Perrone, Juan 213
Peter der Grausame, kast. König 158
Pico de Veleta 177
Philipp (I.) der Schöne 117 f., 225
Philipp II. 48, 102 f., 108, 116 ff., 123 ff., 134 ff., 220, 222 f., 263, 317, 359
Philipp III. 123
Philipp IV. 135
Philipp V. 108
Picadores 192 ff.
Picasso, Pablo 43
Picaud, Aymeric 242
Pizzaro 200
Plan von Badajóz 20, 92 f.
Plana 68
Plan de Desarrollo Económico y Social (Entwicklungsplan) 254 f.
Playa de Aro 30
Plá y Deniel, Kardinal-Primas von Spanien 276
Plaza de Cataluña (Barcelona) 40 f.
Plencia 298
Plinius 151
Pollensa (Mallorca) 352

Ponferrada 242
Pontevedra 263, 269
Port D'Envalira 50
Port Lligat 31
Portinatx (Ibiza) 359
Portugal 197
Portugalete 297 f.
Prado (Madrid) 33, 82, 129, 132 bis 137, 202
Presse 322
Priester-Demonstrationen 273 f.
Priorato 56
Prix Formentor 352
Produktionszuwachs 306
Protestanten 208 ff., 212 f.
Provinzen, spanische 21, 88 ff.
Puente la Reina 316
Puertomarin 242
Puigcerda 26, 50
Puig de Molins (Ibiza) 357
Pyrenäen 12, 18, 50, 53, 172, 313, 317 ff., 329

Quevedo 246
Quintanar de la Orden 111

Radio Vaikan 275
Ramiros I. 284
Ramiro II. v. Aragon 331 f.
Real Monasterio de San Lorenzo del Escorial 103
Reconquista 90, 99, 101, 114 ff., 153, 168 ff., 210, 240, 280
Regierungsumbildungen 138 ff.
Reinosa 215, 230
Religionsfreiheit 209
Republikaner 38, 107, 234 ff.
Republik, Spanische 14, 147 f., 236 ff.
Reus 56
Reyes, Juan Vilá 325
Rialp-Verlag 323
Rias 262

Ribadesella 282
Ribalta, Francisco de 76, 301
Ribera, Hochebene von 317
Ribera, Jusepe de 76, 301
Richter von Zalamea 16
Rilke, Rainer Maria 182
Rio Agueda 250
Rio Aragón 331 f.
Rio Arga 317
Rio Bernesga 244
Rio Cabriel 95
Rio Fluviá 31
Rio Francolí 57
Rio Júcar 95
Rio Palancia 69 f.
Rio Segura 83
Rio Tinto 150
Rio Tormes 247
Rio Turia 70, 76
Rio Valira 50 ff.
Rio Vinalopó 82
Ripoll 29, 50, 174
Rivera, José Antonio Primo de 106 f., 144 f.
Rivera, Primo de 106
Roblés, Gil 236
Rodrigo (Westgotenkönig) 170
Rojo, Angel 88
Rolandslied 315 f.
Romero, Emilio 291
Romero, Pedro 183, 191 f.
Roncal 313
Ronda 182—184, 192 f.
Rota (Cadiz) 363
Rubens, Peter Paul 135
Rundfunk 322

Sabadell 27
Sabartés, Jaime 43
S'Agaró 30
Sagunto (röm. Saguntum) 15, 66 f., 68 ff.
Sahagún 242

Salamanca 113, 191, 240 ff., 247 bis 251, 256
Salzillo, Francisco 84
San Antonio Abad (Ibiza) 358
Sanchez, Bella (Informations- und Tourismusminister) 322
Sancho el Mayor 314, 331
Sancho Panza 109 ff.
Sand, George 346, 352
San Estéban 281, 287
San Feliú 29 f.
San Fermín 319
Sangoneratal 85
San Jerónimo (Montserrat) 47
San Jerónimo de Yuste 201
San José (Ibiza) 357
San Juan 80
San Juan de la Peña 332
San Juan de las Abadesas 29
Sanjurjo, General 147 f., 237
San Miguel (Ibiza) 359
San Pedro de Roda 29
San Roque 167
San Sebastian 294, 297, 300—305, 318, 337, 366
Santa Cristina 30
Santa Cruz (Sevilla) 162
Santa Eulalia del Río (Ibiza) 358 f.
Santander 90, 214 f., 220, 224, 228 bis 231, 280, 345
Santiago de Compostela 46, 169, 172, 224, 242, 256, 262, 265—269, 284
Santillana del Mar 231—233
Santa Domingo de la Calzada 242
Sant Juliá de Loria 52
San Vicente (Ibiza) 357
Sardana 19, 39 f.
Sardinien 61, 331, 344
Sautuola, Don Marcelino de 233
SEAT-Automobile 37, 230, 311 f.
Segovia 214, 218—220, 240
Segura 66, 79

Seguridad (Sicherheitsbehörde) 130
Selbstzensur (journ.) 23
Seo de Urgel 50 f.
Seneca 155
Sephardim 211
Serer, Rafael Calvo 327 f.
Serrano Suñer 211
SEU-Studentengewerkschaft (Sindicato Español Universitario) 259, 321
Sevilla 112, 123, 141, 151, 158—162, 171, 175, 188, 191, 210, 234, 256, 272, 334, 340, 363
Shakespeare 98
Sierra Bermeja 182
Sierra de Espuña 85
Sierra de Gata 197
Sierra de Gredos 201, 214
Sierra de Guadarrama 96, 102 f., 106, 121, 214, 217 f.
Sierra de Jabalcuz 153
Sierra de las Cabrillas 95
Sierra Morena 18, 109, 150, 152, 156 ff., 340
Sierra Nevada 150, 177, 187
Silva Muños (Minister f. öffentl. Bauten) 139, 366
Sizilien 331
Sollana 77
Sóller (Mallorca) 353
Solsona 50
Somport 316, 332
Soria 214
Sorolla, Joaquín 76
Sotelo, Calvo 147
Sowjetunion 238, 364 f.
Sozialistische Arbeiter-Partei (SAP) 238
Spanisch-Marokko 364
Sueca 77
Syndikate 21, 287, 289
Syndikatsgesetz 289

Scheel, Walter 362
Schiffbau 311
Schlemmermahle 337
Schulwesen 252 ff., 305
Schwarze Madonna (Montserrat) 48 ff., 60
Staat und Kirche 144 ff.
Staatszensur 23
Stierkampf (Corrida) 155, 160, 162, 183, 190—196, 319 f., 336
Streiks 287 ff.
Streikverbot 24
Studenten, spanische 251—259
Studentenbewegung, falangistische 259
Studentenunruhen 9, 49, 258 f.

Tajo 97 f., 102, 108 f., 170, 184, 198
Tapas 339
Tarancón, Eurique de, Kardinal 277
Tarifa 12, 166
Tarragona 27, 55—58, 256
Tarragona, Oppositionspolitiker 142
Tarrasa 27
Tascas 37
Teatro del Liceo 32
»Tele-Estel« 60
Ter 28
Teresa von Avila, heilige 103
Teruel 330
Theotocopulis, Doménico 100
Thomas, Hugh 234
Tibidabo (Barcelona) 32, 43, 45
Tierra de Campos 221
Tirig 69
Tizian 104, 135, 202
Toledo 94, 97—102, 114, 123, 125, 147, 169 ff., 206
Tomolloso 110 ff.
Tordesillas 118
Torero 190—196

Torquemeda 118
Torquemeda, Tomas de, Großinquisitor 210, 217
Torrelavega 215, 230
Torremolinos 178
Tossa 30
Tossa de Mar 30
Totana 85
Tourismus 9, 11, 12, 17, 26, 31, 52, 79 f., 153, 177, 302, 310, 344 bis 358, 360—366
Trajan 57, 162
Triana (Sevilla) 162

UGT, sozial. Gewerkschaft
Ullastres, Alberto, Handelsminister 309, 327
Unamuno, Miguel de 13, 168, 216, 249, 296
UNESCO 363
UNINSA (Union de Siderúrgicas Asturianas) 286
Universitäten 253 ff.
UNO 17, 166, 290, 362 ff.
Unternehmer, span. 290 ff.
Unterrichtssystem 252 ff.
Urgel 26
Urgull (San Sebastian) 304
Urquijo 139
USA 307 ff., 363 f.

Valcarlos 313, 316
Valdepeñas 109 ff.
Valencia 17, 44, 56, 61, 66 ff., 70 bis 78, 89, 90, 94 f., 114, 165, 171, 210, 256, 258, 331
Valladolid 16, 114, 123, 191, 214 f., 220—223, 256, 334
Valldemosa (Mallorca) 352
Valle de los Caídos (Tal der Gefallenen) 106 f., 145
Valle Malo (Böses Tal) 47
Valltorta 69

Personen- und Sachregister

Vatikan. Konzil, Zweites 208, 271 f., 277, 279
Vega, Lope de 112, 124, 134, 160, 249
Velarde Fuertes, Juan 306
Velázquez, Don Diego Rodríguez de Silva y 100, 135 f., 301
Vertreibungsedikt (2. 8. 1492) 208
Viana 316
Vich 29, 50
Vigo 261 f., 263, 269–271, 288, 334
Villafranca del Bierzo 242
Villajoyosa 80 f.
Villar Palasí, Erziehungsminister 139, 322
Villareal 68
Vinaroz 68
Vivar 225
Vizcaya 293, 297, 301, 345
»Voz de España« 303

Waffenschmiede, toledanische 98
Wahlen 140 ff.
Welles, Benjamin 208, 307, 308, 361
Wellington, Herzog v. 185
Weltausstellungen (Barcelona) 36
Weltwirtschaft 309
Westgoten 169 ff., 209 ff.
Wirtschaft 23 f., 63 f., 90 ff., 126 ff., 204 f., 223, 253 ff., 280, 295, 305 bis 312, 334 ff.
Wirtschaftspolitik 63 ff., 88 ff., 138 f.
»Wirtschaftswunder«, span. 307
Witiza, Westgotenkönig 170
Wright, Richard 208

Zamora 141, 221, 240 ff., 256, 275
Zaragoza 15, 24, 147, 249, 256, 315, 329 ff., 332–335, 363
Zeitungsverbot 23
Zigeuner (Gitanos) 180, 188
Zuloaga 304
Zurbarán, span. Maler 200, 301, 304
Zweiter Weltkrieg 33, 208, 211, 237, 307

PANORAMEN DER MODERNEN WELT IM PIPER VERLAG

FRITZ RENÉ ALLEMANN
8 MAL PORTUGAL

399 Seiten. Leinen

Souveräne Kenntnis der geschichtlichen Entwicklung Portugals, differenzierte Beschreibung der gegensätzlichen Landschaften und der Probleme eines immer beliebter werdenden Reiselandes.

FRITZ RENÉ ALLEMANN
25 MAL DIE SCHWEIZ

Panorama einer Konföderation. 22. Tsd. 627 Seiten. Leinen

»Ein Handbuch und Geschichtskompendium, das voller faszinierender politischer und historischer Einzelheiten und zugleich ein Reiseführer sui generis ist.« *Die Tat, Zürich*

RAYMOND CARTIER
50 MAL AMERIKA

Einführung und Nachwort von Robert Jungk. 70. Tsd. 491 Seiten mit 3 Karten. Leinen

»Ein Riesenmosaik, Detail an Detail gefügt und dennoch nicht ohne kräftige Umrisse. Wahrscheinlich das kompletteste Stück Amerika-Berichterstattung, das wir bislang besitzen.« *FAZ*

ELISABETH v. DRYANDER
6 MAL GRIECHENLAND

443 Seiten. Leinen

»In diesem verdienstvollen Buch wird der ganze griechische Kosmos aus der Perspektive des heutigen Reisenden befragt.«
Christ und Welt

TONY GRAY
5 MAL IRLAND

341 Seiten. Leinen

»Eine glänzend geschriebene Bilanz der irischen Vergangenheit, ein lebendiger, gründlicher Überblick über die Gegenwart; auch die zukünftigen Möglichkeiten sind dargestellt.«
The New Yorker

WILLY GUGGENHEIM
30 MAL ISRAEL
404 Seiten. Leinen

»Ein faszinierendes Thema ist und war Israel immer. Guggenheims Buch ist gelungen. Es kann Israel-Kennern ebenso empfohlen werden wie Israel-Neulingen.« *Welt am Sonntag*

DAVID HOHNEN
3 MAL SKANDINAVIEN
4. Aufl., 18. Tsd. 469 Seiten. Leinen

»Eine vorbildliche, umsichtige Reportage. Es handelt sich um eine auf guten historischen und geographischen Unterlagen fußende Darstellung, die so fesselnd ist, daß man die Lektüre auch dem empfehlen kann, der keinen Abstecher nach Norden plant.«
Saarbrücker Zeitung

WERNER HOLZER
26 MAL AFRIKA
13. Tsd. 703 Seiten. Leinen

»Die Lektüre dieses Buches könnte dazu beitragen, frei von Romantik und Feindseligkeit ein besseres Verhältnis zu der Welt von 300 Millionen Afrikanern zu finden.« *FAZ*

ARNOLD HOTTINGER
10 MAL NAHOST
3. Aufl., 11. Tsd. 542 Seiten. Leinen

»Ein ausgezeichnetes Handbuch über einen der Brennpunkte der Weltpolitik.« *Augsburger Allgemeine*

TONI KIENLECHNER
7 MAL ROM
Schauplatz des 20. Jahrhunderts. Mit 19 Fotos.
2., aktualisierte Aufl., 6. Tsd. 324 Seiten. Leinen

»Das Buch ist eine genaue Analyse römischer Wesensart vor dem Hintergrund der Stadtgeschichte.« *Christ und Welt*

RUDOLF WALTER LEONHARDT
77 MAL ENGLAND
Panorama einer Insel. 10. Aufl., 53. Tsd. 451 Seiten. Leinen

»Es ist ein munteres, lockeres, witziges und durchgehend gutgelauntes Buch, bei allem objektivem Abstand durch eine spürbare Englandliebe gefiltert.« *Das Sonntagsblatt*

RUDOLF WALTER LEONHARDT
X-MAL DEUTSCHLAND
84. Tsd. 491 Seiten. Leinen

»Unaufdringlich teilt der Verfasser sein Wissen mit, seine erstaunlichen Kenntnisse von Land und Leuten, von Geschichte und Politik, von Kulturgeschichte...« *Neue Zürcher Zeitung*

MARCEL NIEDERGANG
20MAL LATEINAMERIKA
Von Mexiko bis Feuerland. 18. Tsd. 571 Seiten mit Karten. Ln.

»Dieses Buch ist eine Fundgrube für jeden, der Informationen über den in Gärung geratenen Erdteil sucht.« *Die Zukunft, Wien*

GUIDO PIOVENE
18MAL ITALIEN
18. Tsd. 636 Seiten. Leinen

»Hier schreibt ein Fachmann, der das Staunen nicht verlernt hat, hier ist jemand, der sehr genau Bescheid weiß, zu jeder Sekunde bereit ist, sich überraschen zu lassen.« *Walter Jens* in ›Die Zeit‹

HERMANN PÖRZGEN
100MAL SOWJETUNION
2. Aufl., 23. Tsd. 540 Seiten. Leinen

»Kein anderer deutscher Journalist und nur ganz wenige seiner ausländischen Kollegen verfügen über soviel Erfahrung mit dem Riesenreich. Pörzgen scheint das Land und seine Menschen zu lieben. Seine Leser können sich dennoch auf den aus kritischer Distanz berichteten Korrespondenten verlassen.« *Die Zeit*

ALFRED PROKESCH
9MAL ÖSTERREICH
412 Seiten. Leinen

»Was immer man über unseren Nachbarn erfahren will, bei Prokesch steht darüber geschrieben. *Abendzeitung, München*

20MAL EUROPA
Panorama eines halben Kontinents. Hrsg. von Werner Holzer. 541 Seiten. Leinen.

Dieses Buch versucht die europäische Wirklichkeit in den verschiedenen Ländern Westeuropas zu schildern. Es wurde geschrieben von internationalen Publizisten, die ihre Gastländer aus langer Beobachtung kennen.